Almanaque Olímpico

Armando Freitas e Marcelo Barreto

Almanaque

Olímpico

3ª edição revista e ampliada *Especial Jogos Rio 2016*

Este livro foi revisado segundo o Acordo Ortográfico da Língua Portuguesa de 1990. Em vigor no Brasil desde 2009.

3ª edição

Comitê Olímpico do Brasil

Realização
Comitê Olímpico do Brasil
COB Cultural

Presidente
Carlos Arthur Nuzman

Supervisora
Carolina Araujo

Rio2016™

Dedico este livro a Taciana, Nina e Ana,
minhas eternas campeãs.
— Armando Freitas

A Simone, Nina e Pedro, minhas maiores conquistas.
No alto do pódio da minha vida está a
felicidade de vocês.
A Wagner e Ligia, que fizeram o mesmo por mim.
— Marcelo Barreto

O Almanaque Olímpico tem um terceiro autor. Nós, Armando Freitas e Marcelo Barreto, assinamos o livro. Mas sem o trabalho de Alexandre Massi, pesquisador atento e incansável que trabalha conosco desde a 1ª edição, não teria sido possível realizar este projeto.

Para a 3ª edição, tivemos também a participação de especialistas que nos ajudaram na revisão dos seguintes capítulos: Martinho Nobre dos Santos e Lauter Nogueira (atletismo), Maria Van Grichen (badminton), Renatinho Santos (basquetebol), Daniel Fucs (boxe), Argos Rodrigues e Alvaro Acco Koslowski (canoagem), Wesley Kestrel (ciclismo), Regis Trois de Avila (esgrima), Leonardo Gaciba (futebol), Robson Caballero e Andréa João (ginástica artística), Klayler Mourthé (ginástica de trampolim), Camila Ferezin (ginástica rítmica), Henrique Fruet (golfe), Glória Andrade (handebol), Luiz Fernando Monzon (hipismo), Cláudio Rocha (hóquei sobre grama), Robnelson Ferreira e Flávio Canto (judô), Henrique Monteiro Dias (levantamento de peso), Eduardo Paz Gonçalves (luta olímpica), Mônica Rosas (nado sincronizado), Marcelo Falcão, Christiane Fanzeres e Alexandre Pussieldi (natação), Celso Sooma Sasaqui (pentatlo moderno), Ricardo Cabral e Rogério Rocha (polo aquático), Manoela Penna (remo), Marcelo Torres (Jogos Rio 2016), Xavier Vouga (rugby de 7), Ricardo Moreira (saltos ornamentais), José Alexandre Barbosa Lima (taekwondo), Dácio Campos e Narck Rodrigues (tênis), Alaor Azevedo, Omar Barbosa e Walquiria San-Thiago (tênis de mesa), Eros Fauni, (tiro com arco), Miguel de Freitas (tiro esportivo), Lauter Nogueira (triatlo), Eli de Souza (vela), Antonio Rizola Neto e Marco Freitas (voleibol), Franco Neto e Marco Freitas (vôlei de praia).

Evidentemente, qualquer erro no produto final continua sendo de responsabilidade única dos autores. Mas fica aqui o nosso agradecimento a todos que dedicaram seu conhecimento e seu tempo, igualmente preciosos, a nos ajudar a enriquecer esta edição – extensivo aos assessores de imprensa e funcionários das confederações que nos fizeram chegar até eles.

Saudações olímpicas!

1
2
3
4
5
6

Rio 2016

Jogos Olímpicos Rio 2016

DE **5 A 21** DE AGOSTO
10.900 ATLETAS*
206 PAÍSES
28 ESPORTES
42 MODALIDADES
306 PROVAS COM MEDALHAS (**161** PARA HOMENS, **136** PARA MULHERES E **9** MISTAS)

**Número estimado*

Jogos Paralímpicos Rio 2016

DE **7 A 18** DE SETEMBRO
4.350 ATLETAS*
177 PAÍSES
22 ESPORTES
23 MODALIDADES
528 PROVAS COM MEDALHAS (**265** PARA HOMENS, **225** PARA MULHERES E **38** MISTAS)

**Número estimado*

Edições dos Jogos Olímpicos por continente

EUROPA	16
AMÉRICA DO NORTE	6
ÁSIA	3
OCEANIA	2

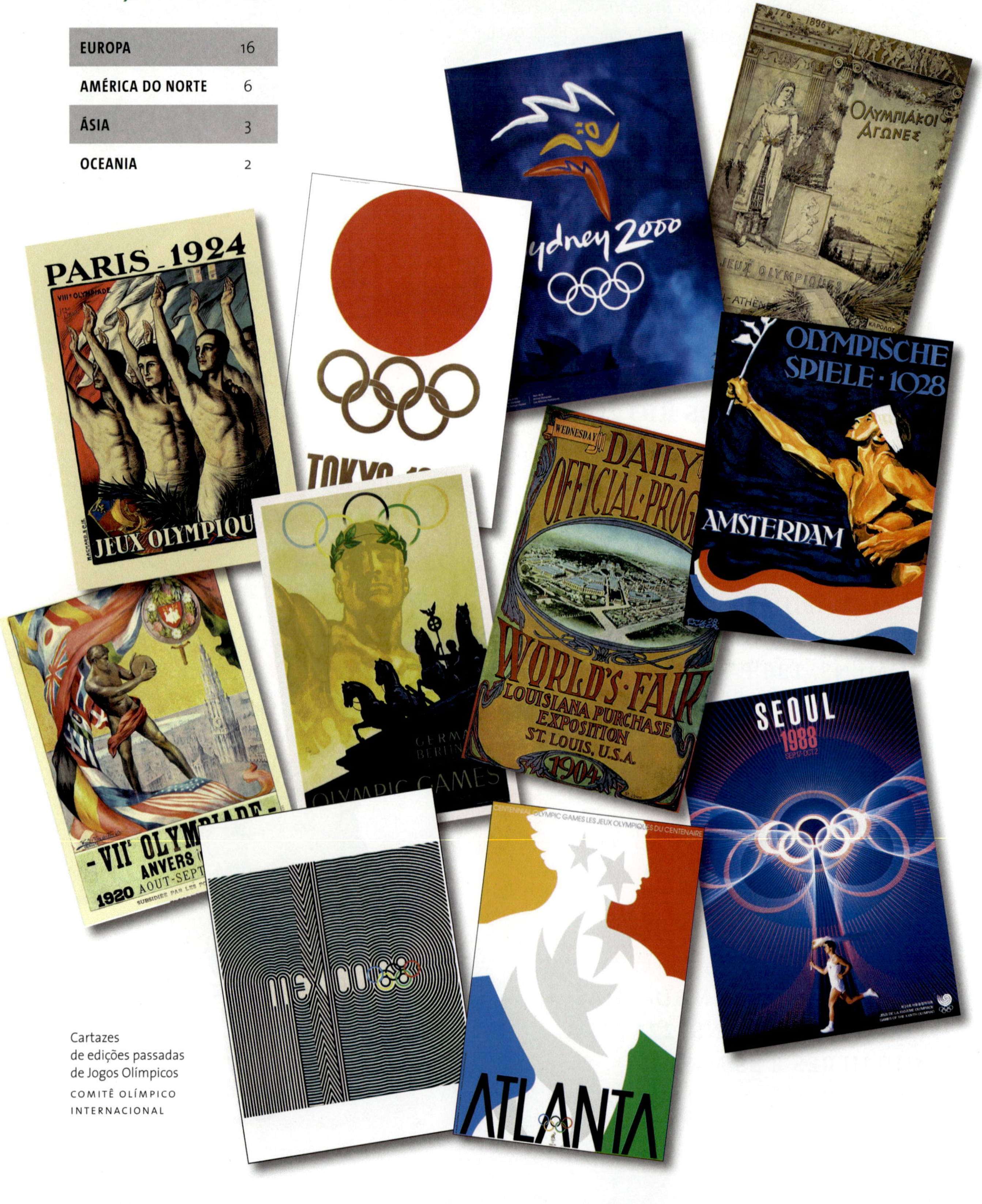

Cartazes de edições passadas de Jogos Olímpicos
COMITÊ OLÍMPICO INTERNACIONAL

A maior conquista da história do esporte olímpico brasileiro não teve como palco uma pista, um campo, uma piscina ou um ginásio. No dia 2 de outubro de 2009, num centro de convenções em Copenhague, na Dinamarca, o belga Jacques Rogge, então presidente do Comitê Olímpico Internacional, tirou de dentro de um envelope um cartão com o nome da cidade escolhida para ser a sede dos Jogos da XXXI Olimpíada. Foram segundos de suspense que pareceram uma eternidade até que ele finalmente mostrou o papel para as câmeras de TV e leu, em alto e bom som: Rio de Janeiro.

Do outro lado do Oceano Atlântico, a Praia de Copacabana servia de arquibancada para uma multidão que vibrava em uníssono. Num dos cartões-postais do Rio, a cerimônia era transmitida ao vivo, num telão montado na areia. Confirmada a escolha, uma enorme bandeira com o nome da cidade foi desfraldada pelo próprio público, que continuaria a comemoração com diversos shows – dando a primeira mostra da alegria que promete ser a marca desses Jogos.

Pela primeira vez, uma cidade da América do Sul era escolhida para receber a maior competição esportiva do planeta – marcada para 2 anos depois de o Brasil sediar a Copa do Mundo de futebol. O anúncio da cidade-sede dos Jogos de 2016 significou também uma nova era para o esporte brasileiro.

A CANDIDATURA

No dia 13 de setembro de 2007, encerrou-se o prazo de inscrição das cidades candidatas a sediar os Jogos Olímpicos de 2016. Além do Rio de Janeiro, concorriam Madri (Espanha), Tóquio (Japão), Chicago (Estados Unidos), Doha (Qatar), Baku (Azerbaijão) e Praga (República Tcheca). As 3 últimas foram eliminadas no dia 4 de junho do ano seguinte, após a avaliação dos cadernos de encargos – documentos que devem ser submetidos ao COI com as condições da candidatura.

A partir daí, começou um longo processo, com visitas de comissões de avaliação às cidades. Tóquio recebeu a nota mais alta, mas sofria com a falta de apoio popular; Chicago e Madri não conseguiram resolver problemas internos de legislação; e o Rio tinha deficiências de hospedagem e transportes.

A decisão ficou para os delegados do COI, reunidos na 121ª sessão da entidade. Cada comitê de candidatura fez uma apresentação final e logo em seguida foi realizada uma eleição em turnos, com a cidade menos votada sendo eliminada. Chicago foi a primeira a sair. Depois Tóquio, deixando Rio e Madri para a final. Uma forte migração de votos das descartadas deu à cidade brasileira uma vitória histórica – a maior já vista nesse sistema de escolha.

A VOTAÇÃO

CIDADE	1º TURNO	2º TURNO	3º TURNO
Rio de Janeiro	26	46	66
Madri	28	29	32
Tóquio	22	20	–
Chicago	18	–	–

O belga Jacques Rogge, então presidente do Comitê Olímpico Internacional, anuncia a escolha do Rio de Janeiro como cidade-sede

COMITÊ OLÍMPICO INTERNACIONAL

Os Jogos

O Rio de Janeiro foi escolhido para receber os Jogos Olímpicos e Paralímpicos de 2016 – desde 2001, o processo de seleção é conjunto para os 2 eventos. Este Almanaque se dedica a contar a história dos Jogos Olímpicos, mas não poderia deixar de registrar a chegada ao Brasil – também pela primeira vez na América do Sul – da competição esportiva mais democrática do planeta, aberta a atletas com deficiência. Inspirado na iniciativa de Ludwig Guttmann, médico alemão radicado na Inglaterra, o Movimento Paralímpico teve sua primeira grande competição em 1948, em Stoke Mandeville – sede do hospital onde o doutor Guttmann trabalhava, usando o esporte como ferramenta de recuperação de soldados feridos na Segunda Guerra Mundial. O evento foi paralelo aos Jogos de Londres, mas só em Roma 1960 começou a tomar a forma atual – passando a ser disputado na cidade-sede olímpica a partir de Seul 1988.

Rio olímpico

O sonho olímpico brasileiro começou nos anos 1930, mas ainda tímido: o país manifestou o desejo de receber os Jogos de 1936, só que não chegou a inscrever uma cidade. A primeira campanha a ser apresentada foi a de Brasília, para sediar os Jogos de 2000. Mas, sem apoio formal do Comitê Olímpico do Brasil, seus representantes a retiraram antes mesmo da votação. A partir daí, o Rio de Janeiro se tornou a única cidade candidata. Foi eliminada na primeira fase na escolha para 2004 e sequer passou de uma pré-seleção para 2012.

Festa em Copacabana após a escolha do Rio como cidade-sede dos Jogos
AGÊNCIA GINGA FOTOS/PUBLIUS VERGILIUS

A Praça Mauá, cartão-postal do Rio
DANIEL RAMALHO/RIO 2016

Os Jogos Rio 2016 serão o maior evento esportivo da cidade e do país, mas nem de longe o primeiro. Já em 1922, apenas 2 anos depois da estreia olímpica do Brasil em Antuérpia, o Rio de Janeiro sediou os Jogos Latino-americanos, chamados também de Jogos do Centenário, porque comemoraram os 100 anos da Independência do Brasil. Quatro décadas depois, 2 grandes eventos foram realizados no mesmo ano, 1963: os Jogos Pan-americanos, em São Paulo, e a Universíade, em Porto Alegre. Mais 4 décadas se passaram até que, em caráter de emergência (depois das desistências de Argentina e Colômbia), o COB aceitou receber os Jogos Sul-americanos de 2002, em 4 cidades: Belém, Curitiba, São Paulo e Rio de Janeiro. Daí em diante, começou a era de ouro do Rio: Jogos Pan-americanos Rio 2007, Jogos Mundiais Militares de 2011, finais da Copa das Confederações de 2013 e da Copa do Mundo de 2014 no Maracanã e a grande expectativa para a aventura olímpica de 2016.

Mapa das instalações

As competições dos Jogos Rio 2016 foram divididas em 4 grandes regiões da cidade: Barra da Tijuca (a principal, onde fica o Parque Olímpico), Deodoro, Maracanã e Copacabana. Entre reformados e construídos, permanentes e provisórios, 32 equipamentos esportivos estarão à disposição dos atletas e do público.

Além disso, outras 5 arenas nas cidades de Belo Horizonte, Brasília, Salvador, São Paulo e Manaus receberão partidas de futebol durante os Jogos.

COMITÊ RIO 2016

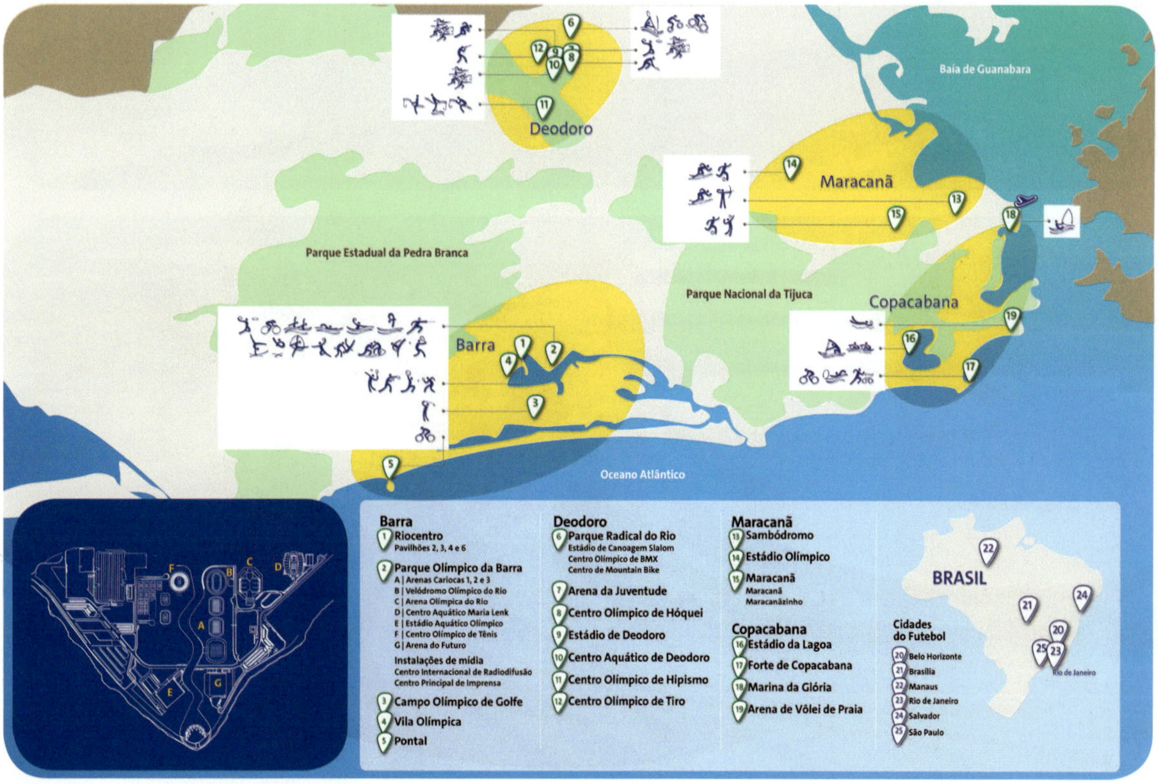

O Parque Olímpico

LOCALIZAÇÃO: Barra da Tijuca

O coração do projeto olímpico foi construído numa área de 1.180.000m² na Barra da Tijuca, às margens da Lagoa de Jacarepaguá, incorporando espaços anteriormente ocupados pelo Autódromo Nelson Piquet (agora desativado) e pela Cidade dos Esportes, conjunto de instalações esportivas construídas para os Jogos Pan-americanos 2007 (algumas delas reformadas para utilização). O Parque Olímpico da Barra receberá 16 modalidades olímpicas e 9 paralímpicas. Após as competições, uma área de 40.000m² será destinada ao Centro Olímpico de Treinamento, o primeiro do gênero na América do Sul.

Arena Olímpica do Rio
MATTHEW STOCKMAN/ GETTY IMAGES

Imagem em 3D do Parque Olímpico
EMPRESA OLÍMPICA MUNICIPAL

A Vila Olímpica

Localização: Barra da Tijuca, ao lado do Parque Olímpico

Área total: 200.000m²

- 5.500m² de espelho d'água
- 4,5km de ciclovias
- 7 condomínios
- 31 prédios
- 3.604 apartamentos
- Capacidade para 17.567 atletas e outros membros das delegações

Vila que abrigará as delegações tem 31 prédios
EMPRESA OLÍMPICA MUNICIPAL

Brasil olímpico

O Rio de Janeiro é a cidade-sede, mas os Jogos vão espalhar o espírito olímpico por outros cantos do Brasil. A começar pelo futebol: aproveitando a estrutura dos estádios construídos ou reformados para a Copa do Mundo de 2014, Brasília, São Paulo, Belo Horizonte, Salvador e Manaus receberão partidas dos torneios masculino e feminino.

No período de preparação para os Jogos, outras regiões do país ganharam a chance de poder entrar no mapa olímpico. De Santa Maria, no Rio Grande do Sul, a Boa Vista, em Roraima, o Comitê Rio 2016 aprovou 164 instalações esportivas em 72 cidades de 17 estados para receber delegações estrangeiras. Só para citar alguns exemplos, o Japão escolheu Fortaleza para fazer sua aclimatação; a Grã-Bretanha, Belo Horizonte; e as equipes de natação da Alemanha e da Holanda, Florianópolis.

O Comitê Rio 2016

Associação civil de direito privado, com natureza desportiva e sem fins lucrativos, o Comitê Organizador dos Jogos Olímpicos e Paralímpicos Rio 2016 tem a responsabilidade de organizar cada detalhe das competições de acordo com os compromissos assumidos no caderno de encargos e no contrato assinado com o Comitê Olímpico Internacional. Carlos Arthur Nuzman, presidente do Comitê Olímpico do Brasil, que já tinha liderado o Comitê de Candidatura, acumula a presidência do órgão. Na sede construída na Cidade Nova, bairro central do Rio de Janeiro, e nas instalações oficiais dos Jogos, pouco mais de 4 mil funcionários trabalham na organização dos eventos, contando com o apoio de 85 mil terceirizados – representantes de outras empresas que prestam serviços ao Comitê Rio 2016.

Bolas de diversas modalidades enfeitam o hall de entrada do edifício do Comitê Rio 2016
ALEX FERRO/RIO 2016

As marcas

Mãos dadas para formar a silhueta do Pão de Açúcar, um dos cartões-postais do Rio de Janeiro, em cores que evocam a bandeira do Brasil. A marca dos Jogos Olímpicos Rio 2016, criada pela agência Tátil, foi a vencedora de uma concorrência que propunha o desafio de unir muitos conceitos num mesmo traço: a paixão e a transformação que os Jogos trarão à cidade-sede; a celebração e o otimismo que o mundo espera encontrar na energia contagiante dos brasileiros; a superação e a excelência dos atletas que traduzem o espírito olímpico; a inspiração da natureza exuberante do país em busca de sustentabilidade; e a união e o espírito jovem que dão ao maior evento esportivo do planeta uma marca de diversidade harmônica.

A marca paralímpica foi desenhada pela mesma agência. O conceito que orientou o desenho foi expressar paixão e transformação com os valores do Movimento Paralímpico: coragem, determinação, inspiração e igualdade. E com um desafio extra, de que a marca pudesse ser não apenas vista, mas também experimentada por outros sentidos, como o tato, por meio de uma vibração que ela emite, atingindo o maior número de pessoas possível, dentro do espírito de inclusão do evento.

Mascotes

Eles nasceram juntos. Vinicius e Tom, mascotes dos Jogos Olímpicos e Paralímpicos Rio 2016, foram criados pelo escritório de design Birdo Produções e escolhidos pelo Comitê Rio 2016 numa concorrência nacional. A história por trás dos desenhos conta que ambos surgiram da explosão de alegria que a cidade viveu no dia 2 de outubro de 2009, ao ser eleita sede dos 2 eventos. Os nomes foram submetidos a uma votação popular pela internet. Dos 323.327 votos computados, 44% apontaram a opção que homenageia a famosa dupla de compositores da bossa nova, um dos principais movimentos musicais brasileiros. As outras eram Oba e Eba, representando expressões populares de contentamento, e Tiba Tuque e Esquindim, inspirados na onomatopeia do samba.

Vinicius de Moraes e Tom Jobim
ARQUIVO/ AGÊNCIA O GLOBO

Vinicius

Vinicius de Moraes foi um dos maiores poetas do modernismo brasileiro. Gostava de ser chamado de poetinha e migrou da poesia para as letras de música. Uma delas, *Garota de Ipanema*, inspirada na caminhada da musa Helô Pinheiro rumo à praia, tornou-se uma das mais ouvidas em todo o mundo, quase um sinônimo de Brasil. O mascote dos Jogos Olímpicos Rio 2016, que leva o seu nome, é uma mistura de todos os animais brasileiros. De personalidade espontânea e comunicativa, é um amigão. Quer mais é promover a amizade, contagiando o mundo com a alegria e a energia do nosso país. Como legítimo embaixador dos Jogos Olímpicos de 2016, é apaixonado por esportes.

Tom

Tom Jobim foi um compositor e maestro aclamado em todo o planeta, parceiro de ícones da música mundial como Frank Sinatra. Mas sua maior parceria foi com Vinicius de Moraes, de quem musicou um vasto repertório – que inclui *Garota de Ipanema*. O mascote dos Jogos Paralímpicos Rio 2016, que tem o mesmo nome do artista, é uma mistura dos elementos da flora brasileira. Reúne o que há de mais bacana na sensacional diversidade da nossa flora. Estiloso, tem uma cabeleira de folhagens tropicais, cores que remetem à paisagem do Rio e a toda criatividade da natureza. Consegue se transformar o tempo todo, com determinação e alegria – até porque uma planta está sempre em movimento, crescendo e superando obstáculos. Como embaixador dos Jogos Paralímpicos Rio 2016, vai ensinar as pessoas a buscarem dentro de si o que têm de melhor, colaborando para que desenvolvam plenamente seu potencial.

A tocha olímpica

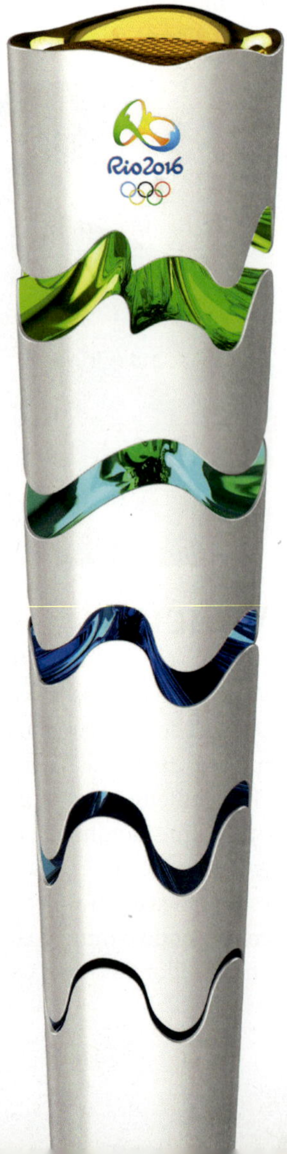

Em 100 dias, o percurso da chama olímpica abrange 329 cidades brasileiras, espalhadas pelas 5 regiões do país. Ao chegar ao Maracanã, vai acender a pira na cerimônia de abertura. Depois de acesa em Olímpia, na Grécia, como manda a tradição, o ponto de partida no Brasil foi a capital, onde começou o percurso de 20.000km – que representa 90% da população do país. A chama será carregada por aproximadamente 12 mil pessoas.

A Tocha Olímpica dos Jogos Rio 2016 tem desenhos com ondulações e cores que remetem ao céu, às montanhas, ao mar e ao chão do Brasil. O desenho, escolhido em concorrência promovida pelo Comitê Rio 2016, é do escritório brasileiro de design Chelles & Hayashi. Um dos principais atributos de inovação da Tocha Olímpica Rio 2016 são os segmentos que se movimentam, abrindo e se projetando para cima, preparando-a para o beijo – o momento em que a chama olímpica é transmitida de um condutor para outro. Ao se abrirem, os segmentos revelam elementos de brasilidade: diversidade harmônica, energia contagiante e natureza exuberante.

Voluntários

Eles são mais do que atletas, árbitros, dirigentes e jornalistas somados. Os voluntários formam o maior contingente de pessoas trabalhando: nos Jogos Rio 2016, serão 50 mil, espalhados pelas 4 regiões olímpicas no Rio de Janeiro e pelas cidades-sede do futebol. Isso sem contar os figurantes das cerimônias de abertura e encerramento. Mais de 240 mil candidatos de 190 países se inscreveram no processo de seleção. Os escolhidos vão trabalhar – sem remuneração – nas áreas de esportes, imprensa e comunicação, apoio operacional, protocolo e idiomas, transportes, atendimento ao público, tecnologia e produção de cerimônias. Para prepará-los, 15 centros de treinamento foram montados, espalhados por todas as regiões do país.

E VOCÊ?

Seja com um dos 7,5 milhões de ingressos postos à venda nas mãos ou assistindo às competições pela TV, seja no Rio de Janeiro ou em qualquer outro lugar do Brasil ou do mundo, o importante é que você viva o espírito olímpico durante os Jogos Rio 2016. Este Almanaque irá guiá-lo nessa aventura, mostrando as regras de todos os esportes olímpicos e contando a história de todas as edições dos Jogos, desde a Grécia Antiga, passando pelo ressurgimento, até os dias atuais, sob a liderança do Barão Pierre de Coubertin. É o que faremos nas próximas páginas. Aproveite!

Vista da Baía da Guanabara do Mirante Dona Marta
OSCAR HENRIQUE LIBERAL

Os esportes

Atletismo

Citius, altius, fortius. Traduzida do latim, a expressão "mais rápido, mais alto, mais forte" é a própria essência do mais tradicional dos esportes olímpicos. O trio de superlativos faz uma alusão às provas de corrida, saltos e lançamentos, presentes nas competições olímpicas desde os Jogos da Antiguidade.

Em 1896, quando foi aberta em Atenas a série de Jogos Olímpicos da Era Moderna, o atletismo teve grande destaque entre os 9 esportes incluídos na programação. Distribuiu medalhas em 12 modalidades, todas masculinas: 100m rasos, 110m com barreiras, 400m, 800m, 1.500m, lançamento do disco, arremesso do peso, salto em altura, salto em distância, salto triplo, salto com vara e maratona.

As provas femininas foram incluídas pela primeira vez em Amsterdã 1928. As mulheres disputaram medalhas nos 100m rasos, 800m, lançamento do disco, salto em altura e revezamento 4x100m.

No entanto, o atletismo só se firmou como esporte depois de se tornar olímpico. A necessidade de padronizar regras, equipamentos e critérios para o registro de recordes mundiais levou 17 federações nacionais a se unirem, em 1912, para criar a Federação Internacional de Atletismo Amador (International Amateur Athletic Federation), antecessora da entidade que hoje rege a modalidade.

Órgãos dirigentes

> International Association of Athletics Federation (IAAF)

> Confederação Brasileira de Atletismo (CBAt)

Jogo rápido |

Os atletas se medem em provas de velocidade, força e impulsão.

A brasileira Rosângela dos Santos lidera a prova de 100m rasos

VALTERCI SANTOS/AGIF/ COMITÊ OLÍMPICO DO BRASIL

O ESTÁDIO

Nos Jogos Olímpicos, as provas de campo e pista são disputadas num estádio de atletismo aberto (ao ar livre). O campo, utilizado para saltos, lançamentos e arremessos, fica no centro da pista de corridas, que tem 400m e é formada por 2 retas e 2 curvas. A reta de chegada tem prolongamentos no início, para a partida das provas de 100m rasos e 110m com barreiras, e no fim, para desaceleração na chegada das provas de velocidade.

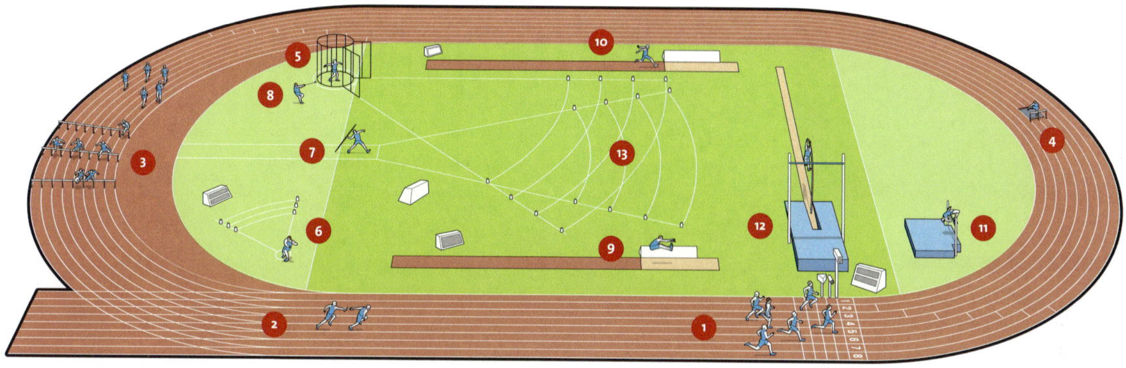

1 | Provas individuais de corrida
2 | Revezamento
3 | Nas provas de 100m rasos, 110m e 400m com barreiras
4 | 3.000m com obstáculos
5 | Lançamento do disco
6 | Arremesso do peso
7 | Lançamento do dardo
8 | Lançamento do martelo
9 | Salto em distância
10 | Salto triplo
11 | Salto em altura
12 | Salto com vara
13 | Heptatlo (feminino) e Decatlo (masculino)

Nos Jogos Pan-americanos Toronto 2015, Tatiele de Carvalho vence a prova de 5.000m

JONNE RORIZ/EXEMPLUS/ COMITÊ OLÍMPICO DO BRASIL

PROVAS DE PISTA

CORRIDAS DE VELOCIDADE

100M: 1 reta. Exige explosão e potência muscular para atingir velocidade.
200M: 1 curva e 1 reta. Além da força, é preciso técnica para manter o equilíbrio.
400M: 1 volta na pista. Depois de 30s, o ácido láctico afeta a musculatura, e manter a velocidade gera desconforto.

Partida

Os atletas se posicionam no bloco de partida e ouvem 3 comandos:
Às suas marcas: devem apoiar os pés no bloco, as mãos e um dos joelhos no solo (5 apoios).
Prontos: devem manter o apoio dos pés nos blocos e das mãos no solo.
Tiro de pistola: quando todos os atletas estiverem imóveis, o árbitro de partida dispara uma pistola, que aciona a cronometragem. Ao ouvir o som, o atleta pode começar a correr. Quem partir antes disso "queima" a largada e está eliminado da prova.

Posição nas raias

Todos os atletas devem se manter dentro de suas raias. Sair desse limite, ou “invadir” outra raia, causa eliminação.

Uniformes

Malhas: de *spandex*, coladas ao corpo para melhorar a aerodinâmica.
Sapatilhas: leves, com pregos (no máximo 11) para dar aderência. Muitos atletas preferem não usar meias.

A prova de gala do atletismo

Vencer os 100m rasos significa ganhar o título de homem mais rápido do planeta. Não é à toa que a prova atrai tanta atenção a cada edição dos Jogos. Os atletas chegam a atingir 43km/h perto da chegada. Os homens disputam a prova desde Atenas 1896, e as mulheres começaram a participar em Amsterdã 1928.

CORRIDAS DE VELOCIDADE COM BARREIRAS

Com partida, chegada e uniformes iguais aos das provas de velocidade, os atletas devem fazer o percurso ultrapassando 10 barreiras – com base leve e barra transversal de madeira de até 1,2m. A boa técnica é fazer de cada passagem um passo largo, mantendo o fluxo da corrida.
100m: só para mulheres.
Altura da barreira: 0,762m.
Distância entre as barreiras: 8,5m.
110m: só para homens.
Altura da barreira: 1,067m.
Distância entre as barreiras: 9,14m.
400m: para homens e mulheres.
Altura da barreira: 0,762m (mulheres) e 0,914m (homens).
Distância entre as barreiras: 35m.

**O atleta não é punido por tocar nas barreiras ou derrubá-las, mas perde velocidade e equilíbrio e pode até cair.*

A evolução nos 100m rasos

Entre a vitória do norte-americano Thomas Burke, em 1896, com o tempo de 12s, e o recorde mundial do jamaicano Usain Bolt, em 2009, com 9s58, mais de um século se passou. Nesse período, a marca dos 100m foi reduzida em 2s31. Mas, afinal, qual será o limite do homem? Veja a progressão dos recordes mundiais nesta prova desde que os índices começaram a ser oficialmente documentados e reconhecidos pela IAAF:

10s6 — 6 jul 1912 – Donald Lippincott (EUA)
10s4 — 23 abr 1921 – Charles Paddock (EUA)
10s3 — 9 ago 1930 – Percy Williams (CAN)
10s2 — 20 jun 1936 – Jesse Owens (EUA)
10s1 — 3 ago 1956 – Willie Williams (EUA)
10s0 — 21 jun 1960 – Armin Hary (RDA)
9s9 — 20 jun 1968 – Jim Hines (EUA)
9s95(*) — 14 out 1968 – Jim Hines (EUA)
9s93 — 3 jul 1983 – Calvin Smith (EUA)
9s92 — 24 set 1988 – Carl Lewis (EUA)
9s90 — 14 jun 1991 – Leroy Burrell (EUA)
9s86 — 25 ago 1991 – Carl Lewis (EUA)
9s85 — 6 jul 1994 – Leroy Burrell (EUA)
9s84 — 27 jul 1996 – Donovan Bailey (CAN)
9s79 — 16 jun 1999 – Maurice Greene (EUA)
9s77 — 14 jun 2005 – Asafa Powell (JAM)
9s74 — 09 set 2007 – Asafa Powell (JAM)
9s72 — 31 mai 2008 – Usain Bolt (JAM)
9s69 — 16 ago 2009 – Usain Bolt (JAM)
9s58 — 16 ago 2008 – Usain Bolt (JAM)

**A partir desta marca, os recordes passaram a ser medidos com equipamentos eletrônicos.*

Usain Bolt
JASON EVANS/ COMITÊ OLÍMPICO INTERNACIONAL

CORRIDAS DE REVEZAMENTO

Velocidade em equipe. Quatro atletas dividem o percurso, passando o bastão de um para o outro.
Provas: 4x100m (cada atleta corre 100m) e 4x400m (cada atleta corre 400m).

O bastão

Tubular, superfície lisa.
Material: de livre escolha; normalmente feito de alumínio.
Comprimento: 30cm.
Diâmetro: 4cm.
Peso: 50g.

Passagem do bastão

A técnica é a mesma: o corredor que conduz o bastão estende a mão à frente e o coloca na mão do companheiro, que estende a sua para trás. Entendimento é fundamental. Deixar o bastão cair elimina a equipe. Os locais de passagem são diferentes em cada prova.
4x100m: cada raia tem uma zona de passagem de 20m, marcada 10m à frente e 10m atrás de cada 100m da pista. O atleta que vai receber começa a correr quando seu companheiro se aproxima, pode colocar uma marca na pista antes do início da zona para saber o momento de começar a correr (isso é determinado em treinamento) e deve ter o bastão na mão dentro da zona de 20m. Não há tempo de olhar para trás. Os atletas costumam se comunicar por gritos.
4x400m: o primeiro atleta corre dentro da raia; o segundo corre somente uma curva dentro dela; a partir daí, a prova é em pista livre. A zona de passagem também tem 20m. Os atletas que vão receber o bastão se posicionam no início da zona de passagem, de acordo com a posição do companheiro na metade da volta (200m). Como a velocidade é menor, é possível fazer contato visual durante a passagem.

CORRIDAS DE MEIO-FUNDO

Ritmo constante e uma tática bem definida são fundamentais para o sucesso. Muitos atletas correm as 2 distâncias:
800m: 2 voltas na pista.
1.500m: 300m mais 3 voltas na pista.

Partida

Não são usados blocos de partida. Os atletas aguardam o tiro em pé, imóveis, com o corpo ligeiramente inclinado e com um dos pés atrás, prontos para dar o primeiro passo.

Posição nas raias

Nos 800m, os atletas correm em suas raias somente a primeira curva, depois a pista é livre. Todos procuram correr na raia interna, para poupar terreno. Uns preferem começar na frente e ditar o ritmo da prova; outros, esperar atrás para dar um *sprint* (arrancada em velocidade) no fim. Nos 1.500m, os atletas correm a prova toda sem raias.

Uniformes

Roupa: mais do que aerodinâmica, deve ser leve e confortável. Homens usam short e camiseta; mulheres podem preferir top e sunquíni.
Sapatilhas: leves e aerodinâmicas, algumas sem cadarços. As solas têm pregos (no máximo 11).

CORRIDAS DE FUNDO

Com largada na mesma posição das provas de meio-fundo (em pé) e sem raias marcadas. Exigem mais resistência. Recursos táticos envolvem pressionar o adversário e guardar energia para o fim. Como no meio-fundo, há atletas que correm as 2 distâncias sem obstáculos – e muitos se tornam maratonistas.
5.000m: 200m mais 12 voltas na pista.
10.000m: 25 voltas na pista.
3.000m com obstáculos: 200m mais 7 voltas na pista.

3.000m COM OBSTÁCULOS

Também chamada de *steeplechase*, tem características únicas que a diferenciam das outras provas de fundo e das provas com barreiras.

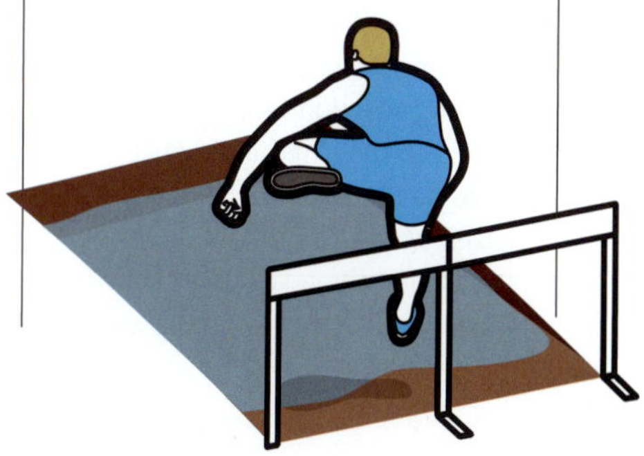

Obstáculos

São 5. Fixos, atravessam a pista.
Largura: 3,66m.
Altura: 0,762m (mulheres) e 0,914m (homens).
Distância entre os obstáculos: aproximadamente um quinto da distância da volta.

Fosso

Coberto de água, fica fora da pista, ao lado da raia mais interna ou da mais externa, sendo sempre o quinto obstáculo a ser ultrapassado pelos atletas. Não há como evitar molhar o pé ao passar por ele, por isso as sapatilhas são feitas com material impermeável.
Extensão: 3,66m.
Profundidade: cai de 0,7m após o obstáculo para o nível do solo no fim do fosso.

O brasileiro Mauro Vinícius da Silva aterrissa na caixa de areia após o salto
ALAOR FILHO/AGIF/COMITÊ OLÍMPICO DO BRASIL

PROVAS DE RUA

Também consideradas provas de fundo, são as únicas do programa olímpico de atletismo não disputadas dentro do estádio – embora muitas vezes o percurso seja ajustado para que a linha de chegada seja a mesma da pista.

MARATONA

A mais longa e tradicional prova de corrida foi inspirada num fato ocorrido na Batalha de Maratona, entre gregos e persas, em 490 a.C. Diz a lenda que o soldado Feidípedes correu toda a distância entre o local da luta e Atenas para anunciar a vitória de seus concidadãos – e morreu de exaustão imediatamente após dar a notícia. A prova é disputada desde Atenas 1896, mas a distância já variou muito. Começou com 40km, passou para 40.260m em Paris 1900, e voltou a ter 40km em Saint Louis 1904. Em Londres 1908, pela primeira vez, a prova teve 42.195m, distância que vigora como oficial até hoje – o percurso foi estendido para que os atletas pudessem passar em frente ao Castelo de Windsor para serem saudados pela família real. A versão feminina só foi incluída em Los Angeles 1984. Considerada uma prova nobre, a maratona costuma ser a última do programa olímpico e até ser incluída na cerimônia de encerramento.

MARCHA ATLÉTICA

Diferencia-se das corridas por uma regra básica: o atleta jamais pode ter os 2 pés fora do chão ao mesmo tempo.
20KM: para homens e mulheres.
50KM: só para homens.

Punições

Árbitros espalhados pelo percurso fiscalizam o cumprimento da regra pelos atletas, advertindo os faltosos com placas amarelas. Após mostrar a placa, o árbitro pode pedir a desclassificação do atleta por seguir com a falta, enviando um cartão vermelho ao árbitro chefe. Quando este recebe 3 propostas de desclassificação, de 3 árbitros diferentes e de 3 países diferentes, desclassifica o atleta, mostrando uma placa vermelha.

Técnica

A regra determina que o atleta não pode perder o contato contínuo com o solo e que a perna que avança deve ficar reta desde o momento em que toca o chão até a passagem na vertical, produzindo com isso a elevação do quadril – o que leva a um movimento parecido com um rebolado. Os braços se movimentam no ritmo das passadas. Um marchador pode atingir até 16km/h.

PROVAS DE CAMPO

SALTO EM DISTÂNCIA

Cada atleta tem direito a 3 saltos nas eliminatórias e 6 nas finais. O objetivo é atingir a maior distância possível, medida entre a tábua que limita o ponto onde o atleta pode tomar impulso para o salto e a última marca feita por seu corpo ao tocar o solo.

O salto em 5 etapas

1- Corrida: é onde começa o impulso. Não por acaso, muitos velocistas são também bons saltadores.
2- Aproximação: deve ser bem calculada, para que o último passo seja dado dentro da área válida e sem perder força.
3- Impulsão: aproveitando a velocidade da corrida, o atleta projeta o corpo para a frente.
4- Voo: quanto mais tempo no ar, mais longo o salto.
5- Queda: deve ser equilibrada, de preferência projetando o corpo à frente.

Técnicas de aterrissagem

Passada no ar: o atleta "pedala" após o salto, usando o movimento das pernas para ganhar distância.
Salto grupado: em vez das pernas, são os braços que giram para projetar o corpo.
Extensão dorsal: pernas dobradas à frente, braços esticados para trás, para ganhar impulso com o tronco.

Área de salto

Corredor: tem 1,22m de largura e 40m de extensão, no mínimo. Normalmente é coberto de material sintético semelhante ao da pista de corrida.
Tábua: tem 20cm de largura e 1,22m de comprimento. Deve ser fixada 3m antes da área de queda (caixa de areia) e marca o ponto máximo em que o atleta pode tomar impulso para o salto. Uma faixa de plasticina (material parecido com a massa de modelar) é colocada imediatamente à frente da tábua de impulsão, para indicar se o saltador pisou além dela, invalidando o salto. Nos Jogos Rio 2016, a medição será realizada por um novo sistema de vídeo. Uma bandeira branca indica que o salto foi válido; uma bandeira vermelha indica que o salto foi nulo.
Caixa de areia: tem 3m de largura e extensão de, no mínimo, 10m a partir da tábua de impulsão. A areia deve ser nivelada após cada salto.

O Fosbury Flop

Até Cidade do México 1968, havia 2 estilos de salto em altura, ambos passando as pernas de lado sobre o sarrafo: com a parte externa primeiro (tesoura) ou com a parte interna (rolo ventral). Porém, naquela edição dos Jogos, o norte-americano Richard "Dick" Fosbury apresentou um salto revolucionário: usando o impulso de um dos pés, ele se posicionou de costas para o sarrafo, passou primeiro a cabeça, depois as costas e só então as pernas, torcendo o corpo e pousando com os ombros no colchão. Ganhou a medalha de ouro e mudou seu esporte para sempre: até hoje os atletas usam esse movimento, que passou a ser conhecido como Fosbury Flop.

Uniformes

Malhas: como as de corrida, aerodinâmicas para favorecer a velocidade.
Sapatilhas: com pregos (no máximo 11), para aderir à pista.

SALTO TRIPLO

A área de salto e o equipamento são os mesmos do salto em distância, com pequenos detalhes e uma diferença fundamental: o atleta tem que efetuar 3 saltos antes da queda, sendo obrigatoriamente os 2 primeiros com o mesmo pé e o terceito com o pé alternado (assim, teremos sempre: direito, direito, esquerdo e queda; ou esquerdo, esquerdo, direito e queda).

A técnica em 3 etapas

1- Impulsão: após a corrida (que é mais cadenciada, sem a explosão do salto em distância), o atleta estica um dos pés, que vai tocar o chão e preparar o segundo impulso.
2- Passada: com o mesmo pé, o atleta toca o chão pela segunda vez.
3- Salto: usando as mesmas técnicas de aterrissagem do salto em distância, o atleta projeta o corpo para ganhar distância.

Área de salto

A única diferença para o salto em distância é a distância da caixa de areia: 11m para mulheres e 13m para homens.

Sapatilha

A principal diferença do uniforme. Tem amortecimento na sola para absorver o impacto dos primeiros saltos sem perder impulso para o último.

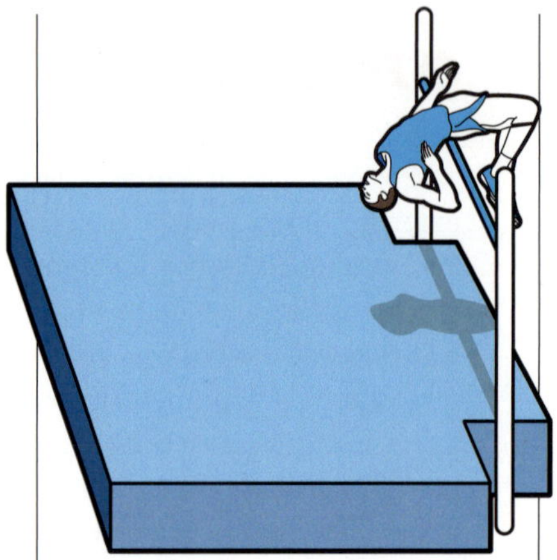

SALTO EM ALTURA

Usando apenas o impulso de um dos pés, os atletas têm de passar o corpo sobre uma barra estendida em 2 suportes, sem derrubá-la (é permitido tocar nela, mas não ajeitá-la com as mãos). As alturas em que a barra será elevada são decididas pelos delegados técnicos e cada atleta tem direito a 3 chances de ultrapassar cada uma. A competição segue até que o último atleta falhe as 3 tentativas.

A barra

Comprimento: 4m.
Seção transversal: redonda.
Material: pode ser qualquer um; atualmente é utilizada a fibra de vidro.

Área de salto

O corredor para o atleta se impulsionar tem raio mínimo de 16m (20m em competições internacionais) a partir do centro da barra. O atleta pode escolher distância e direção. Após a barra, há um espaço de 6m x 4m sobre o qual se instala um colchão de espuma com 0,7m de altura, no mínimo, para amortecer a queda.

SALTO COM VARA

O princípio é o mesmo do salto em altura. Mas os atletas usam uma vara flexível para projetar o corpo sobre o sarrafo.

Vara

Comprimento, peso e diâmetro de livre escolha. A única exigência é de que a seção transversal seja redonda. O material mais comum é fibra de vidro.

Barra

Cilíndrica, feita de qualquer material; o mais utilizado é fibra de vidro.
Comprimento: 4,5m.
Diâmetro: entre 29mm e 31mm.
Peso máximo: 2,25kg.

Área de salto

Pista: corredor com um mínimo de 40m de comprimento e 1,22m de largura.
Encaixe da vara: com base em chapa de aço, colocado no final do corredor, antes do início da área de queda, tem a finalidade de suportar a vara durante a execução do salto.
> **Comprimento do encaixe:** 1,084m.
> **Largura do encaixe:** 60cm no início e 15cm no fim.
> **Profundidade do encaixe:** nula no começo (nível do solo), vai descendo até 15cm.
Área de queda: 6m x 6m, com colchão de 80cm de altura.

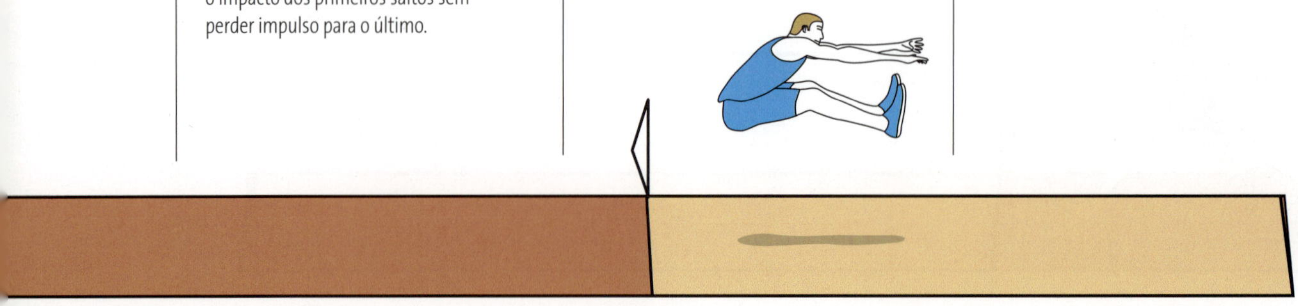

Fabiana Murer em prova de salto com vara em Londres 2012

ALAOR FILHO/AGIF/
COMITÊ OLÍMPICO DO BRASIL

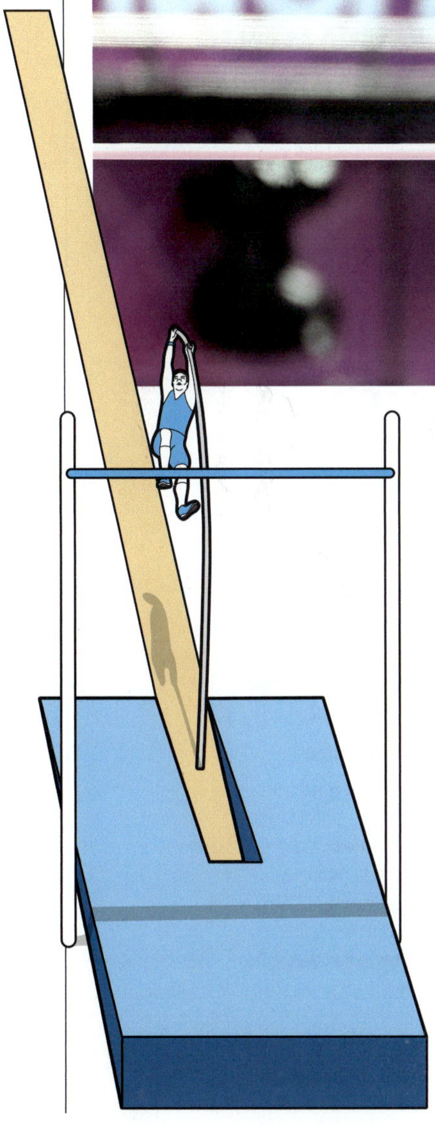

Técnica

Corrida: o atleta dá passadas ritmadas, ganhando velocidade enquanto mantém a vara em posição diagonal.

Impulsão: o ângulo ideal para encaixar a vara no suporte é de 20°. O peso do saltador a faz vergar.

Balanço e remada: puxando a vara para baixo com os braços, o saltador joga as pernas para cima, ficando de ponta-cabeça.

Voo: com a vara na vertical, o saltador usa os quadris para ganhar altura.

Ultrapassagem: de frente para o corredor, o saltador passa as pernas sobre a barra.

Voo livre: já em queda, o saltador empurra a vara para que ela não derrube a barra (o que também tornaria o salto inválido).

Pouso: cair de costas sobre o colchão é a posição mais segura.

LANÇAMENTO DO DARDO

Originada do uso de lanças pelos guerreiros da Antiguidade, essa prova consiste em atirar um dardo à maior distância possível,

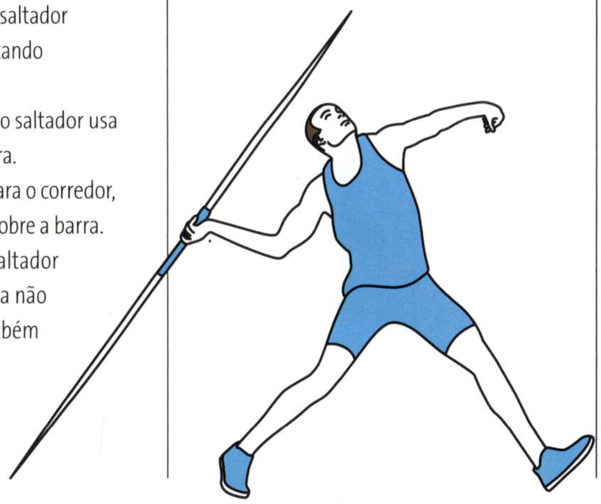

após uma corrida para tomar impulso. Cada atleta tem 3 tentativas nas eliminatórias e 6 nas finais. O lançamento é medido a partir do centro de um raio de 8m, no meio do corredor, até o primeiro ponto em que a cabeça de metal do dardo toca o solo; a leitura é realizada na linha do arco que determina o final do corredor de impulsão (se o atleta pisar além dela, "queima" a tentativa, invalidando-a).

O dardo

Feito de metal ou material similar, mas sempre com cabeça metálica. O centro de gravidade do dardo mudou (em 1986 para homens e em 1999 para mulheres), para diminuir a distância dos lançamentos, depois que atletas de outras provas e até espectadores foram atingidos.
Comprimento: 2,6m a 2,7m para homens e 2,2m a 2,3m para mulheres.
Peso: 800g para homens e 600g para mulheres.
Empunhadura: localizada no centro de gravidade do dardo, não deve exceder o diâmetro do eixo em mais de 8mm.

Área de competição

Pista: entre 30m e 36,5m de comprimento e 4m de largura.
Área de queda: ângulo de aproximadamente 29° a partir do ponto de lançamento, delimitado por 2 linhas brancas, que são o prolongamento de um raio de 8m marcado do centro até as extremidades do corredor de 4m de largura.

LANÇAMENTO DO DISCO

Nos Jogos Olímpicos da Antiguidade, os discos eram feitos de pedra e não tinham o formato atual. A versão moderna da prova tem os mesmos princípios do lançamento do dardo, mas, em vez de correr para tomar impulso, o atleta gira sobre o próprio eixo.

O disco

Feito de madeira, fibra e com as bordas e o centro em metal.
Peso mínimo: 2kg para homens e 1kg para mulheres.
Diâmetro: 219mm a 221mm para homens e 180mm a 182mm para mulheres.
Espessura: 34mm a 46mm para homens e 37mm a 39mm para mulheres.

Área de competição

Círculo de lançamento: 2,5m de diâmetro. Fechado atrás por uma gaiola de metal (aberta apenas para a área de queda), por medida de segurança. O atleta deve se posicionar inicialmente na parte de trás e "queima" o lançamento se pisar além da borda.
Área de queda: ângulo de 34°92' a partir do ponto de lançamento, delimitado por 2 linhas brancas.

LANÇAMENTO DO MARTELO

Derivado de competições entre ferreiros na Idade Média, que usavam literalmente martelos, suas ferramentas de trabalho. Segue os preceitos das outras provas de lançamento.

O martelo

Hoje é, na verdade, uma bola de metal com cabo e empunhadura.
Peso mínimo: 7,26kg para homens e 4kg para mulheres.
Comprimento: 1,215m para homens e 1,195m para mulheres.
Diâmetro da cabeça: 11cm a 13cm para homens e 9,5cm a 11cm para mulheres.

Área de lançamento

Círculo de lançamento: 2,135m de diâmetro. De concreto, cercado por

Um estilo que deu impulso

A prova de arremesso do peso ganhou literalmente um novo impulso a partir da década de 1950, quando o norte-americano William Parry O'Brien criou um revolucionário estilo de arremesso, no qual o atleta começa o movimento de costas. Com sua técnica, O'Brien ganhou o ouro em Helsinque 1952 e Melbourne 1956, a prata em Roma 1960 e ficou em quarto lugar em Tóquio 1964.

Quase um quarto de século depois de sua criação, o soviético Aleksandr Baryshnikov lançou em Montreal 1976 um novo estilo rotacional de arremesso, semelhante ao que é usado no lançamento do disco. Com ele, conseguiu o bronze naqueles Jogos e a prata em Moscou 1980.

uma gaiola de metal atrás (aberta apenas para a área de queda) por medida de segurança. O atleta deve se manter nos limites do círculo até o martelo tocar o solo.
Área de queda: delimitada por 2 linhas brancas marcadas com um ângulo de 34°92' a partir do centro do círculo de lançamento.

ARREMESSO DO PESO

A diferença fundamental para as provas de lançamento está no método: o peso é empurrado com a palma da mão na direção da área de queda. De resto, os preceitos são os mesmos.

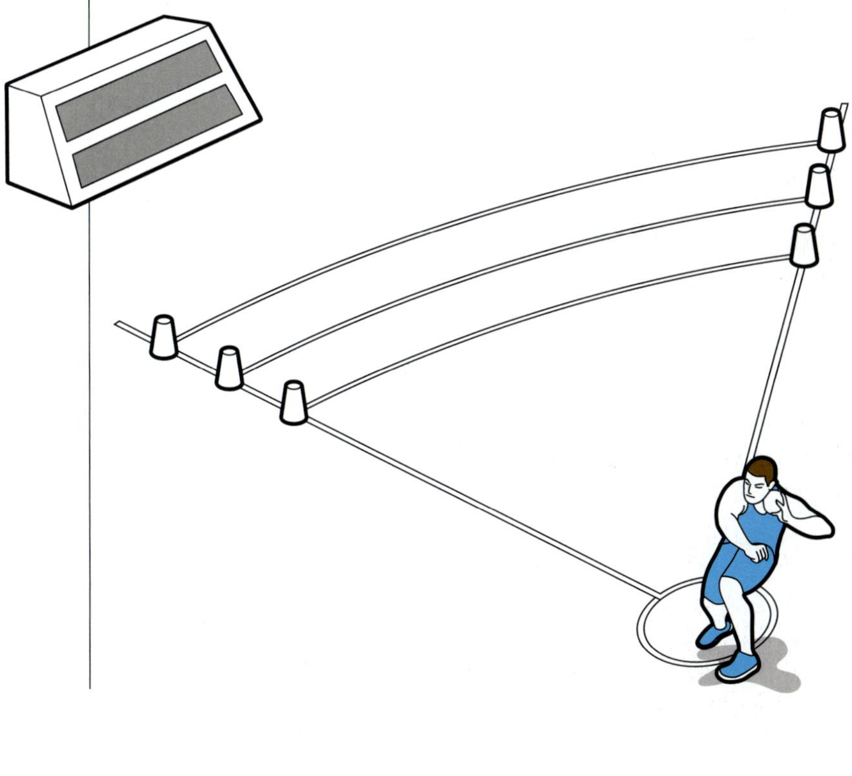

O peso

Feito de ferro ou latão. A superfície deve ser lisa.
Peso: 7,26kg para homens e 4kg para mulheres.
Diâmetro: 11cm a 13cm para homens e 9,5cm a 11cm para mulheres.

Área de lançamento

Círculo de lançamento: 2,13m de diâmetro. Tem um anteparo de 10cm de altura na direção da área de queda. O atleta "queima" o arremesso se passar dele.
Área de queda: ângulo de 34°92' a partir do centro do círculo, delimitado por 2 linhas brancas.

PROVAS COMBINADAS

Como seus nomes indicam, o heptatlo e o decatlo reúnem, respectivamente, um conjunto de 7 e 10 provas diferentes, que são realizadas em 2 dias seguidos. Nos Jogos Olímpicos, o heptatlo é exclusivo para as mulheres, e o decatlo, para homens. Uma tabela internacional é usada para transformar tempos e medidas em pontos, que, somados, apontam o vencedor. O mais antigo registro de disputa de provas combinadas data do século VIII a.C., quando o pentatlo foi incluído nos Jogos Olímpicos da Antiguidade, com as provas de lançamento do disco, luta, salto em distância, corrida de 100 jardas e lançamento do dardo.

HEPTATLO

1º DIA: 100m com barreiras, salto em altura, arremesso do peso e 200m.
2º DIA: salto em distância, lançamento do dardo e 800m.

DECATLO

1º DIA: 100m rasos, salto em distância, arremesso do peso, salto em altura e 400m rasos.

2º DIA: 110m com barreiras, lançamento do disco, salto com vara, lançamento do dardo e 1.500m.

OS RECORDES OLÍMPICOS

PISTA

100m

Masculino: Usain Bolt (Jamaica) – 9s63 – 05/08/2012 – Londres
Feminino: Florence Griffith-Joyner (Estados Unidos) – 10s62 – 24/09/1988 – Seul

200m

Masculino: Usain Bolt (Jamaica) – 19s30 – 20/08/2008 – Pequim
Feminino: Florence Griffith-Joyner (Estados Unidos) – 21s34 – 29/09/1988 – Seul

400m

Masculino: Michael Johnson (Estados Unidos) – 43s49 – 29/07/1996 – Atlanta
Feminino: Marie-José Pérec (França) – 48s25 – 29/07/1996 – Atlanta

800m

Masculino: David Rudisha (Quênia) – 1min40s91 – 09/08/2012 – Londres
Feminino: Nadezhda Olizarenko (União Soviética) – 1min53s43 – 27/07/1980 – Moscou

A mãozinha da tecnologia

> Quem ganhou? Nas provas de velocidade dos primeiros Jogos Olímpicos, a pergunta sempre gerava dúvidas. Só em Los Angeles 1932, o *photo finish* foi adotado oficialmente. O equipamento fotografa o momento exato da chegada dos competidores.

> Até Tóquio 1964, as pistas de atletismo eram de pó de carvão. No Japão, foi usado pela primeira vez um piso sintético.

> Muita gente não entende como os árbitros de uma prova conseguem identificar os atletas que queimam partidas em provas de pista. Muito simples: os blocos atualmente utilizados nos Jogos Olímpicos são equipados com dispositivos eletrônicos que acusam a saída do atleta antes da emissão do sinal sonoro para a largada.

Da cozinha à eternidade

Corebo de Élis, o primeiro campeão olímpico de que se tem notícia, era cozinheiro. Como prêmio pela vitória na corrida conhecida como stádion, em 776 a.C, não ganhou medalha, mas o direito de ter seu nome gravado no estádio de Olímpia.

QUADRO DE MEDALHAS

PAÍS	OURO	PRATA	BRONZE	TOTAL
EUA	318	249	194	761
União Soviética	64	55	74	193
Grã-Bretanha	53	80	62	195
Finlândia	49	34	31	114
Alemanha Oriental	38	36	35	109
Rússia	26	27	25	78
Quênia	24	31	24	79
Polônia	23	18	13	54
Suécia	21	25	46	92
Etiópia	21	7	17	45

1.500m
Masculino: Noah Ngeny (Quênia) – 3min32s07 – 29/09/2000 – Sidney
Feminino: Paula Ivan (Romênia) – 3min53s96 – 01/10/1988 – Seul

5.000m
Masculino: Kenenisa Bekele (Etiópia) – 12min57s82 – 15/08/2008 – Pequim
Feminino: Gabriela Szabo (Romênia) – 14min40s79 – 25/09/2000 – Sidney

10.000m
Masculino: Kenenisa Bekele (Etiópia) – 27min01s17 – 17/08/2008 – Pequim
Feminino: Tirunesh Dibaba (Etiópia) – 29min54s66 – 15/08/2008 – Pequim

Revezamento 4x100m
Masculino: Jamaica – 36s84 – 11/08/2012 – Londres
Feminino: Estados Unidos – 40s82 – 10/08/2012 – Londres

Revezamento 4x400m
Masculino: Estados Unidos – 2min55s39 – 23/08/2008 – Pequim
Feminino: União Soviética – 3min15s17 – 01/10/1988 – Seul

100m com barreiras
Feminino: Sally Pearson (Austrália) – 12s35 – 07/08/2012 – Londres

110m com barreiras
Masculino: Liu Xiang (China) – 12s91 – 27/08/2004 – Atenas

400m com barreiras
Masculino: Kevin Young (Estados Unidos) – 46s78 – 06/08/1992 – Barcelona
Feminino: Melaine Walker (Jamaica) – 52s64 – 20/08/2008 – Pequim

3.000m com obstáculos
Masculino: Julius Kariuki (Quênia) – 8min05s51 – 30/09/1988 – Seul
Feminino: Gulnara Galkina (Rússia) – 8min58s81 – 17/08/2008 – Pequim

RUA

Maratona
Masculino: Samuel Kamau Wanjiru (Quênia) – 2h6min32s – 24/08/2008 – Pequim

Atletas de diversos países disputam a prova de 10.000m em Londres 2012
VALTERCI SANTOS/AGIF/ COMITÊ OLÍMPICO DO BRASIL

Feminino: Tiki Gelana (Etiópia) – 2h23min07s – 05/08/2012 – Londres

Marcha 50km
Masculino: Sergey Kirdyapkin (Rússia) – 3h35min59s – 11/08/2012 – Londres

Marcha 20km
Masculino: Chen Ding (China) – 1h18min46s – 04/08/2012 – Londres
Feminino: Elena Lashmanova (Rússia) – 1h25min02s – 11/08/2012 – Londres

CAMPO

Salto em distância
Masculino: Bob Beamon (Estados Unidos) – 8,90m – 18/10/1968 – Cidade do México
Feminino: Jackie Joyner-Kersee (Estados Unidos) – 7,40m – 29/09/1988 – Seul

Salto em altura
Masculino: Charles Austin (Estados Unidos) – 2,39m – 28/07/1996 – Atlanta
Feminino: Yelena Slesarenko (Rússia) – 2,06m – 28/08/2004 – Atenas

Salto triplo
Masculino: Kenny Harrison (Estados Unidos) – 18,09m – 27/07/1996 – Atlanta
Feminino: Françoise Mbango Etone (Camarões) – 15,39m – 17/08/2008 – Pequim

Salto com vara
Masculino: Renaud Lavillenie (França) – 5,39m – 10/08/2012 – Londres
Feminino: Yelena Isinbayeva (Rússia) – 5,05m – 18/08/2008 – Pequim

Lançamento do dardo
Masculino: Andreas Thorkildsen (Noruega) – 90m57 – 23/08/2008 – Pequim
Feminino: Osleidys Menéndez (Cuba) – 71m53 – 27/08/2004 – Atenas

Lançamento do disco
Masculino: Virgilijus Alenka (Lituânia) – 69,89m – 23/08/2004 – Atenas
Feminino: Martina Hellmann (Alemanha Oriental) – 72,30m – 29/09/1988 – Seul

Lançamento do martelo
Masculino: Sergey Litvinov (União Soviética) – 84,80m – 26/09/1988 – Seul
Feminino: Tatyana Beloborodova (Rússia) – 78,18m – 10/08/2012 – Londres

Arremesso do peso
Masculino: Ulf Timmermann (Alemanha Oriental) – 22,47m – 23/09/1988 – Seul
Feminino: Ilona Slupianek (Alemanha Oriental) – 22,41m – 24/07/1980 – Moscou

PROVAS COMBINADAS

Decatlo
Masculino: Roman Sebrle (Tchecoslováquia) – 8.893 – 24/08/2004 – Atenas

Heptatlo
Feminino: Jackie Joyner-Kersee (Estados Unidos) – 7.291 – 24/09/1988 – Seul

O atletismo nos Jogos Rio 2016

O TORNEIO | O atletismo é o esporte que mais distribui medalhas olímpicas: 141, sendo 47 de ouro. Provas de pista e de campo são disputadas simultaneamente e algumas têm eliminatórias e finais no mesmo dia. As provas de rua não terão a chegada no Estádio Olímpico. O vencedor da maratona será coroado em outro templo sagrado, o do carnaval. A linha de chegada estará estendida na Avenida Marquês de Sapucaí, onde desfilam as escolas de samba.

DESTAQUES | São muitos atletas de elite em ação. Mas nenhum brilha tanto quanto Usain Bolt. Esse jamaicano de 1,95m de altura e 94kg já foi considerado grande demais para as provas de velocidade. Até assombrar o mundo ao conquistar o ouro nos 100m rasos, 200m e 4x100m em Pequim 2008. E repetiu a dose em Londres 2012! Foi assim também nos Mundiais de Atletismo de Berlim 2009, Moscou 2013 e Pequim 2015. Em todo esse período, só lhe faltou 1 ouro: o dos 100m rasos no Mundial de Daegu, na Coreia do Sul, em 2011, quando foi eliminado por queimar a largada. Bolt completa 30 anos no dia da cerimônia de encerramento dos Jogos Rio 2016. E pretende festejar tendo se tornado o primeiro tricampeão olímpico das corridas mais rápidas do atletismo.

LOCAIS DE COMPETIÇÃO

> **Estádio Olímpico** | Capacidade: 58.469 lugares*

> **Sambódromo (largada e chegada da maratona)** | Capacidade: 16.757 lugares*

> **Praia do Pontal (provas de marcha atlética)** | Circuito de 1km para as provas de 20km (homens e mulheres)| Circuito de 2km para a prova de 50km (homens)

** Números sujeitos a alteração.*

O BRASIL | O atletismo já foi o esporte olímpico mais premiado do Brasil. Mas não ganhou medalhas em Londres 2012 e para os Jogos Rio 2016 tem poucas esperanças. A maior delas é Fabiana Murer, campeã mundial do salto com vara em Daegu 2011 e vice em Pequim 2015. Em Jogos Olímpicos, a história de Fabiana é marcada por eliminações controvertidas: em Pequim 2008, a vara que ela usaria sumiu antes de um salto decisivo; em Londres 2012, decidiu não saltar por causa do vento forte. Nos Jogos Pan-americanos e no Mundial de 2015, Fabiana foi derrotada no último salto pela cubana Yarisley Silva, que chega como uma das favoritas.

A classificação para as provas olímpicas de atletismo segue índices estabelecidos pela IAAF, existindo também, a partir dos Jogos Rio 2016, um número de vagas fixas para algumas provas: se o número de atletas que obtêm o índice é menor do que o de vagas, os melhores do ranking mundial entre os não classificados são convidados para participar, até preencher a cota. A CBAt decidiu seguir os critérios de participação determinados pela IAAF para os atletas brasileiros.

Badminton

O mais antigo registro de algo semelhante ao badminton está relacionado ao *ti jian zi*, que era disputado com os pés e uma peteca, na China, há cerca de 2.500 anos. No século XIX, os indianos praticavam outro jogo com peteca, o *poona*, sucesso entre os soldados ingleses que ocupavam a então colônia britânica. Pouco depois, por volta de 1860, teria surgido na propriedade rural do Duque de Beaufort (Badminton House), em Gloucestershire, na Inglaterra, uma nova versão de um passatempo infantil, popular na Grã-Bretanha desde a Idade Média e conhecido como *battledore* (raquete) ou *shuttlecock* (peteca), cujas regras são muito parecidas com as do esporte que hoje é o segundo mais praticado no mundo, perdendo apenas para o futebol. Depois de participar de 2 edições olímpicas como exibição, em Munique 1972 e Seul 1988, o badminton enfim foi aceito oficialmente como modalidade olímpica em Barcelona 1992. Houve disputas de simples e duplas, ambas no masculino e no feminino. A partir de Atlanta 1996, as duplas mistas entraram no programa.

ÓRGÃOS DIRIGENTES

> Badminton World Federation (BWF)

> Confederação Brasileira de Badminton (CBBd)

JOGO RÁPIDO | Usando raquetes, os atletas marcam pontos fazendo uma peteca passar sobre a rede e cair na quadra do adversário.

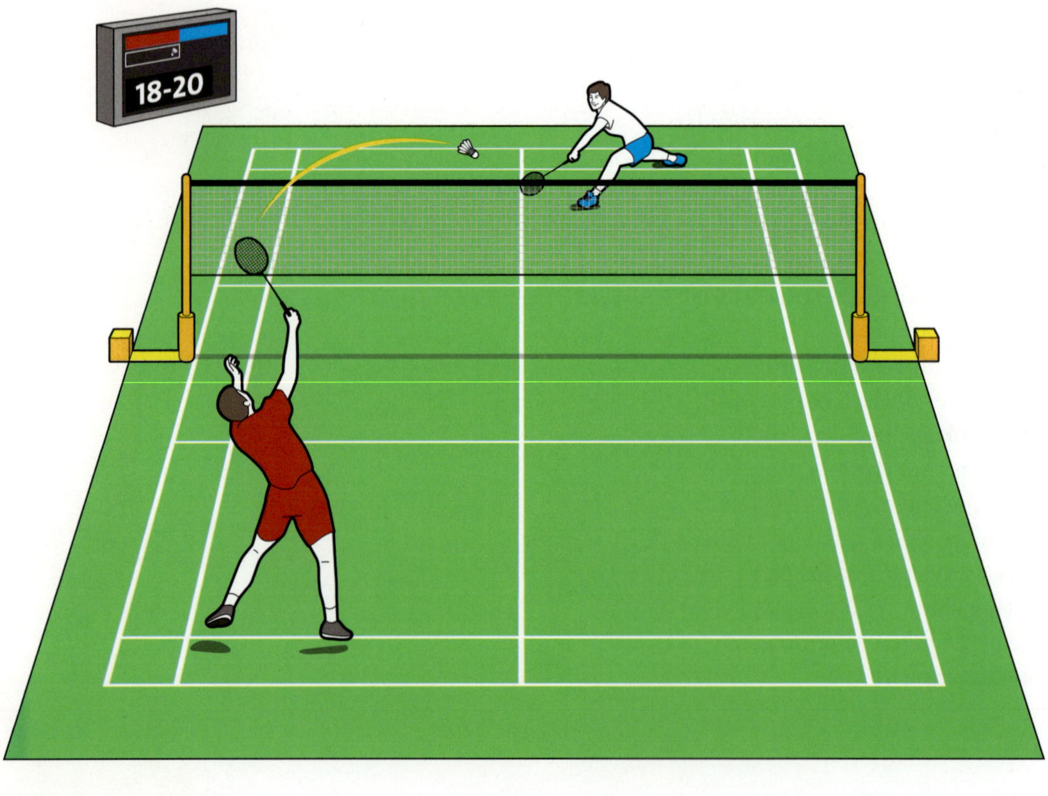

Curiosidades:

> As penas da peteca são retiradas da asa esquerda, porque o ganso dorme apoiado sobre a asa direita, danificando a plumagem desse lado.

> A cada 10s, os atletas batem de 20 a 25 vezes na peteca, que, por isso, dura apenas algumas disputas de ponto até ser substituída.

Disputa de badminton entre Brasil e Estados Unidos durante os Jogos Pan-americanos Toronto 2015
JONNE RORIZ/EXEMPLUS/ COMITÊ OLÍMPICO DO BRASIL

Pontuação

As partidas são disputadas em melhor de 3 sets de 21 pontos. Se houver empate em 20 a 20, vence quem primeiro abrir 2 pontos de vantagem. Se a igualdade persistir até 29 a 29, o vencedor será o primeiro a marcar 30.

A quadra

O piso deve ser de material antiderrapante (normalmente madeira compensada coberta com linóleo). O badminton é jogado em ginásios cobertos, para evitar a ação do vento sobre a peteca.

A peteca

Também chamada de volante.
Peso: entre 4,74g e 5,5g.
Base: arredondada, de cortiça, coberta por película de couro (normalmente de cabra). Tem 16 penas de ganso fixadas sobre a base.

A raquete

Assim como as de tênis, é feita de material leve e resistente, como metal ou fibra de carbono, com fios sintéticos rigidamente entrelaçados. Mas é menor, com o cabo fino e longo e o corpo ovalado.
Comprimento: não pode exceder 68cm.
Largura: não pode exceder 23cm.
Peso: de 85g a 110g.

A rede

Comprimento mínimo: 6,1m.
O topo, a partir da superfície da quadra, deve estar a uma altura de 1,524m no centro e de 1,55m sobre as linhas laterais de duplas.

A técnica

Velocidade, reflexos rápidos e condicionamento físico são os ingredientes essenciais. Os atletas devem ter excelentes reflexos, porque a peteca voa com incrível rapidez. Há 2 modos básicos de bater nela:
Forehand: a peteca é rebatida com o lado da raquete que fica voltado para a frente quando o atleta a segura lateralmente.
Backhand: a peteca é rebatida com as costas da raquete, ou seja, o lado que fica voltado para trás quando o atleta a segura lateralmente. Nesta situação, as costas da mão estão voltadas para a frente.

O saque

Deve ser dado de trás da linha de saque, alternando os lados: à direita quando o placar do marcador for par, à esquerda quando for ímpar. A peteca deve passar sobre a rede na diagonal, em direção à área de recepção de saque do adversário. O sacador precisa manter os pés no chão, começar o movimento com as mãos para baixo e bater na peteca abaixo da linha da cintura.

Os principais golpes

Drive: batida muito rápida, paralela ao chão, que passa rente à rede.
Drop shot: também chamado de curtinha, faz a peteca cair junto à rede.
Lob: batida alta, que faz a peteca encobrir o adversário.
Clear: batida alta, que faz a peteca cair verticalmente no fundo da quadra.
Smash: batida violenta, de cima para baixo. Geralmente define os pontos.

É ponto!

› Quando a peteca cai na quadra do adversário.
› Quando o adversário atira a peteca para fora, em sua própria quadra, na rede ou por baixo dela.
› Quando o adversário toca na rede com a raquete ou qualquer parte do corpo.
› Quando o adversário rebate a peteca antes que ela cruze a rede na direção de seu lado da quadra.
› Quando o adversário comete uma violação de saque.

Os árbitros

Árbitro principal: senta-se numa cadeira alta num dos lados da rede. Toma as decisões finais.
Juiz de serviço: senta-se numa cadeira baixa do lado oposto. Verifica se o saque é executado legalmente.
Juízes de linha: 5 de cada lado, à beira da quadra. Verificam se a peteca cai dentro ou fora da quadra.

Olhinhos puxados

Nada menos do que 50 milhões de jogadores, oficialmente registrados, praticam badminton em todo o mundo. Os dados são da BWF, que tem 183 países associados. Mas a popularidade do esporte explode mesmo no Sudeste Asiático. Em lugares como Malásia, Indonésia e China, os melhores jogadores são tratados como celebridades nacionais.

Velocidade máxima

Numa partida de simples de badminton, um jogador de elite pode correr 1,6km e executar cerca de 2 mil golpes. A temperatura na quadra e até a pressão atmosférica influenciam na velocidade atingida pela peteca. A maior marca já medida em competição, num jogo de duplas, foi obtida pelo chinês Fu Haifeng, que, com um *smash*, atingiu 332km/h. Num teste de raquete, em 2013, o malaio Tan Boon Heong foi ainda mais rápido: incríveis 493km/h!

As irmãs Lohaynny e Luana Vicente disputam a final de badminton com as americanas Eva Lee e Paula Lyn Obanana em Toronto 2015

JONNE RORIZ/EXEMPLUS/COMITÊ OLÍMPICO DO BRASIL

QUADRO DE MEDALHAS

PAÍS	OURO	PRATA	BRONZE	TOTAL
China	16	8	14	38
Coreia do Sul	6	7	5	18
Indonésia	6	6	6	18
Dinamarca	1	2	3	6
Malásia	0	3	2	5
Grã-Bretanha	0	1	1	2
Holanda	0	1	0	1
Japão	0	1	0	1
Rússia	0	0	1	1
Índia	0	0	1	1

**Todos os medalhistas da história da modalidade*

Badminton nos Jogos Rio 2016

LOCAL DE COMPETIÇÃO
Riocentro – Pavilhão 4 | Capacidade: 5.919 lugares*
** Número sujeito a alteração.*

O TORNEIO | O badminton olímpico, tanto nas simples como nas duplas, é disputado inicialmente em sistema de grupos. Os classificados avançam para a fase eliminatória; a partir daí, quem perde uma partida está eliminado. A exceção está nas semifinais: desde Atlanta 1996, os perdedores se enfrentam na disputa da medalha de bronze.

DESTAQUES | O chinês Lin Dan é considerado por muitos o maior jogador de badminton de todos os tempos. Foi o primeiro a conquistar a medalha de ouro em 2 edições seguidas dos Jogos Olímpicos: Pequim 2008 e Londres 2012. Depois de atingida a marca histórica, circularam rumores de que ele deixaria as quadras. Mas o próprio Lin Dan confirmou que continuaria na ativa para tentar seu terceiro ouro nos Jogos Rio 2016, pouco antes de completar 33 anos.

O BRASIL | Sem tradição no esporte, o Brasil nunca participou da competição de badminton em Jogos Olímpicos. Em 2016, terá direito a vagas de simples, no masculino e no feminino, por ser o país-sede. Nossos representantes serão Ygor Coelho e Lohaynny Vicente. Nas duplas, a classificação se dá pelo ranking mundial. Nos Jogos Pan-americanos Toronto 2015, os brasileiros tiveram sua melhor participação na história da competição, com 2 medalhas de prata (duplas masculinas e femininas) e 1 de bronze (duplas mistas).

Ygor Coelho não foi um desses medalhistas, mas no mesmo ano assumiu a liderança do ranking brasileiro. Ele ainda estava na barriga da mãe quando o pai resolveu criar um projeto social no Morro da Chacrinha, na Zona Oeste do Rio, improvisando uma quadra de badminton no quintal. Ygor cresceu, virou flamenguista, fã de Neymar e Ayrton Senna e, aos 19 anos, atleta olímpico do esporte que aprendeu em casa.

Basquetebol

O basquetebol tem uma origem bem diferente da maioria das modalidades olímpicas: em vez de evoluir de práticas antigas, foi feito por encomenda. Em 1891, a Associação Cristã de Moços (ACM) de Springfield, no frio norte dos Estados Unidos, pediu a um de seus professores, o canadense James Naismith, que criasse uma atividade de lazer para os meses de inverno. A ideia era que o novo jogo funcionasse ao mesmo tempo como exercício físico e lazer, podendo ser praticado em ginásios fechados e oferecendo o mínimo de risco aos estudantes. Naismith não podia imaginar que estava criando o que seria um dos esportes mais populares do mundo. Hoje, segundo dados da FIBA, cerca de 450 milhões de pessoas em todo o planeta, profissionais e amadores, se dedicam diária ou eventualmente à divertida arte de acertar bolas numa cesta. Nos Jogos, o basquetebol estreou como demonstração em Saint Louis 1904 e faz parte do programa olímpico desde Berlim 1936. As mulheres foram admitidas em Montreal 1976.

ÓRGÃOS DIRIGENTES

> Fédération Internationale de Basketball (FIBA)

> Confederação Brasileira de Basquetebol (CBB)

JOGO RÁPIDO | Duas equipes se enfrentam numa quadra, usando as mãos para fazer uma bola passar por uma cesta no lado do adversário e assim marcar pontos.

Pivô brasileiro JP Batista em jogo de estreia em Toronto 2015

JONNE RORIZ/EXEMPLUS/ COMITÊ OLÍMPICO DO BRASIL

Basquetebol olímpico

A competição de basquetebol dos Jogos Olímpicos segue as regras da FIBA – com algumas diferenças em relação às que são usadas na NBA, a poderosa liga norte-americana, que reúne os melhores jogadores do mundo. Duas equipes com 5 atletas se enfrentam em quadra durante 40min (divididos em 4 tempos de 10min, chamados de quartos). Caso haja empate, é disputada uma prorrogação de 5min; persistindo a igualdade no placar, haverá tantos períodos de 5min quantos forem necessários para que finalmente haja um vencedor. Mas atenção: a simplicidade das regras é apenas aparente. O basquetebol é regido por uma série de normas bastante detalhadas, que são rigorosamente cumpridas em competições oficiais.

A tabela

Anteparo da cesta. Retangular, normalmente feita de fibra de vidro.

A cesta

Formada por um aro de metal com uma rede de cordas (mais estreita na base, para diminuir a velocidade da queda da bola).
Diâmetro do aro: 45cm.
Altura: 3,05m entre o chão e o aro.

A bola

Para homens: tamanho 7, com 74,9cm a 78cm de circunferência e peso entre 567g e 650g.
Para mulheres: tamanho 6, com 72,4cm a 73,7cm de circunferência e peso entre 510g e 567g.

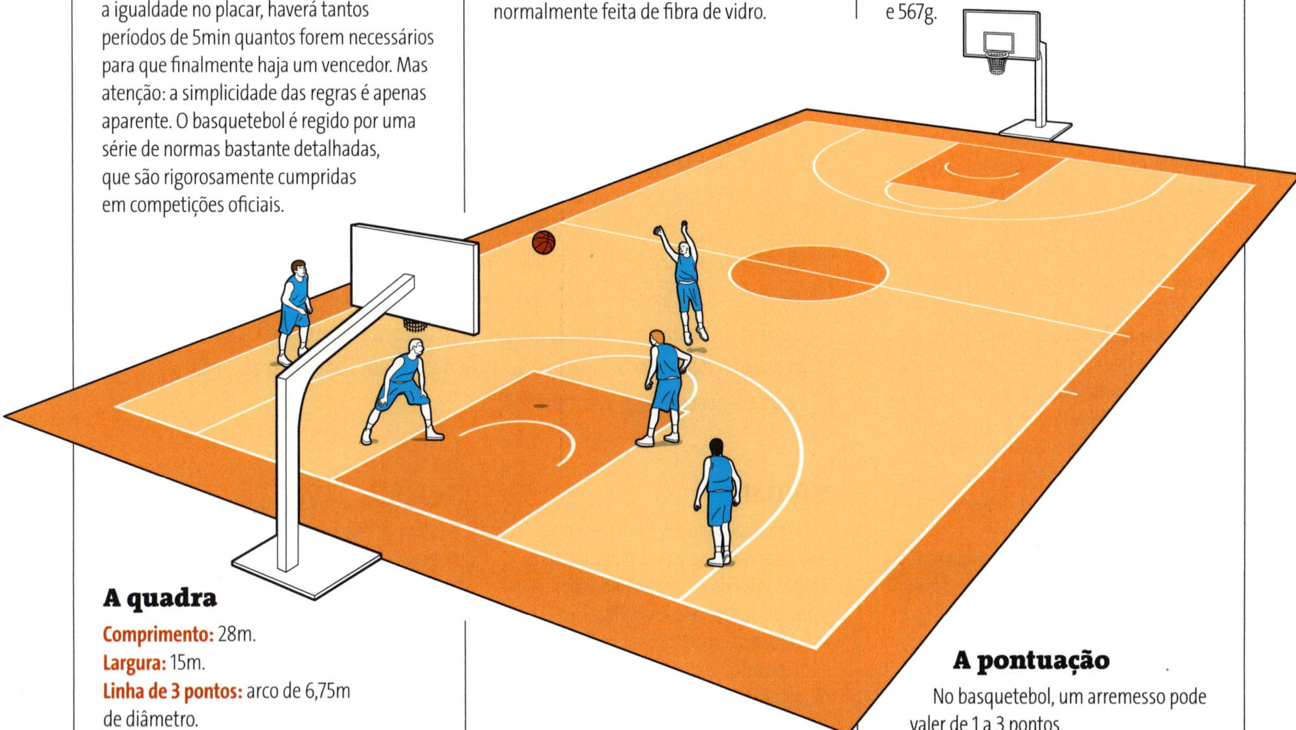

A quadra

Comprimento: 28m.
Largura: 15m.
Linha de 3 pontos: arco de 6,75m de diâmetro.
Garrafão: comparando com o futebol, é a grande área do basquetebol. Dentro dela estão a linha de lance livre e a área interna, chamada de “área pintada” ou “área de 3s”.

O uniforme

Traje: foi mudando ao longo dos tempos, influenciando a moda de rua e sendo influenciado por ela. Hoje, shorts largos e camisetas sem mangas são o padrão para homens. Mulheres usam roupas mais justas – short e camiseta ou macaquinho.
Tênis: têm cano alto, para proteger os tornozelos, e sistemas de propulsão e amortecimento, para facilitar saltos e quedas.

O cronômetro

Marca regressivamente o tempo de cada período. Deve estar instalado de forma que seja visível para todos os envolvidos, incluindo os espectadores (normalmente, preso ao teto, no centro da quadra).

O marcador de posse de bola

2 cronômetros que marcam o tempo máximo de posse de bola para cada equipe – ou seja, 24s – devem ficar localizados acima e atrás de cada tabela, se possível. Outros 2 cronômetros ficam nos cantos da quadra.

A pontuação

No basquetebol, um arremesso pode valer de 1 a 3 pontos.
1 ponto: arremesso de lance livre, que resulta de uma marcação de falta contra a equipe adversária. Efetuado da linha do lance livre, sem marcação, como um pênalti no futebol.
2 pontos: arremesso de bola em jogo feito da área entre a linha de 3 pontos e a linha de fundo.
3 pontos: arremesso de bola em jogo feito de qualquer lugar atrás da linha dos 3 pontos.

Arbitragem

3 árbitros comandam a partida dentro de quadra, com poder igual de decisão. Quem estiver mais perto da jogada marca faltas e violações.

VALTERCI SANTOS/AGIF/
COMITÊ OLÍMPICO DO BRASIL

A noção de tempo

No basquetebol, 1min pode durar bem mais do que 60s. Explica-se: como o cronômetro para a todo momento (sempre que ocorre uma violação, uma falta, a bola sai pela lateral ou pela linha de fundo e em outras situações que exijam a intervenção da arbitragem), a duração de uma partida é muito maior do que 40min. No final, com o placar apertado, as paralisações são ainda mais frequentes. Mas mesmo quando o jogo está correndo, o relógio tem papel fundamental. Veja por quê:

24s: é o tempo máximo que uma equipe tem para tentar um arremesso. Se a marca for ultrapassada, a posse de bola passa para o adversário.

8s: é o tempo máximo que uma equipe tem para manter a bola em sua zona de defesa. Antes disso, ela tem de fazer a bola chegar à zona de ataque, ou seja, cruzar a linha que divide a quadra.

3s: é o tempo máximo durante o qual um jogador pode permanecer dentro do garrafão adversário sem a bola.

5s: é o tempo máximo que um jogador pode demorar para fazer o arremesso de um lance livre ou para repor a bola em jogo pela linha lateral ou pela linha de fundo.

*Tempo técnico: a partida é interrompida por 1min para que o treinador passe instruções a seus atletas. Cada equipe tem direito a 5 tempos técnicos: 2 nos 2 primeiros quartos e 3 nos 2 últimos.

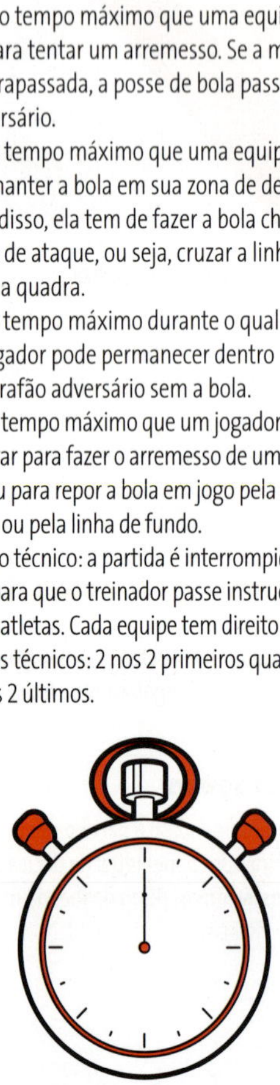

Bola ao cesto

Nas primeiras partidas de basquetebol, ainda no século XIX, as bolas eram lançadas em velhos cestos de pêssegos, com cerca de 45cm de diâmetro. Adaptados para o jogo, os cestos ficavam presos com pregos a pilastras, já numa altura de 3,05m, mantida até hoje. Só depois que o esporte já tinha se popularizado é que alguém teve a genial ideia de tirar o fundo dos cestos, evitando que a partida fosse paralisada a cada arremesso convertido.

É falta!

Falta, em basquetebol, é assunto sério, muito sério. Os jogadores que cometem 5 faltas individuais são excluídos dos jogos (podendo ser substituídos). As faltas individuais também podem prejudicar a equipe de outra forma: quando elas chegam a 4 a cada período de jogo, a equipe adversária tem direito a lances livres a cada falta recebida, independentemente da gravidade.

Falta pessoal: é aquela em que o atleta se envolve com o oponente, a partir de um contato corporal proibido. Um jogador não pode segurar, empurrar, bloquear ou impedir a movimentação do adversário usando qualquer parte do corpo. Se o rival tiver sofrido a infração no instante do arremesso, ele tem direito a cobrar 2 lances livres se estiver dentro da linha dos 3 pontos, ou 3, se estiver fora (se o arremesso no momento da falta resultar em cesta, valem os pontos e é concedido um lance livre extra). Caso contrário, a reposição de bola será feita da linha lateral.

Falta dupla: acontece quando jogadores adversários cometem falta um contra o outro simultaneamente ou quase. Uma infração será marcada contra cada agressor e não será concedido lance livre a nenhuma das equipes.

Falta técnica: envolve atitudes que não passam por contato corporal, como desobediência do jogador às intervenções do árbitro, entrada e saída de quadra sem autorização. Caso seja cometida por um jogador, entrará na contagem de faltas da equipe. Renderá 2 lances livres, e a posse de bola ao time adversário.

Falta antidesportiva: é mais dura do que a falta pessoal, e para marcá-la o árbitro leva em consideração a ação e a intenção. O atleta que sofrer essa falta terá direito a lances livres e ainda manterá a posse de bola para a equipe.

Violações: são infrações às regras do jogo que não envolvem contato pessoal nem atitude antidesportiva, como conduzir a bola sem quicar por mais de 3 passos (andada), voltar a quicá-la depois de ter parado (sobrepasso) ou tocá-la com os pés. Punidas com inversão de posse de bola.

As posições na quadra

Armador (posição 1): responsável pela armação das jogadas, deve ter boa visão de jogo e normalmente é o mais habilidoso da equipe – e também o mais baixo. Dá o maior número de assistências.
Ala-armador (posição 2): também habilidoso, ajuda na armação das jogadas, porém é mais ofensivo do que o armador principal.
Ala (posição 3): também conhecido como lateral, porque joga mais pelos lados da quadra. Bom em arremessos, ajuda também nos rebotes.
Ala-pivô (posição 4): especialista em rebote, é um jogador de força. Desempenha também a função de pivô.
Pivô (posição 5): joga mais avançado, de costas para a cesta. Geralmente é o mais alto da equipe e sofre muitas faltas. Deve ser bom no rebote.
*Cada equipe tem 7 reservas. Não há limite de substituições. Um atleta substituído pode voltar à quadra no lugar de qualquer outro, quantas vezes seu treinador quiser.

Só para baixinhos

Poucos meses antes de Berlim 1936, a FIBA baixou uma determinação que proibia jogadores com mais de 1,90m de participar das partidas. Os protestos vieram de todos os lados, e a decisão foi revista. Hoje, o basquetebol é um esporte de gigantes, mas de vez em quando surge um fenômeno como Muggsy Bogues, o jogador mais baixo da história da NBA. Ele tinha 1,59m e era especialista em roubar bolas dos pivôs, que tentavam protegê-las de outros grandalhões abaixando os braços.

A linguagem das bolas

Bola ao alto: quando o árbitro, no círculo central da quadra, atira a bola para cima entre 2 jogadores adversários, marcando o início da partida.
Bola presa: quando 2 jogadores, um de cada time, a seguram com firmeza ao mesmo tempo, impedindo que haja o passe para qualquer outro.
Bola viva: quando ela está em movimento.
Bola morta: quando o cronômetro é paralisado.

Jogador brasileiro Larry Taylor em partida contra a seleção da República Dominicana nas semifinais do basquetebol em Toronto 2015

JONNE RORIZ/EXEMPLUS/COMITÊ OLÍMPICO DO BRASIL

Os fundamentos

Air ball: arremesso em que a bola não toca a cesta ou a tabela. Se o time atacante recuperar a bola, pode continuar a jogada, e o relógio de 24s não será parado.
Arremesso: o mesmo que lançamento ou chute. É a essência do basquetebol. Um movimento feito com uma ou duas mãos para jogar a bola na direção da cesta.
Assistência: passe que resulta em cesta. Só é considerado assistência se o jogador que recebeu a bola fizer a cesta sem driblar ou quicar a bola antes do arremesso.
Bandeja: é um tipo de arremesso em movimento em que o jogador salta com um dos pés e a perna flexionada correspondente ao braço do arremesso. Pode ser feito após um passe ou um drible.
Corte: mudança de direção, quicando a bola, procurando posição para uma assistência ou um arremesso.
Cortina (pick and roll): jogada combinada em que um pivô ou ala-pivô bloqueia legalmente a passagem do armador adversário, permitindo que o armador de seu time faça um corte.
Drible: diferente do futebol, não significa necessariamente ultrapassar o adversário. Driblar, no basquetebol, é o ato de empurrar ou impulsionar a bola em direção ao chão enquanto o jogador se movimenta pela quadra.
Enterrada: é o lance em que o jogador salta e põe ("enterra") a bola diretamente na cesta, normalmente com força, e depois se apoia no aro, num movimento que leva a plateia ao delírio.
Passe: o ato de dar a bola a outro jogador da equipe. É um dos principais fundamentos do basquetebol. Há vários tipos de passe: de peito, picado, de gancho, de ombro.
Ponte aérea (alley oop): enterrada realizada após assistência. O jogador salta sem a bola e a recebe no ar.
Rebote: é a obtenção da posse de bola após um arremesso não convertido. Existem o rebote defensivo, quando a bola é recuperada pela equipe que se defende, e o rebote ofensivo, quando a bola fica com a equipe atacante.
Toco: interceptação de um arremesso adversário, na trajetória ascendente, evitando que a bola continue sua viagem rumo à cesta (se for interceptada na descendente, o árbitro marca cesta para o adversário).

MARCELO CARNAVAL/
COMITÊ OLÍMPICO DO BRASIL

Mão Santa

O brasileiro Oscar Schmidt é o maior cestinha (como são chamados os grandes pontuadores no basquetebol) de todos os tempos. Atuando em clubes do Brasil, da Espanha e da Itália e na seleção brasileira (pela qual disputou 5 edições dos Jogos Olímpicos e recusou mais de um convite da NBA, na época em que os profissionais eram vetados das competições olímpicas), Oscar marcou 49.737 pontos ao longo da carreira.

QUADRO DE MEDALHAS

PAÍS	OURO	PRATA	BRONZE	TOTAL
EUA	21	2	3	26
União Soviética	4	4	4	12
Iugoslávia	1	4	2	7
Argentina	1	0	1	2
CEI	1	0	0	1
Austrália	0	3	2	5
França	0	3	0	3
Espanha	0	3	0	3
Itália	0	2	0	2
Brasil	0	1	4	5

Basquetebol nos Jogos Rio 2016

LOCAIS DE COMPETIÇÃO
Arena Carioca 1 | Capacidade: 15.054 lugares*
Arena da Juventude | Capacidade: 5.000 lugares*
** Números sujeitos a alteração.*

O TORNEIO | Apenas 12 países disputam medalhas olímpicas de basquetebol, nas categorias masculina e feminina. Em ambas, as equipes são divididas em 2 chaves e os 4 primeiros colocados de cada uma avançam para as partidas eliminatórias de quartas de final. Os vencedores seguem para as semifinais e depois para a final.

DESTAQUES | Os inventores do basquetebol dominam o esporte nos Jogos Olímpicos – mais ainda depois que foi permitida a participação de atletas profissionais. Como mostrou o Dream Team de Barcelona 1992, os Estados Unidos produzem craques em profusão. Entre os muitos que já foram convocados para os primeiros testes dos Jogos Rio 2016, LeBron James ainda é o que pode bater no peito e dizer – como já disse – "Eu sou o maior". O gigante de 2,03m atua pelo Cleveland Cavaliers, time de seu estado natal, onde começou a carreira e para o qual voltou depois de ser tricampeão da poderosa NBA pelo Miami Heat. A carreira olímpica de LeBron começou com o que, para seus padrões, é um fracasso: a medalha de bronze em Atenas 2004, depois de uma derrota para a Argentina na semifinal. Nas 2 edições seguintes, já como protagonista, voltou para casa com o ouro. E quer o terceiro no Rio, onde provavelmente fará, aos 31 anos, sua última participação.

O BRASIL | Tiago Splitter e Leandrinho já foram campeões da NBA. Anderson Varejão foi companheiro de equipe e é amigo de LeBron James, que deve liderar os Estados Unidos no Rio. Marcelinho Huertas jogava com Kobe Bryant, ouro em Pequim 2008 e em Londres 2012, e um dos maiores astros do basquetebol de todos os tempos. Mas a carreira mais consistente de um brasileiro na liga mais poderosa do planeta é de um pivô de nome complicado e apelido simples: Maybyner Rodney Hilário, o Nenê.

Campeão brasileiro pelo Vasco depois de ser revelado em São Carlos, sua cidade natal, ele foi escolhido pelo famoso – mas pouco vencedor – New York Knicks no *draft* – como é chamado o processo de seleção de novos jogadores – em 2002. Antes mesmo de entrar em quadra, acabou negociado com o Denver Nuggets, que defendeu por 9 anos. Desde 2012, atua pelo Washington Wizards. Nenhum atleta nascido no Brasil passou tanto tempo na poderosa liga norte-americana de basquetebol. Lá, Nenê caminha para a marca de 10 mil pontos, mas seu corpanzil de 2,13m e 115kg faz dele uma arma ainda mais importante nos rebotes e tocos.

Já com a seleção brasileira a relação é mais conturbada, marcada por pedidos de dispensa – por contusões ou desavenças com a CBB. Mas ele esteve em quadra nas edições da Copa América que valeram vaga para Atenas 2004 e Pequim 2008 (o Brasil foi eliminado em ambas). E só não pôde disputar o Pré-olímpico mundial de 2008 porque estava enfrentando o pior problema de saúde de sua carreira, a remoção de um tumor benigno nos testículos, Em Londres 2012, Nenê finalmente teve a chance de participar dos Jogos, destacando-se na equipe que conquistou o 5º lugar.

O Brasil chegou a ser ameaçado pela FIBA de perder o privilégio de país-sede, mas depois de uma negociação conseguiu a classificação automática das seleções masculina e feminina.

Boxe

O boxe é um dos esportes mais antigos do planeta. Historiadores afirmam que homens pré-históricos já praticavam formas rudimentares de lutas com as mãos, por diversão ou autodefesa. As primeiras manifestações esportivas foram registradas no Egito e logo se popularizaram na Grécia. Como esporte olímpico, o pugilato (como era conhecido) fez sua estreia na edição XXIII dos Jogos da Antiguidade, em 668 a.C. As regras que serviram de base para as que vigoram atualmente só foram elaboradas em 1867, por John Graham Chambers, com aprovação do Marquês de Queensberry, na Escócia. Em Saint Louis 1904, já dividido em 7 categorias, o boxe entrou pela primeira vez no programa olímpico da Era Moderna, mas não oficialmente. Isso só aconteceu em Londres 1908.

Órgãos dirigentes

> Association Internationale de Boxe Amateur (AIBA)

> Confederação Brasileira de Boxe (CBBoxe)

Jogo rápido | 2 lutadores (chamados de pugilistas ou boxeadores) se enfrentam usando apenas as mãos, marcando pontos com os golpes efetuados.

Esquiva Falcão (de azul) luta durante as oitavas de final da categoria peso-médio contra Soltan Migitinov
DANIEL RAMALHO/AGIF/ COMITÊ OLÍMPICO DO BRASIL

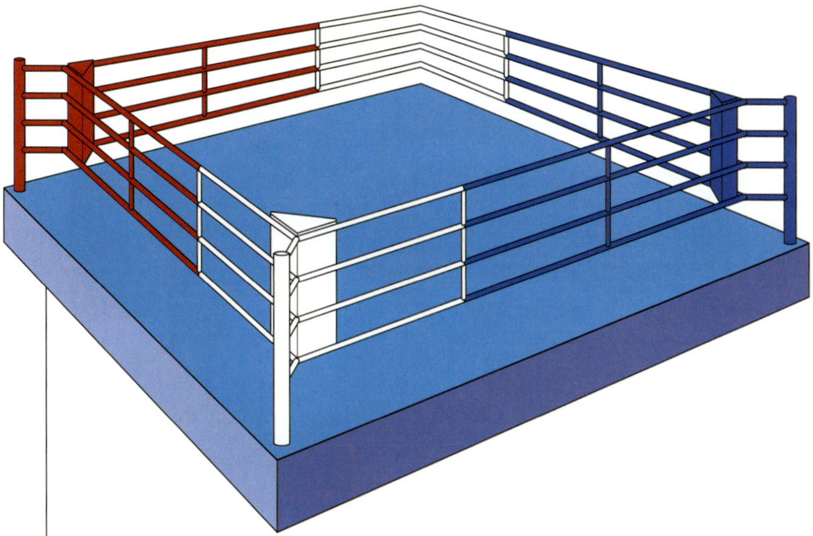

As categorias

Existem diferenças na divisão de categorias entre o boxe profissional e o amador. As deste último são as usadas nos Jogos Olímpicos:

PARA HOMENS

Mosca ligeiro: de 46kg a 49kg.
Mosca: até 52kg.
Galo: até 56kg.
Leve: até 60kg.
Meio-médio ligeiro: até 64kg.
Meio-médio: até 69kg.
Médio: até 75kg.
Meio pesado: até 81kg.
Pesado: até 91kg.
Super pesado: acima de 91kg.

PARA MULHERES

Mosca: de 48kg a 51kg.
Leve: de 57kg a 60kg.
Médio: de 69kg a 75kg.

Cronometragem

Para homens: 3 rounds de 3min.
Para mulheres: 4 rounds de 2min.

**O cronômetro para sempre que há interrupções, como marcação de faltas. E há intervalos de 1min entre os rounds.*
**Um gongo soa para indicar o início de cada round. Durante o round, o árbitro indica uma paralisação com os comandos stop (parada), break (um passo atrás e podem continuar a lutar), time (quando o árbitro precisa de um tempo maior do que 10s para, por exemplo, levar o pugilista ao córner para amarrar a sapatilha ou repor o protetor bucal). O combate reinicia com o comando box (lutem).*

O ringue

Em todas as competições da AIBA, o ringue deve medir 6,1m de cada lado (por dentro da linha das cordas). A área externa do ringue (plataforma de segurança) deve se estender por 0,85m da linha das cordas em cada lado, incluindo a lona adicional necessária para prendê-la e fixá-la.
Altura: 1m.
Cordas: cercam o ringue, com fios elásticos de diâmetro entre 3cm e 5cm. A mais alta fica a 1,3m de altura.
Córneres (cantos): têm cerca de 1,5m de altura e são revestidos de material acolchoado.

**2 córneres são usados para o descanso dos pugilistas entre os rounds. Os outros são chamados de neutros – é para um deles que o árbitro leva o pugilista que está de pé enquanto abre contagem para o que foi derrubado.*

As luvas

São obrigatórias, para proteger os lutadores de lesões. Nos Jogos Olímpicos, os pugilistas devem usar os mesmos modelos, fornecidos pelos organizadores. São 2, que variam de acordo com a categoria dos boxeadores.
10 onças (284g): de mosca ligeiro até meio-médio ligeiro.
12 onças (341g): de meio-médio até super pesado.
Cor: obrigatoriamente vermelhas ou azuis, as mesmas do córner e do uniforme do pugilista.

O uniforme

Calção: comprimento acima do joelho, marcando a linha da cintura.
Camiseta: sem mangas, vermelha ou azul, de acordo com o córner de cada pugilista.
Sapatilhas: de cano alto ou baixo, sem cravos ou salto na sola.
Protetor bucal: feito de material macio, cobre a arcada dentária. Não pode ser vermelho (total ou parcialmente), para não esconder um eventual sangramento.
Coquilha: protetor genital. Obrigatório para homens. Mulheres podem usar protetores genitais e de seios, mas não é obrigatório.
Capacete*: acolchoado, para amortecer impactos, e aberto nas orelhas. Obrigatório para mulheres.

**Nos Jogos Rio 2016 será a primeira vez que os homens competirão sem o capacete.*

Equipe de apoio

Nos intervalos entre os rounds, o pugilista pode receber instruções de seu treinador e ser atendido por auxiliares (chamados de segundos). No máximo 3 auxiliares trabalham em cada córner. Um pode entrar no ringue durante o intervalo. O segundo pode subir no ringue, mas precisa ficar do lado de fora das cordas. O terceiro obrigatoriamente fica embaixo.

Posições de luta

Existem 2 posturas básicas para iniciar o combate:
Postura ortodoxa: pé e braço esquerdos à frente. Mais usada por pugilistas destros.
Southpaw: pé e braço direitos à frente. Mais usada por pugilistas canhotos.

**Um pugilista ágil pode dominar as 2 posturas e alterná-las durante o combate para confundir o adversário.*

Estilos de luta

Os pugilistas costumam ser classificados em 4 estilos básicos:
Estilista: pugilista técnico, com estilo

Esquiva Falcão luta durante as oitavas de final da categoria peso-médio contra Soltan Migitinov
DANIEL RAMALHO/AGIF/COMITÊ OLÍMPICO DO BRASIL

baseado na movimentação sobre o ringue. Usa o jogo de pernas e escolhe o momento certo para atacar. Exemplo: Muhammad Ali.
Brawler (ou slugger): pugilista que se vale da força, confia na potência dos seus golpes, mas não tem muita mobilidade e fica exposto aos contra-ataques. A tradução mais aproximada de brawler para o português seria brigão. Exemplo: Rocky Marciano.
In-fighter (ou swarmer): pugilista que gosta de se aproximar do adversário para trocar golpes e aplicar sequências rápidas (*swarm* significa enxame de abelhas, em inglês), mas sem se descuidar da defesa. Estilo usado pelos atletas mais baixos. Exemplo: Manny Pacquiao.
Contra-golpeador: pugilista defensivo, que se vale de fintas e esquivas para abrir a guarda do adversário. Precisa ter muita velocidade. Exemplo: Floyd Mayweather Jr.

Os principais golpes

ATAQUE

Cruzado: golpe forte, que muitas vezes é definitivo. O braço vem de trás e faz um amplo movimento, visando a atingir o adversário, de preferência, na cabeça.
Direto: golpe em linha reta que normalmente sai da altura do ombro e é aplicado com a mão posicionada mais atrás na guarda do pugilista. É um golpe fortíssimo.
Gancho: golpe curto e rápido, num movimento circular.
Jab: golpe curto, semelhante ao direto, porém lançado com a mão posicionada mais à frente, usado para manter o adversário à distância e abrir a guarda, preparando um golpe mais forte.
Upper: golpe forte de baixo para cima, geralmente atinge o queixo.
Combinação: é uma sequência de golpes, colocados rapidamente para desestabilizar o adversário; o pugilista procura variar os golpes, atingindo diferentes partes do corpo.

DEFESA

Bloqueio: também chamado de guarda. Usando as luvas como anteparo, o pugilista leva os braços à frente do rosto para evitar golpes.
Clinch: abraço entre os lutadores. Acontece normalmente quando ambos estão exaustos ou quando um deles sentiu um golpe e quer deter a agressividade do adversário enquanto se recupera fisicamente. É uma atitude irregular, mas como não causa ferimentos no adversário, é tolerado; os excessos provocam a marcação de falta.
Esquiva: movimento do tronco e da cabeça para trás no momento em que o adversário desfere um golpe, evitando ser atingido.
Movimento de pernas: os pugilistas se deslocam constantemente ao redor do ringue, procurando manter o adversário afastado.

NÃO PODE...

> Golpear abaixo da linha da cintura.
> Usar cotovelos, ombros ou antebraços nos golpes.
> Dar cabeçadas no adversário.
> Golpear nuca, rins ou costas.
> Golpear com os joelhos, pés ou alguma parte da perna.
> Golpear o adversário quando ele estiver caído ou levantando-se da lona.
> Bater depois da voz de comando *stop* ou *break*, ou depois de soar o gongo.
> Segurar a cabeça ou o corpo do adversário com uma das mãos e bater com a outra.
> Colocar o polegar no olho do adversário.
> Fazer uso das cordas para impulsionar.
> Golpear com as duas mãos simultaneamente os ouvidos do adversário.
> Não dar um passo para trás após o comando *break*.
> Cair intencionalmente.
> Usar a mão aberta para segurar o rosto do adversário ou esfregá-lo com a luva.
> Cuspir propositalmente o protetor.
> Em competições oficiais, boxeadores não podem usar barba e cabelo comprido.
> O bigode é admitido com restrições – deve ser curto e ficar restrito à área entre o lábio superior e o nariz.

Arbitragem

Árbitro: acompanha a luta de dentro do ringue, verificando se os pugilistas cumprem as regras. Tem autoridade para interromper a luta momentânea ou definitivamente.

Juízes: são 5. Sentados em torno do ringue, avaliam a atuação dos pugilistas, levando em conta os golpes que atingiram o adversário, a competitividade, a técnica, a tática e a obediência às regras.

Pontuação

Ao fim de cada round, os juízes dão notas aos pugilistas: o vencedor recebe 10 e o perdedor, de 6 a 9. Elas só são reveladas no fim da luta, quando um sistema de computador seleciona e soma aleatoriamente as notas de 3 juízes (as outras 2 são descartadas). O pugilista com a maior nota final é declarado vencedor do combate. Se houver empate, todos os juízes devem pressionar o botão equivalente ao pugilista que consideraram o melhor, e o que tiver mais votos é declarado vencedor.

Outros tipos de vitória

A luta pode ser decidida antes da divulgação das notas dos juízes.

Por nocaute (K.O.): quando um lutador é derrubado, o árbitro abre contagem. Se chegar até 10 e o pugilista derrubado não se levantar, é considerado perdedor. K.O. é a sigla de nocaute (*knock out*, em inglês).

Por nocaute técnico: um boxeador desiste da luta, ou o seu treinador joga a toalha; ou o pugilista quer continuar, mas o árbitro decide que ele não tem condições.

Por K.O.I.: ferimentos que impeçam o pugilista de continuar, como um nariz quebrado. K.O.I. significa *knock out injury*.

Por desclassificação: se for repetidamente punido por golpes ilegais, ou atitudes irregulares como cuspir seguidamente o protetor, ou agarrar (*clinch*) demasiadamente o adversário, o lutador perde o combate.

Por não comparecimento (W.O.): quando um dos boxeadores não sobe ao ringue. W.O. é abreviatura de *walk over* (desistir).

SAULO CRUZ/EXEMPLUS/ COMITÊ OLÍMPICO DO BRASIL

O primeiro campeão olímpico

Ao subir no alto do pódio em 668 a.C., o romano Onomasto de Esmirna se tornou o primeiro campeão olímpico do boxe. Ele lutava com uma espécie de protetor de tela metálica nas mãos, conhecido como *cestus*. O equipamento fazia o papel da atual luva de boxe. As lutas só acabavam quando o oponente desistia ou não conseguia mais se levantar.

Jogando a toalha

A expressão "jogar a toalha", usada no sentido de desistir ou abandonar algo, vem do boxe. É uma tradição antiga do esporte: quando um pugilista está em sérias dificuldades e seu treinador acha que a melhor decisão é abandonar a luta, ele literalmente joga uma toalha no centro do ringue, indicando que o atleta desistiu do combate.

QUADRO DE MEDALHAS

PAÍS	OURO	PRATA	BRONZE	TOTAL
EUA	49	23	39	111
Cuba	34	19	14	67
Grã-Bretanha	17	12	24	53
Itália	15	15	17	47
União Soviética	14	19	18	51
Hungria	10	2	8	20
Rússia	9	5	12	26
Polônia	8	9	26	43
Argentina	7	7	10	24
Cazaquistão	6	5	6	17

Boxe nos Jogos Rio 2016

O TORNEIO | O boxe olímpico é disputado em sistema eliminatório: quem perde uma luta está eliminado, até a disputa do ouro. São distribuídas 2 medalhas de bronze – não há disputa do terceiro lugar.

DESTAQUES | Os Estados Unidos são a grande potência do boxe mundial, mas seus pugilistas normalmente preferem seguir carreira como profissionais, e Cuba, onde o esporte é oficialmente amador, aparece como a segunda força olímpica (até os Jogos Rio 2016 só pugilistas amadores podiam participar). Mas esse cenário ganhou uma novidade: competindo desde Atlanta 1996, após a separação da União Soviética, os atletas do Cazaquistão já levaram seu país ao 10º lugar no quadro de medalhas. O Mundial de 2013 foi disputado em Almaty, a maior cidade cazaque, e o jovem Daniyar Yeleussinov se destacou lutando em casa. Aos 24 anos, ganhou o ouro na categoria meio-médio. Bicampeão asiático, Yeleussinov competiu em Londres 2012, vencendo suas 2 primeiras lutas olímpicas. O título mundial faz com que ele chegue aos Jogos Rio 2016 credenciado para mais.

LOCAL DE COMPETIÇÃO

Riocentro – Pavilhão 6 | Capacidade: 9.033 lugares*

** Número sujeito a alteração.*

O BRASIL | Como todos os países-sede, o Brasil pode se candidatar a inscrever 1 pugilista por categoria. A classificação é decidida pelo ranking mundial e em torneios pré-olímpicos. Se as vagas do país não forem preenchidas em todas as categorias, a CBBoxe tem o direito de indicar mais 5 homens e 1 mulher.

A expectativa para os Jogos Rio 2016 aumentou depois do desempenho em Londres 2012, quando foram conquistadas 2 medalhas de prata (incluindo a primeira no feminino) e 1 de bronze. Robson Conceição é uma das grandes esperanças do momento. O peso leve baiano foi prata nos Jogos Pan-americanos Guadalajara 2011 – competição durante a qual, numa entrevista, pediu sua atual mulher em casamento ao vivo. Já casado, conquistou outra prata, no Mundial de 2013.

Canoagem

Onde tem água sempre haverá uma embarcação indígena – e de 2 delas nasceu um esporte olímpico. As primeiras canoas surgiram entre 8000 a.C. e 4000 a.C. na faixa semiárida entre os rios Nilo, na África, e Ganges, na Ásia. As mais antigas variavam de 3m a 30m de comprimento. Ao longo da História, foram construídas com madeira, pele de animais, casca de árvore, e usadas, das tribos nativas americanas aos polinésios, como transporte básico, para negócios e, em algumas circunstâncias, até para a guerra. O caiaque provavelmente é originário da Groenlândia. A palavra *kayak* (*ki ak*) significa "homem-barco" na língua dos esquimós, os primeiros a usar a embarcação, para transporte individual, caça e pesca. A canoagem velocidade, que já tinha competições desde o século XIX, foi esporte de demonstração em Paris 1924 e estreou oficialmente nos Jogos em Berlim 1936, mas apenas com provas de caiaques e exclusivas para homens. As mulheres entraram na água em Londres 1948. As canoas só começaram a desfilar olimpicamente em Montreal 1976 (homens) e Barcelona 1992 (mulheres). Em Munique 1972, mais uma estreia: a das provas de canoagem slalom, inspiradas nas descidas de esqui sobre a neve. Hoje, está tudo junto: existem provas olímpicas de canoas e caiaques, para homens e mulheres, nas modalidades de canoagem velocidade e canoagem slalom.

Órgãos dirigentes
> International Canoe Federation (ICF)
> Confederação Brasileira de Canoagem (CBCa)

Jogo rápido | Os atletas, chamados de canoístas, disputam provas de velocidade em 2 tipos de raia (águas calmas e corredeiras), usando 2 tipos de embarcação (caiaques e canoas).

Canoagem velocidade

Canoagem slalom

OS BARCOS

Há uma regra simples para entender como são formadas as siglas pelas quais as embarcações são conhecidas: K é caiaque (do inglês *kayak*); C é canoa (do inglês *canoe*); o número que vem em seguida indica a quantidade de tripulantes. Em Jogos Olímpicos, são disputadas provas de 5 categorias na modalidade de canoagem velocidade (K1, K2, K4, C1 e C2) e de 3 na canoagem slalom (K1, C1 e C2).

CAIAQUES

Embarcações fechadas e de formato longitudinal, com aberturas apenas no local onde se sentam os atletas. Possuem uma barra de direção controlada pelo competidor que vai à frente e ligada por cabos a um leme na traseira. Os canoístas ficam sentados e usam alternadamente os 2 lados do remo.
Remo: tem uma pá de cada lado, ambas em forma helicoidal, perpendiculares uma à outra.

CANOAS

Embarcações abertas de formato abaulado, com uma grande abertura. Não possuem leme ou qualquer controlador de direção. Os canoístas ficam ajoelhados e o remo entra em posição perpendicular na água.
Remo: tem uma só pá, mais longa e com a ponta reta. Seu tamanho varia de acordo com a altura do canoísta. A direção é controlada pela chamada "remada em J".

POSIÇÕES NOS BARCOS

Popa: parte traseira.
Proa: ponta dianteira.

CANOAGEM VELOCIDADE

As provas

Disputadas em águas sem nenhum tipo de correnteza. As embarcações devem se manter no centro de suas raias, que medem 9m de largura. É considerada vencedora a embarcação que cruzar antes a linha de chegada, ou seja, no menor tempo.
Distâncias olímpicas das provas da canoagem velocidade:
Feminino: K1 200m, K1 500m, K2 500m e K4 500m.
Masculino: K1 200m, K2 200m, K1 1.000m, K2 1.000m, K4 1.000m, C1 200m, C1 1.000m e C2 1.000m.

Área de competição

Águas calmas: trechos planos de rios, lagoas ou represas, todos sem nenhum tipo de correnteza.
Extensão total das provas: 200m, 500m e 1.000m.
Raias: 9m de largura.
Equipamentos eletrônicos: indicam o momento da largada e marcam o tempo na chegada.

Arbitragem

A bordo de 2 barcos a motor, 2 juízes seguem os canoístas para fiscalizar a posição no decorrer da competição (deve ser a mais centralizada possível). A largada é organizada por um árbitro, através de 3 comandos: *ready*; *set*; *go*! As competições oficiais devem possuir um sistema eletrônico automatizado para controlar a largada e evitar que um atleta obtenha vantagens desleais.

Em Londres 2012, os brasileiros Ronilson de Oliveira e Edson da Silva disputam prova de canoagem velocidade
WASHINGTON ALVES/AGIF/ COMITÊ OLÍMPICO DO BRASIL

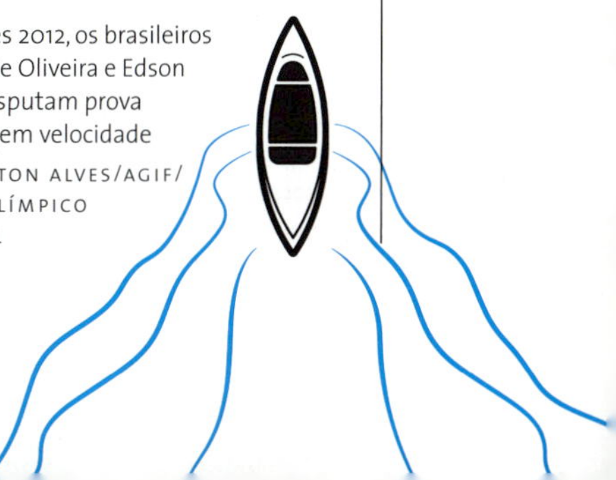

Medidas das embarcações

K1: 5,2m de comprimento máximo e 12kg de peso mínimo.
K2: 6,5m de comprimento máximo e 18kg de peso mínimo.
K4: 11m de comprimento máximo e 30kg de peso mínimo.
C1: 5,2m de comprimento máximo e 14kg de peso mínimo.
C2: 6,5m de comprimento máximo e 20kg de peso mínimo.

Uniforme

Trajes: são leves, para permitir boa mobilidade aos atletas.
Alguns canoístas preferem competir descalços.

CANOAGEM SLALOM

As provas

Nesta modalidade, quanto mais correnteza e águas agitadas, melhor. Daí a expressão águas brancas. Canoístas largam alternadamente e devem completar no menor tempo possível um percurso com 18 a 25 obstáculos, chamados de portas, 6 deles contra a correnteza. Erros de percurso são punidos. O melhor tempo de 2 descidas aponta o vencedor.
Feminino: K1.
Masculino: K1, C1 e C2.

Área de competição

Águas brancas: corredeiras (naturais, de rios, ou, como no caso dos Jogos Olímpicos, artificiais). A expressão vem da espuma criada pela correnteza.
Extensão: até 400m.

As portas

Verdes: devem ser passadas a favor da correnteza.
Vermelhas (de remonta): contra a correnteza.

Arbitragem

Espalhados pelo percurso, árbitros punem erros com acréscimo de tempo.
Tocar numa das balizas que compõem a porta: 2s.
Passar por fora da porta ou na direção contrária: 50s.

Em Londres 2012, Ana Satila participa da prova de canoagem slalom
ALAOR FILHO/AGIF/COMITÊ OLÍMPICO DO BRASIL

Medidas das embarcações

K1: 3,5m de comprimento mínimo e 9kg de peso mínimo.
C1: 3,5m de comprimento mínimo e 10kg de peso mínimo.
C2: 4,1m de comprimento mínimo e 15kg de peso mínimo.

Uniforme

Capacete de material leve e resistente, como fibra de carbono, e colete de flutuação são obrigatórios.
A roupa deve ser impermeável e resistente ao vento, mas sem atrapalhar a transpiração. Alguns canoístas usam prendedores de remos.

Saias para homens e mulheres

Nas provas de canoagem slalom, além do colete salva-vidas, os atletas precisam usar saias. Só que elas são diferentes das que estamos acostumados a ver ou vestir. Na canoagem, é o equipamento fixado no aro da cabine e na cintura do canoísta, para impedir a entrada de água na embarcação.

QUADRO DE MEDALHAS

PAÍS	OURO	PRATA	BRONZE	TOTAL
Alemanha	32	21	21	74
União Soviética	29	13	9	51
Hungria	22	29	26	77
Suécia	15	11	4	30
Alemanha Oriental	14	7	9	30
Romênia	10	10	14	34
França	7	8	18	33
Eslováquia	7	4	4	15
Tchecoslováquia	7	4	1	12
Itália	6	6	4	16

Canoagem nos Jogos Rio 2016

LOCAIS DE COMPETIÇÃO
Canoagem Velocidade: Estádio da Lagoa | Capacidade: 10.005 lugares*
Canoagem Slalom: Estádio de Canoagem Slalom | Capacidade: 8.213 lugares*
** Números sujeitos a alteração.*

O TORNEIO | Tanto as provas de canoagem velocidade quanto as de canoagem slalom têm eliminatórias (ou classificatórias), semifinais e finais, com os melhores barcos avançando de fase até a disputa de medalhas. A diferença é que na velocidade passam os barcos que chegam nas primeiras posições, enquanto na slalom a classificação se dá pelo melhor tempo obtido na descida.

DESTAQUES | David Florence morava na mesma rua de um futuro campeão olímpico, em Edimburgo, na sua Escócia natal. Mas, enquanto o vizinho Chris Hoy foi fazer história no ciclismo, ele preferiu a canoagem slalom – além de ter estudado física e matemática e se candidatado a uma vaga no programa aeroespacial britânico. A carta de rejeição da candidatura chegou pouco antes dos Jogos Pequim 2008 e abriu caminho para uma carreira olímpica. Florence ganhou a medalha de prata no C1 500m e chegou a Londres 2012 como favorito. Chegou em 10º lugar, mas acabou surpreendendo em outra prova. Com Richard Hounslow (um especialista em caiaque), formou a segunda dupla britânica e conquistou a prata, numa dobradinha no pódio com a primeira dupla. Chegará aos Jogos Rio 2016 – durante os quais completará 34 anos – de novo como favorito, em busca de seu primeiro ouro olímpico.

O BRASIL | Isaquias Queiroz teve um percurso acidentado da infância em Ubaitaba, no interior da Bahia, onde nasceu, até se tornar o maior canoísta brasileiro. Aos 3 anos de idade, virou uma panela de água quente sobre o próprio corpo; aos 5, foi sequestrado; e aos 10, perdeu um rim ao cair de uma árvore. As façanhas lhe valeram o apelido de Sete Vidas. Apenas 1 ano depois da última, conheceu a canoagem velocidade num projeto social. E a partir daí as façanhas foram outras. Em 2011, numa prova não olímpica, o C1 200m, tornou-se o primeiro brasileiro campeão mundial júnior. Dois anos depois, já no Mundial adulto, mais 2 medalhas inéditas: ouro no C1 500m (também não olímpica) e bronze no C1 1.000m. Nos 2 mundiais seguintes, voltou para casa com o mesmo desempenho: ouro e bronze. Nos Jogos Pan-americanos Toronto 2015, foram 2 ouros e 1 prata. Resultados que dão muitas esperanças à canoagem brasileira de terminar os Jogos Rio 2016, quando Isaquias terá 22 anos, com mais uma medalha inédita.

Na canoagem velocidade, o Brasil tem vaga assegurada nas provas de K1 1.000m, C1 200m, C1 1.000m e C2 1.000m para homens (nesta última, Isaquias e Erlon Souza ganharam o ouro no Mundial de Milão 2015) e K1 500m para mulheres. Na canoagem slalom, pelo critério de país-sede, a confederação pode inscrever um barco por prova. No Mundial de 2015, Ana Sátila se tornou a primeira brasileira a chegar a uma final, terminando em 9º lugar.

Ciclismo

A bicicleta surgiu como uma evolução natural de várias engenhocas sobre 2 rodas criadas desde meados do primeiro milênio. Ilustrações de Leonardo da Vinci, datadas do fim do século XV, já mostravam esboços de algo muito parecido com uma bicicleta. Alemanha e França travam uma batalha para ver quem realmente foi o responsável pela invenção. Os alemães dizem que foi Karl Drais, no início do século XIX, ao criar um velocípede. Os franceses, por sua vez, apontam o conde Mede de Sivrac, criador de um aparelho chamado celerífero, no fim do século XVIII. Porém, mesmo entre seus compatriotas, há quem desconfie da existência de Sivrac. Especula-se que o personagem foi inventado pelo jornalista Louis Baudry de Saunier, numa simples tentativa de desmerecer a criação do país vizinho. Seja quem for o inventor, as bicicletas marcam presença nos Jogos Olímpicos desde a primeira edição da Era Moderna, em 1896. E só algumas décadas antes elas deixaram de ser apenas um meio de transporte para se tornar equipamento fundamental de um esporte que reúne hoje milhões de praticantes. As primeiras competições de que se tem registro foram disputadas na França: de velódromo, em Saint Cloud, em 1868; e de estrada, entre Paris e Rouen, no ano seguinte. Em Los Angeles 1984 as mulheres passaram a disputar medalhas olímpicas no ciclismo.

Órgãos dirigentes

> Union Cycliste Internationale (UCI)

> Confederação Brasileira de Ciclismo (CBC)

Jogo rápido | Leva a melhor o ciclista ou a equipe que pedalar mais rápido. Pode ser em velódromos, na estrada, em pistas com obstáculos ou em trilhas.

O brasileiro Renato Rezende participa da tomada de tempo de ciclismo BMX em Londres 2012

VALTERCI SANTOS/AGIF/ COMITÊ OLÍMPICO DO BRASIL

MODALIDADES OLÍMPICAS

O ciclismo esteve presente em todas as edições olímpicas, mas ao longo do século passado houve várias alterações nos tipos de provas. Algumas deixaram de existir, outras surgiram e novas modalidades foram criadas. Em Jogos Olímpicos, há disputas de pista (velódromos), estrada (circuitos de rua ou rodovias), BMX (pista com obstáculos e ondulações) e mountain bike (trilhas).

CICLISMO DE PISTA

Criada como opção às provas de estrada para os meses de inverno, essa modalidade acabou se tornando a mais popular do ciclismo olímpico. Todas as provas são disputadas por homens e mulheres num circuito fechado, o velódromo.

As provas

Velocidade: em provas eliminatórias, os ciclistas competem de 2 em 2 e apenas os 200m finais de um trajeto de 1.000m são cronometrados. A ordem de largada é decidida por sorteio (sair na frente é considerado desvantajoso, porque torna o ciclista vulnerável a um ataque na última volta). A prova começa com as bicicletas presas num bloco que só libera a roda traseira após o tiro de largada. O primeiro a cruzar a linha de chegada é o vencedor.
Velocidade por equipes: também disputada em provas eliminatórias, mas cada equipe larga de uma reta e não há ultrapassagens. Cada integrante da equipe (3 para os homens e 2 para as mulheres) é responsável por uma volta e sai da pista ao completá-la.
Perseguição por equipes: aqui também as provas são eliminatórias e a largada, em sentidos opostos. Mas os integrantes da equipe (4, tanto para homens quanto para mulheres) permanecem na pista até o fim de um trajeto de 4.000m. O tempo é marcado quando a quinta roda (ou seja, a roda da frente da bicicleta do terceiro ciclista) cruza a linha de chegada. Na final, uma equipe pode vencer antes da chegada, se alcançar a outra.
Keirin: incluída em Sidney 2000. Oito ciclistas ficam alinhados de acordo com um sorteio e o primeiro é obrigado a seguir uma bicicleta elétrica (chamada de *derny*), que dita o ritmo inicial da prova. No momento em que a *derny* se retira da pista, os ciclistas, a cerca de 50km/h, brigam pelas melhores posições nos 700m finais de um trajeto de 2.000m.
Omnium: Incluída em Londres 2012, entrou no lugar da prova de Madison (50km). Os ciclistas se enfrentam em 6 provas. Nas 5 primeiras (contrarrelógio, corrida por pontos, eliminação, perseguição individual e *scratch*), o vencedor ganha 40 pontos; o segundo, 38; e assim sucessivamente. Os ciclistas levam essa pontuação somada para a última prova, a volta lançada, de 40km. Nela, os primeiros colocados a cada 10 voltas ganham pontos: 5, 3, 2 e 1; e se um ciclista abre uma volta de vantagem ganha 20 pontos, enquanto o adversário ultrapassado perde 20. Quem somar mais pontos na linha de chegada é o vencedor.

O brasileiro Gideoni Monteiro em prova de velocidade, em Toronto 2015, em que ficou com a medalha de bronze

SAULO CRUZ/EXEMPLUS/ COMITÊ OLÍMPICO DO BRASIL

O velódromo

Material: normalmente, o revestimento da pista é de madeira.
Formato: oval (2 retas e 2 curvas de 180°).
Inclinação: até 45° nas curvas.
Comprimento: 250m (pista olímpica).
Corda ou baliza: linha preta interna que determina a medida oficial da pista, situada 20cm acima da costa azul.
Costa azul: superfície de cor azul, situada abaixo da corda, geralmente demarcada em 10% da largura da pista e usada para aquecimento.
Linha vermelha: a 90cm da costa azul. O percurso entre ela e a corda, chamado de faixa de *sprinter*, é o mais curto da pista. O ciclista que pedala por ali não pode ser ultrapassado por dentro.
Linha stayer: a 2,5m da costa azul. Na prova de Keirin, o ciclista que pedala por ali não pode ser ultrapassado por dentro.
Linhas de partida e chegada: para as provas individuais, linhas preta e branca, no fim da reta principal; para as provas por equipes, linhas vermelhas no meio de cada reta.
Linha dos 200m: branca, na entrada da reta oposta. Marca o ponto em que as provas de velocidade começam a ser cronometradas.

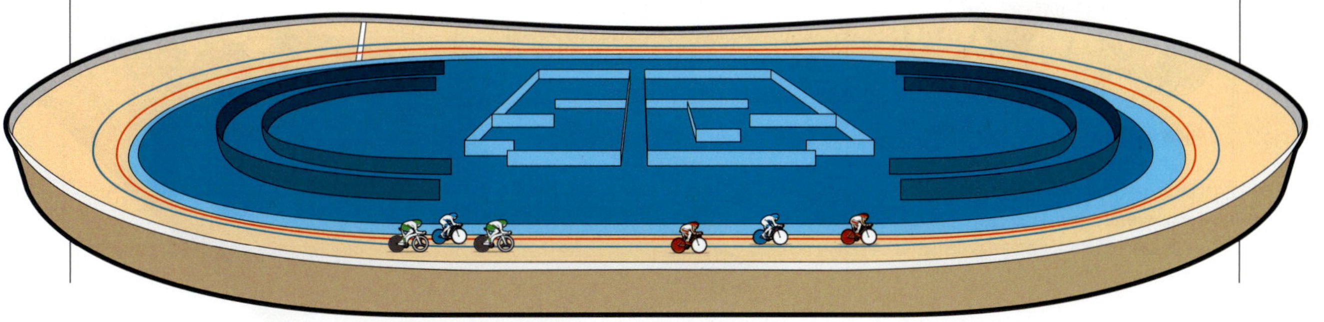

A bicicleta

Material: metal leve, normalmente carbono.
Quadro: o garfo é bem angulado para garantir a estabilidade.
Guidom: retorcido, com pegada que exige que o ciclista projete o corpo à frente.
Aros: feitos de fibra de carbono, redondos na roda de trás, para diminuir a resistência do ar.
Pneus: leves e estreitos, para reduzir o atrito com a pista.
Marcha: única e pesada. Os ciclistas devem começar a pedalar antes para ganhar velocidade.
Freio: não tem. Para diminuir a velocidade, o ciclista se desloca para a parte interna da pista e para de pedalar.

O uniforme

Capacete: feito de fibra com revestimento interno de isopor. Tem formato aerodinâmico para diminuir o atrito do ar.
Traje: o mais comum é o macaquinho, peça única aderente ao corpo, normalmente de lycra. Dependendo da prova, os ciclistas usam camisa e bermuda aderente. Tanto o calção quanto o macaquinho têm fundo acolchoado, para garantir proteção extra.
Luvas: imprescindíveis em caso de quedas, já que as mãos são usadas para proteção e apoio.
Sapatilhas: feitas de microfibras sintéticas e nylon, devem ser muito leves e garantir conforto e ventilação. O solado tem travas para aderir ao pedal.

Glossário

Ataque: aceleração súbita para ultrapassar um competidor ou um grupo de ciclistas. Pode significar também um *sprint* feito com toda a força que o ciclista conseguir imprimir.

Andar na roda: pedalar bem próximo ao competidor que vai à frente, aproveitando o vácuo deixado por ele.
Ponto morto: intervalo do ciclo de pedalagem em que uma das pernas repousa sobre o pedal.
Sino: utilizado para sinalizar a última volta. Em certas provas de pista, também é usado para informar os ciclistas de que, na volta seguinte, haverá pontuação.
Sprint: pode significar uma corrida de alta velocidade, geralmente em pequenas distâncias, ou a aceleração final na reta de chegada, em corridas de qualquer distância.

Vácuo: decréscimo da resistência do ar quando o ciclista se posiciona atrás de veículos, no meio do pelotão ou atrás de um companheiro. Andar no vácuo pode reduzir em até 40% o esforço individual do ciclista.

CICLISMO DE ESTRADA

As corridas de rua são as mais antigas do ciclismo. Nos Jogos Olímpicos, as disputas são realizadas num percurso único, e não em etapas, como na famosa Volta da França, por exemplo. Homens e mulheres disputam medalhas em 2 provas.

As provas

Estrada: todos os ciclistas largam juntos e o primeiro a cruzar a linha de chegada é o vencedor. O percurso é de 241,5km para homens e 141km para mulheres.
Contrarrelógio: os ciclistas largam individualmente, a intervalos de 90s, e vence quem cruzar a linha de chegada no menor tempo. O percurso é de 54,5km para homens e 29,8km para mulheres.

A estrada

O percurso das provas olímpicas é traçado pelas ruas e estradas da cidade-sede, e pode ter diferentes tipos de piso, aclives e declives. Motocicletas fazem o trajeto à frente dos ciclistas, para se certificar de que não haverá interrupções.

A bicicleta (estrada)

Quadro: a armação mais comum é em forma de losango.
Marchas: permitem a mudança no peso da pedalada.
Aros: retos nas rodas da frente e de trás.
Freios: integrados ao guidom, para serem usados sem aumentar o esforço.

A bicicleta (contrarrelógio)

Banco: regulado alguns centímetros acima do guidom, para melhorar a aerodinâmica.
Guidom: tem um apoio para permitir a troca de marchas em posição aerodinâmica.
Aros: semelhantes aos das bicicletas de pista.

O uniforme

Capacete: só o da prova de contrarrelógio precisa ter formato aerodinâmico.
Traje: todos usam macaquinho; na prova de contrarrelógio, podem usar bermuda e camiseta integradas para melhorar a aerodinâmica. Também de material aderente e leve. Mesmo em competições individuais, os atletas vestem as cores de seu país.
Luvas: sem dedos e acolchoadas, para diminuir o impacto do solo irregular.

Ciclismo estrada

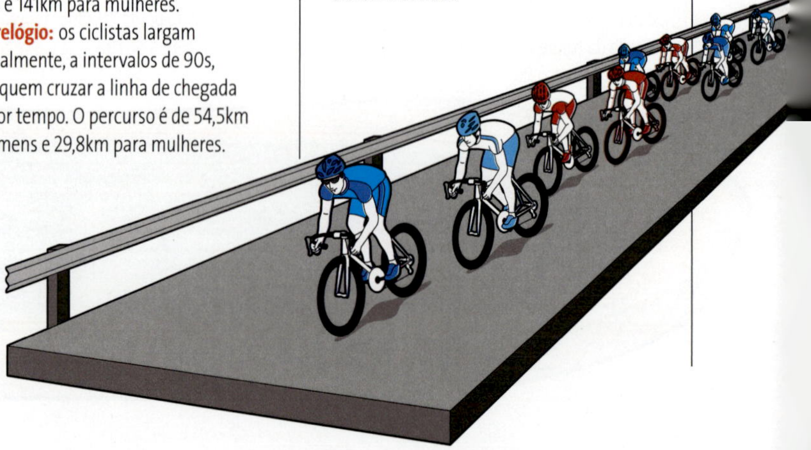

Em Toronto 2015, o brasileiro Endrigo Pereira participa da prova de ciclismo estrada
JONNE RORIZ/ EXEMPLUS/ COMITÊ OLÍMPICO DO BRASIL

Óculos: não são obrigatórios, mas costumam ser usados para proteger os olhos da luz do sol e de detritos da estrada.
Sapatilhas: presas aos pedais por chapinhas, chamadas de tacos, nas solas.

Glossário

Equipe: mesmo nas provas individuais, os ciclistas de uma mesma equipe (ou, no caso dos Jogos Olímpicos, um país) usam estratégias para ajudar uns aos outros durante a prova. Cada equipe pode ser acompanhada por um carro de apoio, com bicicletas e pneus reservas, bebida e comida.
Escalador: ciclista que tem como forte as subidas e é escalado para liderar a equipe nesses trechos da prova. Normalmente, a técnica utilizada pelo escalador é levantar do selim e pedalar de pé.
Fuga: quando um ciclista tenta se descolar do pelotão, estabelecendo uma vantagem difícil de tirar no fim da prova.
Leque: posicionamento em diagonal de uma equipe ou do pelotão, para diminuir o impacto do vento lateral.

Pelotão: grupo onde se concentra o maior número de ciclistas, que se alternam para pedalar no vácuo do que vai à frente.
Sprintista: ciclista veloz, responsável por liderar a equipe em terreno plano.

O brasileiro Renato Rezende participa da tomada de tempo de BMX em Londres 2012
ALAOR FILHO/AGIF/ COMITÊ OLÍMPICO DO BRASIL

BMX

Também conhecida como bicicross, surgiu nos Estados Unidos no fim da década de 1960, inspirada nas competições de motocross – daí o nome, abreviatura de *Bicycle Moto Cross*. Estreou nos Jogos Olímpicos em Pequim 2008. É uma modalidade radical, marcada por muitos tombos.

As provas

O BMX olímpico tem apenas provas individuais para homens e mulheres, disputadas no formato supercross. Os ciclistas largam juntos e vence quem cruzar primeiro a linha de chegada. A competição é dividida em baterias de 8 atletas, com os 4 primeiros passando à fase seguinte, até a final.

A pista

Piso: de terra, com trechos de asfalto e concreto, ondulações e curvas planas.
Obstáculos: espalhados pelo percurso, podem ter até 13m.
Extensão: 300m a 400m.
Rampa de largada: tem 8m de altura.
Portão de chegada: após a linha final, há um espaço para desaceleração.

Circuito de BMX

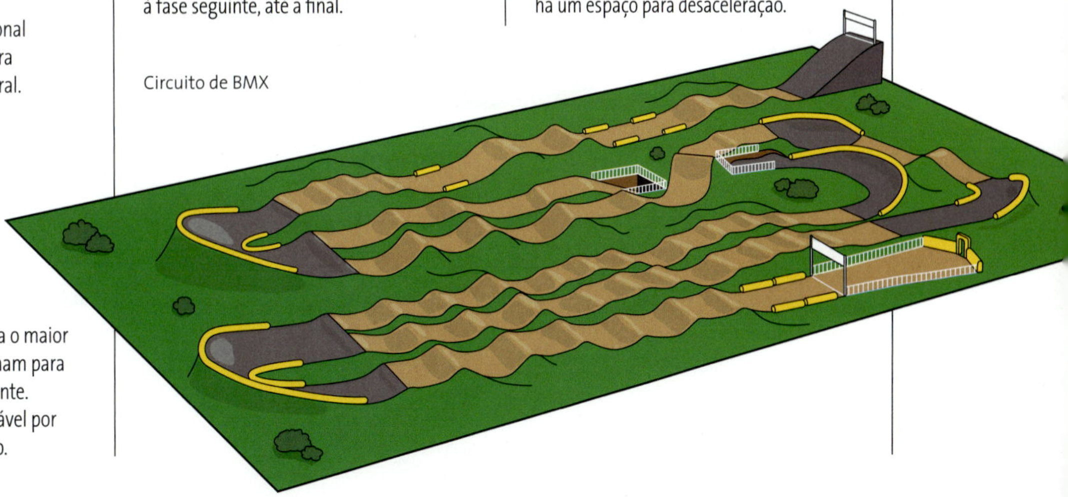

Renato Rezende em Londres 2012
ALAOR FILHO/AGIF/ COMITÊ OLÍMPICO DO BRASIL

A bicicleta

As bicicletas de BMX são mais compactas e resistentes do que as de pista e estrada.
Rodas: aro 20 (51cm).
Marcha: única.
Freio: único.
Quadro: resistente, para suportar os saltos.

O uniforme

Capacete: deve cobrir toda a cabeça, com um protetor de boca. Apenas os olhos e o nariz ficam à mostra.
Traje: todo acolchoado, especialmente nas articulações, para proteger das quedas. Os ciclistas preferem calças e camisas compridas.
Luvas: cobrem toda a mão, com material resistente para absorver o impacto da pista irregular.

Glossário

Block pass: ultrapassagem por dentro, usando o trecho mais curto da pista.

Holeshot: completar a primeira curva na liderança, ganhando uma vantagem importante para o resto da prova.

Push and jump: impulso com o corpo para ganhar velocidade ao saltar sobre os obstáculos, buscando uma aterrissagem suave.

MOUNTAIN BIKE

A mais jovem modalidade do ciclismo olímpico nasceu em 1976, quando foram regulamentadas as provas para bicicletas adaptadas às pedaladas em montanhas, e é disputada nos Jogos desde Atlanta 1996.

As provas

O mountain bike olímpico tem apenas provas individuais para homens e mulheres, no formato *cross country*. Os ciclistas largam juntos e vence quem cruzar primeiro a linha de chegada.

Pernas lisinhas

Quem repara bem percebe que os ciclistas não costumam ter pelos nas pernas. Muita gente pensa que é uma questão de aerodinâmica, mas não tem nada a ver com isso. Como eles estão sempre expostos a quedas e ferimentos, o principal motivo é facilitar a assepsia do local e favorecer a cicatrização.

Barão ciclista

O Barão de Coubertin, pai dos Jogos da Era Moderna e também da ideia de incluir o ciclismo no programa olímpico de Atenas 1896, era ciclista nas horas vagas.

Regime

As bicicletas de pista e estrada pesavam cerca de 16kg em Atenas 1896 e hoje pesam, em média, menos de 7kg.

Os ciclistas franceses Léon Flameng e Paul Masson

ALBERT MEYER/COMITÊ OLÍMPICO INTERNACIONAL

Doping, um fantasma

O ciclismo é uma das modalidades esportivas mais atingidas pelo doping – e uma das mais controladas, com o maior número de exames realizados dentro e fora de competição, e precursora do passaporte biológico, hoje usado por quase todos os esportes olímpicos. Tudo para evitar escândalos como o do norte-americano Lance Armstrong, que perdeu os 7 títulos da Volta da França e a medalha olímpica de bronze na prova de estrada contrarrelógio de Sidney 2000, após confessar ser parte de um esquema de dopagem. Eis alguns casos ocorridos em Jogos Olímpicos:

Roma 1960: o dinamarquês Knut Jensen protagonizou o primeiro caso ocorrido com um ciclista. Ele ingeriu um estimulante e teve uma reação violenta à substância, que o levou à morte durante a competição.
Munique 1972: os holandeses que conquistaram o bronze na prova de estrada tiveram suas medalhas cassadas depois que se comprovou que um deles havia recorrido ao doping.

A pista

Extensão: entre 40km e 50km (total do percurso, dividido em voltas – mais para homens do que para mulheres).
Piso: inclui trilhas, subidas íngremes, terrenos acidentados com obstáculos naturais e trechos de asfalto (estes últimos não podem exceder 15% do total).
Áreas de apoio: locais com serviços de reparos de bicicletas e postos de alimentação e hidratação.

A bicicleta

Quadro: baixo, para permitir manobras em pé.
Freios: hidráulicos, como os das motocicletas.
Pedais: ajustáveis, com fixação para os pés.
Pneus: largos, com relevos para enfrentar pisos difíceis.
Suspensão: diminui o impacto nos saltos e mantém a estabilidade nos terrenos irregulares.

O uniforme

Capacete: os ciclistas preferem modelos mais leves.
Traje: colado ao corpo, deve facilitar a transpiração.
Luvas: a principal função é absorver o impacto.
Óculos: para proteger os olhos de resíduos da pista.

Glossário

Mechanical: problema com a bicicleta, como pneu furado ou corrente solta. O atleta deve fazer o conserto no local ou levar a bicicleta até um dos postos de atendimento.
Rock garden: trecho da pista construído com pedras empilhadas de diferentes tamanhos, um dos mais difíceis para os ciclistas.
Singletrack: trecho estreito da pista, o que mais exige da habilidade do ciclista.

RECORDES OLÍMPICOS

MASCULINO

1km contrarrelógio (saiu do programa olímpico em 2008)
Chris Hoy (Grã-Bretanha) – 1min0s711 – Atenas 2004
Perseguição por equipes
Grã-Bretanha – 3min51s659 – Londres 2012
Sprint individual
Jason Kenny (Grã-Bretanha) – 9s713 – Londres 2012
Sprint por equipes (foi incluído no programa olímpico em Londres 2012)
Grã-Bretanha – 42s600 – Londres 2012

FEMININO

500m contrarrelógio (evento excluído do programa olímpico em 2004)
Anna Meares (Austrália) – 32s952 – Atenas 2004
Perseguição por equipes (distância será aumentada nos Jogos Rio 2016)
Grã-Bretanha – 3min14s051 – Londres 2012
Sprint individual
Victoria Pendleton (Grã-Bretanha) – 10s724 – Londres 2012
Sprint por equipes (foi incluído no programa olímpico em Londres 2012)
China – 32s422 – Londres 2012

QUADRO DE MEDALHAS

PAÍS	OURO	PRATA	BRONZE	TOTAL
França	41	27	22	90
Itália	36	16	9	61
Grã-Bretanha	28	30	23	81
Holanda	16	16	11	43
Alemanha	14	20	18	52
EUA	14	18	20	52
Austrália	14	18	17	49
União Soviética	11	4	9	24
Dinamarca	7	8	8	23
Bélgica	6	8	11	25

Ciclismo nos Jogos Rio 2016

LOCAIS DE COMPETIÇÃO

> **Pista: Velódromo Olímpico do Rio** | Capacidade: 5.000 lugares*

> **Estrada (largada da prova de estrada): Forte de Copacabana** | Capacidade: 10.000 lugares*

> **Estrada (largada da prova de contrarrelógio): Pontal** | Capacidade: indefinida*

> **BMX: Centro Olímpico de BMX** | Capacidade: 7.500 lugares*

> **Mountain bike: Centro de Mountain Bike** | Capacidade: 27.500 lugares*

** Números sujeitos a alteração.*

O TORNEIO | As provas de pista e BMX têm etapas classificatórias (com repescagem nas de pista), quartas de final, semifinais e final. As de estrada e mountain bike têm largada única, com os primeiros colocados levando as medalhas.

DESTAQUES | A Grã-Bretanha é o país de maior sucesso no ciclismo de pista nas últimas edições olímpicas. Mas sempre que os britânicos subiam ao pódio, uma australiana também estava lá. Anna Meares era muito jovem para competir em casa, em Sidney 2000. Mas em Atenas 2004 não só se classificou como também ganhou suas primeiras medalhas: ouro nos 500m e bronze no *Sprint*. Em Pequim 2008, subiu um degrau no *Sprint*, conquistando a prata. E foi justamente na casa dos melhores do mundo, em Londres 2012, que chegou ao lugar mais alto em sua prova preferida – frustrando a favorita Victoria Pendleton, celebridade e *sex symbol* local. Para completar, ainda levou o bronze por equipes. Meares fará 33 anos pouco depois dos Jogos Rio 2016, e terá a chance de comemorar o aniversário com um feito raro: conquistar medalhas em 4 edições olímpicas.

O BRASIL | O ciclismo brasileiro não tem medalhas olímpicas nem títulos nos grandes torneios internacionais – os melhores resultados foram um 5º lugar no Mundial e vitórias em etapas da Volta da França e do Circuito Mundial. Mas na modalidade BMX, um ciclista do país começa a se aproximar dos primeiros lugares. Renato Rezende foi o primeiro brasileiro a entrar no top 10 do ranking mundial ao conquistar bons resultados em etapas da Copa do Mundo, como um 5º lugar na Argentina em 2014 e um 6º na Holanda em 2015. Não conseguiu repetir o bom desempenho nos Jogos Pan-americanos Toronto 2015 e foi eliminado nas semifinais. Mas chegará aos Jogos Rio 2016, aos 25 anos, com a confiança de estar entre os melhores.

Por ser país-sede, o Brasil pode inscrever 2 homens e 2 mulheres no ciclismo de estrada, e 1 homem e 1 mulher tanto no BMX quanto no mountain bike. No ciclismo de pista, não há vagas asseguradas, a classificação é decidida pelo ranking olímpico.

Esgrima

A prática da esgrima é decorrência direta do uso das armas brancas em duelos e guerras. Sua transformação em esporte teria começado no fim do século XIV, quando os espanhóis Jaime Pons e Pedrós Torres estabeleceram as primeiras regras da competição. Além da Espanha, Itália e França foram países importantes para o desenvolvimento da modalidade – a palavra esgrima vem de *escrima,* que significa proteger em provençal *(occitano)*, um dialeto rural francês. Praticado pelo Barão de Coubertin, o esporte é um dos 4 que estão presentes nos Jogos desde a primeira edição da Era Moderna. As provas individuais de florete e de sabre fizeram parte do programa em Atenas 1896. As medalhas para mulheres só começaram a ser distribuídas em Paris 1924, com provas individuais de florete.

Órgãos dirigentes
> Fédération Internationale d'Escrime (FIE)
> Confederação Brasileira de Esgrima (CBE)

Jogo rápido | 2 atletas (chamados de esgrimistas) se enfrentam com espadas, sabres ou floretes, marcando pontos ao tocar com elas o corpo do adversário.
As provas olímpicas | Homens e mulheres disputam provas individuais (com 2 esgrimistas por país) nas 3 armas; e, com exceção do sabre, por equipes de 3 esgrimistas.

Atletas de esgrima nos Jogos Londres 2012
WASHINGTON ALVES/AGIF/COMITÊ OLÍMPICO DO BRASIL

As armas

Todas as armas têm uma lâmina de metal flexível; um punho, separado da lâmina por um protetor de mão, chamado de copo; e uma seção transversal. A variação está no tamanho, no peso e no formato.

Espada

É praticamente igual ao florete, mas pesa mais porque o copo é maior e a lâmina, mais pesada. A seção transversal é triangular e a ponta é protegida por um sensor que registra toques com mais de 750g de pressão.
Comprimento máximo: 110cm.
Peso máximo: 770g.

Florete

A lâmina é retangular e tem a ponta protegida por um sensor que registra toques com mais de 500g de pressão.
Comprimento máximo: 90cm.
Peso máximo: 500g.

Sabre

Descende dos sabres de cavalaria do século XVII e das cimitarras da Idade Média. Sua lâmina pode ter uma curvatura de 4cm. Não tem sensor eletrônico.
Comprimento máximo: 88cm.
Peso máximo: 500g.

O uniforme

Segurança é item prioritário no uniforme dos esgrimistas, que competem com o corpo todo coberto.
Máscara: cobre a cabeça, com uma tela de arame trançado em quadrados de 2,1mm protegendo o rosto.

Acessórios usados pelos atletas de esgrima em Londres 2012
JONNE RORIZ/EXEMPLUS/ COMITÊ OLÍMPICO DO BRASIL

Calça (ou culote) e jaqueta: são feitas de um material muito resistente. Por baixo da jaqueta, há outra proteção, chamada plastron. As mulheres devem usar ainda um protetor de seios, conhecido pelo apelido de toc-toc.
Luva: flexível, usada na mão que segura a arma.
Meias: compridas, usadas sobre a calça.
Tênis: leves, com sola plana de boa aderência.

A pista

Tem cobertura metálica.
Comprimento: 14m.
Largura: 1,5m a 2m.
Linha central: separa os esgrimistas.
Linhas de guarda: a 2m da linha central, marcam o local de onde os esgrimistas começam a luta.
Linha de fundo: marca a área limite da luta. O esgrimista perde 1 ponto se pisa além dela.

Sistema eletrônico

As armas, as roupas dos atletas e o placar eletrônico são conectados por fios. O sinal emitido pela pressão do sensor na ponta da arma passa por esse sistema e é registrado automaticamente no placar. Se houver dúvida, a decisão cabe ao árbitro.

Pontuação

Um complexo equipamento eletrônico registra a marcação de toques. Um fio sai de um aparelho sinalizador de toques e é preso às costas da jaqueta do esgrimista por uma argola de metal. Esse fio entra na roupa, passa por dentro da manga e é conectado à arma. Assim, cada toque no corpo do adversário é registrado, acendendo uma lâmpada no placar. Quando o atleta à esquerda da mesa toca seu adversário numa região do corpo considerada válida, a luz verde é acesa. Quando é o atleta à direita que toca o oponente, acende-se a luz vermelha. Se as 2 luzes acendem ao mesmo tempo, a decisão cabe ao árbitro; no florete, a luz branca indica que houve contato, mas não foi válido. As marcações variam de acordo com a modalidade.
Espada: só valem toques de ponta, em todo o corpo.
Florete: só valem toques de ponta, no tronco, na virilha e nas costas.
Sabre: valem toques de lado e de ponta, mas apenas acima da linha da cintura.

O vencedor

Provas individuais: vence quem conseguir marcar 15 toques primeiro ou obtiver a maior pontuação ao fim de 3 rounds de 3min.
Provas por equipes: cada vez que um dos atletas marca 5 pontos, outro continua

o combate, seguindo o placar deixado pelo companheiro. Vence a primeira equipe que chegar a 45 pontos ou tiver a maior pontuação ao fim de 9 rounds de 3min.

Arbitragem

Árbitro: à beira da pista, tem autoridade para interromper a luta e tirar dúvidas sobre a pontuação.
Juízes de pista: um de cada lado, ajudam o árbitro a tirar eventuais dúvidas sobre a legalidade dos golpes.

Os movimentos básicos

Ataque: a primeira ação ofensiva em que o esgrimista leva a arma à frente, alongando o braço, para atingir o corpo do adversário. É a forma de marcar pontos.
Parada: o esgrimista atacado se defende bloqueando ou desviando a arma do adversário, usando para isso a lâmina de sua própria arma.
Resposta: é a ação ofensiva executada após uma parada. O esgrimista se aproveita do espaço deixado pelo desvio da arma do adversário e executa um novo golpe ofensivo.
Contrarresposta: ação ofensiva feita após defender uma resposta do adversário.
Arresto: ação contraofensiva realizada sobre o ataque do adversário sem fazer uma parada.

Técnicas básicas

Marchar: movimento à frente, sem cruzar os pés.
Recuar: movimento para trás, sem cruzar os pés.
Balestra: salto para a frente, com movimento rápido dos pés.

Estocada: golpe com a ponta da arma.

Atletas de esgrima nos Jogos Londres 2012. ALAOR FILHO/AGIF/COMITÊ OLÍMPICO DO BRASIL

Flecha: ataque rápido e surpreendente executado com um grande salto na direção do adversário.
Reprise: repetição de um ataque, após haver perdido um ataque anterior, passando pela posição de guarda.

A esgrima pelos esgrimistas

Para os praticantes, a esgrima é o único esporte que consegue reunir a energia da luta e a emoção do duelo com a classe e a elegância dos tempos das grandes batalhas homem a homem. Bonito, não?

Ritual

Antes de cada prova, os esgrimistas cumprimentam o adversário e os árbitros sem máscara, levando a lâmina ao queixo e abaixando-a em seguida. Então, põem a máscara e se posicionam, um de cada lado da pista, atrás das respectivas linhas de guarda. O árbitro dá o comando *En garde!*, e eles assumem a posição de combate. Após a pergunta *Prêts?* e o comando de *Allez!*, a luta começa. As expressões vêm do francês e significam, respectivamente, em guarda, prontos e vamos.

QUADRO DE MEDALHAS

PAÍS	OURO	PRATA	BRONZE	TOTAL
Itália	49	41	33	123
França	41	40	34	115
Hungria	36	22	26	84
União Soviética	18	15	16	49
Rússia	9	4	6	19
Alemanha	8	10	11	29
Alemanha Ocidental	7	8	1	16
Bélgica	5	3	5	13
Polônia	4	9	9	22
China	4	6	2	12

Esgrima nos Jogos Rio 2016

LOCAL DE COMPETIÇÃO
Arena Carioca 3 | Capacidade: 9.149 lugares*
** Número sujeito a alteração.*

O TORNEIO | Nos Jogos Olímpicos, as competições de esgrima são disputadas no formato eliminação direta simples. O atleta ou equipe que perde um combate é eliminado, até as semifinais – após as quais os perdedores se enfrentam na disputa pelo bronze.

DESTAQUES | A carreira olímpica de Sofiya Velikaya não combina com seu retrospecto em mundiais. A russa, que começou a praticar esgrima aos 13 anos de idade por influência do irmão mais velho, começou a colecionar medalhas de ouro em Nova York 2004 – depois, entre conquistas individuais e por equipes, sempre no sabre, foram mais 6, além de 2 pratas e 2 bronzes. Mas nos Jogos ela só subiu ao pódio uma vez, para receber a prata individual em Londres 2012. Logo após a competição, Velikaya interrompeu a carreira para ser mãe. Mas já voltou, foi campeã mundial individual e por equipes em Moscou 2015 e mira nos Jogos Rio 2016 para finalmente ganhar 1 ouro olímpico – que a família já tem: seu marido, Aleksey Mishin, foi o vencedor na categoria até 84kg da luta estilo greco-romano em Atenas 2004.

O BRASIL | Tanto nas armas que têm disputa por equipes quanto nas que só têm classificação individual, os esgrimistas brasileiros lutam por vaga nos Jogos pelo ranking olímpico ou em torneios pré-olímpicos. Além dos que se classificarem, a CBE tem direito, pelo critério de país-sede, a inscrever mais 8 atletas, distribuindo-os por modalidade como preferir.

Mesmo sem tradição na esgrima – foram poucas participações olímpicas e nenhuma medalha –, o Brasil tem uma campeã mundial, na modalidade espada. Só que quando conquistou o título, por equipes, em Antalya 2009, Nathalie Moellhausen competia pela Itália, país onde nasceu. Foi assim também em Roma 2010, quando ganhou bronze na competição individual, e Catânia 2011, bronze de novo, por equipes.

Filha de pai alemão e mãe ítalo-brasileira, ela começou a praticar o esporte aos 5 anos de idade, primeiro na escola e em seguida numa academia com o nome de um dos maiores medalhistas olímpicos de todos os tempos, Edoardo Mangiarotti. Continuou sua formação em Paris, onde mora, e participou dos Jogos Olímpicos Londres 2012 como reserva. Logo depois, chegou a abandonar a carreira, mas decidiu voltar para defender o Brasil nos Jogos Rio 2016. Na preparação para o evento, ganhou 2 medalhas de bronze, nas competições individual e por equipes, nos Jogos Pan-americanos Toronto 2015.

No sabre masculino, Renzo Agresta, campeão mundial militar em 2015 e bronze em Toronto 2015, está classificado.

Futebol

O esporte mais popular do mundo começou a tomar sua forma atual em meados do século XIX, na Inglaterra. Os ingleses são considerados os pais do futebol, mas muitos historiadores consideram seu surgimento uma evolução natural de vários jogos em que os participantes usavam os pés para conduzir ou chutar uma bola. Os primeiros registros citam uma brincadeira chamada *tsu-chu*, na China de 2197 a.C., na qual se usava uma bola de couro. Outras formas primitivas, como o *calcio*, na Itália, envolviam disputas entre bairros ou cidades inteiras, que deviam levar uma bola até os portões do adversário. Até o século XVII, práticas semelhantes foram banidas muitas vezes por decreto dos monarcas britânicos, mas acabavam voltando. E foram os ingleses que regulamentaram o esporte, criando, num pub de Londres, em 1863, as 14 regras que, com algumas alterações, ainda estão em vigor (hoje são 17). Aos Jogos, o futebol chegou 17 anos depois – e nunca se tornou uma grande atração. Disputado pela primeira vez em Paris 1900, como exibição, foi oficializado no programa olímpico em Londres 1908, e esteve presente em todas as edições seguintes, exceto Los Angeles 1932. Durante muito tempo, os craques que levam multidões a eventos como a Copa do Mundo (que atrai mais telespectadores do que os próprios Jogos Olímpicos) não podiam participar por serem profissionais. A estreia das mulheres – sem restrição a profissionais ou limite de idade – ocorreu em Atlanta 1996.

ÓRGÃOS DIRIGENTES

> Fédération Internationale de Football Association (FIFA)

> Confederação Brasileira de Futebol (CBF)

JOGO RÁPIDO | Usando principalmente os pés e a cabeça, o objetivo é fazer uma bola passar o maior número de vezes possível entre 2 traves e 1 travessão – o ponto no futebol é chamado de gol. O que poucos conseguem explicar é como essa brincadeira se transformou numa paixão que mobiliza milhões de torcedores em todos os pontos do planeta.

Neymar disputa a posse de bola, na partida contra o México, nos Jogos Londres 2012

ALAOR FILHO/AGIF/ COMITÊ OLÍMPICO DO BRASIL

O campo

Coberto de grama. A artificial é permitida, mas a mais usada é a natural.
Comprimento: de 100m a 110m (105m nos Jogos Olímpicos).*
Largura: de 64m a 75m (68m nos Jogos Olímpicos).*
Círculo central: 9,15m de raio.*
** Medidas de competições intenacionais.*

As áreas

Grande área: tem 16,5m de comprimento por 40,32m de largura.
Pequena área: tem 5,5m de comprimento por 18,32m de largura.
Marca do pênalti: a 11m do gol, em posição central.

Os gols

Distância entre as traves: 7,32m.
Altura do travessão: 2,44m.
Uma rede (não obrigatória) impede a passagem da bola quando um gol é marcado.

A bola

Material: couro ou sintético similar.
Circunferência: de 68cm a 70cm.
Peso: de 410g a 450g.
Pressão: de 0,6 a 1,1 atmosfera.

Equipamento

Traje: camisetas de mangas curtas ou compridas (com números às costas para identificação), calções e meiões. Goleiros podem usar calças compridas.

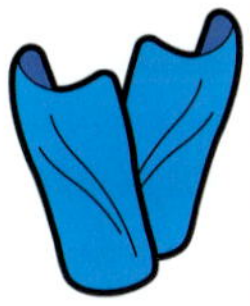

Caneleiras: obrigatórias. Protegem de lesões.
Munhequeiras e faixas de cabeça: opcionais.
Acessórios que podem ferir o adversário, como relógios e joias, não podem ser usados.
Luvas: para goleiros. Facilitam a aderência à bola. Também não são obrigatórias.
Chuteiras: têm cravos ou travas (não obrigatórios) para aderir ao solo.
O material evoluiu do couro de vaca para o couro de canguru e fibras sintéticas.
**Uma equipe não pode usar a mesma cor do adversário e do juiz nas camisetas, nos shorts ou nos meiões. Goleiros devem usar camisas de cores diferentes, para facilitar a identificação.*

Arbitragem

Árbitro central: de dentro do campo, controla a partida e toma as decisões finais. Usa um apito para sinalizar as marcações.

Árbitros assistentes: são 2. Ficam fora do campo, correndo paralelamente à linha lateral. Erguem uma bandeira e usam um sistema eletrônico de comunicação para alertar o árbitro central sobre infrações.
Quarto árbitro: numa mesa à beira do campo, ajuda a controlar o tempo e as substituições. Também usa equipamento eletrônico de comunicação. Substitui o árbitro central, caso ele tenha uma lesão ou outro problema que o impeça de continuar a apitar.

Cronometragem

2 tempos de 45min, com 15min de intervalo. Não há parada de cronômetro. O árbitro central deve acrescentar quantos minutos achar necessários para compensar paradas mais longas (como o atendimento a jogadores machucados). O quarto árbitro sinaliza o número de minutos de acréscimo numa placa ao término de cada tempo.

Se houver empate em partidas eliminatórias, normalmente é disputada uma prorrogação em 2 tempos de 15min. Se ainda assim não houver vencedor, cada equipe tem direito a 5 chutes da marca do pênalti; quem converter mais, vence. Se ainda assim persistir o empate, os atletas restantes fazem as cobranças alternadamente, até que um erre e outro acerte.
**Em algumas competições, o desempate é feito diretamente em disputa de pênaltis. Nos Jogos Olímpicos há prorrogação.*

ALAOR FILHO/AGIF/
COMITÊ OLÍMPICO DO BRASIL

É falta!

Tiro livre direto: é proibido empurrar, segurar, chutar ou derrubar intencionalmente o adversário e tocar a bola de propósito com as mãos ou os braços. Essas infrações são cobradas com a bola imóvel sobre o gramado, no ponto onde foram marcadas, e o jogador tem o direito de chutá-la diretamente para o gol.
Tiro livre indireto: marcado quando um jogador bloqueia a passagem de um adversário, ou quando o goleiro demora mais de 6s para soltar a bola

de suas mãos ou a toca com a mão fora de sua área. Segue o padrão do tiro livre direto, mas a bola deve ser tocada por outro jogador antes de ir para o gol.

**Todos os oponentes devem respeitar uma distância mínima de 9,15m para a bola no momento da cobrança de qualquer falta. Quando uma falta é marcada perto do gol, é comum que os defensores formem uma linha nessa distância, chamada de barreira.*

É pênalti!

Quando um jogador faz falta punida com tiro livre direto dentro de sua área de defesa, é marcado um pênalti. Nesse caso, a cobrança é feita de uma marca pintada no chão, e todos os jogadores, menos o batedor e o goleiro, devem esperar fora da grande área e da meia-lua, atrás da linha da bola. O goleiro pode se mover, mas deve ficar na linha do gol até o momento da cobrança.

Os cartões

Aplicados pelo árbitro central para questões disciplinares.

Amarelo: advertência. Para faltas com entrada temerária ou que impeçam um ataque com chance de gol, reclamações acintosas ou atos de indisciplina.

Vermelho: expulsão de campo sem direito à substituição. O jogador o recebe após o segundo cartão amarelo ou diretamente, se a infração for considerada gravíssima, como o uso de força excessiva.

O impedimento

A mais polêmica das regras do futebol é a de número 11, que trata do impedimento. Um jogador no seu campo de ataque e à frente da linha da bola não pode recebê-la se não houver pelo menos 2 adversários entre ele e a linha de fundo (os defensores devem estar à sua frente ou "na mesma linha", ou seja, numa distância igual). O princípio é simples, mas a aplicação da regra costuma gerar dúvidas, pois é muito difícil apontar com precisão a posição exata de pelo menos 3 jogadores em lances muito rápidos.

O jogador Marcelo na partida entre Brasil e México nos Jogos Londres 2012

ALAOR FILHO/AGIF/ COMITÊ OLÍMPICO DO BRASIL

Reposições de bola

O local de onde a bola entra em jogo é definido de acordo com as marcações da arbitragem.

Início da partida: o árbitro central sorteia um dos capitães, que pode escolher o lado que seu time vai ocupar no campo ou o direito de dar a saída. A bola é colocada no meio da linha que divide o campo e todos os jogadores adversários devem esperar fora do círculo central. Ao apito do árbitro, a bola deve ser tocada para a frente. No início do segundo tempo, o processo se repete, com o lado do campo e a posse de bola invertidos.

Reinício da partida: após a marcação de um gol, o time que o sofreu dá uma nova saída, com as mesmas características do início.

Lateral: arremessada da beira do campo, com a bola acima da cabeça, segurada com as duas mãos, quando o adversário deixa que ela saia pela linha lateral.

Tiro de meta: a bola deve ser chutada de dentro da pequena área e só pode ser tocada por outro jogador quando sair da grande área, depois que o adversário a deixa sair pela linha de fundo do ataque.

Escanteio: a bola deve ser chutada de um quarto de círculo entre as linhas lateral e de fundo, depois que o adversário a deixa sair pela linha de fundo da defesa.

Titulares e reservas

Em campo são 11 titulares: o goleiro é o único que pode tocar a bola com as mãos; os outros são distribuídos livremente, dentro das posições de zagueiros, laterais, meias e atacantes.

Os reservas sentam-se a um banco à beira do campo. Atualmente, a FIFA permite que sejam até 12 – nos Jogos Olímpicos são 7. Apenas 3 podem entrar no jogo, e o atleta substituído não tem o direito de voltar.

As posições

Goleiro: responsável por evitar os gols do adversário. É o único que pode tocar a bola com as mãos, mas apenas dentro de sua grande área.

Zagueiros: jogadores de defesa, cuja função principal é dificultar a movimentação dos atacantes adversários.
Laterais: atuam pelos lados do campo. A posição inicial é de defesa, mas em alguns esquemas táticos têm muita liberdade para chegar ao ataque.
Meias: ocupam o espaço entre a defesa e o ataque, chamado de meio de campo. Têm mais responsabilidade na criação de jogadas.
Atacantes: são os jogadores mais avançados, os principais responsáveis pelos chutes a gol.

Do amadorismo ao profissionalismo

Moscou 1980: até essa edição dos Jogos, só era permitida a participação de amadores, pelo menos oficialmente (as seleções dos países comunistas inscreviam seus principais jogadores, que recebiam salários como se exercessem outras profissões, como oficiais do exército).
Los Angeles 1984: passou a ser permitida a inscrição de profissionais. No caso de seleções europeias e sul-americanas, a regra só era válida para atletas que nunca tivessem disputado Copas do Mundo.

O atacante Alexandre Pato em disputa de bola durante a partida contra o México nos Jogos Londres 2012

ALAOR FILHO/AGIF/ COMITÊ OLÍMPICO DO BRASIL

Astros que já foram olímpicos

Alguns dos maiores craques do futebol mundial já disputaram medalhas olímpicas.
Helsinque 1952: Evaristo, Vavá, Puskas e Kocsis
Melbourne 1956: Yashin
Roma 1960: Gerson
Munique 1972: Falcão e Lato
Montreal 1976: Júnior e Platini
Los Angeles 1984: Dunga e Baresi
Seul 1988: Bebeto, Romário e Klinsmann
Barcelona 1992: Guardiola e Gamarra
Atlanta 1996: Roberto Carlos, Rivaldo e Ronaldo
Sidney 2000: Ronaldinho Gaúcho, Eto'o, Xavi, Zamorano e Pirlo
Atenas 2004: Crespo, Tévez, Cristiano Ronaldo e Saviola
Pequim 2008: Thiago Silva, Riquelme e Messi
Londres 2012: Neymar, Luis Suárez e De Gea

Barcelona 1992: preocupada com a possibilidade de o torneio olímpico ameaçar o brilho da Copa do Mundo, a FIFA pediu ao COI que permitisse somente a participação de atletas profissionais com menos de 23 anos.

Atlanta 1996: entra em vigor a regulamentação atual. Podem ser inscritos jogadores de até 23 anos, profissionais ou não, com 3 exceções por equipe.
** As restrições valem apenas para o masculino; no feminino, podem ser convocadas jogadoras de qualquer idade.*

QUADRO DE MEDALHAS

PAÍS	OURO	PRATA	BRONZE	TOTAL
EUA	4	2	1	7
Hungria	3	1	1	5
Grã-Bretanha	3	0	0	3
Argentina	2	2	0	4
União Soviética	2	0	3	5
Uruguai	2	0	0	2
Dinamarca	1	3	1	5
Iugoslávia	1	3	1	5
Espanha	1	2	0	3
Polônia	1	2	0	3

Futebol nos Jogos Rio 2016

O TORNEIO | Nos Jogos Olímpicos, o futebol masculino participa com 16 seleções, divididas em 4 grupos. As 2 melhores de cada grupo passam às quartas de final, quando, então, os jogos começam a ser eliminatórios. No feminino, desde Atenas 2004, as competições olímpicas contam com 12 equipes participantes, divididas em 3 grupos. As 2 primeiras de cada grupo, mais as 2 melhores entre as terceiras colocadas, se classificam para as quartas de final.

DESTAQUES | A limitação de idade faz com que o torneio olímpico masculino tenha bem menos astros internacionais do que a Copa do Mundo. Jogadores com mais de 23 anos não têm obrigação de aceitar a convocação. E seus clubes – normalmente os mais poderosos da Europa – não mostram boa vontade para liberá-los. Mas se algum dos principais craques do planeta tem um motivo para brigar por essa liberação, seu nome é Neymar. O jovem craque do Barcelona ultrapassou por pouco o limite de idade: completa 24 anos no início de 2016. Ele já disputou 1 edição dos Jogos e tem até uma medalha. O problema está na cor dela: prata. O país do futebol jamais conquistou 1 ouro olímpico, e não quer deixar uma nova oportunidade escapar em casa. Eleito o terceiro melhor jogador do mundo pela FIFA na temporada que antecedeu os Jogos Rio 2016,

LOCAIS DE COMPETIÇÃO

Maracanã | Capacidade: 78.054 lugares*
Estádio Olímpico | Capacidade: 58.469 lugares*
Arena da Amazônia (Manaus) | Capacidade: 45.253 lugares*
Arena Fonte Nova (Salvador) | Capacidade: 50.000 lugares*
Arena Itaquera (São Paulo) | Capacidade: 45.519 lugares*
Estádio Mané Garrincha (Brasília) | Capacidade: 76.000 lugares*
Mineirão (Belo Horizonte) | Capacidade: 62.172 lugares*
** Números sujeitos a alteração.*

Neymar reúne todas as condições para vestir a camisa amarela em seu país: talento, importância para o time e o desejo pessoal de uma conquista que deixou escapar em Londres 2012, com uma decepcionante derrota para o México na final.

O BRASIL | As 2 seleções brasileiras estão classificadas para os Jogos Rio 2016 pelo critério de país-sede. A masculina, embora não existam campeonatos sub-23 fora dos Jogos, está sendo convocada para amistosos desde 2015 e deve contar com grandes nomes para as 3 vagas acima do limite de idade.

Mas nenhum dos convocados terá mais serviços prestados ao futebol brasileiro do que Marta. A camisa 10 da seleção feminina esteve nas 2 campanhas olímpicas que terminaram em prata, e também foi vice-campeã mundial em 2007, marcando um gol antológico na semifinal contra os Estados Unidos. Essa alagoana de Dois Riachos já foi eleita 5 vezes a melhor jogadora do planeta. Falta subir no lugar mais alto do pódio, o que ela já conseguiu 2 vezes nos Jogos Pan-americanos. Chamada de Pelé do futebol feminino, Marta terá 30 anos nos Jogos Rio 2016 e poderá fazer em casa a sua despedida olímpica.

Ginástica artística

Esporte olímpico por excelência, a ginástica artística está presente desde a primeira edição dos Jogos da Era Moderna, em Atenas 1896, e já revelou grandes mitos. A origem está ligada às sociedades da Grécia Antiga, que cultuavam o corpo. Os exercícios serviam para manter a forma e também como treinamento para militares. Mas a ginástica só começou a se transformar em esporte no século XIX, precisamente a partir de 1811, quando o professor Friedrich Ludwig Christoph Jahn abriu, na Alemanha, a primeira escola específica para a formação física, com técnicas e aparelhos que ele próprio inventara. Considerado o pai da ginástica, Jahn lançou ali as bases de um esporte que em pouco tempo se espalharia por toda a Europa. Em sua estreia nos Jogos, a ginástica reuniu atletas de apenas 5 países, que competiram em 4 aparelhos. Em Amsterdã 1928, as mulheres foram incluídas, participando de uma única prova por equipes.

ÓRGÃOS DIRIGENTES

> Fédération Internationale de Gymnastique (FIG)

> Confederação Brasileira de Ginástica (CBG)

JOGO RÁPIDO | Os atletas, chamados de ginastas, competem em aparelhos, usando o corpo para fazer manobras que são avaliadas pelos árbitros. Vence aquele que conquistar a melhor nota.

Ethiene Franco durante a qualificação para as provas de ginástica artística em Londres 2012

ALAOR FILHO/AGIF/ COMITÊ OLÍMPICO DO BRASIL

Nota, um negócio complexo

Na ginástica artística, existem regras gerais e também para a avaliação específica em cada aparelho. Hoje não existe mais a nota final máxima de 10 pontos. A decisão foi tomada em 2006 pela Federação Internacional, que não andava nada satisfeita com erros de avaliação dos juízes – uma crise que atingiu seu ápice em Atenas 2004. Atualmente, a nota do ginasta é calculada de acordo com o grau de dificuldade e a perfeição na execução da apresentação. Erros ou imperfeições, e principalmente quedas (que não eliminam o ginasta, e permitem que ele possa retomar a série de onde parou), são punidos com perda de pontos. Até mesmo o equilíbrio nas aterrissagens é julgado. Elementos de alto grau de dificuldade, quando são conectados, podem ser premiados com pontos extras. A soma da nota de dificuldade com a nota de execução determina a nota final.

As provas

As competições de ginástica artística são disputadas num circuito de 6 aparelhos para homens e 4 para mulheres. Cada ginasta pode disputar medalhas em um ou mais aparelhos. Quem se apresenta em todos concorre também ao prêmio individual geral, com a soma das notas que são atribuídas pelos árbitros. E, finalmente, na competição por equipes são premiados os países que têm a melhor soma de notas entre seus atletas.
Ordem dos aparelhos para homens: solo, cavalo com alças, argolas, salto, paralelas e barra.
Ordem dos aparelhos para mulheres: salto, barras assimétricas, trave e solo.

O ginásio

Os aparelhos são distribuídos sobre uma plataforma elevada, chamada de pódio, que permite que várias provas sejam disputadas simultaneamente. Placares eletrônicos exibem a nota do ginasta após cada apresentação.

O uniforme

Traje: collant para mulheres, *leotard* com short ou calça para homens. Devem ser justos ao corpo, para dar liberdade de movimentos.
Para os pés: os ginastas competem descalços ou de sapatilhas.
Para as mãos: em vez de luvas, os ginastas usam protetores de couro e passam magnésio para aumentar a aderência aos aparelhos; munhequeiras são usadas para impedir que o suor chegue às mãos.
Para os cabelos: as mulheres devem estar com os cabelos bem presos, sob pena de perda de pontos.

Os árbitros

As apresentações em cada aparelho são julgadas por 9 árbitros. Em Jogos Olímpicos e Campeonatos Mundiais, eles são divididos da mesma forma.
- 2 árbitros do Painel D (nota de dificuldade).
- 5 árbitros do Painel E (nota de execução).
- 2 árbitros do Painel R (nota de referência).

Cada aparelho tem também árbitros de linha e tempo.

Feminino:
- 2 árbitros de linha para o solo
- 1 árbitro de linha para o salto.
- 1 árbitro cronometrista para o solo.
- 1 árbitro cronometrista para as barras assimétricas.
- 2 árbitros cronometristas para a trave.

Masculino:
- 2 árbitros de linha para o solo.
- 1 árbitro de linha para o salto.
- 1 árbitro cronometrista para o solo.
- 1 árbitro cronometrista para o tempo de aquecimento nas barras paralelas.

Glossário

Composição: estrutura da série apresentada pelo ginasta.
Elemento: qualquer movimento catalogado no código de pontuação que tem um valor de dificuldade atribuído.
Execução: o ato de executar um elemento, uma série ou uma rotina de ginástica.
Saída: último elemento realizado no aparelho, concluindo a apresentação.

Alguns elementos

Circuito de ginástica artística

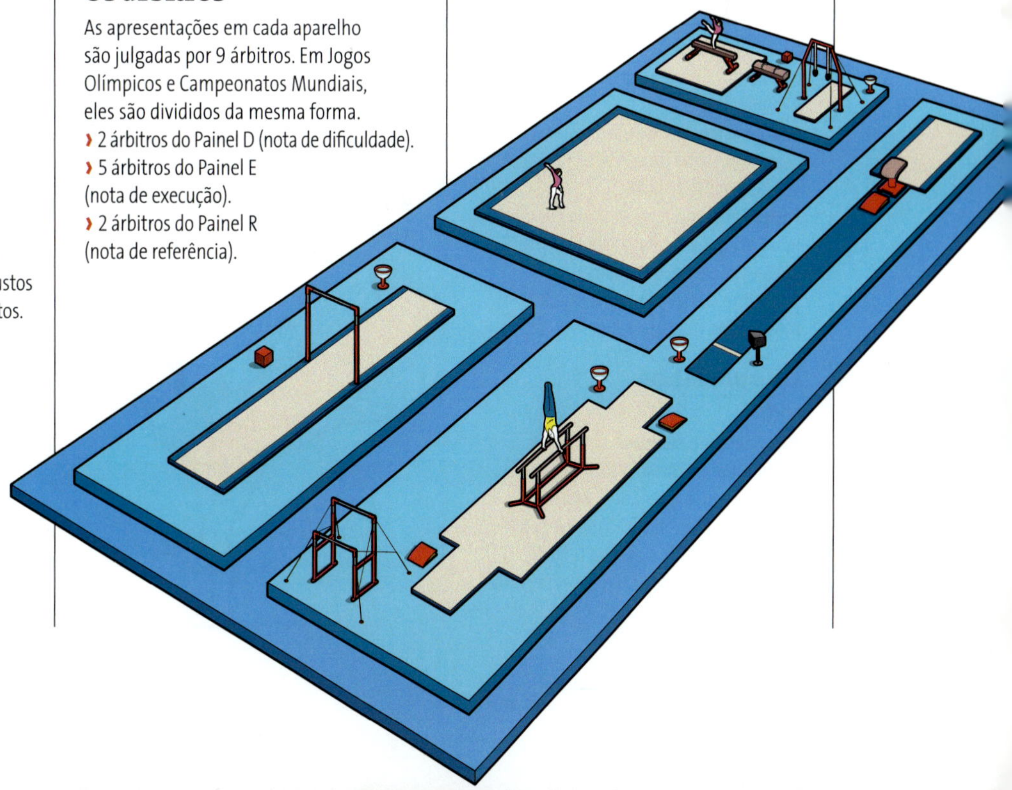

Flic-Flac: movimento de transmissão de impulso sucessivo que começa dos pés para as mãos (com fase de voo), continua das mãos para os pés (com mais uma fase de voo) até que o ginasta o finalize em pé. Pode ser executado para trás ou para a frente.
Tsukahara com pirueta: duplo mortal com giro de 360° em torno do eixo longitudinal do corpo.
Mortal: movimento no qual o ginasta gira no ar em torno do eixo transversal do corpo.
Parada de mãos: equilíbrio invertido, com mãos no chão e pés para cima.
Pirueta: giro de 360° em torno do eixo longitudinal do corpo. Pode ser realizado no ar ou com o apoio de um dos pés.
Twist: salto em que o ginasta gira 180° no eixo longitudinal.

Posições

Posição carpada: caracterizada por uma flexão de quadril formando um ângulo de aproximadamente 90° entre o tronco e as pernas, que permanecem unidas e estendidas.
Posição estendida: é caracterizada pela postura em linha reta entre tronco e pernas, que devem estar unidas.
Posição grupada: caracterizada por uma flexão no quadril e nos joelhos, formando um ângulo de aproximadamente 90° (os joelhos são levados e colocados próximos do tronco).

Os aparelhos

SOLO

Para homens e mulheres

Os ginastas executam uma série de movimentos acrobáticos e não acrobáticos (giro, flexibilidade e equilíbrio). É preciso usar toda a área do tablado. Pisar fora das linhas de limite causa perda de pontos. Os árbitros avaliam a dificuldade, a técnica e a precisão dos movimentos. No feminino, a apresentação artística também é avaliada.
Tempo da apresentação: até 70s para os homens e até 90s para as mulheres. As apresentações femininas têm elementos de dança e são realizadas ao som de música.
Medida do tablado: 12m x12m.
Material: piso de madeira montado sobre molas e espuma e coberto por um carpete.

Sergio Sasaki se prepara para a qualificação da prova de barras paralelas em Londres 2012
VALTERCI SANTOS/AGIF/ COMITÊ OLÍMPICO DO BRASIL

SALTO

Para homens e mulheres

Os ginastas executam manobras aéreas depois de correr por uma plataforma (recebendo uma punição se usarem uma extensão maior), tomar impulso num trampolim fixado no chão e apoiar as duas mãos no aparelho, que já foi chamado de cavalo e hoje é conhecido como mesa de salto. A entrada na mesa pode ser de frente (reversões), de lado (rodante) ou de costas. Diferentemente dos outros aparelhos, nas finais são feitas 2 exibições: a primeira conta para as competições individual geral e por equipes, a segunda conta apenas para a competição no aparelho, e a média das notas aponta o vencedor.
Extensão da pista: 25m.
Medidas da mesa: 1,2m de comprimento, 0,95m de largura, 1,35m de altura.
Material da mesa: estrutura de metal recoberta de couro.

CAVALO COM ALÇAS
Só para homens
São exigidos movimentos fluentes e contínuos, com pernas unidas (volteio) ou separadas (*flair*), combinados com movimentos pendulares de passagens de pernas (tesouras). É obrigatório usar toda a extensão do cavalo. É permitido se mover nas 2 direções e usar uma ou 2 alças. É proibido tocar o cavalo com qualquer parte do corpo que não sejam as mãos, exceto nas tesouras.
Medidas do cavalo: 1,60m de altura; 30cm de largura na base e 35cm no topo; 1,05m de altura; alças de 12cm, com 40cm a 45cm de distância entre elas.
Material do cavalo: plástico coberto de material sintético imitando couro. As hastes podem ser de metal.
**O nome do aparelho se deve às alças, que fazem lembrar o apoio das selas dos cavalos.*

ARGOLAS
Só para homens
Aparelho que exige força e concentração. Há exercícios obrigatórios e a série deve ser composta de movimentos de balanço e estáticos, nos quais o ginasta permanece por no mínimo 2s na posição, sem permitir que os cabos do aparelho balancem. É proibido tocar os cabos com outra parte do corpo que não sejam as mãos.
Tempo da apresentação: livre.
Medidas das argolas: 50cm de distância entre as duas; 2,6m de altura (presas com cabos de aço à barra transversal de uma estrutura chamada pórtico, de 5,8m de altura).

VALTERCI SANTOS/AGIF/
COMITÊ OLÍMPICO DO BRASIL

BARRAS PARALELAS
Só para homens
Movimentos de balanço em 3 posições distintas (mãos, braços e suspensão) podem ser alternados com paradas e movimentos de manutenção, nos quais a posição deve ser sustentada por 2s. Todo o comprimento das barras precisa ser usado na série.

Sergio Sasaki durante etapa de qualificação para a prova de barras paralelas em Londres 2012
VALTERCI SANTOS/AGIF/
COMITÊ OLÍMPICO DO BRASIL

Medidas das barras: 3,5m de comprimento; 42cm a 52cm de distância entre as duas; 1,8m de altura.
Material das barras: fibra de vidro com revestimento fino de madeira.

BARRA
Só para homens
São exigidos movimentos dinâmicos. Os giros são combinados com câmbios, largadas e retomadas em diversas pegadas: palmar, dorsal e cubital. É permitido se movimentar nos 2 sentidos e largar a barra para segurá-la de novo. É proibido tocar com o corpo na barra.

VALTERCI SANTOS/AGIF/
COMITÊ OLÍMPICO DO BRASIL

Medidas da barra: 2,4m de comprimento, 2,8m de altura.
Material da barra: aço flexível.

BARRAS ASSIMÉTRICAS
Só para mulheres
No mínimo 8 elementos devem ser incluídos na apresentação em 2 barras paralelas de alturas diferentes. Balanços circulares, piruetas, giros e voos são avaliados pela arbitragem. É permitido tocar as barras com o corpo, usando-as como apoio para o movimento seguinte.

Daiane dos Santos em Londres 2012
ALAOR FILHO/AGIF/
COMITÊ OLÍMPICO DO BRASIL

Medidas das barras: 2,4m de comprimento; de 1,3m a 1,8m entre as duas; 1,7m e 2,5m de altura.
Material das barras: madeira, fibra de vidro. As hastes são de metal.

TRAVE
Só para mulheres
As ginastas realizam elementos acrobáticos e de dança. É obrigatória a execução de uma sequência acrobática, sequência de saltos de dança, giro de 360° sobre um pé. É obrigatório usar toda a extensão do aparelho durante a apresentação, realizar acrobacias em diferentes direções e aproximar-se da trave, tocando-a com outras partes do corpo.
Medidas da trave: 10cm de largura; 5m de comprimento; 1,25m de altura.
Material da trave: madeira, revestida de espuma e couro antiderrapante.
Tempo da apresentação: até 90s.

O nu esportivo

A palavra ginástica vem do grego *gymnastiké* (segundo o dicionário Aurélio). Significa, numa tradução literal, "exercitar-se nu". Esse era um costume bem comum entre os gregos.

Nomes e sobrenomes

> A ginástica que hoje é conhecida como artística ainda é citada em muitos livros como ginástica olímpica. No passado, já foi chamada de ginástica desportiva e de ginástica de aparelhos. Em circuitos esportivos internacionais, é comum ouvir atletas, técnicos e até leigos usando simplesmente as iniciais GA.

> Todos os movimentos executados por ginastas em competições internacionais são registrados no código de pontuação. Quando um movimento novo é criado, o autor tem o direito de batizá-lo. A russa Svetlana Khorkina é a recordista: 6 itens do código levam seu sobrenome. Quatro brasileiros integram a enorme lista: Daiane dos Santos (com o duplo twist carpado, que a popularizou, e o duplo twist esticado), Diego Hypolito (Hypolito I e Hypolito II), Sérgio Sasaki e Arthur Zanetti.

QUADRO DE MEDALHAS

PAÍS	OURO	PRATA	BRONZE	TOTAL
União Soviética	72	67	43	182
EUA	31	36	33	100
Japão	29	33	33	95
China	26	18	15	59
Romênia	24	20	25	69
Suíça	16	19	12	47
Hungria	15	11	13	39
Itália	14	5	9	28
Alemanha	13	12	13	38
Tchecoslováquia	12	13	10	35

Sergio Sasaki Junior nas barras paralelas em Londres 2012 VALTERCI SANTOS/AGIF/ COMITÊ OLÍMPICO DO BRASIL

OS DEZ MAIS

Maiores medalhistas da ginástica artística em Jogos Olímpicos, por total de medalhas

Larisa Latynina	**URSS**	18 medalhas, 9 de ouro
Nikolay Andrianov	**URSS**	15 medalhas, 7 de ouro
Boris Shakhlin	**URSS**	13 medalhas, 7 de ouro
Takashi Ono	**JPN**	13 medalhas, 5 de ouro
Sawai Kato	**JPN**	12 medalhas, 8 de ouro
Alexei Nemov	**RUS**	12 medalhas, 4 de ouro
Viktor Chukarin	**URSS**	11 medalhas, 7 de ouro
Vera Caslavska	**CZE**	11 medalhas, 7 de ouro
Vitaly Scherbo	**CEI**	10 medalhas, 6 de ouro
Akinori Nakayama	**JPN**	10 medalhas, 6 de ouro

Ginástica artística nos Jogos Rio 2016

LOCAL DE COMPETIÇÃO
Arena Olímpica do Rio |
Capacidade: 13.280 lugares*
** Número sujeito a alteração.*

O TORNEIO | No primeiro dia de competição, todos os ginastas dividem a plataforma, apresentando-se na chamada ordem olímpica: solo, cavalo com alças, argolas, salto, paralelas e barra, para homens; salto, barras assimétricas, trave e solo, para mulheres. Suas apresentações contam notas por aparelhos, para o individual geral e para as equipes. Aqueles com os melhores resultados voltam nos dias seguintes para a disputa de medalhas. Nas finais, o atleta com a menor nota se apresenta primeiro, mantendo o suspense até a apresentação dos favoritos.

DESTAQUES | A ginástica artística é um dos maiores fornecedores do ranking dos atletas que mais conquistaram medalhas olímpicas. Por isso, é ainda mais impressionante que Kohei Uchimura, com "apenas" 1 ouro e 4 pratas em 2 edições dos Jogos, seja considerado por muitos o maior ginasta de todos os tempos. O trunfo desse japonês, que começou a praticar o esporte aos 3 anos de idade, é ser completo. Uchimura foi campeão mundial no individual geral em todas as 5 edições disputadas no ciclo olímpico entre Pequim 2008 e Londres 2012. Ele terá 27 anos nos Jogos Rio 2016, e tentará subir mais um degrau no panteão dos maiores ginastas olímpicos.

O BRASIL | De país fora do mapa da ginástica artística a candidato a medalhas com Daiane dos Santos e Diego Hypolito, o Brasil trilhou um longo caminho olímpico. E ele foi coroado com o ouro de Arthur Zanetti. Esse paulista de São Caetano do Sul despontou para o cenário internacional quando fez parte da equipe que conquistou um inédito ouro nos Jogos Pan-americanos Guadalajara 2011. Nas argolas, sua especialidade, foi prata no Pan e no Mundial de Tóquio e ouro na Universíade de Shenzhen. Chegou a Londres 2012 como um dos favoritos, mas precisava vencer seu algoz, o chinês Chen Yibing. Com uma apresentação perfeita, tornou-se o primeiro ginasta latino-americano a conquistar 1 ouro olímpico – e não parou por aí. No ano seguinte, repetiu a dose na Universíade, em Kazan, e foi campeão mundial em Antuérpia. Yibing deu o troco em Nanning 2014, deixando Zanetti com a prata. Mas outro ouro, nos Jogos Pan-americanos Toronto 2015, renovou as esperanças do bi olímpico nos Jogos Rio 2016, quando terá 26 anos.

As vagas por equipes e individuais são decididas de acordo com a classificação no Campeonato Mundial. O Brasil conseguiu classificar a equipe masculina em Glasgow 2015, enquanto a feminina obteve a classificação em um torneio pré-olímpico.

Ginástica de trampolim

Muito antes de valer medalhas olímpicas, acrobacias em camas elásticas já divertiam plateias. Historiadores afirmam que em circos da Idade Média havia apresentações de acrobatas e trapezistas. A brincadeira só começou a virar esporte em 1936, quando o professor de educação física norte-americano George Nissen patenteou a primeira cama elástica e criou regras para as apresentações. Mistura de esporte com espetáculo, a ginástica de trampolim exige equilíbrio e excelente coordenação motora. Os atletas saltam sobre uma tela elástica bem mais moderna do que a de Nissen e podem atingir até 7m de altura nos saltos e acrobacias. Praticado por homens e mulheres, o esporte estreou nos Jogos em Sidney 2000.

Órgãos dirigentes

> Fédération Internationale de Gymnastique (FIG)

> Confederação Brasileira de Ginástica (CBG)

Jogo rápido | Os atletas, chamados de ginastas, saltam sobre uma cama elástica, realizando acrobacias que são julgadas por árbitros. Quem tiver a maior nota vence a competição.

Camilla Gomes representa o Brasil na prova de ginástica de trampolim em Toronto 2015
JONNE RORIZ/EXEMPLUS/ COMITÊ OLÍMPICO DO BRASIL

As provas

Nos Jogos Olímpicos, a ginástica de trampolim tem apenas provas individuais, para homens e mulheres. Devem ser executados 20 elementos técnicos, entre eles saltos (simples, duplos e triplos) e piruetas, sem interrupções, divididos em 2 séries de 9 cada.

O trampolim

Comprimento: 5,2m.
Largura: 3,05m.
Altura: 1,15m.
Material: tela de nylon estendida sobre molas e uma estrutura metálica.
Marcações: feitas em vermelho sobre a tela. A zona de saltos é dividida em retângulos e o centro do trampolim tem uma cruz para orientar os ginastas.
Altura do ginásio: mínimo de 8m, preferencialmente 10m a 12m, para permitir que os saltos sejam executados com segurança.

O uniforme

Malhas: justas, para não limitar os movimentos. Homens também devem usar short ou calça específica.
Sapatilhas ou meias: são obrigatórias. É proibido competir descalço.

A arbitragem

Os movimentos dos ginastas são avaliados por árbitros, que levam em conta a execução, a dificuldade e o tempo de voo – que varia com a altura que o ginasta alcança nos saltos e é determinado por um equipamento eletrônico com luz infravermelha, instalado debaixo do trampolim.

Para anotar as séries com rapidez, os árbitros de dificuldade utilizam um sistema de números e símbolos para identificar os elementos executados pelo ginasta.

Por exemplo: 813 <
8 significa um duplo mortal;
1 significa que o ginasta fez meia pirueta no primeiro mortal;
3 significa que o ginasta fez uma pirueta e meia no segundo mortal;
< é o símbolo que identifica a posição do corpo durante o elemento; este é para a posição carpada.

Os elementos

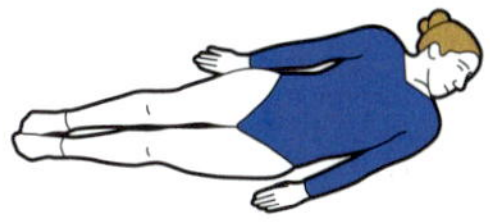

Adolph: mortal para a frente com 3 piruetas e meia.
Back: mortal para trás.

Barani: mortal para a frente com meia volta.
Cody: mortal para trás partindo da posição frontal.

Double full: mortal com 2 piruetas.
Double back: duplo mortal para trás.
Front: mortal para a frente.
Full: mortal para trás com 1 pirueta.
Full in: duplo mortal com 1 pirueta no primeiro mortal.
Full out: duplo mortal com 1 pirueta no segundo mortal.
Full full (oficialmente, full in full out): duplo mortal com 1 pirueta no primeiro mortal e 1 pirueta no segundo mortal.
Front full: mortal para a frente com 1 pirueta.
Half: meia pirueta executada em múltiplos mortais.
Miller: duplo mortal com 3 piruetas.
In: no nome do movimento, indica pirueta no primeiro mortal. O full in, por exemplo, é um duplo mortal com pirueta no primeiro.
Out: no nome do movimento, indica pirueta no último mortal. O full out, por exemplo, é um duplo mortal com pirueta no segundo.
Pike: posição carpada. Um salto mortal carpado é um *back pike* (para trás) ou front pike (para a frente).
Puck: variação da posição *tuck*. Em múltiplos mortais com piruetas, permite-se a execução grupada um pouco mais aberta.
Straight: posição esticada.
Triffis: qualquer triplo mortal com pirueta.
Triple back: triplo mortal para trás.
Tuck: posição grupada.
Wipe out: queda.

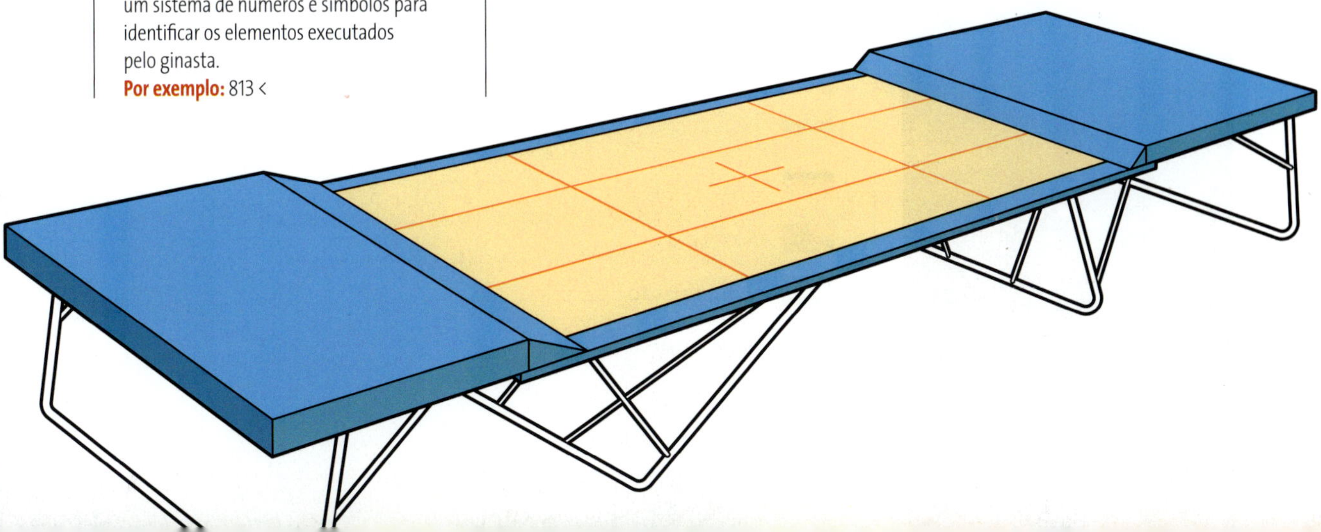

Camilla Gomes representa o Brasil na prova de ginástica de trampolim em Toronto 2015

JONNE RORIZ/EXEMPLUS/ COMITÊ OLÍMPICO DO BRASIL

Carlos Ramirez Pala representa o Brasil na prova de ginástica de trampolim em Toronto 2015

JONNE RORIZ/EXEMPLUS/ COMITÊ OLÍMPICO DO BRASIL

Trampoline ou trampolin?

Existem 2 versões para a origem da palavra trampolim. Uma diz que um dos pioneiros no uso de camas elásticas para a prática esportiva na Europa era um francês chamado Trampoline. Outra, mais simples, que se trata apenas de uma derivação do espanhol *trampolin*, que significa prancha. Seja como for, daí para trampolim foi um pulo (ou, literalmente, vários pulos).

Mais pulos

Em outras competições internacionais, provas diferentes costumam ser disputadas: o duplo minitrampolim, num aparelho de proporções menores no qual o ginasta executa uma corrida antes dos elementos técnicos; o *tumbling*, do verbo *to tumble* (dar cambalhota), em que o ginasta executa 4 passadas com 8 elementos acrobáticos em cada; e, na mesma cama elástica usada nos Jogos, provas de duplas, em que são avaliadas também a sincronia entre os ginastas.

QUADRO DE MEDALHAS

PAÍS	OURO	PRATA	BRONZE	TOTAL
China	3	1	4	8
Rússia	2	2	0	4
Canadá	1	3	2	6
Ucrânia	1	1	0	2
Alemanha	1	0	1	2
Austrália	0	1	0	1
Uzbequistão	0	0	1	1

Todos os medalhistas da história da modalidade

Ginástica de trampolim nos Jogos Rio 2016

LOCAL DE COMPETIÇÃO
Arena Olímpica do Rio | Capacidade: 13.280 lugares*
** Número sujeito a alteração.*

O TORNEIO | Nas eliminatórias, cada ginasta faz 2 apresentações. As notas são somadas e os melhores se classificam para a final, com mais uma série de 9 elementos.

DESTAQUES | A China tem um terço de todas as medalhas olímpicas já distribuídas na ginástica de trampolim. Ser o melhor atleta chinês da modalidade poderia significar um atalho para o pódio – se não fosse tão difícil ocupar esse posto. Que o diga Tu Xiao. Durante anos, ele foi a sombra de Dong Dong, vencedor em Londres 2012 e tricampeão mundial. Mas em 2014 Xiao parece ter finalmente aprendido a transformar prata em ouro. Com uma exibição perfeita no Mundial de Daytona, ele finalmente subiu no lugar mais alto do pódio, deixando Dong em 2º. É difícil dizer se os dois, que são amigos, não trocarão de lugar de novo nos Jogos Rio 2016 – e eles ainda terão a concorrência de Gao Lei, o novo fenômeno chinês, de apenas 19 anos. Fica pelo menos o gostinho de chegar como favorito.

O BRASIL | A ginástica de trampolim começa, aos poucos, a ganhar visibilidade no Brasil. Um dos pioneiros é Rafael Andrade. Ele foi o primeiro brasileiro a conquistar uma medalha na competição masculina dos Jogos Pan-americanos, a prata em Guadalajara 2011. Mas ainda não conseguira se classificar para 1 edição olímpica. A vaga veio com o melhor desempenho de sua carreira em mundiais, um 36º lugar em Odense 2015. O Brasil, como país-sede, tinha direito a indicar apenas 1 atleta, de melhor colocação entre homens e mulheres no Mundial. Às vésperas de completar 30 anos, Rafael, que compete desde os 10, ganhou a honra de defender o país em casa.

Ginástica rítmica

Do manuseio de aparelhos nascem a graça e a leveza das exibições, que têm sempre um fundo musical e incorporam muitos movimentos do balé clássico. A ginástica rítmica começou a ser praticada no século XIX, quando a música foi acrescentada aos exercícios de ginástica das escolas sueca (com rotinas livres) e alemã (com aparelhos). À medida que a complexidade das coreografias foi aumentando, o interesse do público cresceu e novas competições surgiram, principalmente em países do Leste Europeu (a extinta União Soviética realizava campeonatos desde 1948). Mas só em 1962 veio o reconhecimento como esporte. E em Los Angeles 1984, com o nome de ginástica rítmica desportiva (GRD), a inclusão no programa olímpico. Desde 2000, a modalidade passou a se chamar apenas ginástica rítmica (GR).

Órgãos dirigentes
> Fédération Internationale de Gymnastique (FIG)
> Confederação Brasileira de Ginástica (CBG)

Jogo rápido | As atletas, chamadas de ginastas, fazem apresentações com objetos, chamados de aparelhos, para avaliação de árbitros. Quem obtiver a maior nota vence a competição.

Angélica Kvieczynski em Toronto 2015: a paranaense e a beleza da fita
SAULO CRUZ/EXEMPLUS/ COMITÊ OLÍMPICO DO BRASIL

Beatriz Pomini, Eliane Sampaio, Francielly Machado, Gabrielle Silva, Isadora Magalhães e Mayra Gmach: equipe conquista o ouro em Toronto 2015

SAULO CRUZ/EXEMPLUS/COMITÊ OLÍMPICO DO BRASIL

As provas

As ginastas dessa modalidade, exclusivamente feminina, apresentam-se sempre em exercícios realizados sobre um tablado, executando seus movimentos ao som de música com o auxílio de aparelhos: bola, maças, fita, arco e corda.

Na competição individual, as atletas têm de 1min15s a 1min30s para completar cada apresentação. Ganha o ouro quem obtiver a melhor nota na soma de 4 aparelhos (um dos 5 é descartado pela FIG a cada ciclo olímpico, num sistema de rodízio; nos Jogos Rio 2016, será a corda).

Já na competição de conjuntos, para os Jogos, apenas 5 atletas são escaladas. Elas entram juntas no tablado para 2 apresentações, que devem durar entre 2min15s e 2min30s. Também há um sistema de rodízio de aparelhos. No ciclo olímpico dos Jogos Rio 2016, uma apresentação é feita com 5 fitas, e outra, com 3 pares de maças e 2 arcos.

O tablado

Toda a extensão da área de competição, chamada de tablado, deve ser usada durante uma apresentação, seja individual ou por equipes.

Medidas: 13m x 13m.

Altura do teto: no mínimo 8m, para permitir que os aparelhos sejam lançados para o alto.

Material do piso: madeira coberta por carpete.

A arbitragem

Dez juízes, divididos em 2 bancas, avaliam a dificuldade e a execução dos movimentos em notas de 0 a 10. São punidos com perda de pontos erros como sair da área da competição e estourar o tempo limite (0,05 ponto). Nas competições por equipe, cada apresentação recebe uma nota, e a soma determina o resultado final.

O traje

As ginastas se apresentam maquiadas e com os cabelos presos, com penteados elaborados. A beleza do traje valoriza a apresentação. Todas as atletas de uma equipe devem se vestir de forma rigorosamente igual.

Collant: pode ser coberto por uma saia e customizado com cores, brilho, cristais e transparências. Não existe restrição para o uso das cores, podem ser utilizadas malhas brilhosas, estampadas e dos mais variados tecidos. Mas é preciso respeitar normas severas, que regulam até o tamanho do decote.

Sapatilhas: não são obrigatórias. As ginastas podem competir descalças.

Os aparelhos

Devem ser mantidos em constante movimento durante as apresentações. Não há restrição para a utilização de cores, que podem ser douradas e cintilantes.

Natália Gaudio durante individual classificatória da prova de arco em Toronto 2015

SAULO CRUZ/EXEMPLUS/ COMITÊ OLÍMPICO DO BRASIL

Bola

É o aparelho considerado o mais fácil. Os movimentos devem ser suaves e equilibrados, com quiques, lançamentos e rolamentos. Exemplo de movimento usado: corsa com coluna, salto com a perna da frente dobrada e a de trás estendida, apoiando a bola sobre o tronco flexionado.
Circunferência: de 18cm a 20cm.
Peso: 400g.
Material: borracha ou sintético similar.

Maças

São os aparelhos usados nas apresentações que exigem a maior habilidade das ginastas. Dois bastões manuseados simultaneamente, desenhando molinetes, movimentos assimétricos, batidas, rotações e lançamentos.
Comprimento: de 40cm a 50cm.
Peso mínimo: 150g para cada bastão.
Material: madeira, borracha ou sintético similar.

Fita

O aparelho é composto de uma fita de cetim presa a um estilete, como um bastão. Com ele, as ginastas criam imagens no ar. Podem realizar escapadas, espirais e movimentos em bumerangue. Exemplo de movimento usado: serpentina, com a fita sendo agitada em forma de onda.
Comprimento: até 6m (fita) e de 50cm a 60cm (estilete).
Peso: 35g (fita).
Material: cetim (fita); madeira, plástico ou fibra de vidro (estilete).

Arco

Assemelha-se a um bambolê. Deve ser girado em torno do corpo da ginasta, que também pode lançá-lo e executar rolamentos, rotações e passagens pelo corpo. Exemplo de movimento usado: retroversão, com o arco sendo rolado no solo à frente e girando na direção contrária, de forma a voltar na direção da ginasta assim que toca o chão.
Diâmetro: de 80cm a 90cm.
Peso: no mínimo 300g.
Material: madeira ou plástico rígido, enrolado com uma fita colorida.

Corda

Não pode ter suportes para as mãos e seu tamanho deve ser proporcional à altura da ginasta. A apresentação deve ter os seguintes elementos: saltitos e saltos, movimentos em 8, velas, espirais e escapadas da ponta da corda. Exige dinamismo e constante movimento das ginastas.
Material: fibra vegetal ou sintético similar.

Madrinha Isadora

Isadora Duncan é uma espécie de madrinha da ginástica rítmica. A dançarina americana, que morreu tragicamente, enforcada por uma echarpe que prendeu na roda de um carro, deixou um legado para o esporte, embora não o praticasse. Ela criou uma forma de dança livre, que não aceitava todas as restrições do balé clássico. Foi uma inspiração para os movimentos usados pelas ginastas em sua relação com os aparelhos.

QUADRO DE MEDALHAS

PAÍS	OURO	PRATA	BRONZE	TOTAL
Rússia	8	3	2	13
Espanha	1	1	0	2
Ucrânia	1	0	3	4
União Soviética	1	0	1	2
CEI	1	0	1	2
Canadá	1	0	0	1
Bielorrússia	0	4	2	6
Bulgária	0	2	1	3
Itália	0	1	1	2
Romênia	0	1	0	1
China	0	1	0	1
Grécia	0	0	1	1
Alemanha Ocidental	0	0	1	1

**Todos os medalhistas da história da modalidade*

Ginástica rítmica nos Jogos Rio 2016

LOCAL DE COMPETIÇÃO
Arena Olímpica do Rio |
Capacidade: 12.000 lugares*
**Número sujeito a alteração.*

O TORNEIO | São 3 dias de competição. No primeiro, são disputadas as classificatórias individuais; no segundo, as classificatórias por equipes; no terceiro, as finais individuais e por equipes.

DESTAQUES | Ela é chamada de Anjo com Asas de Ferro, Rainha do Gelo, Estatueta de Cristal. Aos 18 anos, já é tricampeã mundial no individual geral, colecionando 13 medalhas de ouro. Yana Kudryavtseva é uma legítima herdeira da tradição das ginastas russas, que dominam o pódio dessa modalidade desde Sidney 2000. Filha do nadador Aleksey Kudryavtsev, que ganhou o ouro no revezamento 4x200m livre em Barcelona 1992, ela terá nos Jogos Rio 2016 sua primeira oportunidade de subir no pódio olímpico. E já como franca favorita.

O BRASIL | A ginástica rítmica brasileira vem apresentando um crescimento consistente – embora o país ainda esteja distante dos primeiros lugares nas competições internacionais. O conjunto garantiu sua classificação para os Jogos Rio 2016 no último Mundial, após o excelente desempenho nos Jogos Pan-americanos Toronto 2015, quando se sagrou pentacampeão. O país terá também uma representante na competição individual – pela terceira vez, a primeira desde Barcelona 1992. A honra caberá à capixaba Natália Gaudio. No Mundial, ela superou Angélica Kvieczynski, sua companheira de equipe, invertendo o que acontecera no Pan, quando Angélica foi melhor e conquistou 2 medalhas de bronze.

Golfe

A versão moderna do golfe começou a tomar forma no Reino Unido, como uma evolução de passatempos antigos como o *paganica*, ou jogo dos camponeses, praticado com tacos de madeira e bolas de couro na Roma Antiga. Ingleses e escoceses brigam pelo direito de serem considerados os inventores do esporte, mas a maioria dos historiadores pende para o lado da Escócia. Foi lá que o rei Jaime II publicou, em 1457, um decreto proibindo a prática desse divertimento, que estaria diminuindo o interesse de seus súditos pelo tiro com arco, importante para a defesa do país. Mas o golfe voltou, o próprio monarca se tornou um praticante e os primeiros clubes foram fundados no início do século XVI (um deles, em Saint Andrews, tem o campo há mais tempo em atividade no mundo – desde 1574). O primeiro registro conhecido de um conjunto de regras é de 1744, para um torneio disputado na cidade escocesa de Leith (hoje, são 34). E foi também no país que surgiu o mais antigo torneio, o Aberto da Escócia, em 1880. Duas décadas depois, o golfe estreava como esporte olímpico, em Paris 1900. Foi disputado novamente em Saint Louis 1904 e saiu do programa para voltar agora, nos Jogos Rio 2016, após mais de 100 anos de ausência.

ÓRGÃOS DIRIGENTES

> International Golf Federation (IGF)

> Confederação Brasileira de Golfe (CBG)

JOGO RÁPIDO | Existem variações nos formatos de competição, mas a base é uma só: cada atleta, chamado de golfista, tenta completar um circuito, fazendo a bola passar por cada buraco com o menor número de tacadas.

Adilson da Silva em Toronto 2015
SAULO CRUZ/EXEMPLUS/ COMITÊ OLÍMPICO DO BRASIL

O campo

Não existe um campo de golfe igual ao outro. Até o número de buracos varia: os campos profissionais têm 9 ou 18, mas os amadores chegam a ter de 3 a 6. Grama, areia, água, árvores e até pisos artificiais podem ser usados na construção. Nos campeonatos internacionais, a distância média do 1º ao último buraco é de 6.400m, e a área total, de 1 milhão de metros quadrados. Percorrer o trajeto de uma partida leva de 3 a 5 horas.

Divisões do campo

Fairway: a raia principal de cada buraco do campo. Tem de 25m a 30m de largura e de 300m a 500m de comprimento.
Tee: o ponto de partida. Tem esse nome por causa do pino fincado no chão para apoiar a bola, que só pode ser usado nesse ponto ou em situações especiais, como depois de uma tacada que sai dos limites do campo.
Rough: área de grama mais alta ao lado da raia principal, onde é mais difícil acertar uma tacada.
Green: área onde fica o buraco, com grama muito bem aparada, em torno de 2mm de altura, para facilitar o deslizamento da bola. A superfície pode ser irregular, com declives que dificultam o cálculo da trajetória.

Obstáculos

Distribuídos aleatoriamente ao longo do campo. Não são obrigatórios.
Azar de água: pode ser um rio, riacho, lago ou lagoa, natural ou artificial. Se a bola cair na água, o golfista é punido com uma tacada perdida e deve recomeçar o trajeto da margem.
Bunker: trecho do percurso coberto com areia. Se a bola cair num bunker, o golfista deve continuar de onde ela parou.

De par em par

O par é o número de tacadas de que os golfistas precisam, em média, para levar a bola até cada buraco:
Par 3: para distâncias de 120m a 230m entre o *tee* e o *green*.
Par 4: para distâncias de 231m a 400m entre o *tee* e o *green*.
Par 5: para distâncias de mais de 400m entre o *tee* e o *green*. Com base nessa estimativa, o desempenho do golfista em cada buraco é conhecido por um apelido:
Albatross ou double eagle: 3 tacadas abaixo.
Eagle ou double birdie: 2 tacadas abaixo.
Birdie: 1 tacada abaixo.
Bogey: 1 tacada acima.
Double bogey: 2 tacadas acima.
Triple bogey: 3 tacadas acima.

Tacadas

Drive: a mais forte e com menos direção. Mais usada no começo de cada fairway.
Chip: cavadinha. Mais curta e fraca, usada para aproximar a bola do buraco.
Putt: a tacada final, de precisão, para fazer a bola entrar no buraco.

Tacos

Todos os tacos têm a cabeça (parte que toca na bola) de metal, normalmente titânio. As varas são de metal ou grafite. Existe ainda uma numeração: quanto menor o número do taco, maior a distância que a bola atinge.

Tipos de taco

Madeira: ainda levam o nome do material com o qual eram fabricados, embora hoje a fibra de carbono seja mais comum. Usados para as tacadas mais longas, principalmente no início de cada par. Com eles, é mais difícil controlar a direção da bola.

Ferro: também são usados para tacadas longas, mas têm menos potência e permitem mais controle.

Wedge: tacos de metal com a face mais aberta. Usados para tirar a bola de superfícies difíceis, como areia e grama muito alta.

Putter: usados na última tacada, para fazer a bola entrar no buraco. São os mais leves e precisos de todos os tacos. Existem vários modelos, e cada golfista procura o que mais se adapta a seu estilo.

Caddie

Cada golfista usa até 14 tacos num percurso, levados numa bolsa com alças, feita de couro ou material sintético. Normalmente, um assistente, chamado de *caddie*, é contratado para fazer o transporte. Muitos *caddies* também jogam golfe e se tornam fonte de consulta sobre o melhor taco a ser usado em cada jogada, as condições do percurso e até a estratégia do golfista.

Bola

Branca. Tem cerca de 500 buracos na superfície, para melhorar a aerodinâmica.
Diâmetro mínimo: 42,67mm.
Peso máximo: 45,93g.

O buraco

Diâmetro: 10,8cm.
Profundidade: 10cm.
Bandeira: usada para marcar o buraco, facilitando a visualização nas tacadas mais distantes. Nas mais próximas, é retirada.

Roupa

Traje: Calça comprida e camisa polo (jeans e camiseta são proibidos). Viseira ou boné.
Luva: costuma ser usada apenas na mão que impulsiona o taco, para facilitar a aderência.

No mundo da lua

Em 1971, o astronauta norte-americano Alan Shepherd, da missão Apollo 14, levou a bordo um taco de ferro número 6 (adaptado ao coletor de amostras minerais) e 2 bolas de golfe. Ao desembarcar na Lua, no dia 6 de fevereiro, tentou uma tacada, e errou. Mas acertou a segunda, fazendo do golfe o primeiro esporte – de alguma forma – praticado no solo lunar. O segundo foi o lançamento do dardo, também uma modalidade olímpica: depois de desatarraxar o taco da ponta do coletor, Shepherd o atirou longe. O desempenho está registrado em vídeo, disponível na internet.

Sapatos: os mais populares são feitos de couro e os mais tradicionais vêm em preto e branco, embora já haja outras combinações de cores. A sola, flexível, tem pequenas travas para melhorar a fixação. Na maioria dos campos, travas de metal são proibidas e devem ser substituídas pelas de plástico.

Árbitro

Designado pela Comissão Técnica do campeonato, serve para tirar dúvidas dos golfistas. Cada competidor fiscaliza o outro, e não é raro que um golfista avise ao árbitro sobre uma infração que tenha cometido, mesmo que ninguém tenha visto.

Handicap

O golfe criou uma fórmula para que atletas de níveis de habilidade muito diferentes (até mesmo profissionais e amadores) possam jogar juntos: o handicap. É uma espécie de bônus dado ao golfista de menor técnica. Vai de 0 (para profissionais) a 40. Cada número equivale às tacadas que um competidor pode dar acima do par do campo, ou seja, a soma dos pares de todos os buracos.

Hole in one

É raro, mas um golfista pode acertar o buraco com uma só tacada, do *tee* ao *green*. Essa mistura de técnica, força e sorte é chamada de *hole in one*. Em muitos torneios, existem prêmios para quem consegue a proeza. A tradição manda que o felizardo pague uma rodada de bebidas para todo o clube. O inglês John Hudson foi o único a completar 2 buracos seguidos com o *hole in one* num torneio profissional, em 1971, em Norwich, Inglaterra.

Só no swing

O movimento de rotação que o golfista faz com o taco para acertar a bola é chamado de swing. Ter um bom swing é fundamental para atingir distâncias mais longas. Músculos e tendões das pernas, dos ombros e dos pulsos são exigidos a cada tacada. A repetição do movimento – normalmente feito de um só lado do corpo – pode causar desequilíbrio, e é preciso fazer exercícios específicos para compensá-lo.

QUADRO DE MEDALHAS

PAÍS	OURO	PRATA	BRONZE	TOTAL
EUA	3	3	3	9
Canadá	1	0	0	1
Grã-Bretanha	0	1	1	2

OBS.: Com apenas 2 participações em Jogos Olímpicos, o golfe distribuiu medalhas apenas para 3 países.

Adilson da Silva em Toronto 2015
SAULO CRUZ/ EXEMPLUS/ COMITÊ OLÍMPICO DO BRASIL

Golfe nos Jogos Rio 2016

LOCAL DE COMPETIÇÃO
Campo Olímpico de Golfe | Capacidade: 15.498 lugares*
** Número sujeito a alteração.*

O TORNEIO | O golfe volta aos Jogos Olímpicos, após mais de um século de ausência, com competições individuais no masculino e no feminino, ambas abertas a profissionais. Cada golfista completará 4 vezes um percurso de 18 buracos, totalizando 72. O formato de disputa será o *stroke play*, o mais simples de todos: quem terminar com menos tacadas é o vencedor. Se houver empate em qualquer uma das 3 primeiras posições, um playoff de 3 buracos decidirá quem fica com a medalha.

DESTAQUES | Os norte-americanos costumam dominar o cenário do golfe mundial, mas o maior astro do momento vem do outro lado do Atlântico. Rory McIlroy nasceu em Holywood, na Irlanda do Norte, e competirá sob a bandeira da Grã-Bretanha. Quatro vezes campeão de *majors*, como são chamados os principais torneios do planeta (um deles, o Aberto dos Estados Unidos, com o recorde de 16 tacadas abaixo do par), McIlroy passou 93 semanas como líder do ranking mundial.

O BRASIL | Cada país tem direito a inscrever até 4 golfistas no masculino e no feminino, caso todos estejam entre os 15 primeiros do ranking olímpico até 11 de julho de 2016, ou até 2, enquanto as 60 vagas para cada categoria não estejam preenchidas. O Brasil, por ser país-sede, pode inscrever 1 homem e 1 mulher caso isso não aconteça.

Na volta do esporte aos Jogos Pan-americanos, em Toronto 2015, Adilson da Silva terminou em 8º lugar. Considerado o melhor golfista profissional do país, Adilson começou como *caddie* num clube de Santa Cruz do Sul, sua cidade natal. Desenvolveu a carreira na África, inicialmente no Zimbábue. Hoje, mora em KwaZulu-Natal, na África do Sul, onde disputa o Sunshine Tour. Compete também no Asian Tour.

Handebol

Como no futebol, o objetivo é marcar gols. Como no basquete, a bola só pode ser conduzida pelas mãos. Muito popular nas escolas brasileiras e praticado hoje em 183 países, o handebol demorou a ser oficialmente reconhecido pelo COI. Não se pode apontar um criador ou uma época precisa para o aparecimento do esporte, resultado de uma série de influências de jogos entre equipes e com bola, existentes há mais de 2 mil anos. A forma de disputa mais parecida com a que existe hoje apareceu na Alemanha em 1890, com o nome de *raffball*. Algumas mudanças no jogo originaram o *torball*, que era disputado ao ar livre em campos de futebol, com 11 jogadores – bem parecido com o que figuraria como esporte de exibição, já chamado de handebol, nos Jogos Berlim 1936. Em 1919, o professor alemão Karl Schelenz fez novas reformulações nas regras e as tornou oficiais, criando o nome atual. Em Munique 1972, o handebol foi definitivamente incorporado ao programa olímpico, já com 7 jogadores e em quadra coberta. Quatro anos depois, as mulheres fizeram sua estreia.

ÓRGÃOS DIRIGENTES
> International Handball Federation (IHF)
> Confederação Brasileira de Handebol (CBHb)

JOGO RÁPIDO | Duas equipes utilizam uma bola e trocam passes com as mãos com o objetivo de fazer gols.

Chiuffa, do Brasil, prepara o ataque em Toronto 2015
JONNE RORIZ/EXEMPLUS/ COMITÊ OLÍMPICO DO BRASIL

A quadra

Deve ter piso antiderrapante.
Comprimento: 40m.
Largura: 20m.
Linha dos 6m: delimita a área.
Linha do goleiro: limite para o posicionamento nos tiros de 7m.
Linha dos 7m: na direção do gol.
Linha de 9m: pontilhada, em volta da área.

Os gols

As traves e o travessão devem ser pintados com faixas alternadas de branco e azul ou vermelho. Uma rede evita que a bola saia quando um gol é marcado.
Largura: 3m.
Altura: 2m.

A bola

De couro ou material sintético.
Circunferência: 58cm a 60cm para homens e 54cm a 56cm para mulheres.
Peso: 425g a 475g para homens e 325g a 375g para mulheres.

Uniformes

Traje: short e camiseta, para homens e mulheres. Goleiros usam blusas e calças acolchoadas para se proteger das boladas.
Calçados: não podem marcar a quadra. Normalmente têm amortecimento nas solas.
Munhequeiras e faixas para a cabeça: para conter o suor. Não são obrigatórias.
**Os atletas esfregam cola nas mãos para ganhar mais aderência à bola.*

Cronometragem

2 tempos de 30min, com intervalo de 15min. O cronômetro para em cobranças de faltas. Se houver empate em jogos eliminatórios, é disputada uma prorrogação de 2 tempos de 5min. Se ainda não houver vencedor, joga-se outra prorrogação. Persistindo o empate, o vencedor é apontado numa disputa de arremessos da linha dos 7m.

Arbitragem

2 árbitros comandam o jogo de dentro da quadra, com igual poder de decisão. À beira da quadra, 1 secretário cuida da súmula, 1 cronometrista controla o tempo e 1 delegado fiscaliza as atitudes de treinadores e atletas fora de quadra.

Infrações

Condução da bola: é permitido dar 3 passos com a bola na mão; depois, o jogador deve passá-la, chutá-la ou quicá-la. É proibido ficar mais de 3s com a bola nas mãos sem quicá-la; tocá-la com pés e pernas (exceto para o goleiro numa ação de defesa, dentro de sua área); pisar na área adversária com a bola na mão; ou pisar na própria área, mesmo sem a bola (também com exceção do goleiro). Violações são punidas com a posse de bola passando ao adversário.
Faltas: o handebol é um esporte de muito contato, mas só é permitido impedir a passagem de um jogador adversário usando o tronco. Contatos com mãos e braços são punidos com tiro livre ou tiro de 7m.

Tiroteio em quadra

Muitos dos arremessos e lances do handebol são batizados de tiros.
Tiro de saída: marca o começo de cada tempo de jogo (regulamentar ou prorrogação) e também o reinício da partida após cada gol.
Tiro lateral: é marcado quando a bola sai pela linha lateral ou pela linha de fundo (neste último caso, só quando toca por último num jogador de linha, e não no goleiro).
Tiro de meta: é batido quando a bola arremessada por um atacante cruza a linha de fundo do adversário. É o goleiro quem faz o lançamento.
Tiro livre: é um recurso de punição para violação das regras. É cobrado no lugar em que a infração ocorreu. O time adversário pode usar barreira, se desejar.
Tiro de 7m: equivalente ao pênalti no futebol. É feito da linha de 7m e o goleiro pode se mexer no limite de 4m, a partir da linha de gol, mesmo antes de a bola sair da mão do cobrador.

As punições

Aplicadas pelos árbitros de quadra para punir atos de indisciplina.

Cartão amarelo: pode ser aplicado a atletas e técnicos. É uma advertência para faltas, reclamações ou atitude antidesportiva. O limite é de 3 por atleta e 1 para membros da comissão técnica.

2min: punição destinada apenas aos atletas, quando cometem falta violenta, atingem o limite de cartões amarelos ou entram em quadra incorretamente após uma substituição. O jogador punido desfalca a equipe por 2min, deixando-a com 1 a menos em quadra.

Cartão vermelho: expulsão. O jogador deixa sua equipe com 1 a menos por 2min e não pode mais voltar à partida, tendo de ser substituído. Três punições de 2min resultam num cartão vermelho.

Titulares e reservas

Cada time tem 7 jogadores, incluindo 1 goleiro – o único que pode tocar na bola dentro da área de defesa. Nos Jogos Olímpicos, assim como nos Campeonatos Mundiais, 7 reservas ficam no banco. As substituições são ilimitadas e podem ser feitas durante uma jogada, sem autorização especial da arbitragem.

As posições

Goleiro: tem a função de defender (podendo usar qualquer parte do corpo para isso) e pode atuar como um jogador de linha.

O esporte que fugiu do frio

O handebol saiu dos campos para escapar do frio – e faz sucesso em países onde os gramados passam boa parte do ano cobertos de neve. Em toda a Europa, são mais de 18 milhões de praticantes, muitos deles na Escandinávia, que disputa com a Alemanha a honra de ser o berço do esporte. Na Dinamarca – onde um compêndio de regras foi publicado em 1898 e usado como base para as versões posteriores –, a popularidade do handebol rivaliza com a do futebol. E com uma vantagem: seleções sempre competitivas, que já subiram no topo do pódio em competições internacionais.

Armador central: geralmente é responsável por distribuir o jogo e armar as jogadas de ataque.

Meias: jogam um pouco atrás dos pontas, ao lado do armador central, e costumam ter um forte arremesso.

Pontas (direita e esquerda): atuam pelos extremos da quadra.

Pivô: joga infiltrado na defesa do adversário, fazendo bloqueios para os companheiros e recebendo bolas perto da linha de 6m.

Técnicas

Arremesso com salto: para ganhar proximidade com o gol, o atleta salta antes da linha da área do adversário e executa o arremesso no ar. Ele não é punido se pisar na área após arremessar.

Arremesso por cobertura ou vaselina: após o salto, o jogador simula um arremesso forte e solta a bola de leve, encobrindo o goleiro.

Arremesso de rosca: o jogador torce o pulso para que a bola saia girando e ganhe um efeito ao tocar o chão, enganando o goleiro.

QUADRO DE MEDALHAS

PAÍS	OURO	PRATA	BRONZE	TOTAL
União Soviética	4	1	1	6
Iugoslávia	3	1	1	5
Dinamarca	3	0	0	3
Coreia do Sul	2	4	1	7
Noruega	2	2	1	5
França	2	0	1	3
Croácia	2	0	1	3
Alemanha Oriental	1	1	1	3
Rússia	1	1	1	3
Alemanha	1	1	0	2

Handebol nos Jogos Rio 2016

LOCAL DE COMPETIÇÃO

Arena do Futuro | Capacidade: 12.036 lugares*

** Número sujeito a alteração.*

O TORNEIO | Participam dos Jogos Olímpicos 12 seleções masculinas e 12 femininas. Elas são divididas em grupos na 1ª fase, com as 8 melhores passando para as quartas de final.

DESTAQUES | No handebol masculino, está difícil parar os franceses. Até porque parte da missão inclui encarar Nikola Karabatic. A barba espessa e a cara de mau complementam o avantajado porte físico – 1,95m e 106kg – desse meia. Nascido na extinta Iugoslávia, Karabatic é filho de mãe sérvia e pai croata, um ex-jogador de handebol que levou a família para a França quando foi treinar um time do país. Ele começou a carreira em Montpellier, passou por Alemanha e Espanha e hoje defende o Paris-Saint Germain, dividindo a atenção dos torcedores com ídolos do futebol, como Ibrahimovic. Pela seleção, conquistou a medalha de ouro em 3 edições do Mundial, 3 do Europeu e nos Jogos Olímpicos de Pequim 2008 e Londres 2012. Aos 32 anos, quer chegar aos Jogos Rio 2016 em busca de mais um tri, mas enfrenta um problema fora das quadras: acusado de envolvimento num esquema de apostas ilegais, ainda está sendo julgado pelas autoridades francesas.

O BRASIL | O handebol é o esporte coletivo mais popular no Brasil que ainda não conquistou uma medalha olímpica. Muito praticado nas escolas, não tem uma liga profissional e exporta seus melhores atletas – que quando se reuniam não conseguiam formar seleções fortes. Essa história durou até 2013. Coroando um processo de evolução acelerado pela chegada de um técnico estrangeiro, o dinamarquês Morten Soubak, a seleção feminina conquistou o Mundial de 2013, na Sérvia – e chega aos Jogos Rio 2016 como uma das favoritas.

A armadora esquerda Duda Amorim, que começou a praticar o esporte incentivada pela irmã Ana (que também já defendeu a seleção) foi eleita a melhor jogadora da competição. Atuando na Europa desde 2006 (primeiro por um time da Macedônia e atualmente por um da Hungria), Duda defendeu o Brasil nos Jogos Pequim 2008 e Londres 2012. Chegará aos Jogos Rio 2016 com 29 anos e mais um reconhecimento: foi eleita a melhor do mundo em 2014.

As seleções masculina e feminina têm vaga assegurada, pelo critério de país-sede.

Hipismo

Historiadores divergem sobre a origem da relação entre homens e cavalos. A maioria acredita que foram os asiáticos (e não os egípcios) os primeiros a domesticar cavalos para uso como meio de transporte, na agricultura e em caçadas, entre 4000 e 3500 a.C. Só muitos séculos mais tarde eles seriam usados na conquista de territórios, como elemento fundamental nas estratégias militares. Nas primeiras edições dos Jogos Olímpicos da Antiguidade já havia registros de corridas de cavalos e de bigas (espécies de charretes puxadas por 2 ou 4 animais). As primeiras formas de disputa semelhantes às de hoje surgiram na Inglaterra do século XIX, com provas de caçada à raposa e salto. O esporte teve origem em treinamentos de militares ingleses para situações de combate e reconhecimento de terreno. Em pouco tempo, tinha se espalhado também entre oficiais alemães e italianos. A popularidade que o hipismo já tinha no fim do século XIX garantiu a inclusão no programa esportivo dos Jogos Paris 1900, mas apenas com a competição de salto e a de salto em altura, extinta em seguida. Depois de ficarem fora de Saint Louis 1904 e Londres 1908, os cavaleiros voltaram a competir em Estocolmo 1912, já nas 3 modalidades do programa olímpico atual. As mulheres só estrearam em Helsinque 1952.

ÓRGÃOS DIRIGENTES

> Fédération Equestre Internationale (FEI)

> Confederação Brasileira de Hipismo (CBH)

JOGO RÁPIDO | As provas de hipismo dos Jogos Olímpicos são disputadas em 3 modalidades: salto, adestramento e concurso completo de equitação (CCE). Em todas elas, homens e mulheres competem nas mesmas provas, individual e por equipes, em igualdade de condições.

Rodrigo Pessoa e Rebozo em Londres 2012

WASHINGTON ALVES/AGIF/ COMITÊ OLÍMPICO DO BRASIL

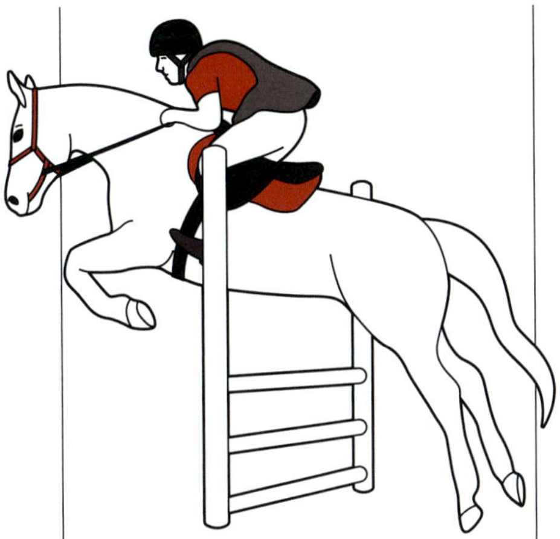

SALTO

Na modalidade mais tradicional do hipismo, os conjuntos (como são chamados cavalo e cavaleiro ou amazona) completam um percurso com obstáculos, com um tempo definido em razão da velocidade e da extensão. Passar do tempo ou derrubar obstáculos resulta em punição, com perda de pontos; quedas causam a eliminação. Vence o conjunto com o menor número de pontos perdidos. Se houver empate, os conjuntos voltam à pista para um desempate (*jump-off*), fazendo um percurso menor, no qual vencerá o conjunto com menos pontos perdidos e, persistindo a igualdade, com o menor tempo.

As provas

Na prova individual, são 3 passagens classificatórias, que qualificam 25 conjuntos para 2 rodadas finais, chamadas de percursos A e B. O conjunto com o melhor desempenho na soma das finais é o vencedor. Na prova por equipes (de 4 conjuntos), apenas os 3 melhores resultados de cada equipe são somados por percurso (o pior é descartado) e as 8 melhores equipes disputam a final. A que tiver o menor número de pontos perdidos, somadas as 2 passagens, vence a competição.

A pista

Tem de 12 a 14 obstáculos, que devem ser percorridos numa ordem determinada por números sequenciais. O percurso é desenhado especificamente para cada competição e os cavaleiros podem dar uma volta a pé para conhecê-lo – chamada de reconhecimento de percurso – pouco antes da prova.

Tipos de piso: areia ou grama.
Distância do percurso: de 500m a 600m.
Altura dos obstáculos: entre 1,5m e 1,6m.
Largura dos obstáculos: máximo de 2,2m para o triplo e 2m para os demais.
Linha: parte do percurso formada por 2 obstáculos dispostos com 3 ou mais lances de galope entre eles.

Os obstáculos por tipo

Vertical: obstáculo montado verticalmente, num único plano. O número de varas pode variar, contanto que uma esteja acima da outra e a última, na horizontal.
Oxer: obstáculo com 2 planos verticais, sendo que a vara da saída deve ser mais alta do que a da entrada, onde se usa obrigatoriamente um gancho de segurança.
Paralela: um oxer em que os 2 componentes têm a mesma altura, chamados entrada e saída. São 2 planos verticais paralelos e na mesma altura.
Muro: obstáculo, geralmente de madeira, semelhante a um muro de pedra ou tijolos.
Duplo: 2 obstáculos dispostos um após o outro, podendo ter de 1 a 2 lances de galope entre eles. A distância pode variar de 7m a 11,5m. É considerado um obstáculo único.
Triplo: 3 obstáculos dispostos um após o outro, podendo ter de 1 a 2 lances de galope entre cada um deles. É também considerado um único obstáculo, mas marcado como elementos A, B e C.
Rio: obstáculo com água depois das varas.

As faltas mais comuns

Excesso de tempo: 1 ponto perdido por cada 4s além do tempo estabelecido para completar o percurso. Nos desempates ao cronômetro, perde-se 1 ponto por cada segundo.

Derrubar 1 obstáculo: 4 pontos perdidos.
Derrubar 2 obstáculos: 8 pontos perdidos (e assim sucessivamente).
Tocar na água ou na faixa após o salto sobre o obstáculo rio: 4 pontos perdidos.
Refugo ou desvio (quando o cavalo se recusa a saltar um obstáculo): 4 pontos perdidos.

2 refugos: eliminação do conjunto.
Queda do cavaleiro ou de cavalo e cavaleiro: eliminação do conjunto.
Errar o trajeto ou deixar de passar pelas linhas de largada e chegada: eliminação do conjunto.

Etapas do salto

1- Aproximação: o cavaleiro observa o posicionamento do obstáculo e direciona o cavalo, ajustando o número de passadas.
2- Batida: momento em que o cavalo arma o salto.
3- Salto: o cavalo passa pelo obstáculo com as pernas dianteiras (chamadas de anteriores) dobradas, e as traseiras (chamadas de posteriores) estendidas.
4- Recepção: as pernas dianteiras do cavalo se estendem para tocar o chão.
5- Retomada: quando o cavalo já tem as 4 patas no chão, reiniciando o galope para o próximo salto.

Rodrigo Pessoa e Rebozo em Londres 2012
VALTERCI SANTOS/AGIF/COMITÊ OLÍMPICO DO BRASIL

O equipamento

Barrigueira: peça, geralmente de couro, que se prende à sela e se ajusta ao corpo do cavalo.
Caneleiras: peças de proteção usadas nos membros anteriores do cavalo.
Boleteiras: protetores dos boletos posteriores do cavalo (articulações localizadas entre a quartela e a canela). Ambas são geralmente feitas de couro ou material sintético flexível.
Bridão: tipo de embocadura suave, usada para controlar a montaria, age na comissura (lábios).
Freio: outro tipo de embocadura, mais forte, exerce pressão na barra (gengiva).

Cabeçada: localizada na cabeça do cavalo, carrega a embocadura (freio, bridão, etc.) e as rédeas.
Chicote: curto, no máximo 75cm, pode ser usado para estimular o cavalo a avançar.
Espora: equipamento preso acima dos calcanhares do cavaleiro, serve para estimular o animal a se engajar e criar tensão muscular.
Estribo: utilizado para dar apoio aos pés do cavaleiro.
Sela: peça, geralmente em couro, que serve como assento para o cavaleiro. Existem vários modelos de sela. No salto são mais utilizadas as de estilo inglês ou alemão, com abas mais curtas, dando apoio aos joelhos do cavaleiro.

O uniforme

Tradição e elegância são marcas registradas do hipismo. Cavaleiros e amazonas se apresentam sempre impecáveis, com raras variações numa vestimenta que é basicamente constituída de culote (calça), botas, camisa, casaca (paletó, nas cores vermelho, preto, azul-marinho ou cinza) e capacete. Militares dos exércitos ou polícias de seus países usam os uniformes de gala de suas corporações.

João Paulo dos Santos com Veleiro do Top, em Toronto 2015, na modalidade hipismo adestramento
BRUNO MIANI/INOVAFOTO/COMITÊ OLÍMPICO DO BRASIL

ADESTRAMENTO

Nas provas de adestramento, cada conjunto deve realizar movimentos obrigatórios, além de uma apresentação livre numa arena plana. Quem obtiver a maior média de notas vence a competição. A modalidade se desenvolveu na Europa, sob a influência das escolas alemã e francesa, referências para a preparação de cavalos para os exércitos. Estreou nos Jogos em Estocolmo 1912, inicialmente disputada apenas por militares.

As provas

São disputadas em 3 etapas:
Grand Prix: série de movimentos predeterminados, chamados de reprise, com retas e círculos, a passo, trote e galope. As 6 melhores equipes (de 3 conjuntos) se classificam. Na competição individual, seguem adiante os 24 integrantes das equipes, mais os 8 conjuntos fora delas que tiverem as maiores notas.
Grand Prix Special: nova rodada de movimentos predeterminados. Nela, definem-se os vencedores da prova por equipes, com a soma das notas das 2 etapas. Os 18 conjuntos com as melhores notas seguem na competição individual.
Grand Prix Freestyle: série de movimentos livres, ao som de música. Define os vencedores da prova individual.

Ruy Fonseca com Tom Bombadill Too, em Toronto 2015, na modalidade hipismo CCE

SÉRGIO DUTTI/EXEMPLUS/ COMITÊ OLÍMPICO DO BRASIL

Julgamento

Os 5 juízes distribuídos pela arena dão notas de 0 a 10 aos conjuntos, por cada parte da apresentação. As notas são atribuídas a um conjunto de padrões e técnicas precisas que levam à harmonia de movimentos entre o cavalo e o cavaleiro, desenvolvendo no animal disciplina, prontidão e elegância. O cavaleiro é proibido de emitir qualquer som durante a apresentação e deve estimular o cavalo apenas com esporas. Erros são sinalizados com o toque de um sino e 3 eliminam o conjunto.

A pista

Também chamada de picadeiro, é plana, com piso de areia.
Largura: 20m.
Comprimento: 60m.

O equipamento

Diferenças em relação ao de salto: selas fundas com abas retas mais longas, para manter as pernas estendidas e em contato com o corpo do cavalo; a embocadura geralmente utilizada é o freio-bridão, para permitir maior controle dos movimentos; utilizam-se rédeas duplas; chicotes não são permitidos. O cavalo tem de se apresentar com a crina trançada.

O uniforme

Diferenças em relação ao de salto: cartola em vez de capacete, casaca mais longa (fraque) e luvas obrigatórias.

Movimentos

Alto: parada em que se exige a imobilidade e o alinhamento dos membros.
Andaduras: passo do cavalo, encurtado e alongado alternadamente.
Apoio: o cavalo se desloca para a frente e para o lado, cruzando seus membros.
Passage: o cavalo estende totalmente seus membros ao trotar.
Piaffet: o cavalo trota sem sair do lugar.
Pirouette: o cavalo faz uma pirueta, galopando sobre seus membros posteriores.

CONCURSO COMPLETO DE EQUITAÇÃO (CCE)

Espécie de triatlo equestre, com provas de adestramento, cross country e salto, nesta ordem e em 3 dias consecutivos. Conhecida em inglês como *three-day event*, ou *eventing*, é a prova mais completa da equitação olímpica. A modalidade nasceu na Europa – a primeira competição foi disputada na França, em 1902. Inspirada no treinamento militar, ainda se chamava “cavalo d’armas” quando estreou no programa olímpico, em Estocolmo 1912.

Militares no pódio

Até Helsinque 1952, os militares mantiveram domínio absoluto nas competições olímpicas, ganhando todas as medalhas de ouro em disputa. Uma consequência natural da relação diária dos oficiais com a equitação.

VIH (very important... horses!)

Os cavalos também são tratados como astros nas provas de hipismo. São transportados ao país-sede em aviões exclusivos, adaptados às suas necessidades, e têm até passaporte (com a lista das competições disputadas e um histórico de vacinação). Entre as provas, exercitam-se em esteiras e recebem cuidados de fazer inveja a qualquer humano, como sessões de fisioterapia, acupuntura e massagem.

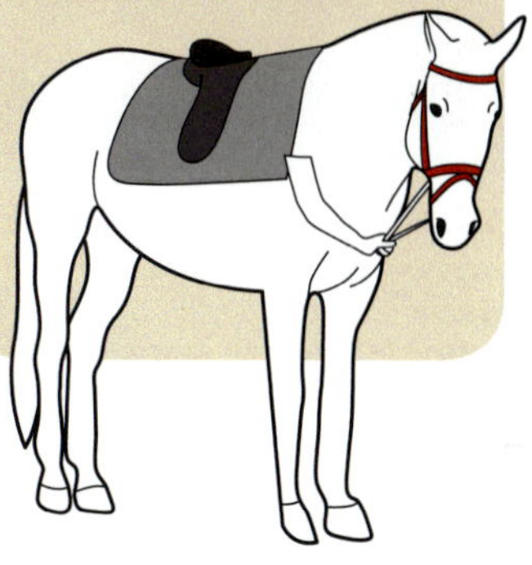

A competição

O mesmo cavalo é usado ao longo de toda a competição, o que exige muita versatilidade e resistência do animal. A pontuação é a soma de penalidades em cada etapa – o conjunto com menos pontos perdidos ao fim do terceiro dia é o vencedor. As equipes têm 3 ou 4 conjuntos, e as notas dos 3 melhores são somadas para indicar o resultado. As provas de adestramento e salto têm pista, equipamento e uniforme idênticos aos dessas modalidades. O cross-country tem características específicas.

CROSS COUNTRY

A pista

Percurso ao ar livre que exige de 40 a 45 saltos e pode ter subidas e descidas.
Tipos de obstáculos: muros de pedra, cercas, cursos d'água, troncos, raízes.
Extensão: 6.800m.

O equipamento

É mais parecido com o de salto (com chicote e esporas opcionais) do que com o de adestramento. A sela tem também algumas características das que são usadas nos cavalos de corrida, para favorecer a velocidade.

O uniforme

O traje é mais informal, sem exigência de casaca. O capacete é obrigatório e deve ser fixado por uma queixeira em 3 pontos. Cavaleiros devem usar também um colete protetor para o tórax. Cavalos costumam ter as patas cobertas de graxa para protegê-las de lesões.

Jesper Martendal durante prova cross country em Guadalajara 2011
SÉRGIO DUTTI/EXEMPLUS/ COMITÊ OLÍMPICO DO BRASIL

Cavalos no limite

As provas de cross country do CCE são as que mais exigem dos cavalos. Em Berlim 1936, 3 deles morreram durante a competição, e só 27 dos 50 inscritos completaram a prova. Nos Jogos de Roma 1960 e Cidade do México 1968, também houve 2 mortes de cavalos. Hoje, a prova de cross country é muito mais técnica e bem menos perigosa. Alguns obstáculos são desmontáveis e tudo é preparado e pensado para preservar os animais de acidentes e lesões.

Proibido para menores de...

Cavalos e cavaleiros têm limites de idade para participar de competições internacionais, como os Jogos Olímpicos.
18 anos: atletas em provas de salto.
16 anos: atletas em adestramento e CCE.
9 anos: cavalos (todas as provas).

Os caçulas dos Jogos são brasileiros. Em Barcelona 1992, o brasileiro Rodrigo Pessoa entrou na pista de salto como o mais jovem cavaleiro a participar de 1 edição olímpica: tinha 19 anos. Em Pequim 2008, Luiza Tavares Almeida, que competiu nas provas de adestramento, reduziu em quase 3 anos o feito de Rodrigo: tinha 16 anos e 11 meses.

QUADRO DE MEDALHAS

PAÍS	OURO	PRATA	BRONZE	TOTAL
Alemanha	28	16	16	60
Suécia	17	11	14	42
França	13	14	12	39
EUA	11	20	18	49
Alemanha Ocidental	11	5	9	25
Holanda	10	13	3	26
Grã-Bretanha	9	10	13	32
Itália	7	9	7	23
União Soviética	6	5	4	15
Austrália	6	3	2	11

Hipismo nos Jogos Rio 2016

LOCAL DE COMPETIÇÃO
Centro Olímpico de Hipismo

Cross-country/CCE | Capacidade: 20.000 lugares*
Adestramento/CCE | Capacidade: 14.249 lugares*
Saltos/CCE | Capacidade: 14.279 lugares*
Adestramento | Capacidade: 14.247 lugares*
Saltos | Capacidade: 12.247 lugares*
** Números sujeitos a alteração.*

O TORNEIO | O CCE abre o programa de hipismo nos Jogos Rio 2016, na ordem tradicional das provas: adestramento, cross country e salto. Depois vem o adestramento, com eliminatórias e final por equipes e final individual. O salto fecha a programação, com eliminatórias, final por equipes e final individual.

DESTAQUES | Charlotte Dujardin começou a montar aos 2 anos de idade. Sua missão era levar os cavalos das irmãs mais velhas da área de competição até os estábulos. No ano seguinte, disputava sua primeira competição de pôneis. A vitória foi a 1ª de uma longa lista. Essa inglesa tem todos os títulos possíveis no adestramento: Mundial, Copa do Mundo, Grand Prix, Europeu e, é claro, os Jogos Olímpicos. Seus 2 ouros, individual e por equipes, vieram competindo em casa, em Londres 2012. Nos Jogos Rio 2016, ela terá 31 anos e trará seu cavalo, Valegro, para tentar aumentar a lista que fez o conjunto ser considerado por muitos o melhor de todos os tempos.

O BRASIL | O hipismo está no sangue de Rodrigo Pessoa. Filho de Nelson Pessoa, o Neco, um dos primeiros grandes cavaleiros brasileiros, ele nasceu em Paris, onde o pai competia, e vive na Bélgica – mas nunca perdeu a ligação com o país de origem: compete pelo Brasil nos Jogos Olímpicos desde Barcelona 1992. Nas 2 edições seguintes, conquistou o bronze por equipes. Mas na final individual, em Sidney 2000, sofreu a maior frustração de sua carreira, com os refugos de seu cavalo Baloubet du Rouet na rodada final, quando precisava apenas zerar o percurso para ser campeão. O ouro veio em Atenas 2004 – de novo com Baloubet e com emoção. A notícia da vitória só chegou depois dos Jogos, com o resultado do exame antidoping que desqualificou o cavalo Waterford Crystal, do irlandês Cian O'Connor. A medalha foi entregue numa cerimônia especial no Rio de Janeiro – fazendo de Rodrigo o primeiro atleta olímpico a ser premiado na cidade. Para tentar repetir a dose em 2016, aos 42 anos, não contará com Baloubet, que se aposentou das pistas para se tornar reprodutor.

Nas 3 modalidades do hipismo, o Brasil tem o direito de inscrever 4 conjuntos, desde que atinjam o índice técnico da FEI.

Hóquei sobre grama

São 11 em campo, o objetivo é fazer gols e até no pênalti o hóquei faz lembrar o esporte mais popular do mundo. Mas as semelhanças com o futebol acabam aí. Uma corrente de historiadores afirma que há pelo menos 5 mil anos jogos de bola com taco já eram praticados na China e na Pérsia. Outras fontes citam vestígios de brincadeiras parecidas entre astecas e povos que habitavam a África. Só por volta de 2000 a.C. teria surgido, no Egito Antigo, uma versão mais próxima das que são praticadas hoje. A tese é fundamentada pela descoberta de um desenho feito nos muros de uma tumba encontrada no vale do rio Nilo, que mostra a imagem em baixo-relevo de 2 jogadores. Das 3 versões mais populares de hoje, 2 são olímpicas: o hóquei sobre gelo faz parte da programação dos Jogos de Inverno, e o hóquei sobre grama é uma das modalidades das edições de verão desde Londres 1908 (as mulheres foram admitidas em Moscou 1980). Há ainda o hóquei sobre patins, praticado em vários países. Para os Jogos Olímpicos da Juventude, foi criada uma adaptação, chamada de hockey five, com 5 jogadores de cada lado num campo reduzido.

ÓRGÃOS DIRIGENTES

> Fédération Internationale de Hockey sur Gazon (FIH)

> Confederação Brasileira de Hóquei sobre Grama e Indoor (CBHG)

JOGO RÁPIDO | O objetivo é marcar o maior número possível de gols, usando tacos para conduzir a bola.

Matheus Borges durante partida de hóquei sobre grama em Toronto 2015
SÉRGIO DUTTI/EXEMPLUS/ COMITÊ OLÍMPICO DO BRASIL

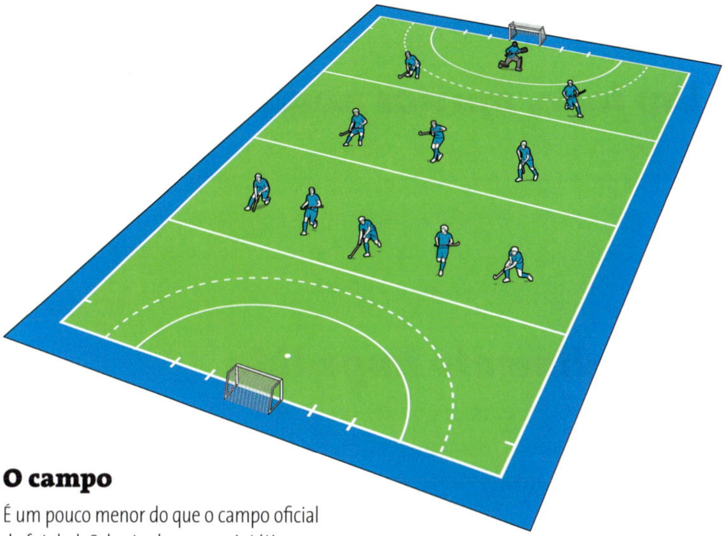

O campo

É um pouco menor do que o campo oficial de futebol. Coberto de grama sintética (nos Jogos Olímpicos, pintada de azul, para aumentar o contraste com a bola), com um sofisticado sistema de irrigação para facilitar o deslizamento da bola.
Comprimento: 91,4m.
Largura: 55m.
Linhas de 23m: entre a linha central e as linhas de fundo.
Área de chute (striking circle): raio de 14,63m traçado a partir do ponto médio da linha de fundo em direção ao centro do campo.
Marca do pênalti: a 6,4m do gol, em posição central.

Os gols

Altura: 2,14m.
Largura: 3,66m.
Uma rede impede a passagem da bola quando um gol é marcado e placas horizontais de cor escura, na base, ajudam os árbitros a perceber que ela entrou.

A bola

Normalmente feita de plástico (tipo PVC) e cortiça. Nas competições internacionais, é amarela.
Diâmetro: 7cm.
Peso: entre 156g e 163g.

Os tacos

Material: fibra de carbono, fibra de vidro e kevlar, aramida (a madeira não é mais usada).
Peso: entre 350g e 700g.
Diâmetro: 5cm.
Comprimento: varia de acordo com a preferência do atleta.
Hook: é a parte curva do taco. Deve ter curvatura máxima de 25mm e 20cm entre o ponto mais alto e o mais baixo.
**A bola só pode ser conduzida e tocada com o lado plano do taco.*

O uniforme

Traje: shorts e camisetas para homens, saias e camisetas sem mangas para mulheres.
Calçados: similares às chuteiras de futebol society, com travas baixas de plástico para aderir à grama.
Acessórios para jogadores de linha: luvas, caneleiras e protetor bucal (não obrigatórios).
Acessórios para goleiros: capacete, proteção genital, de pés, pernas, peito e braços, bermuda protetora, luvas.

Cronometragem

A partir dos Jogos Rio 2016, as partidas serão divididas em 4 tempos (chamados de quartos) de 15min cada. Em caso de empates, não há prorrogação. Partidas eliminatórias são decididas no *shoot-out*.
Shoot-out: é como a disputa de pênaltis no futebol. Na primeira rodada, 5 jogadores de cada time, alternadamente, partem de trás da linha de 23m com a bola e têm 8s para tentar o gol, sem limite de número de toques. Se a igualdade persistir, são feitas cobranças alternadas até que um jogador de um time erre e um do outro acerte.

Arbitragem

Árbitros: são 2, com igual poder de decisão; controlam o jogo de dentro do campo.
Juízes: são 3, numa mesa à beira do campo; controlam cronometragem, placar e substituições e verificam o equipamento dos atletas.
Video umpires: são 2, com acesso a equipamento de vídeo. Podem ser consultados pelos árbitros ou a pedido dos treinadores, para tirar dúvidas de marcações. Quando um treinador faz uma contestação que não procede, perde o direito de consultar o recurso de vídeo.

É gol!

Os gols devem ser marcados de dentro da área de chute. Não existe "gol contra" no hóquei sobre grama – o ponto só é validado se for marcado por um jogador da equipe que está atacando. A única exceção é um toque involuntário da bola no taco de um jogador de defesa.

É falta!

O hóquei tem restrições muito severas aos movimentos de defesa.
Infrações com o taco: é proibido erguer o taco acima da linha do ombro, enganchá-lo no taco do adversário ou usar a parte arredondada do *hook* para bater na bola.
Infrações com a bola: é proibido tocar na bola propositalmente com qualquer parte do corpo (exceto para o goleiro) ou lançá-la perigosamente (acima do solo) na direção de um adversário.
Obstrução: é a infração mais comum do hóquei. Marcada quando um jogador impede o avanço de um adversário que tem a bola dominada. Pode ser de corpo, de taco ou feita por terceiros (corta-luz).
Tackle: tentativa legal de roubar a bola do adversário. Deve ser feita sempre usando o taco, visando apenas a bola.

Penalidades

Dependendo de onde é cometida, uma falta pode ser cobrada de diferentes maneiras.
Tiro livre: para infração cometida à frente da linha de 23m da defesa. A jogada reinicia de onde ela foi cometida, com a bola no chão. É permitido o auto-passe, ou seja, o jogador cobra a falta para si mesmo.
Córner longo: como no futebol, não é usado para punir uma infração, mas para repor a bola em jogo quando o time defensor a joga para fora a partir de sua própria linha de fundo.
Córner curto: para infração cometida entre a linha de 23m e a área ou falta não

intencional dentro da área que não impeça um gol. A jogada recomeça da linha de fundo, a 10m do gol. Um jogador da equipe que sofreu a falta põe a bola em jogo; os outros devem estar fora da área de chute. O goleiro e mais 4 jogadores do time que cometeu a falta podem se posicionar na linha de fundo; os outros devem estar atrás da linha de meio de campo. É uma das grandes diferenças do hóquei para o futebol e costuma gerar muitos gols.

Stroke (ou pênalti): para infração intencional cometida dentro da área, impedindo um gol. O time que a sofreu tem direito a um tiro livre direto para o gol. Todos os outros jogadores, exceto o batedor e o goleiro, devem estar fora da área no momento da cobrança.

Os cartões

Aplicados pelos árbitros de campo para punir atos de indisciplina.

Cartão verde: suspensão temporária de 2min, sem que o jogador possa ser substituído.

Cartão amarelo: suspensão por, no mínimo, 5min (dependendo da gravidade da infração), sem que o jogador possa ser substituído.

Cartão vermelho: expulsão do jogador, sem direito a substituição.

Titulares e reservas

Os 2 times têm 11 jogadores, incluindo o goleiro (o único que pode tocar a bola com o corpo). Não há limite de substituições. Nos Jogos Olímpicos, são permitidos 5 reservas.

As posições

Funções e distribuição em campo são parecidas com as do futebol. O esquema tático mais comum é o 4-3-3 (4 jogadores de linha na defesa, 3 no meio de campo e 3 no ataque).

Goleiro: responsável por evitar gols do adversário, é o único que pode tocar a bola com o corpo.

Zagueiros: jogadores de defesa, marcam pelos lados, tentando evitar cruzamentos.

Médios: atuam à frente da defesa. O médio central marca o atacante adversário.

Avançados: têm a função de criar as jogadas de ataque.

Alas: atuam pelos lados do campo, com função ofensiva.

Centroavante: o principal atacante, com a responsabilidade de marcar os gols.

Um jogo, muitos nomes

Ao longo dos séculos, muitos jogos com taco e bola se difundiram pelo mundo, com regras e nomes bem diferentes. Eis alguns exemplos: *koura* (para os árabes), *hurling* (Irlanda), *ripka* (Lituânia), *shinty* (Escócia), *bandy* (País de Gales), *lacrosse* (França) e *chueca* (indígenas andinos).

Impedimento impedido

Como no futebol, existia o impedimento no hóquei sobre grama. Mas, para aumentar o número de gols marcados, a FIH decidiu retirar esse item do regulamento em 1996.

Técnicas

Flick ou scoop: lançamento alto; a bola é conduzida pelo taco, mas sai do chão.

Hit: bater na bola.

Push: quando o jogador empurra a bola, em vez de bater. Diferentemente do flick, a bola é levada junto ao chão.

QUADRO DE MEDALHAS

PAÍS	OURO	PRATA	BRONZE	TOTAL
Índia	8	1	2	11
Holanda	5	5	6	16
Austrália	4	3	5	12
Alemanha	4	2	3	9
Paquistão	3	3	2	8
Grã-Bretanha	3	2	6	11
Espanha	1	3	1	5
Alemanha Ocidental	1	3	0	4
Nova Zelândia	1	0	0	1
Zimbábue	1	0	0	1

Hóquei sobre grama nos Jogos Rio 2016

LOCAL DE COMPETIÇÃO
Centro Olímpico de Hóquei | Capacidade: 10.000 lugares*
**Número sujeito a alteração.*

O TORNEIO | Tanto no masculino quanto no feminino, são 12 equipes, divididas em 2 grupos de 6. Elas jogam dentro dos grupos na primeira fase e as 2 melhores de cada se classificam para as semifinais.

DESTAQUES | A seleção feminina da Argentina tem um trauma: os Jogos Olímpicos. Las Leonas, como são conhecidas as jogadoras argentinas, formam uma das melhores seleções do mundo desde 1974, quando disputaram a primeira final de Mundial, perdida para a Holanda. Desde então, foram mais 4, com 2 medalhas de ouro, em 2002 e 2010. Por 2 vezes, o país esteve no 1º lugar do ranking mundial. Nos Jogos Pan-americanos, 6 ouros, entre Indianápolis 1987 e Rio 2007. Mas o alto do pódio olímpico elas ainda não conhecem. Até agora, ganharam 2 pratas (Sidney 2000 e Londres 2012) e 2 bronzes (Atenas 2004 e Pequim 2008). Para acabar com o jejum nos Jogos Rio 2016, as leoas não contarão com a maior jogadora de sua história – e, para muitos, do mundo. Luciana Aymar, artilheira da seleção com 162 gols, recordista de jogos disputados com 376 e a única a receber 8 vezes o troféu de melhor jogadora do planeta, retirou-se das competições internacionais em 2014. O posto de capitã da seleção passou a ser ocupado por Carla Rebecchi. Caberá a ela liderar um time em busca de 1 ouro inédito.

O BRASIL | Os Jogos Rio 2016 marcarão um salto na história do hóquei sobre grama brasileiro. A equipe masculina conseguiu uma vaga inédita ao chegar à semifinal dos Jogos Pan-americanos Toronto 2015. Uma evolução enorme para um país que perdeu todos os seus jogos na única edição do Pan que tinha disputado (Rio 2007), jamais participou de uma Copa do Mundo, nem passou do 33º lugar no ranking mundial. Para formar uma seleção competitiva, a CBHG apresentou o esporte a atletas de outras modalidades. Foi assim que Bruno Mendonça, que participava de competições de atletismo pela Aeronáutica, acabou virando um dos principais jogadores do time. Ele foi convidado a assistir a um evento em Deodoro – sede do hóquei olímpico – em 2008, gostou e resolveu levar sua velocidade para dentro do campo. A equipe feminina não participou dos Jogos Pan-americanos e não conseguiu vaga para os Jogos Rio 2016. No hóquei sobre grama, o país-sede não tem vaga assegurada.

Judô

Esporte que requer equilíbrio, força e agilidade, o judô tem origens que remontam à China de 2.500 anos atrás. O esporte é uma evolução das muitas formas de combate que existiam naquela época. A mais parecida com a que é praticada hoje só surgiria muitos séculos depois, no Japão, como uma variação do jiu-jitsu, método de autodefesa chinês. O pai dessa arte marcial é Jigoro Kano, um filho de samurai. Depois de muitos estudos de técnicas, em 1882 ele criou o Instituto Kodokan e transformou o judô em modalidade esportiva, com golpes e regras preestabelecidos. O judô só passou a fazer parte do programa esportivo dos Jogos Olímpicos em Tóquio 1964, em apenas 4 categorias masculinas. Em Barcelona 1992, as mulheres começaram a disputar medalhas.

ÓRGÃOS DIRIGENTES

> International Judo Federation (IJF)

> Confederação Brasileira de Judô (CBJ)

JOGO RÁPIDO | 2 lutadores (chamados de judocas) se enfrentam usando um conjunto de técnicas para levar o adversário ao solo, imobilizá-lo ou finalizá-lo com estrangulamento ou chave de braço. Socos e pontapés são proibidos. O objetivo é usar a força do adversário em proveito próprio.

Felipe Kitadai, de azul, enfrenta o sul-coreano Gwang-Hyeon Choi no judô em Londres 2012
ALAOR FILHO/AGIF/ COMITÊ OLÍMPICO DO BRASIL

O significado do nome

Numa tradução do japonês, judô significa caminho suave (ju – suave; do – caminho). O nome é uma referência ao fato de o esporte ter entre seus princípios o uso da força do próprio adversário para superá-lo.

As lutas

Têm 5min para homens e 4min para mulheres. O cronômetro para se o árbitro interromper o combate. Caso haja empate, o sistema usado é o *golden score*: a luta continua até que um dos judocas consiga um golpe com pontuação, sendo declarado vencedor; ou receba uma punição, dando a vitória ao adversário.

As 7 categorias

LIGEIRO
Mulheres: até 48kg.
Homens: até 60kg.

MEIO- LEVE
Mulheres: até 52kg.
Homens: até 66kg.

LEVE
Mulheres: até 57kg.
Homens: até 73kg.

MEIO- MÉDIO
Mulheres: até 63kg.
Homens: até 81kg.

MÉDIO
Mulheres: até 70kg.
Homens: até 90kg.

MEIO-PESADO
Mulheres: até 78kg.
Homens: até 100kg.

PESADO
Mulheres: mais de 78kg.
Homens: mais de 100kg.

Pontuação

Ippon, waza-ari e yuko não são golpes de judô, como muitos pensam. As 3 palavras correspondem a pontuações específicas num combate. Elas podem ser obtidas com um golpe, usando técnicas de projeção, imobilização ou finalização.
Ippon: significa vitória imediata após um golpe perfeito. Acontece quando o judoca derruba o adversário com força, velocidade e controle, obrigando-o a pôr as costas no chão (ou 1 ou 2 pés e a cabeça simultaneamente, na posição de ponte), ou o imobiliza por 20s. A luta também acaba quando um lutador bate 2 ou mais vezes a mão ou o pé no chão, em sinal de desistência, enquanto o adversário aplica uma técnica de finalização (estrangulamento ou chave de braço) ou imobilização.
Waza-ari (pronuncia-se vazári): pontuação dada a um golpe quase perfeito (o oponente é derrubado, mas não toca nitidamente as costas no tatame, ou é derrubado de costas, mas cai com menos força e velocidade) ou imobilização entre 15s e 19s. Dois waza-ari equivalem a um ippon.
Yuko (pronuncia-se iucô): corresponde à aplicação de um golpe menos eficiente do que o waza-ari (o oponente é derrubado de lado) ou imobilização entre 10s e 14s. Dois yuko não equivalem a um waza-ari; essa pontuação é cumulativa e usada em caso de desempate.

Punições

Shido (pronuncia-se chidô): aplicado quando um judoca demonstra falta de combatividade, aplica um "ataque falso" (jogando-se no chão sem intenção de derrubar o adversário) ou comete infrações, como ir propositalmente para fora da área de luta ou segurar a faixa do adversário por mais de 5s sem efetuar um golpe ou uma entrada. Serve como critério de desempate ao fim da luta, ou seja, se a pontuação for igual, o judoca com menos shido é declarado vencedor.
Hansoku-make (pronuncia-se ransocumaque): desclassificação por acúmulo de 4 shido. O adversário é imediatamente declarado vencedor.
**O judoca pode ainda ser eliminado de forma sumária se cometer atitude antidesportiva ou fizer um golpe segurando as pernas do adversário (atacando, contra-atacando ou defendendo).*

Arbitragem

Árbitro: acompanha os judocas de dentro da área de combate. Informa a pontuação obtida a cada golpe e aplica punições. Tem autoridade para interromper e reiniciar a luta, usando palavras em japonês.
Juízes de vídeo: são 2. Acompanham a luta de fora, com uso de recursos de vídeo. Caso ambos discordem de alguma decisão, avisam por um ponto eletrônico e o árbitro é obrigado a revê-la.

Comandos do árbitro

Hajime (pronuncia-se rajimê): começar ou recomeçar o combate.
Matê (pronuncia-se como se lê): indicação de que a luta deve ser paralisada.

Sore-made (pronuncia-se sore-madê): o combate terminou.

Área de competição

Chamada de Shiai-jô, é formada por tapetes forrados de serragem ou espuma que amortecem a queda dos judocas, os tatames.
Área total: quadrado de 14m a 16m de lado.
Área de combate: quadrado de 8m a 10m de lado, no centro da área total. Nos Jogos Olímpicos, 10m.
Zona de segurança: No mínimo 3m de largura em torno da área de combate e no mínimo 5m no espaço entre uma área e outra.
**Todos os golpes devem começar dentro da área de combate. Se terminarem dentro da zona de segurança, ainda são válidos. Se os 2 judocas saírem da área de combate, a luta deve ser parada e reiniciada.*

Felipe Kitadai enfrenta o sul-coreano Gwang-Hyeon Choi no judô em Londres 2012
ALAOR FILHO/AGIF/ COMITÊ OLÍMPICO DO BRASIL

Leandro Guilheiro, de branco, enfrenta Safouane Attaf, do Marrocos, no judô em Londres 2012
ALAOR FILHO/AGIF/ COMITÊ OLÍMPICO DO BRASIL

Uniforme

A roupa do judoca, conhecida como judogui, é composta de calça (shitabaki) e casaco ou quimono (uwagi), ambos de tecido resistente, e uma faixa de 3m, cuja cor indica o grau de formação no judô (a preta é a mais avançada entre os competidores; para os mestres mais antigos, existem ainda a coral e a vermelha). Homens não podem usar calças e camisetas por baixo. Mulheres podem usar camisetas brancas de manga curta ou malhas brancas de lycra. Durante muitos anos, o judogui foi exclusivamente branco, mas a partir de 1990, para facilitar a visualização dos combates pela TV, a IJF passou a aceitar a cor azul para um dos lutadores.
**O quimono deve estar sempre envolvido pela faixa. Quando se solta, o árbitro deve parar a luta e ordenar ao judoca que se ajeite.*

As pegadas

No início da luta e a cada reinício, os judocas se aproximam e tentam segurar o oponente pelo quimono para preparar os golpes. Atletas destros costumam lutar com o pé direito à frente, usando a mão direita para pegar a lapela do adversário e a mão esquerda para segurar a manga do braço direito, abaixo do cotovelo. Atletas canhotos adotam a postura inversa.

As técnicas

Basicamente, os movimentos e golpes do judô se dividem em 2 grupos de técnicas: as de arremesso ou projeção (nage-waza) e as de domínio no solo (katame-waza ou ne-waza). A IJF relaciona 66 diferentes técnicas de nage-wasa e 29 de katame-waza. A "catada de pernas" (agarrar o adversário pelas pernas para jogá-lo ao chão) foi proibida.

Em bom japonês

A maioria das expressões usadas pelos praticantes e admiradores do judô tem ainda a sonoridade do idioma falado no Japão, país onde o esporte surgiu. Vamos conhecer algumas delas.

Dan: grau superior.
Dojô: local onde se pratica judô.
Eri: gola do judogui.
Hiki-wake: indicação de empate numa luta.
Kaeshi: contragolpe.
Kake: projeção.
Kata: conjunto de técnicas fundamentais do judô.
Katame: controle.
Keikô: treinamento.
Kiken: abandono.
Kiken-gachi: vitória por desistência do oponente.
Kodansha: faixa vermelha e branca.
Kumi-kata: formas de pegadas.
Kyu: graduação de iniciantes.
Nage: projetar.
Obi: faixa.
Osaekomi: imobilização.
Rei: saudação.
Ritsu-rei: saudação em pé.
Sensei: professor.
Shihan: mestre.
Shime: estrangulamento.
Shintai: modo correto de se deslocar sobre o tatame.
Shisei: posição base para todos os movimentos.
Sogo-gachi: vitória por pontos somados.
Sutemi: sacrifício.
Te: mão, braço.
Toketa: imobilização desfeita.
Uchi-komi: repetição sistemática da técnica.
Ukemi: queda.
Waza: técnica.

As lições do mestre

> Além de mestre de judô, Jigoro Kano era um educador. Muitos de seus ensinamentos ultrapassam os limites dos tatames. Conheça alguns:

> "Quem teme perder já está vencido."

> "Somente se aproxima da perfeição quem a procura com constância, sabedoria e, sobretudo, humildade."

> "Quando verificares com tristeza que nada sabes, terás feito teu primeiro progresso no aprendizado."

Árbitros faixa preta

Uma luta de judô em competições como Jogos Olímpicos e Campeonatos Mundiais envolve pelo menos 5 judocas de alto nível. Explica-se: são os 2 lutadores e 3 árbitros (1 central e 2 de vídeo). Muita gente não sabe, mas para ser árbitro de judô é preciso ser faixa preta, ou seja, ter a mais alta graduação entre os lutadores.

QUADRO DE MEDALHAS

PAÍS	OURO	PRATA	BRONZE	TOTAL
Japão	36	18	18	72
França	12	8	24	44
Coreia do Sul	11	14	15	40
China	8	3	9	20
Cuba	6	13	16	35
União Soviética	5	5	13	23
Holanda	4	2	16	22
Rússia	3	4	6	13
Brasil	3	3	13	19
Alemanha	3	3	13	19

Judô nos Jogos Rio 2016

O TORNEIO | Os confrontos são eliminatórios, com repescagem para os judocas que perdem nas quartas de final. Eles voltam a lutar dentro da chave e os 2 classificados enfrentam os perdedores das semifinais pelas medalhas de bronze (são distribuídas 2 por categoria). Os vencedores avançam até que restem apenas 2 para a disputa do ouro.

DESTAQUES | O Japão é o país do judô – não só por ser o berço do esporte, mas por continuar produzindo judocas de ponta. Só que justamente na categoria que mais enche os japoneses de orgulho, um francês domina o cenário internacional. Teddy Riner, gigante de 2,04m e 128kg nascido na ilha de Guadalupe, jogou futebol, basquete e tênis na infância, até optar pelo judô e tornar-se o maior peso-pesado de todos os tempos. Ele é o único judoca de qualquer categoria a ter conquistado 8 ouros em mundiais (7 individuais e 1 por equipe). Mas foi nos Jogos Olímpicos que sofreu sua maior decepção: uma derrota nas semifinais – a primeira de apenas 2 que sofreu desde então em competições internacionais – tirou dele a chance do ouro em Pequim 2008. Mas voltou para conquistar o bronze e não deixou a nova oportunidade escapar em Londres 2012. O atual campeão olímpico dos pesados terá apenas 27 anos nos Jogos Rio 2016, para buscar mais 1 ouro na cidade onde se tornou o mais jovem campeão mundial masculino de todos os tempos, em 2007.

LOCAL DE COMPETIÇÃO

Arena Carioca 2 | Capacidade: 10.000 lugares*

**Número sujeito a alteração.*

O BRASIL | O judô é o esporte individual que mais deu medalhas ao Brasil – foram 19, sendo 3 de ouro, 3 de prata e 13 de bronze. Uma tradição que começou com Chiaki Ishii, em Munique 1972, e era só dos homens até Pequim 2008, quando Ketleyn Quadros conquistou o bronze. Em Londres 2012, pela primeira vez o judô feminino teve um desempenho melhor do que o masculino, com o ouro inédito de Sarah Menezes e o bronze de Mayra Aguiar.

Mayra é quem chega aos Jogos Rio 2016 com as maiores esperanças. Depois de bater na trave 3 vezes, com 1 prata e 2 bronzes, ela finalmente conquistou um título mundial em Cheliabinsk 2014 (mas não conseguiu repetir a dose em Astana 2015, saindo sem medalha). Os Jogos Rio 2016 serão uma boa oportunidade de juntar ouro e Jogos Olímpicos – na cidade, ela já tem prata nos Jogos Pan-americanos Rio 2007 e bronze no Mundial de 2013, e agora quer completar a coleção com a medalha mais valiosa.

O Brasil terá 1 representante em cada categoria, no masculino e no feminino. A CBJ escolhe os judocas por critério técnico, levando em conta a colocação no ranking mundial.

Levantamento de peso

Levantar pesos é uma atividade tão antiga quanto a História da Humanidade, envolvendo a mais direta das manifestações de força. Ao longo dos séculos, o que era luta pela sobrevivência se tornou esporte. Havia formas primitivas de competição no Egito e na Grécia, e o primeiro campeonato em moldes parecidos com os atuais foi disputado em 1891, na Inglaterra. Apesar da aparente simplicidade do movimento feito pelos atletas, o levantamento de peso exige, além de potência, técnica, agilidade, velocidade e concentração. A modalidade estreou no programa olímpico em Atenas 1896, mas fazia parte das provas de ginástica. Depois de algumas idas e vindas, entrou de vez em Antuérpia 1920. As mulheres começaram a disputar medalhas em Sidney 2000.

Órgãos dirigentes

> International Weightlifting Federation (IWF)

> Confederação Brasileira de Levantamento de Pesos (CBLP)

Jogo rápido | O objetivo é levantar o maior peso possível com 2 movimentos diferentes: arranco e arremesso.

A brasileira Jaqueline Ferreira atinge a marca de 230kg em Londres 2012
VALTERCI SANTOS/AGIF/ COMITÊ OLÍMPICO DO BRASIL

Arranco x arremesso

ARRANCO: o atleta deve pegar a barra com os braços e erguê-la num movimento único e contínuo até acima da cabeça, para depois completar com o equilíbrio de pernas e tronco.

1- Posição inicial: o atleta segura a barra com as duas mãos, flexiona os joelhos e posiciona o tronco de maneira que os ombros fiquem acima do eixo da barra.

2- Puxada: o atleta levanta a barra até a altura do terço superior das coxas.

3- Transição: enquanto a barra sobe pela inércia, o atleta se posiciona embaixo dela num movimento rápido, flexionando os joelhos.

4- Recuperação (finalização): o atleta se recupera, ficando de pé, à espera do comando dos árbitros para colocar a barra no chão.

ARREMESSO: feito em 2 tempos. No primeiro, o atleta levanta a barra até a altura do ombro; no segundo, impulsiona a barra até a extensão completa dos braços acima da cabeça.

Primeiro tempo

1- Posição inicial: o atleta segura a barra com as duas mãos (com uma abertura menor do que a do arranco), flexionando os joelhos, e posiciona o tronco de maneira que os ombros fiquem acima do eixo da barra.

2- Puxada: o atleta levanta a barra até a altura do terço inferior das coxas.

3- Transição: enquanto a barra sobe pela inércia, o atleta se posiciona embaixo dela num movimento rápido, flexionando os joelhos.

4- Recuperação (finalização): o atleta se recupera, ficando em pé com a barra apoiada nos ombros.

Segundo tempo:

1- Impelir: o atleta realiza uma pequena flexão dos joelhos e, em seguida, impulsiona a barra sobre a cabeça.

2- Transição: enquanto a barra sobe pela inércia, o atleta se posiciona debaixo dela num movimento rápido, fazendo uma flexão dos joelhos.

3- Recuperação (finalização): o atleta se recupera, ficando de pé, à espera do comando dos árbitros para repor a barra no chão.

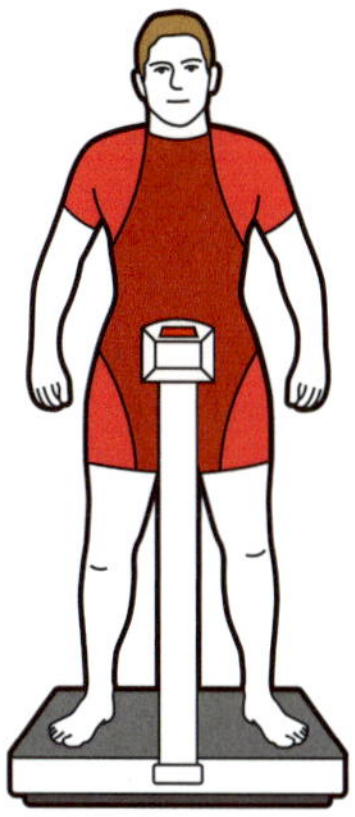

Categorias

Para homens	Para mulheres
Até 56kg	Até 48kg
Até 62kg	Até 53kg
Até 69kg	Até 58kg
Até 77kg	Até 63kg
Até 85kg	Até 69kg
Até 94kg	Até 75kg
Até 105kg	Acima de 75kg
Acima de 105kg	

**A pesagem é feita 2 horas antes da competição, para verificar se os atletas estão dentro do limite de suas categorias.*

A plataforma de levantamento

Quadrado de 4m de lado, com 10cm de altura.

Implementação

Barra: feita de aço. Para homens, tem 2,2m de comprimento e pesa 20kg. Para mulheres, tem 2,01m de comprimento e pesa 15kg.

Anilhas: feitas de borracha. O peso em kg é identificado por cores.

Fixadores: elementos de metal que prendem as anilhas. Pesam 2,5kg cada.

**Os pesos da barra, das anilhas e dos fixadores são somados e definem o peso final do levantamento.*

Indumentária

Maiô: peça única, com ou sem mangas. Deve deixar joelhos e cotovelos à mostra, para que os árbitros possam avaliar a validade dos movimentos.

Cinto: serve de apoio para estabilizar o tronco. Largura máxima: 12cm.

Calçado: com solado antiderrapante e salto rígido, para manter a estabilidade durante o levantamento.

Não pode...

> Ultrapassar o tempo de 1min para levantar o peso.

> Tocar a plataforma com qualquer parte do corpo que não seja os pés.

> Alterar o peso informado (chamado de pedida) após entrar na plataforma.

> Interromper com uma pausa o movimento durante o levantamento.

> Estender os cotovelos para finalizar o movimento (*press*).

> Soltar o peso antes do sinal da arbitragem.

Eu tenho a força!

Com o avanço das técnicas de levantamento, os atletas conseguiram aumentar a proporção entre o peso corporal e o peso levantado. Em pouco tempo, essa relação evoluiu do dobro para mais do que o quádruplo na soma de arranco e arremesso – ainda distante, porém, do prodígio das formigas, que conseguem carregar o equivalente a 18 vezes seu próprio peso.

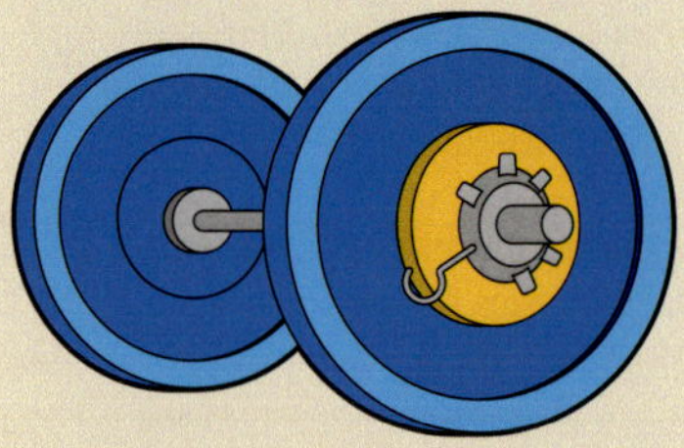

Os mais fortes

Em Jogos Olímpicos, ninguém levantou mais pesos do que o iraniano Hossein Rezazadeh (categoria +105kg) e a sul-coreana Jang Mi-Ran (categoria +75kg). Confira seus recordes:

> **Hossein Rezazadeh**
Arranco – 212kg (Sidney 2000)
Arremesso – 262kg (Atenas 2004)
Total (arremesso + arranco) – 472kg (Sidney 2000)

> **Jang Mi-Ran**
Arranco – 140kg (Pequim 2008)
Arremesso – 186kg (Pequim 2008)
Total (arremesso + arranco) – 326kg (Pequim 2008)

QUADRO DE MEDALHAS

PAÍS	OURO	PRATA	BRONZE	TOTAL
União Soviética	39	21	2	62
China	29	13	8	50
EUA	16	16	11	43
Bulgária	12	16	8	36
França	9	3	4	16
Turquia	8	1	2	11
Alemanha	6	7	7	20
Grécia	6	5	4	15
Polônia	5	6	21	32
Irã	5	5	6	16

Fernando Reis participa de prova de levantamento de peso em Londres 2012
DANIEL RAMALHO/AGIF/ COMITÊ OLÍMPICO DO BRASIL

Levantamento de peso nos Jogos Rio 2016

LOCAL DE COMPETIÇÃO

Riocentro – Pavilhão 2 | Capacidade: 6.015 lugares*

** Número sujeito a alteração.*

O TORNEIO | Tanto no arranco quanto no arremesso, cada atleta tem 3 tentativas. Se conseguir completar o movimento, continua na competição; se errar as 3, é eliminado. Os competidores são distribuídos por categorias de peso e disputam medalhas apenas na soma dos 2 levantamentos (chamada de total olímpico).

DESTAQUES | Liao Hui fez barba, cabelo e bigode na categoria até 69kg para homens. O chinês é o dono dos recordes mundiais no arranco (166kg), no arremesso (198kg) e no total (359kg). Apenas um ano depois de ter chegado à seleção de seu país, competindo em casa, em Pequim 2008, ganhou aquela que até hoje é sua única medalha de ouro olímpica. Não pôde repetir a dose em Londres 2012 por causa de um erro grave: o exame antidoping no Mundial de Antalya 2010, também conquistado por ele, deu positivo para 2 substâncias. O resultado foi cassado e Hui, afastado das competições até setembro de 2012 – imediatamente após os Jogos. Depois de cumprida a pena, vieram os 3 recordes e 2 de suas 3 medalhas de ouro em mundiais. Aos 28 anos, os Jogos Rio 2016 poderão ser o próximo passo de sua reabilitação.

O BRASIL | A carreira de Fernando Reis começou quando ele ainda era adolescente. Disputou os Jogos Pan-americanos Rio 2007 para ganhar experiência. Funcionou. Três anos depois, em sua terceira participação no Mundial Júnior, obteve a melhor colocação, o 3º lugar na categoria +105kg. De lá para cá, foram 2 medalhas de ouro no Pan, um 12º lugar na primeira participação olímpica (Londres 2012) e o 7º lugar no Mundial de Wroclaw 2013. Na volta ao Rio, em 2016, Fernando terá 26 anos – e experiência suficiente para ficar bem mais próximo dos primeiros lugares.

Pelo critério de país-sede, o Brasil tem 3 vagas asseguradas entre os homens e 2 entre as mulheres. Para inscrever mais atletas, é preciso conquistar a classificação num Campeonato Mundial. A CBLP faz a convocação por critérios técnicos.

Luta olímpica

As lutas estão entre os esportes mais antigos praticados sem interrupções ao longo da História. Elas povoavam a literatura grega (há registros na *Ilíada* e na *Odisseia*, poemas épicos de Homero) e várias histórias da mitologia, como a disputa entre Héracles e Anteu, filho de Poseidon, no caminho para o último de seus 12 trabalhos (levantando o adversário do solo como fazem os lutadores de hoje). Na vida real, os combates levavam multidões aos festivais e às arenas. A luta era também a última prova do pentatlo nos Jogos Olímpicos da Grécia Antiga. Apesar da identidade com o berço da política e da democracia, há registros de combates entre lutadores no Egito por volta de 2400 a.C. Historicamente, costuma-se dizer que a luta olímpica é uma evolução das antigas lutas gregas e, posteriormente, daquelas que eram praticadas durante o Império Romano e também na Idade Média. São 2 estilos: greco-romano e livre.

Órgãos dirigentes

> Fédération Internationale de Luttes Associées (FILA)

> Confederação Brasileira de Wrestling (CBW)

Jogo rápido | Os lutadores se enfrentam usando apenas a força do corpo para sobrepujar o adversário em 2 estilos com algumas diferenças nas regras.

Joice Silva, de vermelho, enfrenta a russa Valeriia Zhobolova na luta estilo livre

ALAOR FILHO/AGIF/ COMITÊ OLÍMPICO DO BRASIL

Davi Albino, de azul, enfrenta o colombiano Oscar Loango, em luta greco-romana, em Toronto 2015
SAULO CRUZ/EXEMPLUS/ COMITÊ OLÍMPICO DO BRASIL

Regras básicas

As lutas estilo livre e greco-romano têm muito em comum: em ambas, o lutador recebe pontos que variam de 1 a 5, de acordo com a qualidade e a dificuldade de execução do golpe, e será declarado vencedor se: dominar o adversário, mantendo-o com as costas no solo (*touché* ou encostamento); alcançar uma determinada vantagem de pontos durante a luta (superioridade técnica); ou, se nada disso acontecer, tiver mais pontos do que o adversário ao fim do tempo.

Cronometragem

Cada luta tem 2 rounds de 3min.

Área de competição

Octógono de 12m de lado, elevado do solo a, no máximo, 1,1m. O tapete de luta, feito de espuma, tem 5cm de espessura.
Posição inicial: círculo laranja no centro, delimitando onde começa a luta.
Área de luta: círculo azul de 9m de diâmetro.
Área de passividade: faixa laranja de 1,5m além da área de luta. Os lutadores podem completar um movimento sobre ela, mas não começar um novo golpe. Fora dela, o combate é interrompido.

O equipamento

Traje: malha olímpica em peça única, sem mangas, colada ao corpo. Um dos atletas luta de azul; o outro, de vermelho.
Sapatilhas de luta: com solado de borracha, cobrem o tornozelo para evitar torções.
Protetores (não obrigatórios): joelheiras, touca para a cabeça e protetores de orelhas para evitar o atrito com o solo.

Arbitragem

Árbitro: controla a luta de dentro da área de competição. Usa uma munhequeira vermelha e uma azul para indicar a pontuação, erguendo a de cor igual ao uniforme do lutador que pontuou.
Juiz: é o responsável por assinalar os pontos na súmula.
Chefe de tapete: supervisiona o árbitro e o juiz. Responsável também por anunciar a vitória.
Fiscais: são 3. Podem mudar uma decisão do árbitro, caso ela seja questionada.

O jargão dos árbitros

Ação: comando dado pelo árbitro para o início do confronto.
Amplitude: grau do golpe. Há 2 tipos: média e grande.
Aviso: advertência ao lutador que segura o adversário de forma irregular. Três avisos levam à eliminação.
Controle: domínio do adversário.

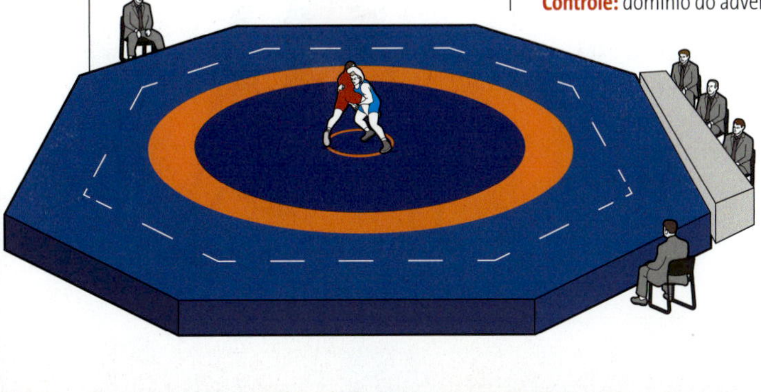

Desempate: quando há empate, é declarado vencedor o lutador que aplicou o golpe de maior valor; se persistir a igualdade, vence o atleta que pontuou pela última vez.
Protesto: apelação do lutador ou do treinador, que alega erro do árbitro. Nesse momento, o treinador atira o challenge (desafio), um objeto que solicita a revisão do golpe por vídeo.

O jargão dos lutadores

Bombeiro: golpe em que o lutador segura a coxa do oponente, puxa o braço e o lança sobre os ombros.
Chave: golpe comum em que o lutador imobiliza o adversário e torce parte de seu corpo.
Derrubada de costas: golpe em que o lutador levanta o adversário e o atira por cima das costas.
Escapada: como sugere o nome, o lutador foge do controle do adversário.
Golpe de chão (ou rolê): girar o adversário sobre os ombros dele, sem encostar as costas no chão.
Half Nelson: imobilização com chave de braço, segurando também a cabeça do adversário.
Legsweep: válido apenas na luta estilo livre. O lutador segura o adversário pelo tronco e o derruba com uma rasteira.
Par terre: posição de recomeço da luta em que um dos atletas começa no chão depois de a luta ter sido paralisada por alguma punição.
Ponte: movimento, basicamente, de defesa. Com as costas no tapete, o lutador inclina-se sobre as pernas e a cabeça, evitando o encostamento e a consequente derrota.
Posição de perigo: quando as costas do lutador estão próximas do tapete.
Posição neutra: lutadores frente a frente, para o início do combate.
Reverso: tipo de golpe em que o lutador usa o braço como alavanca, move-se para trás e aplica força contrária à cabeça e às costas do oponente.
Suplê: golpe que leva à queda; o lutador projeta o oponente para trás e por cima de seus ombros, fazendo-o cair com as costas no tapete. Vale 5 pontos.
Takedown: derrubar o oponente ao chão a partir de uma posição ereta, fazendo com que seus pés fiquem acima da cabeça. Pode valer até 5 pontos.

Joice Silva enfrenta a russa Valeriia Zhobolova na luta estilo livre
ALAOR FILHO/AGIF/
COMITÊ OLÍMPICO DO BRASIL

AS MODALIDADES

LUTA GRECO-ROMANA

SAULO CRUZ/EXEMPLUS/
COMITÊ OLÍMPICO
DO BRASIL

Adaptada do estilo de luta que fazia parte dos Jogos Olímpicos da Grécia Antiga, é natural que estivesse incluída também na primeira edição da Era Moderna, em Atenas 1896. É restrita aos homens. Os atletas só podem usar os braços e o tronco para atacar o adversário. Os golpes valem 1, 2 ou 4 pontos. A vitória por superioridade técnica é alcançada com 8 pontos de diferença.

As categorias

Para homens

Até 59kg
Até 66kg
Até 75kg
Até 85kg
Até 98kg
Até 130kg

LUTA ESTILO LIVRE

Tem muito menos tradição e grandeza do que sua irmã greco-romana, mas ganha em popularidade. Na segunda metade do século XIX, já era um esporte profissional nos Estados Unidos e fazia grande sucesso em feiras e festivais no Reino Unido. Estreou no programa olímpico em Saint Louis 1904. As mulheres foram incluídas em Atenas 2004. A grande diferença está nas pernas: é permitido aos lutadores usar os membros inferiores para derrubar ou deslocar um adversário. Isso faz com que os confrontos sejam mais movimentados. Mas há limites: aplicar uma tesoura ou dar joelhadas causa punição. Os golpes valem 1, 2, 4 e 5 pontos. A vitória por superioridade técnica é alcançada com 10 pontos de vantagem.

As categorias

Para homens	Para mulheres
Até 57kg	Até 48kg
Até 65kg	Até 53kg
Até 74kg	Até 58kg
Até 86kg	Até 63kg
Até 96kg	Até 69kg
Até 125kg	Até 75kg

Primo famoso

As técnicas da luta olímpica estão entre as utilizadas na mistura de artes marciais que se tornou um dos esportes mais populares do mundo: o MMA. Muitos atletas de *wrestling*, como a luta estilo livre é chamada nos Estados Unidos, migraram para a competição milionária.

De olho na aparência

O regulamento olímpico da luta estilo livre passa pela aparência e diz respeito principalmente aos homens, que devem ter as unhas bem cortadas, os cabelos curtos e a barba bem feita.

Óleo e areia

Em Atenas 1896, a competição teve um gosto de aula de História. O Barão Pierre de Coubertin, idealizador dos Jogos, decidiu realizar a disputa nos moldes da Grécia Antiga: na areia, com os atletas besuntados de óleo. Cinco lutadores participaram.

QUADRO DE MEDALHAS

Luta greco-romana

PAÍS	OURO	PRATA	BRONZE	TOTAL
União Soviética	34	16	10	60
Suécia	20	17	20	57
Finlândia	18	21	19	58
Hungria	16	12	12	40
Turquia	11	5	6	22
Rússia	10	7	6	23
Bulgária	9	14	9	32
Coreia do Sul	7	2	6	15
Romênia	6	8	13	27
Itália	6	4	9	19

Luta estilo livre

PAÍS	OURO	PRATA	BRONZE	TOTAL
EUA	47	37	26	110
União Soviética	28	15	13	56
Japão	24	12	14	50
Turquia	17	11	8	36
Rússia	15	6	7	28
Suécia	8	10	7	25
Finlândia	8	7	10	25
Bulgária	7	18	11	36
Irã	5	12	16	33
Coreia do Sul	4	9	7	20

Luta olímpica nos Jogos Rio 2016

O TORNEIO | Tanto no masculino quanto no feminino, as lutas são eliminatórias. Os perdedores saem e os vencedores continuam até a final. Os lutadores derrotados pelos finalistas voltam para a repescagem. São distribuídas 2 medalhas de bronze por categoria.

DESTAQUES | Artur Aleksanyan ganhou o bronze na categoria até 96kg da luta greco-romana em Londres 2012. No ano seguinte, foi prata no Mundial de Budapeste. De lá para cá, suas medalhas passaram a ter uma só cor: a do ouro. Bicampeão mundial e tricampeão europeu, o atleta nascido na Geórgia, uma ex-república soviética com tradição em lutas, finalmente justificou as expectativas criadas quando foi campeão mundial júnior em 2010. Tornou-se um dos principais lutadores do mundo e chegará aos Jogos Rio 2016, aos 24 anos, querendo incluir a medalha olímpica em sua coleção dourada.

LOCAL DE COMPETIÇÃO

Arena Carioca 2 | Capacidade: 9.503 lugares*

** Número sujeito a alteração.*

O BRASIL | Em português, luta é substantivo feminino; e no Brasil, o sucesso internacional da luta estilo livre começou nos braços de uma mulher. Aline Silva já tinha conquistado uma medalha de prata nos Jogos Pan-americanos Guadalajara 2011, na categoria até 75kg. Mas foi em Tashkent 2014, de novo com a prata, que escreveu seu nome na história de seu esporte, tornando-se a primeira brasileira a subir ao pódio de um Mundial. Nos Jogos Pan-americanos Toronto 2015, conquistou mais uma medalha, de bronze, mantendo-se no top 10 do ranking mundial. Ela é treinada pelo marido, Flávio Ramos, um ex-judoca que abandonou a carreira para acompanhá-la e é também seu *sparring* – afinal, nem sempre é fácil encontrar uma mulher com o porte físico de 1,75m e 81kg (fora de competição) de Aline para a função.

Nos Jogos Olímpicos Rio 2016, o Brasil terá o direito de inscrever 4 lutadores nas 2 modalidades. Aline, aos 29 anos e com esperança de medalha, será um dos nomes.

Nado sincronizado

Mistura de natação com dança e ginástica, o nado sincronizado hipnotiza plateias mundo afora. Relativamente novo, o esporte tem seus antecedentes na segunda metade do século XIX – quando eram os homens que praticavam acrobacias dentro d'água. Na década de 1920, era chamado de balé artístico no Canadá e logo se popularizou no país vizinho, os Estados Unidos. E tornou-se conhecido de vez quando passou a ter papel de destaque nos musicais estrelados pela ex-nadadora Esther Williams, que marcaram época no cinema. As apresentações, feitas exclusivamente por mulheres, são uma combinação de força, resistência, flexibilidade, controle respiratório e talento artístico. O esporte passou a integrar o programa olímpico em Los Angeles 1984.

Órgãos dirigentes

> Fédération Internationale de Natation (FINA)

> Confederação Brasileira de Desportos Aquáticos (CBDA)

Jogo rápido,| As atletas fazem movimentos sincronizados numa piscina, para avaliação dos árbitros. Quem tiver a melhor nota vence a competição.

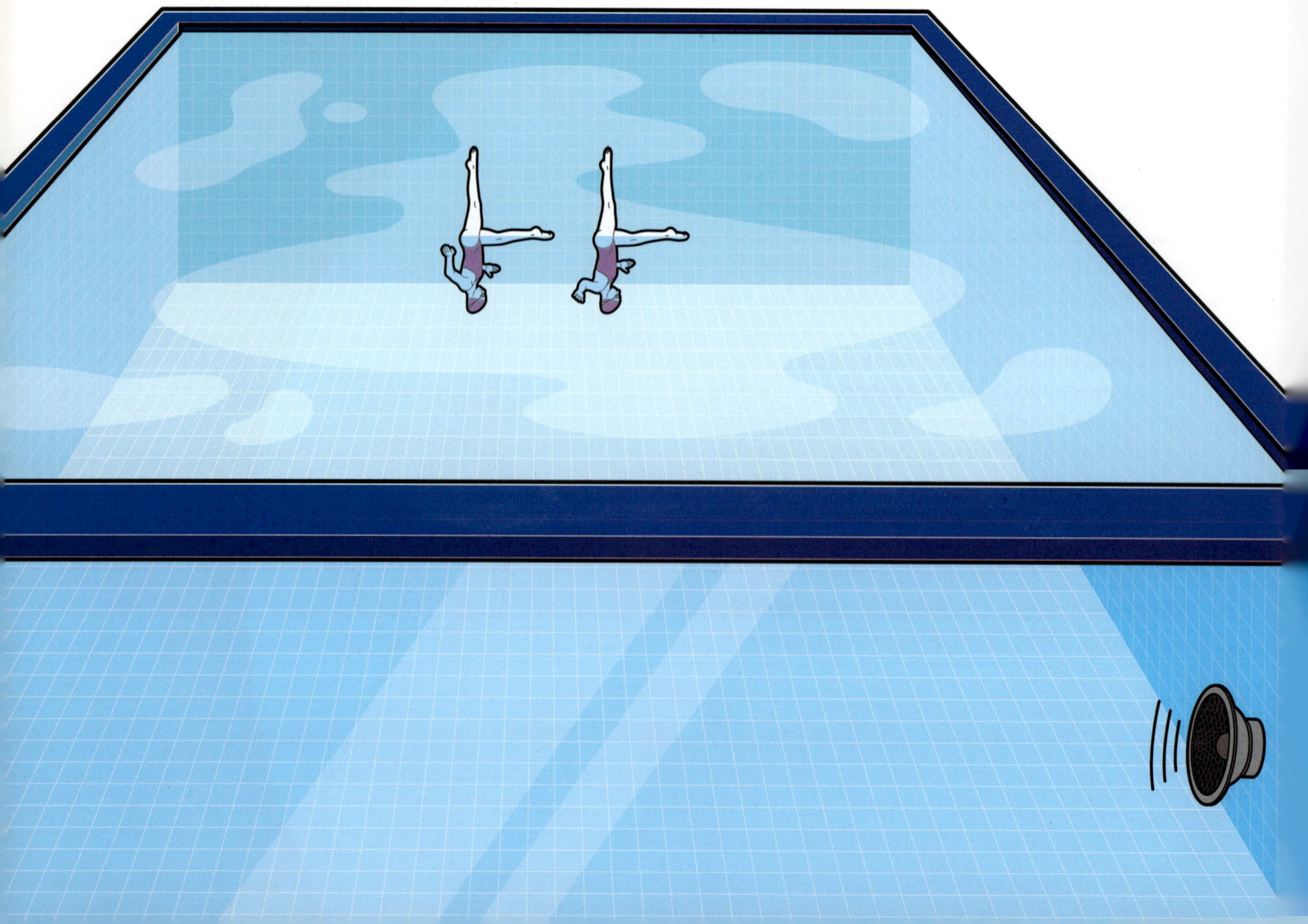

Treino da equipe brasileira de nado sincronizado em Toronto 2015
JONNE RORIZ/EXEMPLUS/
COMITÊ OLÍMPICO DO BRASIL

Apresentação das brasileiras Lara e Nayara na etapa classificatória de nado sincronizado em dupla em Londres 2012
ALAOR FILHO/AGIF/
COMITÊ OLÍMPICO DO BRASIL

As apresentações

Em Jogos Olímpicos, as provas são disputadas em duetos e equipes de 8 atletas (1 reserva pode ser inscrita). Elas fazem 2 apresentações de coreografias embaladas por música, cujas notas são somadas para o resultado final.
Rotina técnica: com movimentos obrigatórios. Tempo: 2min20s para duetos e 2min50s para equipes.
Rotina livre: sem restrições. Tempo: 3min30s para duetos e 4min para equipes.

Elementos de coreografia

Trabalho de borda: são movimentos coreografados e iniciados com música, realizados ainda na borda da piscina, antes de as nadadoras entrarem na água. Não são obrigatórios, não valem ponto e não podem exceder o tempo máximo de 10s.
Flôte: formação de superfície em que 2 nadadoras, pelo menos, estejam "conectadas" horizontalmente, formando uma figura.
Alçada (movimentos acrobáticos): quando 1 ou mais nadadoras dão sustentação para levantar 1 ou mais companheiras acima da superfície da água.
Figura híbrida: combinação de partes de figura, posições básicas e movimentos que resultam numa composição variada, coreografada e inédita, executada sempre com o tronco e a cabeça dentro d'água e as pernas fora.
Ação em cadeia: sequência de movimentos que será executada de forma idêntica por cada atleta.

Movimentos

Balé de perna: com o corpo na horizontal, como se estivesse deitada na água, a atleta deixa uma das pernas esticada na superfície e a outra para o ar, formando um ângulo de 90°. Também conhecido como cancã.
Guindaste: como o anterior, só que com a atleta mantendo o corpo em posição vertical, de ponta-cabeça.
Flamingo: com o corpo na horizontal, a atleta estica uma perna para o ar e deixa a outra dobrada, como se estivesse fazendo o número 7 dentro d'água.
Grupada: posição mais compacta possível, em que as pernas estão juntas e flexionadas, encostadas no peito.

Parafuso combinado: realização de giros de 360° descendentes, seguidos pelo mesmo número de giros ascendentes.

Não pode...!

› Deixar de apresentar um elemento obrigatório da rotina técnica.
› Tocar a borda ou o fundo da piscina.
› Cometer um desses erros incorre em perda de pontos.

O julgamento

3 painéis de 5 juízes dão notas de 0 a 10 em cada prova.
Provas livres: bancas de execução (30% da nota), impressão artística (40% da nota) e dificuldade (30% da nota).
Rotinas técnicas: bancas de execução (30% da nota), impressão (30% da nota) e elemento (40% da nota).
Mérito técnico: são avaliados a execução, os elementos obrigatórios, a dificuldade e a sincronia dos movimentos, com peso maior para os 2 primeiros itens.
Mérito artístico: são observadas a coreografia (maior peso), a interpretação da música e a forma da apresentação.

**A maior e a menor notas são descartadas e a soma das restantes determina o resultado de cada rotina. As 2 rotinas são somadas para o resultado final.*

Apresentação da dupla Lara e Nayara em Londres 2012

ALAOR FILHO/AGIF/ COMITÊ OLÍMPICO DO BRASIL

Treino da equipe brasileira de nado sincronizado em Toronto 2015

JONNE RORIZ/EXEMPLUS/ COMITÊ OLÍMPICO DO BRASIL

A piscina

Comprimento: 30m.
Largura: 20m.
Profundidade: 3m.

O equipamento

Traje: as atletas são proibidas de usar biquínis. Maiôs são obrigatórios, mas podem ser estilizados para dar brilho à apresentação.
Touca: não é obrigatória. As atletas costumam prender os cabelos com gelatina, em penteados elaborados que se incorporam ao traje.
Clipe nasal: usado para impedir que a água entre no nariz durante a apresentação.
Maquiagem: à prova d'água.

**Não são permitidos transparências nem acessórios que não estejam totalmente colados ao corpo.*

Música até debaixo d'água

Como as coreografias são desenvolvidas a partir de uma música e a sincronia da melodia com os movimentos é fundamental, as atletas têm de ouvir o som do tema musical escolhido mesmo quando estão submersas. Para isso, é obrigatória a instalação de caixas de som à prova d'água nas piscinas.

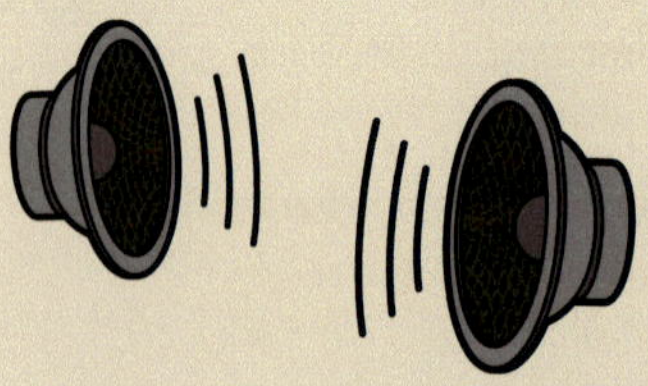

QUADRO DE MEDALHAS

PAÍS	OURO	PRATA	BRONZE	TOTAL
Rússia	8	0	0	8
EUA	5	2	2	9
Canadá	3	4	1	8
Japão	0	4	8	12
Espanha	0	3	1	4
China	0	1	2	3
França	0	0	1	1

**Todos os medalhistas da história da modalidade*

Nado sincronizado nos Jogos Rio 2016

LOCAL DE COMPETIÇÃO
Centro Aquático Maria Lenk |
Capacidade: 6.356 lugares*
** Número sujeito a alteração.*

O TORNEIO | Oito equipes e 24 duetos competirão no Rio. As equipes fazem a rotina técnica num dia e a rotina livre no seguinte, com a soma das notas apontando as medalhistas. Nos duetos, a ordem se inverte e há um terceiro dia de provas, com uma final de rotina livre.

DESTAQUES | A Rússia não está entre as maiores potências da natação, mas levou para dentro d'água a longa tradição do país na ginástica e na dança. As compatriotas de ginastas como Olga Korbut e das bailarinas do Balé Bolshoi dominam as competições de nado sincronizado desde Sidney 2000, tanto nos duetos quanto por equipes. Svetlana Romashina esteve presente em 3 dessas 8 conquistas, com 2 ouros por equipe e 1 nos duetos. Eleita a melhor atleta do mundo em seu esporte em 2011 e 2013, essa sereia de 25 anos quer aportar no Rio para aumentar a coleção.

O BRASIL | Sem tradição de medalhas no nado sincronizado, o Brasil já está classificado como o representante das Américas e poderá inscrever 9 atletas nos Jogos Rio 2016. Oito delas disputarão a prova por equipes. Luisa Borges e Duda Miccuci representarão o país nos duetos.

A escolha das parceiras foi feita pela comissão técnica da seleção brasileira, levando em conta critérios importantes para a modalidade: a semelhança de biótipo e o entrosamento na execução dos movimentos.

Natação

Quando surgiu a natação? Difícil responder. O homem aprendeu a nadar assim que sentiu a necessidade de se locomover na água. Os primeiros registros de competições datam da Antiguidade. Na Idade Média, a atividade passou a fazer parte do treinamento de soldados pela Europa e entrou no currículo escolar japonês. Já no século XIX, a façanha de um nobre inglês, Lorde Byron, que atravessou o estreito de Dardanelos, entre a Europa e a Ásia, aguçou a curiosidade ocidental. A partir daí, e especialmente no início do século XX, com o aparecimento das primeiras piscinas, o esporte só fez se desenvolver, sendo praticado por milhões de pessoas em vários pontos do planeta. A natação faz parte do programa olímpico desde a primeira edição, em Atenas 1896. As mulheres estrearam em Estocolmo 1912.

Órgãos dirigentes

> Fédération Internationale de Natation (FINA)

> Confederação Brasileira de Desportos Aquáticos (CBDA)

Jogo rápido | Os atletas, chamados de nadadores, movem-se na água procurando percorrer distâncias determinadas no menor tempo possível.

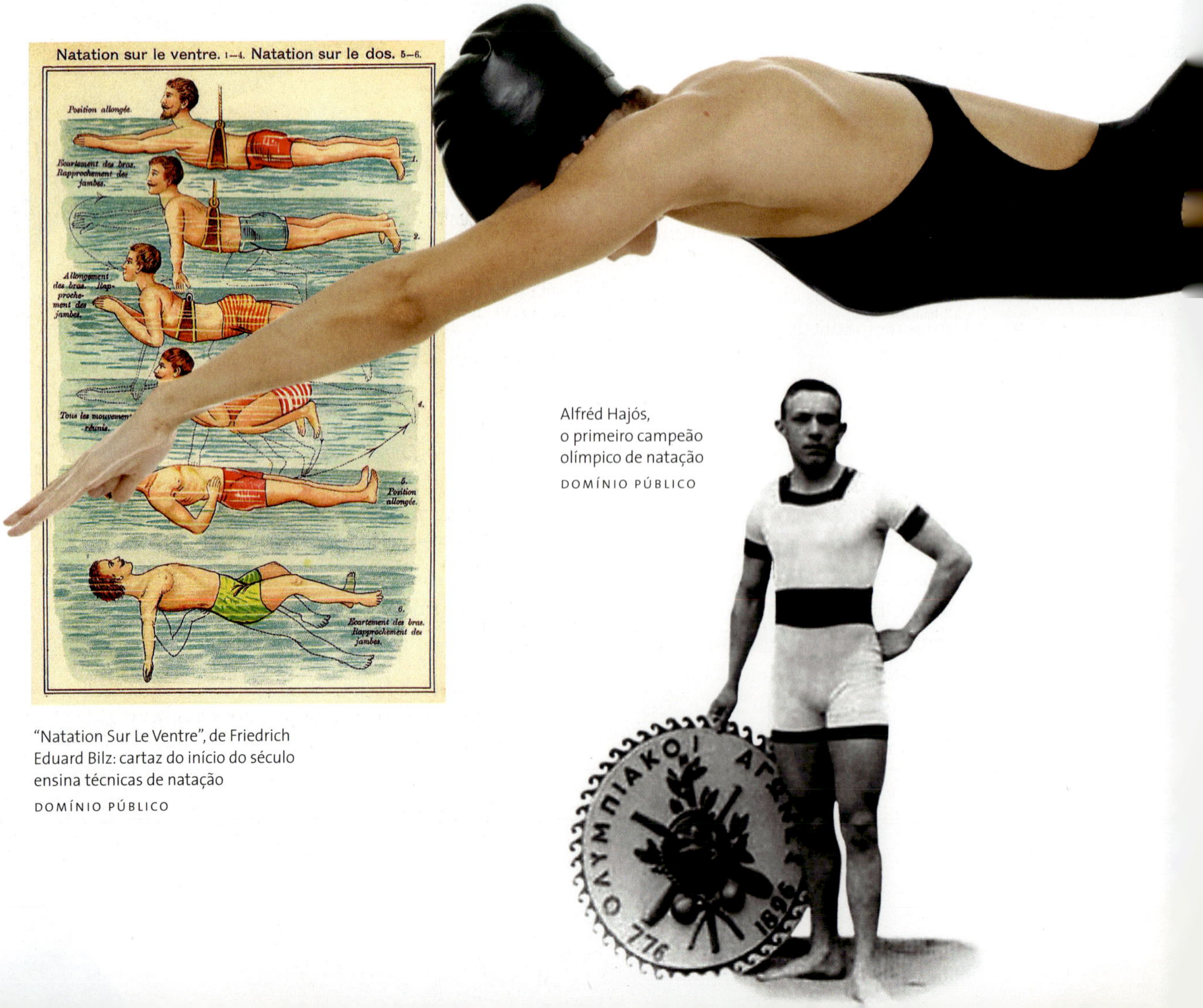

"Natation Sur Le Ventre", de Friedrich Eduard Bilz: cartaz do início do século ensina técnicas de natação

DOMÍNIO PÚBLICO

Alfréd Hajós, o primeiro campeão olímpico de natação

DOMÍNIO PÚBLICO

Afresco de um jovem mergulhador destemido. Datado do século V a.C., está gravado no tampo de um túmulo conhecido como "La Tomba del Tuffatore"

DOMÍNIO PÚBLICO

As provas

Estilo livre: 50m, 100m, 200m, 400m, 800m (só para mulheres) e 1.500m (só para homens).
Costas: 100m e 200m.
Peito: 100m e 200m.
Borboleta: 100m e 200m.
Medley (4 estilos): 200m e 400m.
Revezamentos: 4x100m livre, 4x200m livre e 4x100m medley.

Os estilos

Livre: pelas regras, quaisquer tipos de braçada e pernada seriam permitidos nessas provas. Mas o movimento adotado é sempre o *crawl*, que os australianos adaptaram de nativos das Ilhas Salomão no início do século XIX. Nele, os braços se alternam à frente do corpo e os pés batem alternadamente.

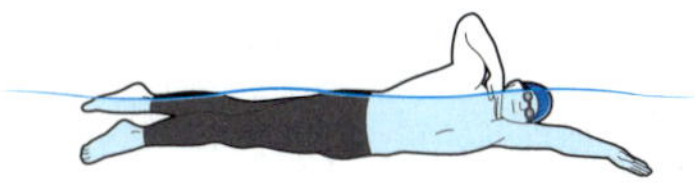

Costas: é como um *crawl* invertido. Sua invenção é creditada aos antigos egípcios. A largada é dada de dentro da piscina.

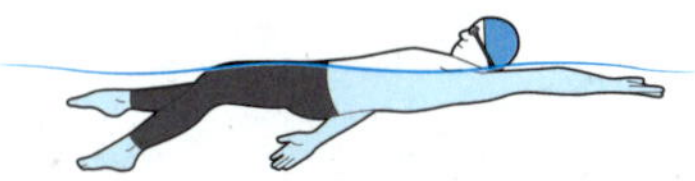

Peito: é o estilo olímpico mais lento. Braços e pernas devem estar o tempo todo dentro d'água, fazendo movimentos circulares, horizontais e simultâneos.

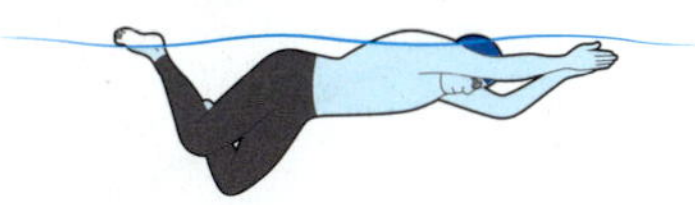

Borboleta: surgiu como uma adaptação do peito, criado por nadadores alemães. Os braços são estendidos paralelamente à frente, num movimento giratório, saindo da água. Também chamado de golfinho.

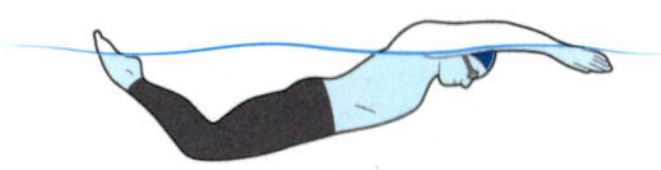

Provas combinadas

Medley: o mesmo atleta nada os 4 estilos, numa ordem definida – borboleta, costas, peito e livre (este último não precisa ser o *crawl*, mas deve ser diferente dos outros 3).
Revezamentos: cada um dos 4 atletas nada um trecho da prova e o tempo da equipe é contado da largada do primeiro à chegada do quarto. Do segundo em diante, só é permitido mergulhar depois que o companheiro toca a placa de chegada; se houver violação, a equipe é eliminada. Na prova de 4 estilos, a ordem é diferente do medley individual: costas, peito, borboleta e livre.

Outras técnicas

Mergulho: nas provas de estilo livre, peito e borboleta, os atletas posicionam o pé de apoio atrás e as mãos na borda do bloco de partida. Ao sinal do árbitro, erguem os quadris, e ao ouvir o tiro de largada usam o impulso dos pés para projetar o corpo, entrando na água com os braços estendidos.

Golfinhada: movimentos rápidos sob a água após a largada. Essa técnica foi aperfeiçoada pelo norte-americano Michael Phelps e pode economizar um tempo precioso. Mas só é permitida nos primeiros 15m de cada volta.

Virada: nas provas de estilo livre e costas, a cada 50m o nadador executa uma cambalhota, afundando a cabeça na água, girando o corpo na vertical e tomando impulso com os pés na parede da piscina (no nado de costas, é permitido ficar de frente nos últimos metros para fazer a virada). Nas provas de peito e borboleta, os atletas tocam a parede da piscina com as 2 mãos, giram o corpo na horizontal e tomam impulso com os pés.

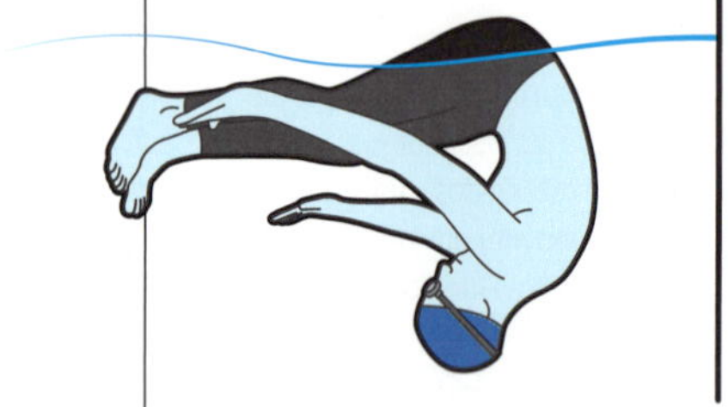

Cesar Cielo nos Jogos Londres 2012
ALAOR FILHO/AGIF/ COMITÊ OLÍMPICO DO BRASIL

A piscina

Comprimento: 50m.
Largura: 25m.
Profundidade mínima: 2m.
Temperatura: entre 25°C e 28°C.
Raias: são 8, com 2,5m de largura e espaços de 40cm para as bordas da piscina.
Indicadores de viradas: cordas com bandeiras ou bandeirolas, suspensas a uma altura entre 1,8m e 2,5m da superfície da água e a 5m de distância de cada cabeceira, para orientar os atletas do nado de costas.
Indicadores de largada queimada: cordas suspensas a 15m dos blocos de partida, que caem sobre a água para avisar aos nadadores que a prova será reiniciada.

**As piscinas olímpicas são equipadas com mecanismos que impedem a formação de ondas produzidas com as braçadas dos nadadores.*

Blocos de partida

Os nadadores iniciam as provas de estilo livre, peito e borboleta de blocos instalados na borda da piscina. Nas provas de costas, a largada é feita de dentro d'água, com as mãos apoiadas na base da plataforma e os pés apoiados (nos Jogos Rio 2016, estreará o implemento, apoio conectado à borda da piscina para facilitar o impulso).
Material: aço inoxidável, coberto com borracha antiderrapante no local onde o nadador apoia os pés.
Medidas: 50cm x 50cm.
Altura: 75cm do nível da água.
Inclinação: 10°.

**Uma placa eletrônica sob a base indica se o mergulho foi dado antes do sinal do árbitro. Se sim, o atleta "queima" a largada e é eliminado.*

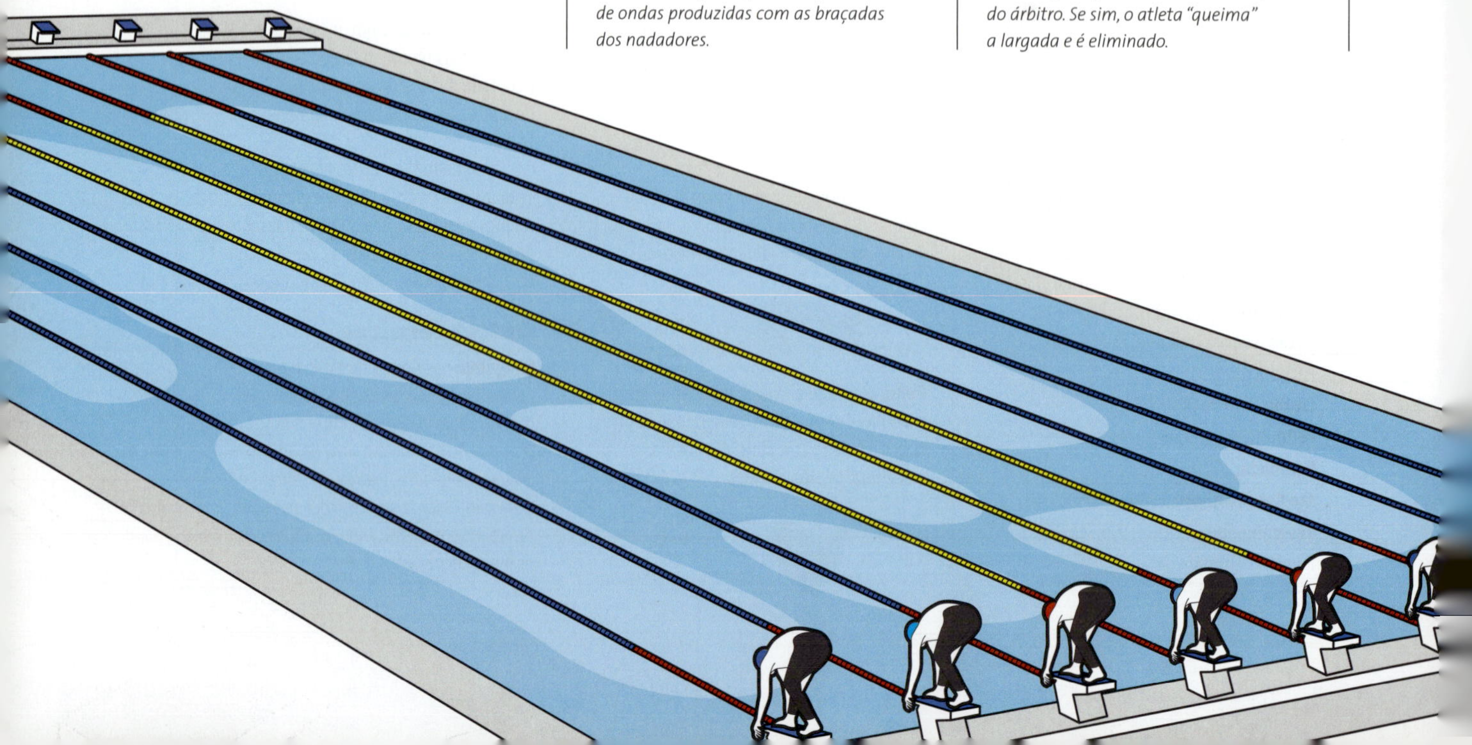

Thiago Pereira em Toronto 2015
JONNE RORIZ/EXEMPLUS/
COMITÊ OLÍMPICO DO BRASIL

Sensores de virada e chegada

Placas instaladas nas bordas da piscina. As de virada medem o tempo de cada volta. As de chegada registram, quando pressionadas, os tempos finais dos nadadores (com precisão de centésimos de segundo), que são enviados para o placar eletrônico e indicam o vencedor.

O uniforme

Touca: não é obrigatória; ajuda a reduzir o atrito da cabeça com a água.
Óculos: devem estar bem presos ao rosto, para evitar que entre água.
Protetores de ouvido: usados por nadadores que se incomodam com a entrada de água.
Traje: sunga ou bermuda para homens, maiô para mulheres.
Prendedor de nariz: usado pelos nadadores do estilo costas para impedir a entrada de água.

Arbitragem

Árbitro: responsável pelas decisões finais.
Juiz de partida: verifica se algum atleta partiu antes do sinal, ou seja, queimou a largada.
Cronometristas: 2 por raia. Marcam o tempo de cada atleta, da largada à chegada. Suas anotações são usadas em caso de falha do sistema eletrônico.
Cronometrista chefe: responsável pela checagem dos resultados.
Juízes de volta: 1 por raia. Analisam se o movimento do atleta na virada foi legal.
Juiz de chegada: verifica se houve irregularidades na batida de mão no fim da prova.

MARATONA AQUÁTICA

A única prova de natação que não é disputada numa piscina estreou no programa olímpico em Pequim 2008.

As provas

10km, para homens e mulheres.

O trajeto

Em águas abertas, com profundidade mínima de 1,4m em todo o trajeto e temperatura entre 16°C e 31°C no dia da prova. A água pode ser doce ou salgada (lagos, represas, rios ou mar).

Regras básicas

> A largada é dada fora d'água, numa plataforma fixa; um sorteio decide a posição de cada nadador.
> É permitido tocar o chão com os pés, mas não usá-lo como apoio para caminhar ou saltar.
> Os nadadores usam uma pulseira com chip para que sua posição seja monitorada.
> O trajeto é delimitado por boias. É permitido tocar nelas.
> Uma parede flutuante de 5m de largura marca a chegada. O nadador que tocar nela primeiro é o vencedor.

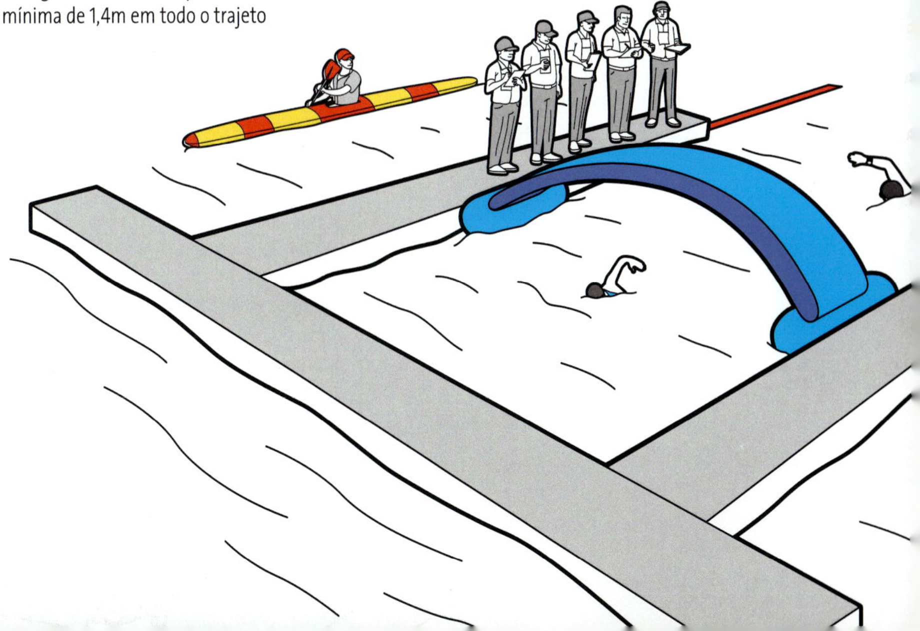

QUADRO DE MEDALHAS

PAÍS	OURO	PRATA	BRONZE	TOTAL
EUA	231	162	126	519
Austrália	59	62	65	186
Alemanha Oriental	38	32	22	92
Hungria	26	24	18	68
Japão	20	24	29	73
Holanda	20	18	19	57
Grã-Bretanha	16	25	32	73
Alemanha	14	25	35	74
União Soviética	12	21	26	59
China	12	17	8	37

RECORDES OLÍMPICOS

FEMININO

LIVRE

50m: Ranomi Kromowidjojo (Holanda) – 24s05 – Londres 2012
100m: Ranomi Kromowidjojo (Holanda) – 53s00 – Londres 2012
200m: Allison Schmitt (Estados Unidos) – 1min53s61 – Londres 2012
400m: Camille Muffat (França) – 4min1s45 – Londres 2012
800m: Rebecca Adlington (Grã-Bretanha) – 8min14s10 – Pequim 2008
4x100m: Austrália – 3min33s15 – Londres 2012
4x200m: Estados Unidos – 7min42s92 – Londres 2012

COSTAS

100m: Emily Seebohm (Austrália) – 58s23 – Londres 2012
200m: Missy Franklin (Estados Unidos) – 2min4s06 – Londres 2012

PEITO

100m: Leisel Jones (Austrália) – 1min5s17 – Pequim 2008
200m: Rebecca Soni (Estados Unidos) – 2min19s59 – Londres 2012

BORBOLETA

100m: Dana Vollmer (Estados Unidos) – 55s98 – Londres 2012
200m: Liuyang Jiao (China) – 2min4s06 – Londres 2012

Medley

200m: Shiwen Ye (China) – 2min7s57 – Londres 2012
400m: Shiwen Ye (China) – 4min28s43 – Londres 2012
4x100m: Estados Unidos – 3min52s05 – Londres 2012

MASCULINO

LIVRE

50m: Cesar Cielo (Brasil) – 21s30 – Pequim 2008
100m: Eamon Sullivan (Austrália) – 47s05 – Pequim 2008
200m: Michael Phelps (Estados Unidos) – 1min42s96 – Pequim 2008
400m: Yang Sun (China) – 3min40s14 – Londres 2012
1.500m: Yang Sun (China) – 14min31s02 – Londres 2012

Thiago Pereira em Londres 2012
VALTERCI SANTOS/AGIF/ COMITÊ OLÍMPICO DO BRASIL

Gabriele Gonçalves em Toronto 2015
JONNE RORIZ/EXEMPLUS/ COMITÊ OLÍMPICO DO BRASIL

4x100m: Estados Unidos – 3min8s24 – Pequim 2008
4x200m: Estados Unidos – 6min58s56 – Pequim 2008

COSTAS

100m: Matthew Grevers (Estados Unidos) – 52s16 – Londres 2012
200m: Tyler Clary (Estados Unidos) – 1min53s14 – Londres 2012

PEITO

100m: Cameron Van der Burgh (África do Sul) – 58s46 – Londres 2012
200m: Daniel Gyurta (Hungria) – 2min7s28 – Londres 2012

BORBOLETA

100m: Michael Phelps (Estados Unidos) – 50s58 – Pequim 2008
200m: Michael Phelps (Estados Unidos) – 1min52s03 – Pequim 2008

MEDLEY

200m: Michael Phelps (Estados Unidos) – 1min54s23 – Pequim 2008
400m: Michael Phelps (Estados Unidos) – 4min3s84 – Pequim 2008
4x100m: Estados Unidos – 3min29s34 – Pequim 2008

Águas abertas

As piscinas olímpicas padronizadas só estrearam em Londres 1908. Antes disso, as provas de natação foram disputadas no Mar Egeu (Atenas 1896), cujas águas geladas provocaram hipotermia em alguns atletas; no Rio Sena (Paris 1900), com as voltas sendo disputadas uma a favor e outra contra a correnteza; e num tanque (Saint Louis 1904), com peixes e até sapos dividindo o espaço com os nadadores.

Provas pitorescas

Presente no programa olímpico desde a primeira edição, a natação já distribuiu medalhas em provas no mínimo curiosas, que acabaram banidas.
100m livre para marinheiros: disputada em Atenas 1896, apenas por integrantes da marinha grega.
200m com obstáculos: disputada em Paris 1900. Os competidores tinham de escalar um poste, em seguida atravessar uma fileira de barcos, saltando de um para outro, e finalmente nadar por baixo d'água até ultrapassar outra fileira de barcos.
Natação submersa: disputada em Paris 1900. Os competidores recebiam 2 pontos por cada metro percorrido e mais 1 por cada segundo debaixo d'água.

Sem pelos

Os nadadores costumam depilar todos os pelos do corpo antes das provas, para diminuir o atrito da pele com a água e ganhar velocidade. Essa prática não é obrigatória, mas bastante difundida. Entre os homens, há muitos que preferem raspar até a cabeça, mesmo usando toucas. Não era o caso de Mark Spitz. Um dos maiores nadadores de todos os tempos assombrou o mundo em Munique 1972 com os cabelos compridos à mostra e um farto bigode.

Da Lycra ao LZR

Em Montreal 1976, os nadadores surgiram nas piscinas usando roupas de banho feitas de um material completamente revolucionário: a Lycra. De lá para cá, as roupas de competição não param de evoluir. Em Pequim 2008, a grande revolução foi o maiô LZR, com tecnologia desenvolvida pela Nasa. Estudos confirmaram que eles melhoram a flutuabilidade e a velocidade dos atletas. Não por acaso, em apenas 2 temporadas (2008 e 2009), cerca de 250 recordes mundiais foram quebrados. Em 2010, sem qualquer tipo de controle sobre os supermaiôs, a FINA decidiu bani-los.

Natação nos Jogos Rio 2016

O TORNEIO | A natação distribuirá 96 medalhas em 32 provas – 16 para homens e 16 para mulheres. As competições olímpicas têm etapas eliminatórias, semifinais (com os 16 melhores tempos) e finais (com os 8 melhores tempos) nas distâncias até 200m; a partir de 400m, não há semifinais. Na maratona aquática, que distribui mais 6 medalhas, com uma prova para homens e outra para mulheres, não há eliminatórias: todos os atletas largam juntos e o primeiro a chegar é o vencedor.

DESTAQUES | Michael Phelps é o maior campeão olímpico de todos os tempos. Todos mesmo: suas 22 medalhas, 18 delas de ouro, conquistadas em 3 edições dos Jogos Olímpicos, superam não só as marcas dos atletas de todas as modalidades na Era Moderna como também as de qualquer competidor da Grécia Antiga. Aos 31 anos, ele não chegará ao Rio como em Atenas 2004, quando anunciou que bateria o recorde de medalhas de seu compatriota Mark Spitz numa só edição olímpica (e não conseguiu), ou em Pequim 2008, quando preferiu não fazer bravatas (e atingiu o feito). Phelps pretendia se despedir em Londres 2012. Chegou a anunciar a aposentadoria, mas voltou a nadar e dará aos brasileiros a chance de ver um mito do esporte de perto.

LOCAIS DE COMPETIÇÃO

Estádio Aquático Olímpico | Capacidade: 15.443 lugares*

Maratona aquática: Forte de Copacabana | Capacidade: 5.000 lugares*

** Números sujeitos a alteração.*

O BRASIL | A natação feminina do Brasil ainda não conquistou uma medalha olímpica. Nos Jogos Rio 2016, a maior esperança de mudar essa história não estará na piscina, mas no mar de Copacabana: dona de 2 medalhas de ouro, 2 de prata e 2 de bronze em mundiais de maratona aquática, Ana Marcela Cunha chegou aos 24 anos com a vaga e status de favorita. Em sua participação nos Jogos, chegou perto do pódio, com a 5ª colocação em Pequim 2008. Ana Marcela nasceu perto do mar, em Salvador. Mas a relação com a água começou na creche, por iniciativa da mãe. Em 2004, já era atleta da seleção brasileira, ainda na piscina. Dois anos depois, descobriu as competições de águas abertas. Em 2015, conquistou 11 pódios internacionais consecutivos e foi eleita a melhor atleta do país no Prêmio Brasil Olímpico.

A classificação para a natação olímpica se baseia em índices da FINA: o A, mais forte, permite a inscrição de 2 atletas por prova; o B, mais fraco, de 1. Mas a CBDA costuma inscrever apenas atletas com índice A. Na maratona aquática, o Mundial de Kazan, em 2015, definiu a classificação.

Pentatlo moderno

Nos Jogos Olímpicos da Antiguidade, o vencedor do pentatlo era considerado o atleta mais completo de toda a competição. O esporte foi incluído por reivindicação dos espartanos, povo guerreiro e de forte tradição militar. Tinha provas de lançamento do disco, lançamento do dardo, salto em distância, corrida e pancrácio, uma mistura de luta e pugilato. Lambis Lakedaimonios foi coroado o primeiro vencedor, em 708 a.C. Muitos séculos depois, por inspiração militar, surgiu o esporte conhecido hoje como pentatlo moderno. Nele, os atletas devem simular as habilidades de um soldado em território inimigo: enfrentar adversários com a espada, cruzar rios a nado, atirar em pequenos alvos, correr e cavalgar para chegar ao seu objetivo. Por influência do criador dos Jogos da Era Moderna, o Barão Pierre de Coubertin, o pentatlo moderno foi incluído no programa olímpico a partir de Estocolmo 1912. Apenas em Sidney 2000 as mulheres entraram em cena.

Yane Marques na prova de esgrima do pentatlo em Londres 2012

WASHINGTON ALVES/ AGIF/COMITÊ OLÍMPICO DO BRASIL

ÓRGÃOS DIRIGENTES

> Union Internationale de Pentathlon Moderne (UIPM)

> Confederação Brasileira de Pentatlo Moderno (CBPM)

JOGO RÁPIDO | Os atletas, chamados de pentatletas modernos, se enfrentam em 5 modalidades esportivas diferentes.

REGRAS BÁSICAS

Todas as provas são disputadas num só dia, nesta ordem: esgrima, natação, hipismo e evento combinado (corrida e tiro). Regras básicas e equipamentos seguem os preceitos de cada esporte. Nas 3 primeiras etapas, os atletas acumulam pontos. O líder da pontuação larga em primeiro na corrida. Uma fórmula matemática simples transforma a diferença de pontos para cada competidor em segundos de desvantagem: cada ponto a menos representa 1 segundo a mais, até que o último tenha largado. Esse sistema é chamado de largada de handicap. Vence quem cruzar a linha de chegada primeiro.

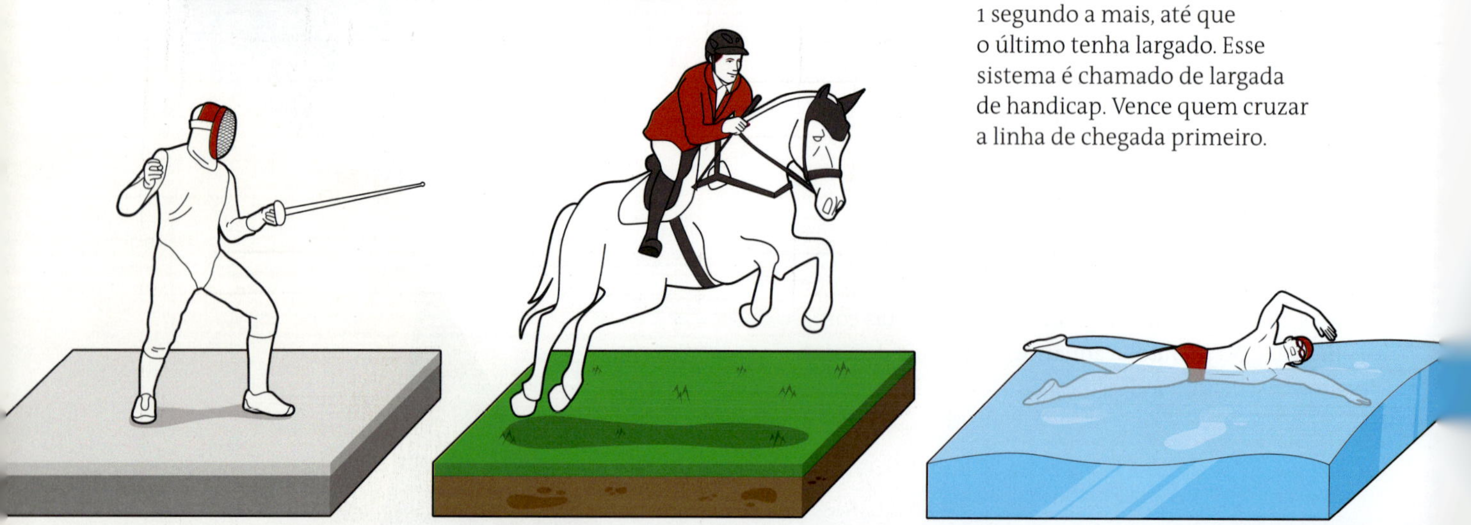

ESGRIMA

Arma

Espada.

Lutas

Rodada eliminatória: todos os atletas se enfrentam.
Rodada bônus: o último colocado no ranking após as eliminatórias enfrenta o penúltimo. O vencedor se classifica para enfrentar o antepenúltimo, e assim sucessivamente, até o primeiro.

Pontuação

Cada combate tem duração de 1min e o vencedor é o que acertar o primeiro golpe. Em caso de 0 a 0, ambos registram uma derrota. Quem vence 70% dos combates (o que equivale a 25, no caso dos Jogos) já garante 250 pontos. A pontuação acima ou abaixo dessa porcentagem varia de acordo com o número de participantes. Na competição olímpica, cada vitória na rodada eliminatória vale 6 pontos, e na rodada bônus, 1 ponto (exceto para o líder do ranking, que leva 2 pontos caso vença seu único combate).

NATAÇÃO

Prova

200m livre.

Balizamento

Os atletas são separados por raias de acordo com os seus melhores tempos pessoais.

Pontuação

O tempo de referência é 2min30s, para homens e mulheres. Quem o atinge ganha 250 pontos. Cada segundo abaixo desse tempo vale 3 pontos a mais; cada segundo acima, 3 pontos a menos.

Yane Marques na prova de hipismo do pentatlo em Londres 2012
VALTERCI SANTOS/AGIF/ COMITÊ OLÍMPICO DO BRASIL

HIPISMO

Prova

Saltos.

Pista

Tem de 350m a 400m de percurso, com 12 obstáculos de 1m a 1,2m (10 simples, 1 duplo e 1 triplo).

Cavalos

Os cavalos são fornecidos pelos organizadores da prova. Eles são distribuídos por sorteio e cada atleta tem 20min de treino com sua montaria antes de saltar.

Pontuação

Cada conjunto parte de 300 pontos e perde 7 a cada obstáculo derrubado e 10 por desobediência (refugo ou queda). Se o conjunto não completar o percurso, o atleta é eliminado da competição de hipismo e não soma pontos.

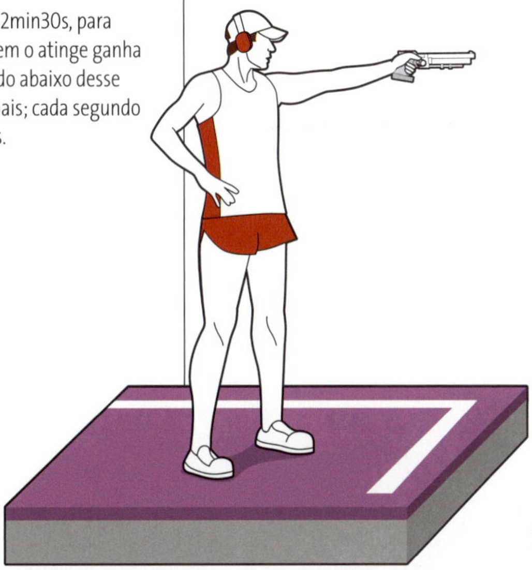

Prova de tiro do pentatlo em Londres 2012
VALTERCI SANTOS/AGIF/
COMITÊ OLÍMPICO DO BRASIL

EVENTO COMBINADO

CORRIDA

Cross country, prova de 4 voltas em percurso de 800m com aclive máximo de 50m.

TIRO

A cada 800m, o atleta para num estande e pode voltar a correr depois de acertar 5 vezes com uma pistola a laser em qualquer marca de um alvo posicionado a 10m – ou, se não conseguir, depois de 50s.

Yane Marques competindo no evento combinado (tiro e corrida) em Londres 2012
VALTERCI SANTOS/AGIF/ COMITÊ OLÍMPICO DO BRASIL

Os pais do pentatlo moderno

Esparta era uma cidade-estado da Grécia Antiga, voltada quase que exclusivamente à vida militar. O espartano era criado para se tornar um guerreiro perfeito. No episódio mais conhecido de sua história, um pequeno grupamento de 300 soldados da elite do Rei Leônidas, com a ajuda de pouco mais de 1.000 aliados, conseguiu retardar o avanço do rei persa Xerxes e seu exército de milhares de homens na famosa Batalha das Termópilas. O episódio histórico virou filme – *300*.

Evolução

A fórmula de disputa do pentatlo moderno foi mudando ao longo dos anos. Até Atlanta 1996, eram 4 ou 5 dias de competição. Em Londres 2012, o tiro deixou de ser o primeiro evento e foi combinado à corrida na última etapa. No mesmo ano, mas após os Jogos, a competição começou a ser disputada nos moldes atuais, com pontuação mais simples.

QUADRO DE MEDALHAS

PAÍS	OURO	PRATA	BRONZE	TOTAL
Hungria	9	8	5	22
Suécia	9	7	5	21
União Soviética	5	5	5	15
Rússia	3	1	0	4
Polônia	3	0	0	3
Grã-Bretanha	2	2	3	7
Itália	2	2	3	7
Alemanha	2	0	1	3
Lituânia	1	2	1	4
República Tcheca	1	0	1	2

Pentatlo moderno nos Jogos Rio 2016

LOCAIS DE COMPETIÇÃO

> **Arena da Juventude** | Esgrima | Capacidade: 4.132 lugares*
> **Centro Aquático de Deodoro** | Natação | Capacidade: 2.143 lugares*
> **Estádio de Deodoro** | Hipismo e evento combinado | Capacidade: 15.584 lugares*

** Números sujeitos a alteração.*

O TORNEIO | Serão 36 atletas, no masculino e no feminino. Por serem disputadas no mesmo dia, as provas terão como palco instalações próximas, no Parque Olímpico de Deodoro. O público vai se deslocando de uma para outra, junto com os atletas.

DESTAQUES | O sobrenome é complicado: Asadauskaite. Ganhar dessa lituana, batizada de Laura, também. Ela conquistou a medalha de ouro em Londres 2012, estabelecendo um novo recorde olímpico, e desde então se manteve no topo. Na Copa do Mundo de 2015, classificatória para os Jogos Rio 2016, garantiu a vaga com mais um 1º lugar. Laura é casada com outro pentatleta moderno, Andrejus Zadneprovskis, dono de 2 medalhas olímpicas.

O BRASIL | Yane Marques botou Afogados da Ingazeira no mapa do esporte. Ela saiu dessa cidade, no interior de Pernambuco, para se tornar a primeira atleta não só do Brasil, mas de todo o Hemisfério Sul a conquistar uma medalha olímpica no pentatlo moderno, em Londres 2012. De lá para cá, foi bicampeã pan-americana e ganhou prata (Kaohsiung 2013) e bronze (Berlim 2015) no Campeonato Mundial, resultados que a credenciam a sonhar com o pódio no Rio. O Brasil pode classificar até 2 atletas no masculino e 2 no feminino pelo desempenho em competições internacionais e no ranking mundial. Se não conseguir, tem direito a indicar um representante de cada, por ser o país-sede.

Polo aquático

Mistura de natação, handebol e rugby, o polo aquático pode ter muitas origens, dependendo da fonte que se consulta. Mas quase todas concordam que as primeiras regras oficiais do esporte foram criadas pelos ingleses, na metade do século XIX. O nome deriva das primeiras versões, em que os jogadores, em vez de nadar, usavam barris de vinho para boiar – seria, então, uma versão aquática do polo, esporte nobre de tacos e bolas disputado sobre cavalos. A estreia nos Jogos foi em Paris 1900, marcando a primeira participação de um esporte coletivo no programa olímpico. A partir daí, ficou fora uma única vez, em Saint Louis 1904. As mulheres passaram a competir em Sidney 2000.

ÓRGÃOS DIRIGENTES

> Fédération Internationale de Natation (FINA)

> Confederação Brasileira de Desportos Aquáticos (CBDA)

JOGO RÁPIDO | Divididos em times, os atletas se enfrentam numa piscina. Vence quem fizer mais gols, com a bola passando por uma trave na superfície.

A seleção brasileira de polo aquático enfrenta o Canadá em Toronto 2015
JONNE RORIZ/EXEMPLUS/ COMITÊ OLÍMPICO DO BRASIL

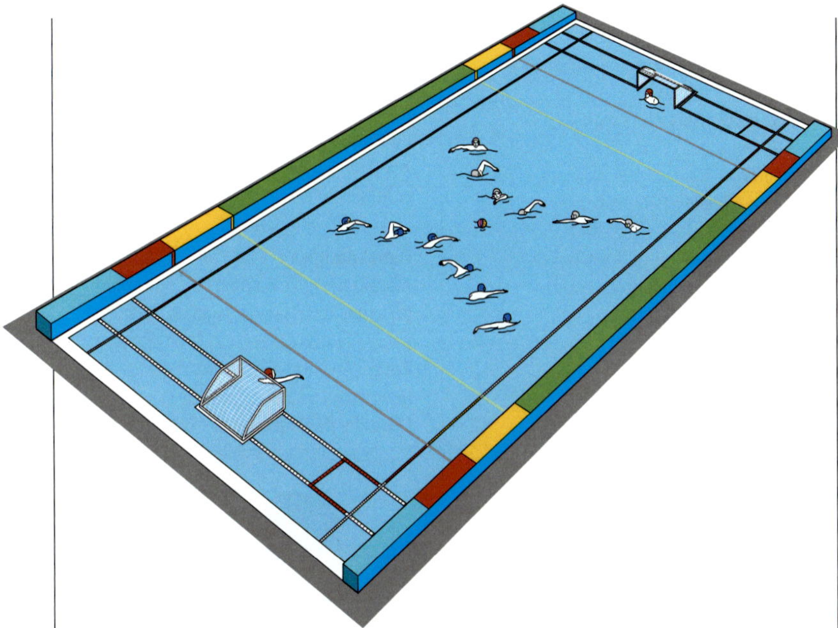

Regras básicas

São 7 jogadores na piscina, sendo 1 goleiro, e 6 reservas, disputando partidas de 4 tempos (chamados de quartos) de 8min, com intervalos de 2min entre eles. Cada quarto começa com os times posicionados na linha do gol de seu campo de defesa; a bola é lançada ao meio da piscina e o primeiro jogador a alcançá-la ganha a posse. Se houver empate em jogos decisivos, é realizada uma disputa de pênaltis com 5 cobradores de cada lado. Se o empate persistir, eles voltam a arremessar até que um erre e o outro acerte, definindo assim o vencedor.

Cronometragem

O cronômetro para sempre que a bola sai dos limites ou a cada intervenção do árbitro para marcar uma infração. Cada time tem 30s para atacar. Se não finalizar nesse tempo, perde a posse da bola.

A piscina

Medidas: é usada uma piscina de tamanho olímpico (50m x 25m), mas o campo de jogo tem 30m x 20m para homens e 25m x 20m para mulheres.
Profundidade: 2m.
Traves: localizadas nos extremos do campo, sobre a água. Medem 3m de largura por 0,9m de altura.

Linhas e cores

O campo de jogo do polo aquático é demarcado por raias que servem para distinguir áreas e marcações especificadas nas regras e também, claro, para orientar atletas, técnicos e árbitros. Elas são identificadas por cores.
Branco: linhas do gol e do meio de campo.
Vermelho: linha dos 2m. Os jogadores não podem ultrapassar essa linha se não estiverem com a bola ou se a bola não estiver nessa zona do campo.
Amarelo: linha dos 5m. Se uma falta é cometida dentro desse espaço, há uma espécie de pênalti, um tiro livre de 5m para o time que a sofreu. Se ela for cometida além desse limite, a reposição pode ser por meio de um lateral ou mesmo de uma falta direta para o gol.

As laterais do campo também são marcadas por cores.
Vermelho: da linha do gol à linha dos 2m.
Amarelo: da linha dos 2m à linha dos 5m.
Verde: entre as linhas dos 5m de cada campo.

A bola

Material: emborrachado.
Peso: entre 400g e 450g.

Circunferência: entre 68cm e 71cm para homens e entre 65cm e 67cm para mulheres.

O equipamento

Traje: sunga para homens e maiô para mulheres.
Toucas: feitas de nylon, com proteção para os ouvidos. Devem ser usadas o tempo todo (quem deixa a sua cair precisa vesti-la de volta assim que a jogada parar), pois a peça tem o número do jogador para identificação. As cores são fixas. Normalmente azul para um time e branco para o outro. Os goleiros usam touca vermelha com o número 1 ou 13.

Os árbitros

São 4. Dois de cada lado da piscina. Eles não entram na água. Precisam ter atenção: muitas faltas, como puxões, agarrões e até arranhões, são cometidas debaixo d'água.

É falta!

- Conduzir ou segurar a bola sob a água ao ser atacado por um adversário.
- Apoiar-se na trave, nas bordas ou nas raias da piscina.
- Socar a bola.
- Arremessar a bola com ambas as mãos.
- Empurrar o adversário.
- Dar impulso usando o corpo do adversário.
- Tocar na bola arremessada pelo árbitro antes que ela atinja a água.
- Segurar ou puxar o adversário sem ter a posse de bola.
- Golpear ou chutar o adversário.
- Jogar água intencionalmente no rosto do adversário.
- Praticar atos de brutalidade.
- Voltar a campo antes de terminar o tempo de exclusão ou ser substituído de maneira irregular.
- Praticar má conduta.
- Atirar a bola longe após cometer uma falta, com objetivo de impedir o andamento da partida.
- Posicionar-se na área de 2m, impedindo ilegalmente um gol.

Punições

Faltas simples são punidas dando a posse de bola ao adversário. O jogador que comete uma falta grave (afundar um adversário, interferir num tiro livre, agarrar um atacante ou fazer contato proposital com um defensor) fica 20s fora da piscina, sem poder ser substituído. Após a terceira exclusão, o jogador é eliminado e não pode mais voltar à partida.

Man up: situação do time que ataca com um homem a mais, quando um adversário está punido.

Man down: situação do time que se defende com um homem a menos por ter um jogador punido.

Secos e molhados

A bola pode ser passada de um jogador a outro de 2 formas.

Passe seco: a bola vai da mão de um jogador à de outro pelo ar, sem tocar na água.

Passe molhado: a bola desliza sobre a água no caminho entre um jogador e outro. Essa técnica também é usada nos chutes a gol, para enganar o goleiro com o toque na água.

Posições

O goleiro

Como no futebol, o goleiro do polo aquático tem a missão de evitar gols. Só que, normalmente, é acionado com maior frequência. Pelas regras do jogo, ele tem direitos especiais, mas também deve obedecer a algumas restrições.

Não pode...

> Mergulhar até o fundo da piscina.
> Arremessar depois da linha de meio de campo.
> Socar a bola.

Mas pode...

> Cruzar a linha de meio de campo.
> Usar as duas mãos para segurar a bola.
> Atirar diretamente a bola para o campo do adversário.
> Segurar a trave ou usá-la para se impulsionar.

Outras posições

Atacantes: jogadores ofensivos que atuam perto das linhas laterais, ajudam na defesa e têm a função de levar a bola ao ataque.

Centro: é o homem-gol, atacante responsável pelas finalizações.

Marcador de centro: como o nome indica, marca o centro adversário.

QUADRO DE MEDALHAS

PAÍS	OURO	PRATA	BRONZE	TOTAL
Hungria	9	3	3	15
Itália	4	2	2	8
Grã-Bretanha	4	0	0	4
Iugoslávia	3	4	1	8
EUA	2	6	5	13
União Soviética	2	2	3	7
Espanha	1	2	0	3
Alemanha	1	2	0	3
Croácia	1	1	0	2
Holanda	1	0	2	3
França	1	0	2	3
Austrália	1	0	2	3

Haja fôlego!

Por causa das paradas do cronômetro, uma partida de polo aquático pode durar cerca de 1h, embora o tempo total dos quartos seja de apenas 32min. Todo o tempo que o atleta passa na piscina exige algum tipo de esforço: ou ele está nadando ou usando a técnica chamada de perna alternada, com movimentos giratórios constantes que o permitem manter o tronco fora d'água sem se deslocar. Os estilos crawl e costas são usados nos deslocamentos, mas sempre com a cabeça para fora, para observar a jogada. Um jogador de polo aquático pode nadar até 3km durante uma partida.

Polo aquático nos Jogos Rio 2016

LOCAL DE COMPETIÇÃO
Estádio Aquático Olímpico |
Capacidade: 15.443 lugares*
** Número sujeito a alteração.*

O TORNEIO | São 12 equipes nos torneios masculino e feminino. Elas se enfrentam numa fase de grupos, com as melhores classificando-se para as quartas de final, semifinais e disputas de medalhas.

DESTAQUES | Os húngaros são os caras no polo aquático – masculino, claro. Dos 9 ouros que os levaram à liderança do quadro de medalhas, 3 foram consecutivos, entre Sidney 2000 e Pequim 2008. Mas o sonho do tetra acabou com um 5º lugar em Londres 2012. Na capital inglesa, outra potência se consolidou – no feminino.

Liderada por Meggie Stephens, a seleção norte-americana vinha de vitórias na Copa do Mundo de 2010, na Nova Zelândia, e nos Jogos Pan-americanos Guadalajara 2011 (neste último, ela marcou o gol do título, na prorrogação da final contra o Canadá). Mas jamais conquistara o ouro nos Jogos até então. O jejum acabou com mais um show de Stephens: a jogadora da Universidade Stanford terminou a competição com 21 gols, 7 deles na mesma partida – um recorde olímpico. Pela façanha, ganhou 2 prêmios de melhor atleta do ano em 2012. E continuou brilhando, ao lado da irmã Jessica, que também atua pela seleção, para conquistar mais 1 ouro, no Mundial de Kazan 2015. Nos Jogos Rio 2016, a cara do polo aquático terá apenas 23 anos – e muita fome de gol.

O BRASIL | As seleções brasileiras masculina e feminina já estão classificadas, pelo critério de país-sede. A contratação de técnicos estrangeiros trouxe a esperança de que o país possa enfim competir em condições de igualdade com as potências do esporte. Dentro da piscina, também houve importações, mas de brasileiros que fizeram carreira no exterior e até defenderam outras seleções. É o caso de Felipe Perrone, que conquistou 1 medalha de prata e 1 de bronze em Mundiais, mas pela Espanha, país onde atuou por 11 anos. Como as regras do polo aquático permitem, o carioca Felipe, que já foi eleito o melhor jogador da Liga dos Campeões, o principal torneio de clubes do planeta, voltou a vestir a touca do Brasil. Nos Jogos Rio 2016, terá 30 anos e liderará o time na busca por uma medalha em casa.

Remo

Muito antes de serem utilizados em competições, os barcos a remo surgiram como uma solução natural para antigas civilizações que precisavam se locomover sobre a água. As primeiras provas de remo de que se tem notícia foram realizadas no século XIX, entre os donos de barcos usados para transporte de passageiros no Tâmisa. Foi também no rio que corta Londres que surgiu, em 1828, a regata entre as universidades de Cambridge e Oxford, a mais antiga ainda em disputa. O esporte se popularizou e passou a ser praticado nas universidades inglesas. Em 1892, foi fundada a Fédération Internationale des Sociétés d'Aviron, a primeira federação internacional de um esporte olímpico, hoje conhecida por outro nome. O remo esteve presente em todas as edições dos Jogos, com exceção de Atenas 1896 – quando constava no programa, mas o mar agitado impediu a realização das provas. A partir de Montreal 1976, as mulheres também passaram a competir.

ÓRGÃOS DIRIGENTES

> World Rowing Federation (FISA, do antigo nome em francês Fédération Internationale des Sociétés d'Aviron)

> Confederação Brasileira de Remo (CBR)

JOGO RÁPIDO | Usando remos, os atletas, chamados de remadores, impulsionam seus barcos sobre a água. Vence quem passar primeiro com a ponta dianteira do barco pela linha de chegada.

As atletas Fabiana Beltrame e Luana Bartholo durante a prova do double skiff nos Jogos Londres 2012

DANIEL RAMALHO/AGIF/
COMITÊ OLÍMPICO DO BRASIL

As provas olímpicas

São divididas de acordo com as classes dos barcos.
Para homens e mulheres: single skiff, double skiff, double skiff peso leve, four skiff, 2 sem e 8 com.
Só para homens: 4 sem e 4 sem peso leve.

Peso leve

A expressão se refere ao peso combinado dos remadores, e não ao do barco. Esse tipo de classe foi criado para permitir a participação de atletas de porte físico menos avantajado – o remo estava virando um esporte exclusivo para grandalhões.
Para homens: o peso médio dos remadores deve ser de até 70kg, e o remador mais pesado deve ter até 72,5kg.
Para mulheres: o peso médio das remadoras deve ser de até 57kg, e a remadora mais pesada deve ter até 59kg.

Com e sem

As expressões se referem ao timoneiro, definindo sua presença ou ausência no barco. O timoneiro não rema, mas dita o ritmo das remadas com gritos, passa informações técnicas e informa sobre o que está acontecendo na regata, como a posição de outros barcos. Também é responsável por conduzir o leme. Para diminuir o peso total da tripulação, era comum escalar atletas muito leves para a função – até mesmo crianças. Mas, pelas regras atuais, eles não podem ter menos de 55kg no masculino e 50kg no feminino.

Área de competição

Deve ser montada sobre águas calmas.
Extensão: 2.000m (para provas olímpicas). É preciso haver também áreas de preparação (antes da largada) e desaquecimento (após a chegada).
Profundidade mínima: 3m.
Raias: são 6, com 13,5m de largura.
Boias: separam as raias. Devem ser brancas ou amarelas (a cada 10m) e vermelhas (a cada 250m e nos últimos 100m).
Marcadores: a cada 250m, na margem, para indicar a distância percorrida.
Pontões de largada: travam os barcos em posição alinhada até o tiro de largada.
Linha de chegada: um sistema eletrônico indica o tempo de cada barco.

Os remos

São divididos entre palamenta dupla e palamenta simples. Palamenta é um termo técnico que pode significar o conjunto de objetos de um barco ou a forma de remar.

PALAMENTA DUPLA

Dois para cada remador, distribuídos simultaneamente. Usados em todos os barcos de skiff.
Comprimento: até 2,92m.

PALAMENTA SIMPLES

Um para cada remador, distribuídos alternadamente pelos lados. Usados nos barcos com e sem timoneiro.
Comprimento: até 3,78m.

Apoios para as mãos: feitos de borracha, para dar aderência.
Colar: evita que o remo escape pela forqueta.
Bucha: suporte do colar.
Lâmina: também chamada de colher. É a parte do remo que toca a água. Pode ter diferentes formatos.

Os barcos

Feitos de material leve, como fibra de vidro e fibra de carbono, devem seguir as recomendações específicas de cada classe.
Carrinho ou bancada: o assento dos remadores. Move-se sobre trilhos, permitindo que o impulso das pernas ajude a remada.
Bola de proa ou bico de proa: bola de borracha de 4cm de diâmetro. Deve ser afixada na proa (frente) do barco, para absorver o impacto em caso de colisão.
Finca-pé: estrutura na qual os remadores firmam os pés para impulsionar o movimento, com as sapatilhas presas sobre madeira ou fibra.
Forqueta: peça móvel que segura os remos. Presa ao casco do barco por uma estrutura de alumínio chamada de braçadeira.
Leme: dá direção ao barco. Não é usado no single skiff e no double skiff. No four skiff, no 2 sem e no 4 sem, fica preso à sapatilha do finca-pé de um dos remadores. No 8 com, é movido com a mão pelo timoneiro.
Número de proa: identifica a raia de competição designada para o barco. Uso obrigatório.

> BARCOS DE PALAMENTA DUPLA

Single skiff (1x)
Peso: 14kg.
Comprimento: 8,20m.

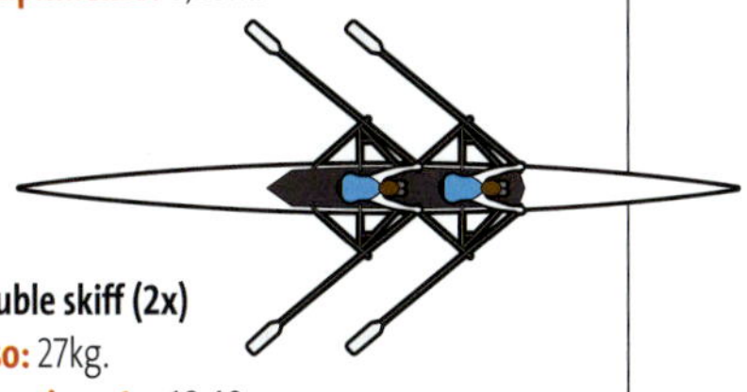

Double skiff (2x)
Peso: 27kg.
Comprimento: 10,40m.

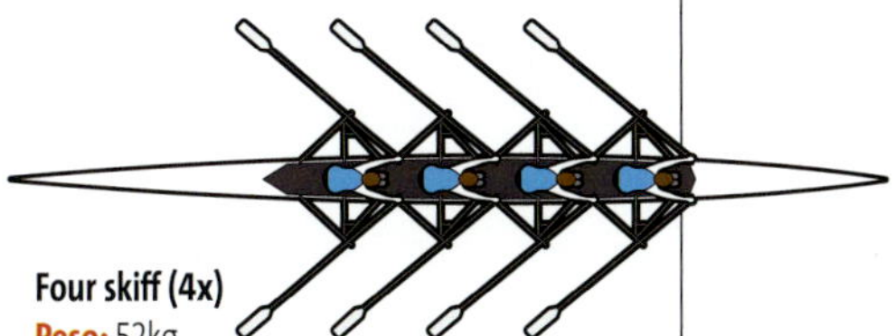

Four skiff (4x)
Peso: 52kg.
Comprimento: 13,40m.

Anderson Nocetti disputa o single skiff masculino em Londres 2012
DANIEL RAMALHO/AGIF/ COMITÊ OLÍMPICO DO BRASIL

> BARCOS DE PALAMENTA SIMPLES

2 sem (2-)
Peso: 27kg.
Comprimento: 10,40m.

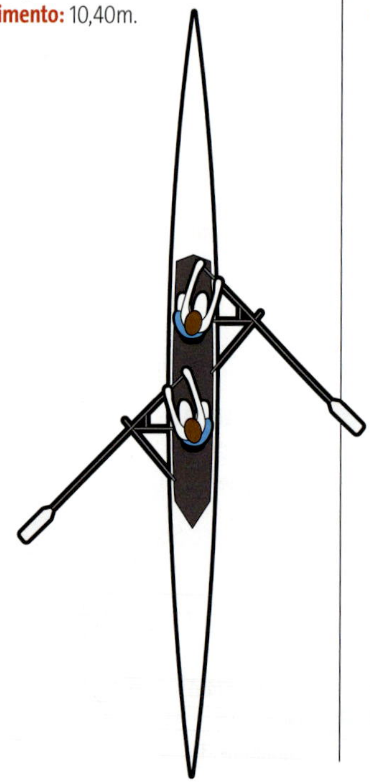

4 sem (4-)
Peso: 50kg.
Comprimento: 13,40m.

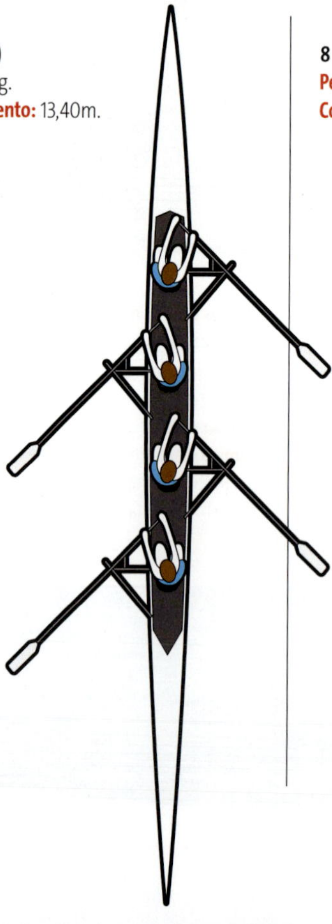

8 com (8+)
Peso: 96kg.
Comprimento: 19,90m.

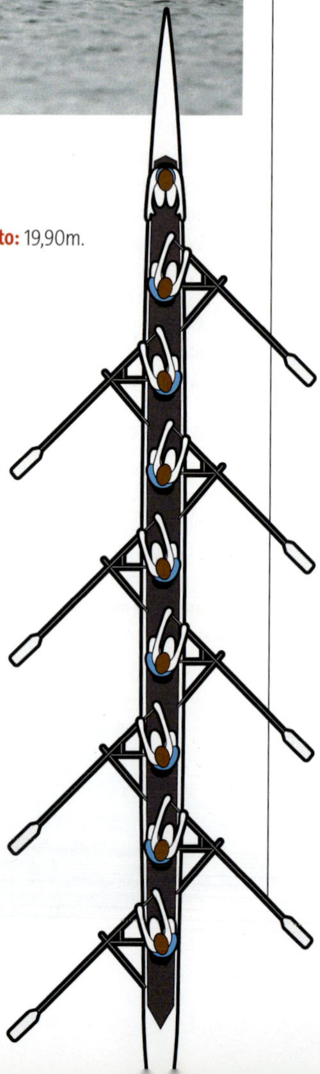

Uma questão de direção

No remo, a nomenclatura que indica a direção é contrária à da canoagem e à da vela, porque os remadores se sentam de costas para a proa do barco.

Bombordo: o lado direito do barco (em relação aos remadores).
Boreste: o lado esquerdo do barco (em relação aos remadores).
Popa: de onde o barco vem. Também conhecido como ré.
Proa: para onde o barco se desloca.

As funções dos remadores

Voga: aquele que dá ritmo ao barco, o que não tem ninguém à sua frente.
Proa: atleta mais próximo da proa do barco, responsável pelo equilíbrio.
Centro do barco: atletas que ficam entre as pontas da embarcação, apelidados de "casa de máquina" porque normalmente são os mais fortes.
Sota-voga: aquele que está imediatamente atrás do voga. Nos barcos de palamenta simples, dita o ritmo do outro bordo.
Sota-proa: aquele que está imediatamente antes do proa.

A remada

Os remadores se sentam de costas para a proa do barco. Seus movimentos devem ser coordenados, usando o impulso das pernas para ajudar os remos a empurrar a água. Em barcos com mais de 1 tripulante, a sincronia entre os movimentos de cada um é fundamental. A remada pode ser dividida em 4 etapas.

Pegada: com a coluna ereta e os joelhos dobrados, o remador estende os braços à frente. Os remos estão voltados para trás e a lâmina toca a água no ângulo desejado (não se deve afundá-la totalmente na água).
Direção: o remador estende totalmente as pernas, movendo o assento no trilho, e simultaneamente puxa os remos. É um momento de força e explosão.
Ré: com os remos totalmente estendidos à frente, o remador ergue as lâminas e as deixa paralelas à água, para diminuir a resistência do ar. As pernas ainda estão estendidas e a coluna, levemente inclinada para trás.
Recuperação: o remador prepara a remada seguinte, levando os remos para trás e fazendo o assento deslizar para a frente, voltando à posição inicial, com os remos na horizontal até o momento da próxima pegada.

Uniforme

Traje: os remadores usam malhas justas, para evitar que qualquer parte agarre no remo durante o movimento. O tecido deve absorver pouca água.
Sapatilhas: ficam presas no finca-pé, para serem usadas como apoio no movimento de deslizar o carrinho. Mas podem ser descalçadas rapidamente se o barco virar.

Arbitragem

Juízes de corrida: são 3. Acompanham a prova no primeiro andar de uma torre à margem da linha de chegada.
Cronometristas: também ficam na torre. O tempo marcado por eles é usado se o sistema eletrônico falhar.
Alinhador: verifica se os barcos estão alinhados corretamente na linha de partida.
Juiz de partida: responsável pelo tiro de partida, que dá início à regata.

Braço ou perna de remador?

A expressão popular "braço de remador", para quem tem os membros superiores muito fortes, desconsidera uma premissa básica do remo. Na verdade, 70% da força que é feita para mover o barco vem das pernas, no momento em que dão o impulso que leva o carrinho para trás. O certo, então, seria falar em "perna de remador". Mas ainda assim haveria uma imprecisão. O remo não é considerado um esporte de força, e sim de deslizamento. O principal objetivo é fazer o barco deslizar suavemente sobre a água, com o mínimo de atrito. O peso e o movimento dos remadores devem acompanhar esse deslocamento. Não é fácil!

QUADRO DE MEDALHAS

PAÍS	OURO	PRATA	BRONZE	TOTAL
EUA	34	32	26	92
Alemanha Oriental	33	7	8	48
Grã-Bretanha	29	24	13	66
Alemanha	25	17	15	57
Romênia	19	10	8	37
Itália	14	15	13	42
União Soviética	12	20	10	42
Austrália	10	13	14	37
Canadá	9	16	15	40
Nova Zelândia	9	2	10	21

Remo nos Jogos Rio 2016

O TORNEIO | As regatas de remo são eliminatórias, mas os barcos que não se classificam ganham uma segunda chance na repescagem. Os 6 melhores de cada categoria vão para a disputa de medalhas, chamada de final A. Outras regatas são disputadas para definir a classificação geral, de acordo com o número de barcos: final B (do 7º ao 12º lugar), final C (do 13º ao 18º lugar) e final D (do 19º ao 24º lugar).

DESTAQUES | Em Londres 2012, na terra de sir Steve Redgrave, ex-remador que conquistou medalhas de ouro em 5 Jogos Olímpicos consecutivos, uma dupla de neozelandeses subiu no degrau mais alto do pódio. Até Redgrave deve ter aplaudido o desempenho de Eric Murray e Hamish Bond. Eles faziam parte da equipe de 4 sem (4-) que venceu o Mundial de 2007, em Munique. No ano seguinte, formaram uma tripulação de 2 sem (2-) que colecionou ouros na competição: foram 6, entre 2009 e 2015 (mais 1 no 2 com, prova não olímpica). Mas a primeira medalha nos Jogos só veio em Londres 2012, e de maneira arrasadora, tirando 6s do recorde mundial e coroando uma invencibilidade que vinha desde 2009. Murray terá 34 anos nos Jogos Rio 2016; Bond, 30, na luta pelo bi olímpico.

LOCAL DE COMPETIÇÃO

Estádio da Lagoa | Capacidade: 10.005 lugares*

** Número sujeito a alteração.*

O BRASIL | Um dos esportes mais populares do país antes da chegada do futebol, o remo ainda não conseguiu o sucesso internacional de seu sucessor. A maior conquista foi a de Fabiana Beltrame, campeã do Mundial de 2011, em Bled, na Eslovênia. A medalha, porém, veio numa modalidade não olímpica, o single skiff peso leve. Fabiana disputou 3 edições dos Jogos Olímpicos e ganhou 2 medalhas de prata nos Jogos Pan-americanos em categorias sem limite de peso. Para os Jogos Rio 2016, tentou a vaga no single skiff, conseguiu o resultado para se classificar, mas não entrou na lista final da CBR e passou a depender de convite da FISA – mesmo caso de Steve Hiestand, que já competiu pela Suíça mas resolveu adotar a nacionalidade da mãe.

O Brasil tem direito de inscrever uma tripulação no masculino e outra no feminino. Os barcos escolhidos foram da categoria double skiff peso leve: Xavier Vela/Willian Giaretton e Vanessa Cozzi/Fernanda Nunes.

Rugby de 7

Em 1823, as regras do futebol ainda não tinham sido escritas, mas o esporte já era popular nas escolas da Inglaterra. Reza a lenda que numa delas, a Rugby School, em Warwickshire, um aluno chamado William Webb Ellis teve uma ideia diferente durante uma partida: agarrou a bola com as mãos e correu com ela em direção ao gol. Primeiro, foram seus colegas que aderiram à novidade, e nas décadas seguintes o novo estilo já tinha se espalhado pelo país. A publicação das regras do futebol, em 1863, punindo com falta o uso das mãos, deu início ao processo de separação das 2 modalidades. Oito anos depois, era fundada a Rugby Football Union, com 25 clubes. Em 1892, uma disputa em torno da profissionalização dos atletas provocou a divisão entre 2 versões, rugby league e rugby union. Foi esta última que chegou ao programa olímpico, em Paris 1900, voltando em Londres 1908 e Antuérpia 1920 e encerrando sua participação em Paris 1924. De lá para cá, o rugby ganhou outras variações e se transformou num dos esportes mais populares do planeta (a Copa do Mundo de rugby union é o terceiro evento esportivo mais visto pela TV, atrás apenas do torneio homônimo de futebol e dos Jogos Olímpicos). A modalidade que estreia nos Jogos Rio 2016 é o rugby 7 (também chamada de *seven-a-side*), criada por 2 açougueiros, Ned Haig e David Sanderson, para um evento beneficente na cidade de Melrose, na Escócia, em 1883.

Órgãos dirigentes
> World Rugby
> Confederação Brasileira de Rugby (CBRu)

Jogo rápido | Dois times tentam levar a bola, chutando-a ou carregando-a com as mãos, até o fim do campo do adversário, para marcar pontos.

O time feminino de rugby do Brasil enfrenta o dos Estados Unidos em Toronto 2015

JONNE RORIZ/EXEMPLUS/ COMITÊ OLÍMPICO DO BRASIL

Modalidade olímpica

O rugby 7 é uma variação do rugby union, com 7 jogadores por time em vez de 15. As regras básicas são as mesmas. Como há mais espaço, o esporte é adequado a jogadores com explosão muscular e rápidos.

Tempo

Os jogos têm 2 tempos de 7min, com 1min de intervalo. Nas finais, a regra muda: são 10min por tempo e 2min de intervalo. Se houver empate em partidas decisivas, tempos extras de 5min sem intervalo são disputados até que haja um vencedor.

O campo

O rugby 7 é disputado num campo com as mesmas dimensões do rugby union.
Comprimento: até 144m (100m na área de jogo e 22m em cada área de in goal – onde os pontos são marcados, após a linha do gol).
Largura: até 70m.

Posições

Cada time tem 7 jogadores e 5 reservas. São permitidas 3 substituições por partida.
Formação: primeira linha ágil e rápida (2 pilares e 1 hooker), 1 meio scrum, 1 abertura, 1 centro e 1 ponta.

Pontuação

Try: 5 pontos. Quando um jogador ultrapassa a linha do gol do adversário com a bola e a apoia no chão na área de in goal.
Conversão: 2 pontos. O time que marca um try tem direito a um chute extra, de um ponto perpendicular à linha do gol, na direção de onde ele a cruzou. No rugby 7, o limite de tempo para fazer o chute (obrigatoriamente um drop kick, ou seja, com a bola quicando no chão antes de ser chutada) é de 40s.
Penalidade: 3 pontos. Ao sofrer uma falta grave, o jogador pode optar por chutar a bola em direção aos paus da marca onde foi apontada a infração.
Drop goal: 3 pontos. Com o jogo em andamento, qualquer jogador que tiver a posse da bola pode optar por chutá-la a gol com um drop kick.
**Para que os pontos de conversão, penalidade e drop goal sejam marcados, a bola deve passar por cima da trave horizontal e entre as traves verticais.*

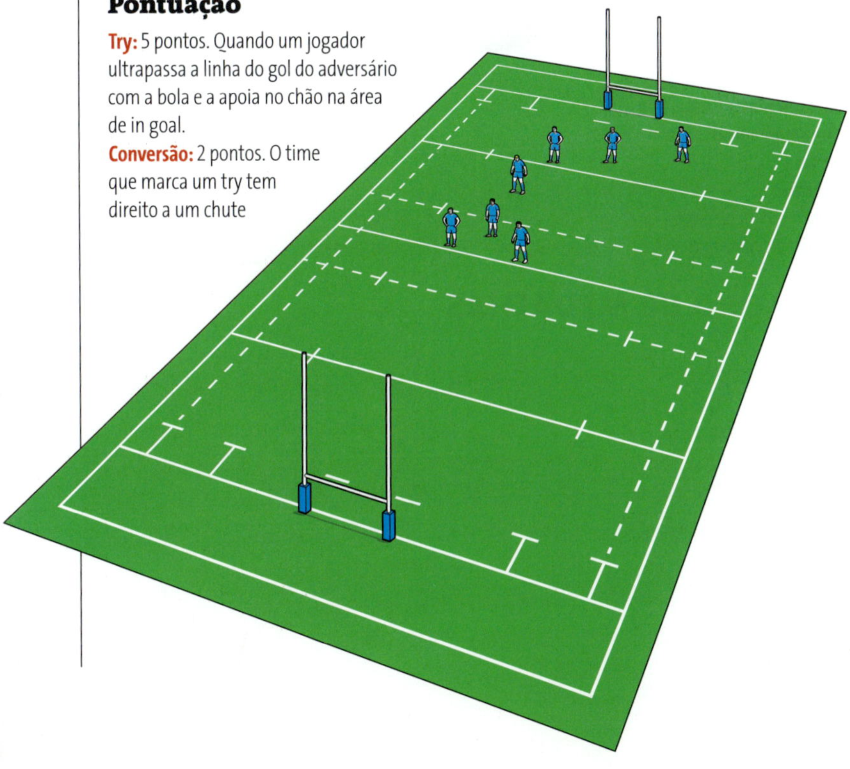

Condução da bola

Passes: devem ser feitos com a mão, sempre para um companheiro de time que esteja atrás, ou seja, mais distante da linha de gol do adversário.
Chutes: podem ser dados em qualquer direção, mas quando a bola vai para a frente, só o jogador que a chutou, os que estiverem atrás dele no momento do chute ou os que forem colocados em jogo podem pegá-la.

Cartões

Amarelo: para faltas graves. O jogador fica fora da partida por 2min.
Vermelho: para faltas gravíssimas ou 2 cartões amarelos. O jogador deve deixar a partida.
**Jogadores que recebem cartão não podem ser substituídos.*

Brasil e Argentina se enfrentam em uma disputa de rugby em Toronto 2015
JONNE RORIZ/EXEMPLUS/ COMITÊ OLÍMPICO DO BRASIL

Formações

Em disputas de bola, podem ocorrer formações ordenadas e móveis:
Scrum (formação ordenada): depois de uma falta leve (como queda da bola conduzida para a frente), os 3 jogadores da primeira linha de cada time, de braços entrelaçados, formam um círculo em torno da bola e só podem tocá-la com os pés.
Lateral (formação ordenada): quando a bola sai pela linha lateral, os times alinham seus jogadores (no rugby 7, normalmente 3) para a disputa da bola, que deve ser lançada no meio. Nessa jogada há o elevador – 2 jogadores erguem o terceiro no ar e ele salta pela bola.
Ruck (formação móvel): quando há 1 ou mais jogadores de cada time em disputa pela bola no chão. Não é permitido usar as mãos.
Maul (formação móvel): quando há ao menos 2 jogadores de ataque (1 deles portando a bola) e 1 de defesa, todos de pé.

Impedimento

É definido pela linha da bola. Quem estiver à frente dela estará impedido e não poderá recebê-la.

Frase famosa

"O rugby é um esporte de brutos praticado por cavalheiros; o futebol é um esporte de cavalheiros praticado por brutos; o futebol americano é um esporte de brutos praticado por brutos." Atribuída a Oscar Wilde, a frase mais famosa sobre o rugby na verdade é de Henry Blaha, um jornalista norte-americano que era praticante do esporte.

O 3º tempo

Uma tradição do rugby é a reunião dos 2 times, dirigentes e árbitros após a partida, para beber e comer numa grande confraternização. Esse encontro não é previsto nas regras e ganhou o nome informal de 3º tempo.

Arbitragem

Um árbitro de campo comanda a partida e 2 assistentes atuam nas linhas laterais. Nas grandes competições, há 1 árbitro de TV, que pode assistir aos lances e usar as imagens para ajudar a tirar dúvidas relativas a try e jogo sujo.

No rugby 7, só o capitão de cada time tem o direito de falar com os árbitros.

Equipamento

Protetores: os jogadores de rugby 7 não usam uniformes que parecem armaduras, como os do futebol americano. Mas podem usar protetores de ombros, abdômen, peitoral, costas e bíceps, desde que fiquem por baixo da camiseta.
Chuteiras: têm travas altas. Alguns jogadores preferem as de futebol, principalmente em campos secos.
Boqueira: proteção para os dentes. A mais usada cobre apenas os de cima, para não atrapalhar a fala.
Scrum cap: capacete com partes macias para proteger a cabeça e as orelhas. Não é de uso obrigatório.
Uniforme: antes era de algodão, evoluiu para tecidos sintéticos, colados ao corpo e difíceis de agarrar.

A seleção masculina de rugby enfrenta a seleção argentina em Toronto 2015

JONNE RORIZ/EXEMPLUS/ COMITÊ OLÍMPICO DO BRASIL

Bola

Formato oval. Antes feita de couro, evoluiu para material sintético.
Comprimento: 28cm a 30cm.
Circunferência total: 74cm a 77cm.
Área transversal: 58cm a 62cm.
Peso: 410g a 460g.
Pressão: 65,71kPa a 68,75kPa*.
**kPa é a sigla de quilopascal, uma unidade de pressão.*

QUADRO DE MEDALHAS

PAÍS	OURO	PRATA	BRONZE	TOTAL
EUA	2	0	0	2
França	1	2	0	3
Australásia	1	0	0	1
Grã-Bretanha	0	2	0	2
Romênia	0	0	1	1

Rugby 7 nos Jogos Rio 2016

LOCAL DE COMPETIÇÃO
Estádio de Deodoro | Capacidade: 15.584 lugares*
** Número sujeito a alteração.*

O TORNEIO | O rugby sevens será disputado nas modalidades masculina e feminina. Cada uma terá 12 seleções, divididas em 3 grupos de 4 (com todos os jogos disputados num só dia!). As 8 melhores passam para as quartas de final, e a partir daí os jogos são eliminatórios até a disputa de medalhas.

DESTAQUES | Os favoritos vêm de longe. No masculino, Nova Zelândia (atual campeã) e Ilhas Fiji têm 2 títulos cada, das 6 edições disputadas até hoje da Copa do Mundo de rugby sevens. País de Gales e Inglaterra foram os outros campeões, mas só uma delas poderá vir ao Rio representando a Grã-Bretanha (que, diferentemente do que acontece no futebol, não pode convocar jogadores dos 4 países que compõem o Reino Unido). No feminino, apenas 2 edições da Copa do Mundo foram disputadas, com Austrália e Nova Zelândia conquistando os títulos.

Os 2 arquipélagos da Oceania dividem também os destaques individuais: depois de 2 neozelandeses nos anos anteriores, o fijiano Samisoni Viriviri foi eleito o melhor jogador do mundo em 2014. Neto de um jogador de rugby union que participou de uma vitória histórica sobre os British and Irish Lions (combinado de jogadores do Reino Unido e da Irlanda), Viriviri joga na França.

O BRASIL | As seleções brasileiras de rugby sevens, masculina e feminina, mantendo uma tradição do esporte, são conhecidas por um apelido: Tupis. Ambas estão classificadas para os Jogos Rio 2016, por decisão da World Rugby, embora não houvesse critério de país-sede. Nos Jogos Pan-americanos Toronto 2015, os homens terminaram em 4º lugar e as mulheres conquistaram um inédito bronze. Convidada por uma amiga a experimentar o esporte depois de uma partida de basquete, Julia Sardá é a capitã da equipe feminina desde 2010.

Ingrid de Oliveira e Giovanna Pedroso em treino em Toronto 2015.
JONNE RORIZ/EXEMPLUS/ COMITÊ OLÍMPICO DO BRASIL

Saltos ornamentais

Apesar de a história dos saltos ornamentais aparentemente remeter à Antiguidade, foi apenas na segunda metade do século XIX que eles começaram a ser vistos realmente como esporte. Por volta de 1870, regras e manuais foram elaborados, e a 1ª competição, documentada. Hoje em dia, as provas apresentam uma mistura perfeita de beleza, técnica e precisão. Os saltos ornamentais entraram no programa olímpico em Saint Louis 1904 e não saíram mais. A partir de Estocolmo 1912 as mulheres também passaram a participar.

Órgãos dirigentes

> Fédération Internationale de Natation (FINA)

> Confederação Brasileira de Desportos Aquáticos (CBDA)

Jogo rápido | Os atletas, chamados de saltadores, executam acrobacias durante mergulhos numa piscina e são avaliados por árbitros – quem tiver a melhor soma de notas é o vencedor.

As provas

Nos Jogos Olímpicos, são 4, todas disputadas por homens (6 saltos por prova) e mulheres (5 saltos por prova). As medidas indicam a distância vertical entre o ponto de salto e a piscina.

> Trampolim 3m individual
> Plataforma 10m individual
> Trampolim 3m sincronizado
> Plataforma 10m sincronizado

Tipos de salto

Para executar os saltos, os atletas partem daquela que tecnicamente é conhecida como posição inicial. É ela que indica que tipo de salto será apresentado.

Saltos de frente: posição inicial de frente para a piscina. Os saltos se projetam para a frente.

Saltos de costas: posição inicial de costas para a piscina. Os saltos se projetam para trás.

Saltos em pontapé: posição inicial de frente para a piscina. Os saltos se projetam para a frente e para trás (como se fossem chutar a Lua, daí serem chamados também de pontapé à Lua).

Saltos em revirado: posição inicial de costas para a piscina. Os saltos se projetam para dentro.

Saltos em parafuso: posição inicial de frente ou de costas para a piscina. A direção é de livre escolha, o que importa é que haja a execução do parafuso (giro).

Saltos em equilíbrio (só para plataforma): posição inicial de frente ou de costas para a piscina. O corpo se apoia sobre os braços, com as mãos tocando a beira da plataforma.

Posições de saltos

Uma vez no ar, a posição do corpo do saltador define como serão executados os giros e as piruetas.

Posição esticada: também chamada de estendida. Cintura, joelhos ou braços não podem estar flexionados.

Posição carpada: o quadril deve estar flexionado e as pernas e os pés, bem estendidos.

Posição grupada: o corpo inteiro permanece flexionado, as mãos devem ser colocadas na parte medial das pernas, com joelhos e ponta dos pés juntos, próximos ao tronco. A sensação que se tem é de que o atleta fica como uma bola.

Critérios de avaliação

Apresentação: chegada do saltador à entrada do trampolim ou da plataforma.

Aproximação: as passadas do saltador em direção ao trampolim ou à plataforma. No caso de saltos que começam com apoio de braços, são avaliados postura e equilíbrio.

Saída: o saltador deve projetar o corpo para cima com força, ganhando mais tempo e espaço para a execução do salto.

Execução: a silhueta do saltador durante o movimento deve ser modelada. A correta execução de giros e piruetas também é avaliada.

Entrada na água: mãos e braços devem estar alinhados acima da cabeça e entrar na piscina primeiro; no caso dos saltos em pé, os dedos dos pés devem "furar" a água. O saltador precisa manter o corpo ereto e espalhar o mínimo possível de água com o impacto na piscina.

* Nas provas sincronizadas, além do desempenho de cada saltador, a simultaneidade de seus movimentos conta pontos. Eles devem começar os saltos, fazer giros e piruetas e tocar a água ao mesmo tempo.

A pontuação

Notas de 0 a 10 são atribuídas a cada salto por 7 juízes nas provas individuais e 11 nas provas sincronizadas. A nota mais alta e a mais baixa são descartadas, e as restantes são somadas e multiplicadas pelo grau de dificuldade do salto. A soma das notas de todos os saltos define o vencedor.

Salto muito bom: 8,5 a 10 pontos.
Salto bom: 6,5 a 8 pontos.
Salto satisfatório: 5 a 6 pontos.
Salto deficiente: 2,5 a 4,5 pontos.
Salto insatisfatório: 0,5 a 2 pontos.
Salto falho: 0 ponto.

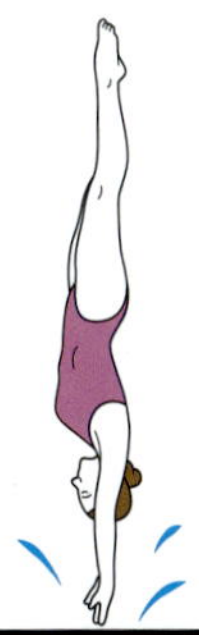

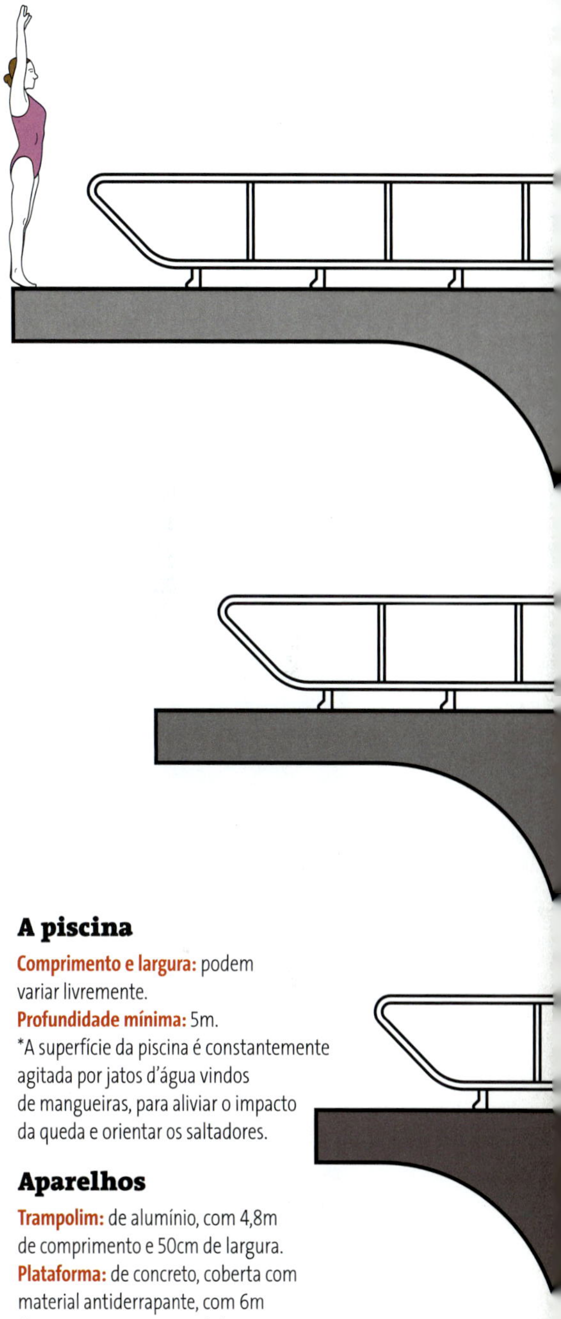

A piscina

Comprimento e largura: podem variar livremente.

Profundidade mínima: 5m.

*A superfície da piscina é constantemente agitada por jatos d'água vindos de mangueiras, para aliviar o impacto da queda e orientar os saltadores.

Aparelhos

Trampolim: de alumínio, com 4,8m de comprimento e 50cm de largura.

Plataforma: de concreto, coberta com material antiderrapante, com 6m de comprimento e 2,6m de largura.

Uniforme

Homens: sunga.

Mulheres: maiô.

Óculos, touca e protetores de nariz e ouvido não costumam ser usados. Alguns atletas usam protetores no punho.

*Os saltadores usam uma toalha de alta absorção para se secar após cada salto.

Hugo Parisi, durante competição de saltos ornamentais em Londres 2012
WASHINGTON ALVES/AGIF/ COMITÊ OLÍMPICO DO BRASIL

QUADRO DE MEDALHAS

PAÍS	OURO	PRATA	BRONZE	TOTAL
EUA	49	42	44	135
China	33	17	9	59
Suécia	6	8	7	21
Alemanha	5	9	10	24
Rússia	4	8	6	18
União Soviética	4	4	6	14
Itália	3	4	2	9
Austrália	3	3	6	12
Alemanha Oriental	2	2	3	7
México	1	6	6	13

Pioneirismo distante

A prova que marcou a estreia dos saltos ornamentais no programa dos Jogos não existe mais. Em Saint Louis 1904, no mesmo tanque que fazia as vezes de piscina olímpica, foi disputado apenas o mergulho em distância. A regra era bem simples: quem conseguisse chegar mais longe, saltando da plataforma e nadando sob a água, seria o vencedor. A honra coube ao norte-americano William Dickey, que atingiu 19,05m.

Outras medidas

Provas não olímpicas são disputadas no trampolim de 1m e no trampolim de 7,5m. A plataforma de 5m costuma ser usada apenas em competições de atletas de base, mas é importante para o treinamento dos atletas de alto rendimento.

Saltos ornamentais nos Jogos Rio 2016

LOCAL DE COMPETIÇÃO

Parque Aquático Maria Lenk | Capacidade: 6.356 lugares*

** Número sujeito a alteração.*

O TORNEIO | Oito duplas disputam as provas sincronizadas em etapa única, com as de maior pontuação recebendo as medalhas após uma só rodada de saltos. As provas individuais têm 24 competidores e são divididas em preliminares, semifinais e finais, reduzindo a cada etapa o número de concorrentes.

DESTAQUES | Das últimas 24 medalhas de ouro distribuídas em competições olímpicas de saltos ornamentais, 19 foram parar no peito de atletas chineses – 6 delas em Londres 2012. A China caminha a saltos largos para tomar dos Estados Unidos o 1º lugar no quadro de medalhas desse esporte, mas a maior estrela da atualidade vem da Grã-Bretanha. Tom Daley começou a chamar a atenção em 2008, quando disputou sua primeira edição dos Jogos, com apenas 14 anos. Quatro anos depois, competindo em casa, ganhou a medalha de bronze na plataforma de 10m, sua especialidade. No ano seguinte, publicou um vídeo no YouTube assumindo um relacionamento amoroso com um homem, o diretor e produtor norte-americano Dustin Lance Black – uma atitude que o tornou, além de um atleta admirado, uma referência do orgulho gay em seu país. Daley terá 22 anos nos Jogos Rio 2016 e já garantiu vaga em sua prova preferida.

O BRASIL | O país-sede tem vagas asseguradas nas 4 provas sincronizadas. Vagas individuais são conquistadas em competições internacionais, a última delas foi a Copa do Mundo de 2016. Juliana Veloso, a maior saltadora brasileira de todos os tempos, já garantiu seu lugar. Juliana disputou 4 edições seguidas dos Jogos, de Sidney 2000 a Londres 2012. Aos 35 anos, essa carioca, atleta do Fluminense, vai se tornar a saltadora brasileira recordista em participações olímpicas – naquela que deve ser sua última. Para isso, divide a rotina de treinamentos com os cuidados dos filhos Pedro e Tiago, que costumam acompanhá-la às piscinas.

Taekwondo

As origens do taekwondo têm mais de 3 mil anos. Artes marciais coreanas foram se unindo ao longo dos séculos até formarem um único esporte. Isso só aconteceria na segunda metade do século XX, após o fim do domínio japonês na Coreia. A partir de 1973, quando foi fundada a Federação Mundial de Taekwondo (WTF), a prática se desenvolveu rapidamente em todo o mundo. Chegou aos Jogos na terra de seus criadores, em Seul 1988, ainda como esporte de exibição. Em Sidney 2000, entrou de vez no programa olímpico.

Órgãos dirigentes

> World Taekwondo Federation (WTF)

> Confederação Brasileira de Taekwondo (CBTKD)

Jogo rápido | 2 lutadores se enfrentam, golpeando o adversário apenas com mãos e pés. A forma mais eficiente de pontuar são os contra-ataques.

Em Londres 2012, o brasileiro Diogo Silva, de azul, enfrenta o iraniano Mohammad Motamed

VALTERCI SANTOS/AGIF/ COMITÊ OLÍMPICO DO BRASIL

As categorias olímpicas

PARA HOMENS

> Até 58kg
> Até 68kg
> Até 80kg
> +80kg

PARA MULHERES

> Até 49kg
> Até 57kg
> Até 67kg
> +67kg

As lutas

Duração: 3 rounds de 2min.
É declarado vencedor o lutador que...

> Tiver mais pontos ao fim do tempo. Se houver empate, a decisão vai para o golden point: quem marcar o primeiro ponto num round extra vence a luta. Persistindo a igualdade, um sistema eletrônico aponta o vencedor – o lutador que tenha tocado mais vezes no protetor do adversário, mesmo sem marcar pontos.
> Nocautear o adversário.
> Abrir diferença de 12 pontos para o adversário no fim do 2º round ou no meio do 3º.
> Tiver o adversário punido com a perda de 5 pontos num mesmo combate e, em consequência, desclassificado pelo árbitro.

Pontuação

Golpes na região do tronco: 1 ponto.
Ataques com chute giratório no tronco: 1 ponto mais 2 pontos adicionais.
Golpes na cabeça ou no rosto: 3 pontos.
Ataques com chute giratório no rosto: 3 pontos mais 1 ponto adicional.

Equipamento

Dobok: vestimenta tradicional dos atletas.
Hogu: protetor de tórax, usado por cima do dobok, com um sistema eletrônico embutido para marcação de pontos. Tem uma área colorida (vermelha para um lutador e azul para o outro) que indica onde os golpes devem ser desferidos.
Faixa: presa à cintura, indica o grau de qualificação do atleta, de acordo com a cor.
Capacete: deve proteger o rosto, pois golpes com os pés nessa área são permitidos. Também tem um sistema eletrônico embutido para marcação de pontos.
Protetores de antebraço: estofados com espuma.
Protetor genital (para homens e mulheres): também de espuma, revestida de plástico e presa à cintura por uma faixa elástica.
Protetor bucal: para evitar que os dentes se quebrem; deve ser transparente.

Infrações

Kyong-go: advertência. Para o lutador que segurar, agarrar, empurrar, cair propositalmente, evitar o combate, sair da área de luta ou atacar o adversário abaixo da linha da cintura. Se o lutador é punido com 2 kyong-go, dá 1 ponto para o adversário.
Gam-jeom: punição. Dá 1 ponto para o adversário o lutador que atacar o adversário caído, socar o rosto, atacar depois de o árbitro interromper a luta, fingir uma contusão, cometer ato antidesportivo ou desobedecer as regras da competição.

Área de competição

Octógono de 8m de lado, localizado no interior de um quadrado de 12m de lado. O piso é de borracha.

Arbitragem

Árbitro central: acompanha os lutadores de dentro da área de luta.
Juízes: são 3, ao redor da área de luta. Definem a pontuação dos socos, dos chutes na cabeça fora da área coberta pelo capacete, dos pontos adicionais e das punições.

Diogo Silva, de azul, em Londres 2012
VALTERCI SANTOS/AGIF/
COMITÊ OLÍMPICO DO BRASIL

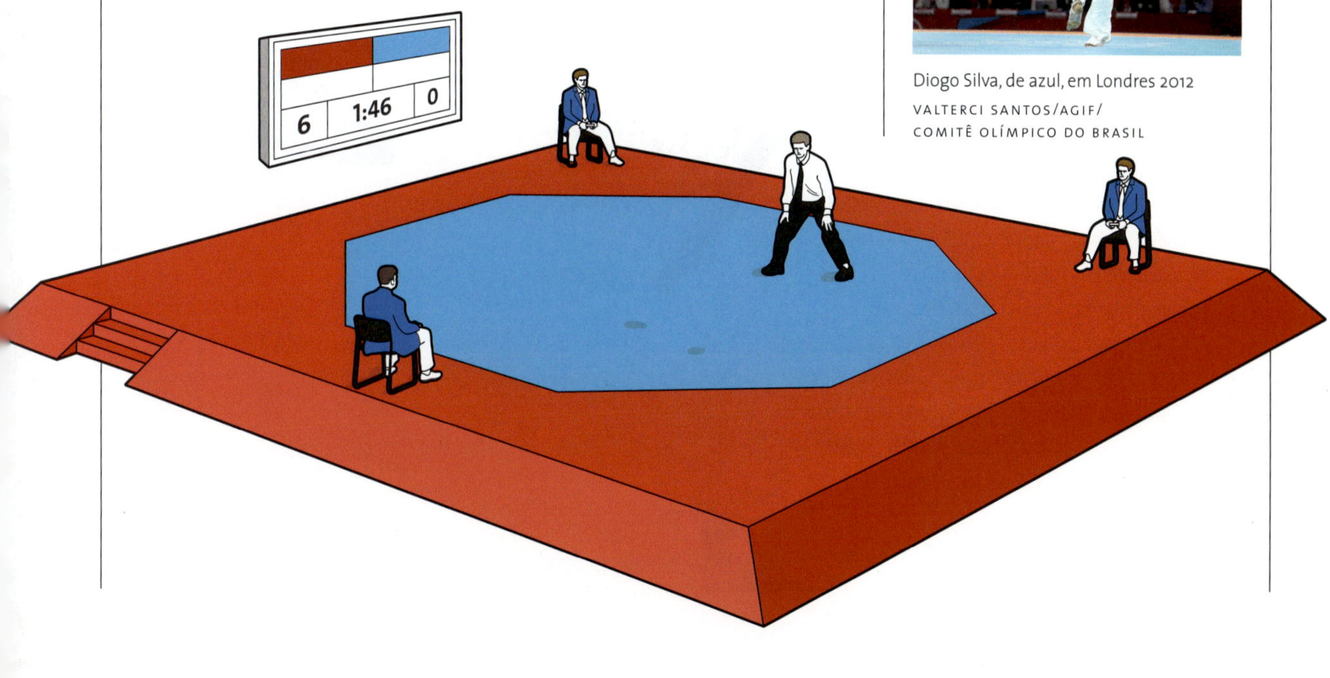

Tradução literal

Tae: saltar, pular, esmagar com os pés.
Kwon: bater ou destruir com as mãos.
Do: o caminho, a arte, a filosofia.
A pronúncia correta é *tê-quon-dô* (a sílaba tônica é a última).

Em bom coreano

Muitas expressões do taekwondo ainda são usadas na língua dos criadores desse esporte.
Ap tchuk: ponta do pé.
Bal kisul: técnica na qual o atleta usa pernas e pés para lutar.
Chio: ordem dada pelo árbitro, que significa descanso.
Deuk-jeom: ponto marcado.
Jumbi: ordem do árbitro para que os lutadores estejam preparados para lutar.
Kalhó: palavra proferida pelo árbitro quando o combate é paralisado.
Koman: fim de combate.
Keshi: comando para atendimento médico.
Kyeong-rye: comando do árbitro para que os lutadores se cumprimentem.
Maki: defesa.
Shigan: suspensão do combate.
Shijak: começo de combate.
Tchuirigui: soco.
Tchagui: chute.
Ti: faixa usada pelos atletas.
Tigui: ataque.
Tolho-tchagui: chute no rosto.
Tora-tolho-tchagui: chute com giro no rosto.

QUADRO DE MEDALHAS

PAÍS	OURO	PRATA	BRONZE	TOTAL
Coreia do Sul	10	2	2	14
China	5	1	2	8
EUA	2	2	4	8
Taiwan	2	1	5	8
México	2	1	3	6
Irã	2	1	2	5
Turquia	1	3	2	6
Espanha	1	3	0	4
Grécia	1	3	0	4
Cuba	1	2	2	5

A brasileira Raphaella Galacho, de vermelho, enfrenta a canadense Nathalie Iliesco em Toronto 2015
JONNE RORIZ/EXEMPLUS/ COMITÊ OLÍMPICO DO BRASIL

Eu prometo

Os maiores princípios do taekwondo são o autocontrole, a força de vontade e o espírito de sacrifício. Os alunos dessa arte marcial evocam um juramento no começo de cada aula: "Eu prometo: observar as regras do taekwondo; respeitar meus instrutores e superiores; nunca fazer mau uso do taekwondo; ser campeão da liberdade e da justiça; construir um mundo mais pacífico."

Taekwondo nos Jogos Rio 2016

LOCAL DE COMPETIÇÃO
Arena Carioca 3 | Capacidade: 9.149 lugares*
** Número sujeito a alteração.*

O TORNEIO | As lutas são eliminatórias, mas os atletas que perdem a primeira têm o direito a uma nova chance na repescagem. Os vencedores avançam até a disputa do ouro. Perdedores das semifinais enfrentam os classificados da repescagem na disputa do bronze.

DESTAQUES | Jade Jones pôs a Grã-Bretanha no mapa do taekwondo. Nascida no País de Gales, a atleta da categoria até 57kg foi selecionada para competir pela equipe da casa em Londres 2012, depois de ter conquistado a medalha de prata no Mundial de Gyeongju 2011, quando perdeu a final para a chinesa Hou Yuzhuo no round extra. Mas, diante de sua torcida, não perdeu a chance: contra a mesma adversária, venceu a final no tempo normal. Jones chegará aos Jogos Rio 2016 com 23 anos e mordida, depois de ser eliminada nas quartas de final do Mundial de 2015, na Rússia, numa luta polêmica, com direito a apagão do sistema eletrônico de marcação de pontos.

O BRASIL | Venilton Teixeira lutou muito para ser o segundo atleta nascido no Amapá a representar o Brasil numa edição dos Jogos Olímpicos – depois do nadador Jader Souza, em Atenas 2004. E quer ser também o primeiro a conquistar uma medalha. No Mundial de 2015, na Rússia, ele foi o único brasileiro a subir ao pódio, conquistando o bronze na categoria até 54kg. Não conseguiu repetir a dose nos Jogos Pan-americanos Toronto 2015. Chegará aos Jogos Rio 2016 com 20 anos, 5 depois de conhecer o esporte num projeto chamado "Nascidos para vencer, desistir jamais", em Macapá. Inspirador, não?

Pelo critério de país-sede, o Brasil tem direito a inscrever 2 homens e 2 mulheres.

Tênis

O tênis, na forma como é conhecido hoje, surgiu como uma evolução natural de vários jogos antigos praticados com bola, rede e, posteriormente, raquete. O primeiro livro de regras, datado de 1873, foi lançado pelo major inglês Walter Wingfield, apontado por alguns como o criador do esporte. Wingfield deu à novidade o nome de *sphairistike*, um termo grego usado para um jogo da Antiguidade. Logo surgiram os primeiros torneios na Inglaterra e na França e, em pouco tempo, o esporte tinha se espalhado pela Europa. Hoje praticado em todos os continentes, movimenta bilhões de dólares ao ano, com seus grandes campeões ganhando prêmios milionários a cada torneio. O tênis esteve presente na primeira edição dos Jogos da Era Moderna, em Atenas 1896, e continuou no programa olímpico até Paris 1924. Depois de uma longa ausência e de figurar como esporte de demonstração em Cidade do México 1968 e Los Angeles 1984, voltou de vez em Seul 1988.

ÓRGÃOS DIRIGENTES

> International Tennis Federation (ITF)

> Confederação Brasileira de Tênis (CBT)

JOGO RÁPIDO | Usando raquetes, os jogadores, chamados de tenistas, têm como objetivo fazer uma bola passar sobre uma rede, quicando na quadra oposta e saindo do alcance dos adversários.

As modalidades olímpicas

> Simples (masculino e feminino).

> Duplas (masculino, feminino e mistas).

Partida de tênis feminino em Wimbledon, em Londres 2012

WASHINGTON ALVES/AGIF/ COMITÊ OLÍMPICO DO BRASIL

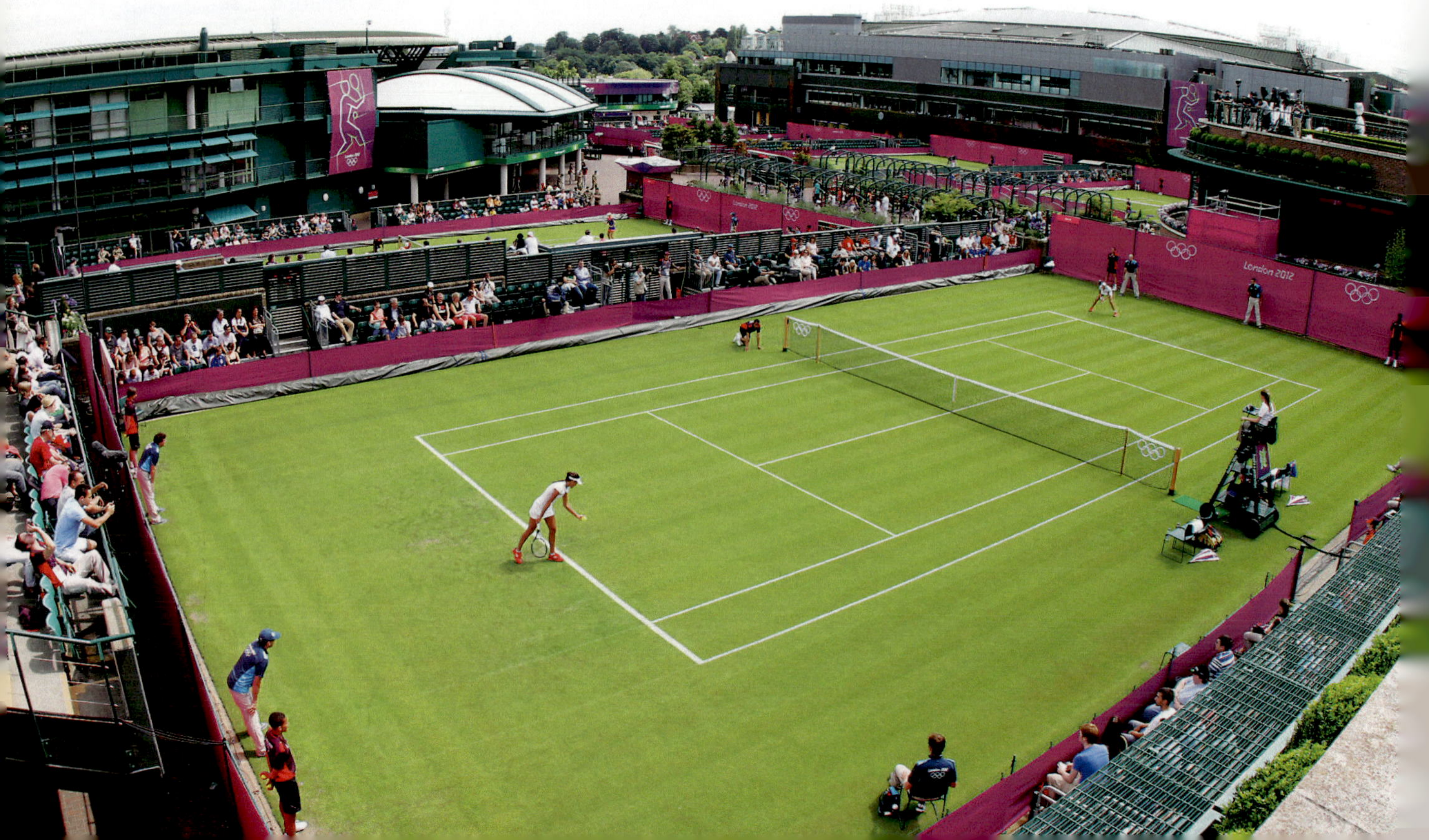

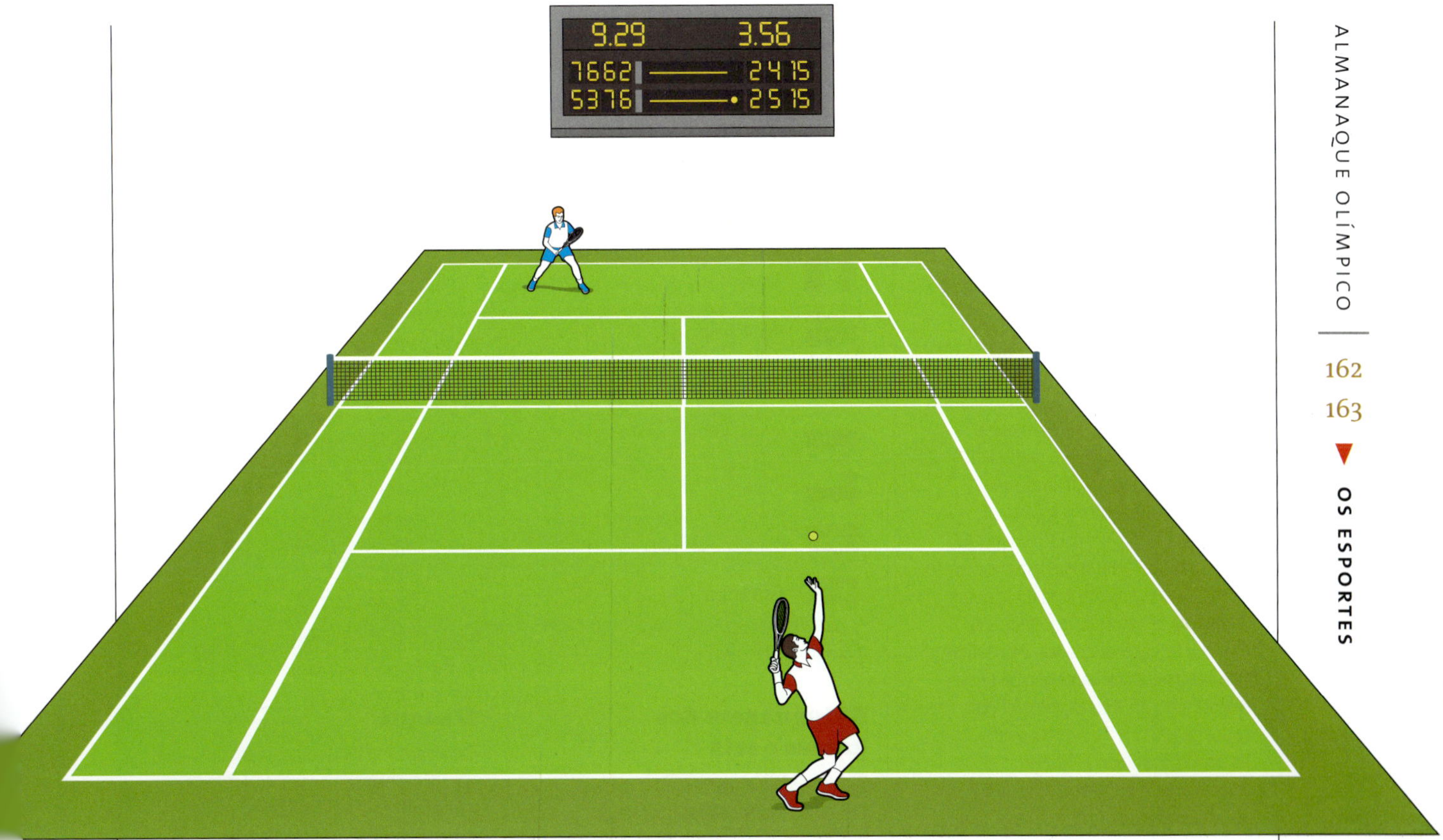

A quadra

Os jogos de tênis podem ser disputados em quadras com piso de saibro, grama, cimento ou sintético (este último foi o escolhido para os Jogos Rio 2016). A mesma quadra é usada para simples e duplas.

Comprimento (para simples e duplas): 23,77m.

Larguras: 8,23m (simples) e 10,97m (duplas).

Rede: tem 1,07m de altura nos cantos e 0,914m no centro.

A bola

Cada sacador recebe 6 bolas. Após o 7º game – e a cada 9 games a partir de então –, elas são trocadas por bolas novas.

Aparência: deve ter uma superfície externa uniforme e ser branca ou amarela.

Material: borracha, coberta de pelinhos de feltro.

Diâmetro: entre 6,54cm e 7,30cm.

Peso: entre 56g e 59,49g.

A raquete

Atualmente, as raquetes são feitas de fibra de carbono, mais leves e resistentes, e têm seu encordoamento feito com nylon, kevlar, poliéster ou tripa (de vaca ou carneiro).

Comprimento: entre 27 (68,58cm) e 29 polegadas (73,66cm).

Largura: até 12,5 polegadas (31,75cm).

Peso médio: 300g.

Uniforme

Traje: homens usam short e camiseta; mulheres usam saias. Durante muito tempo, o branco foi obrigatório. Hoje, qualquer combinação de cores é permitida.

Calçados: variam com o tipo de piso. No saibro, devem permitir que o tenista deslize; nas quadras rápidas, precisam ter boa aderência para evitar torções de tornozelo.

Acessórios: munhequeiras são muito usadas, pois evitam que o suor chegue às mãos e prejudique a aderência à raquete. Bonés e viseiras podem ser usados para evitar que o sol atrapalhe a visão.

Arbitragem

Árbitro: é a principal autoridade. Sentado numa cadeira elevada, de um dos lados da rede, informa jogadores e público sobre a pontuação e aplica medidas disciplinares, se necessário.

Juiz de rede: sentado numa cadeira mais baixa, oposta à do árbitro, verifica se a bola bate na rede após o saque.

Juízes de linha: são 10, espalhados pelas linhas laterais e de fundo. Avisam ao árbitro quando a bola quica fora da quadra, para que um ponto seja marcado.

Juiz de falta de pé: são 2, um em cada lado da quadra. Informam ao árbitro se o sacador pisou na linha no momento do serviço, o que é proibido.

Boleiros: não são árbitros, mas têm participação fundamental na partida. Posicionados estrategicamente à beira da quadra, correm para recolher a bola após cada ponto e manter os tenistas municiados com bolas para os saques e com toalhas para se enxugarem nas paradas.

Contagem de pontos

As partidas de tênis são divididas em 2 unidades: games e sets. É declarado vencedor o tenista que primeiro conquistar 2 sets, quando o sistema usado é o de melhor de 3; ou 3, quando o sistema é melhor de 5. Veja como é a contagem, ponto a ponto.

Pontuação no game: na tradição do tênis, os pontos não são contados um por um. No primeiro, o placar marca 15; no segundo, 30; no terceiro, 40; no quarto, o tenista vence – ou, no jargão do esporte, fecha – o game. Mas só se tiver 2 pontos a mais do que o adversário.

Deuce: expressão usada quando os tenistas estão "iguais em 40", ou seja, o placar mostra 40 a 40 no game. A partir daí, é preciso continuar jogando até que um deles faça 2 pontos seguidos.

Vantagem: o primeiro ponto conquistado após o deuce. O tenista que tem a vantagem fecha o game se marcar o ponto seguinte.

Pontuação no set: para vencer um set, é preciso fechar 6 games. Mas aqui também vale a regra dos 2 de vantagem. Se houver empate em 5 a 5, a contagem continua; se um tenista fizer 7 a 5, vence o set.

Tie break: disputado se houver empate em 6 a 6. Os tenistas sacam alternadamente e os pontos são contados um por um. O primeiro a marcar 7 pontos ganha o set. Mas – adivinhe! – é preciso ter 2 pontos de vantagem para fechar um tie break. Os pontos continuam sendo jogados indefinidamente até que haja um vencedor.

Super tie break: instituído em 2001, substitui o 3º set em partidas de duplas. Esse set decisivo é jogado da mesma forma que o tie break tradicional, com exceção da contagem, que vai até 10 pontos.

QUADRO DE MEDALHAS

PAÍS	OURO	PRATA	BRONZE	TOTAL
EUA	23	6	10	39
Grã-Bretanha	16	15	13	44
França	5	7	9	21
África do Sul	3	2	1	6
Alemanha	2	5	2	9
Rússia	2	3	2	7
Chile	2	1	1	4
Suíça	2	1	0	3
Espanha	1	7	3	11
Grécia	1	5	3	9

A linguagem dos games e sets

Break: literalmente, quer dizer quebra. Expressão usada quando um tenista consegue vencer o game em que o saque é do adversário.

Break point: ponto que pode definir a quebra de um serviço.

Game point: ponto que pode encerrar um game.

Love: significa o 0 da contagem. Deriva da expressão francesa *l'oeuf* (ovo), pronunciada assim pelos ingleses.

Match point: ponto que pode definir a partida.

Set point: ponto que pode ser o último do set.

O saque

Cada ponto no tênis começa com um saque – também chamado de serviço. Em cada game, um tenista é o sacador. O saque é executado atrás da linha de fundo, de um dos lados da quadra – começando pelo direito e alternando a cada ponto. O jogador deve erguer a bola com uma das mãos e golpeá-la apenas uma vez com a raquete, fazendo-a passar sobre a rede e quicar na área de saque oposta. Se errar o saque, ele ganha outra chance. Se acertar, a bola está em jogo, e deve ser devolvida com apenas um toque da raquete até a definição do ponto. Para receber o saque, o oponente deve esperar a bola quicar em seu lado da quadra; depois, é permitido golpeá-la antes do quique.

A linguagem dos saques

Ace: ponto ganho diretamente com um saque em que o adversário nem consegue tocar na bola.

Dupla falta: ocorre quando o sacador erra os 2 saques a que tem direito e perde o ponto.

Let: quando a bola sacada toca na fita da rede e cai na área de saque do adversário, o árbitro ordena que o serviço seja repetido. Essa repetição não afeta o limite de 2 saques para perda do ponto.

O desafio eletrônico

Uma das grandes novidades do tênis moderno foi a adoção, nos principais torneios, de um sistema eletrônico que mapeia a quadra e é capaz de informar com precisão se a bola tocou dentro ou fora da linha. Cada jogador tem o direito de desafiar a decisão da arbitragem. A imagem computadorizada é mostrada num telão. Se a marcação do árbitro estiver errada, ele deve inverter o ponto. Se um jogador fizer um questionamento errado pela terceira vez num set, perde o direito de usar o recurso. No tie break, cada jogador ganha o direito a mais um desafio.

Rodízio das duplas

Nos jogos de duplas, o serviço é alternado entre elas – e, dentro de cada dupla, entre seus tenistas. O que não estiver sacando deve se posicionar do outro lado da quadra, e costuma se abaixar para não atrapalhar a trajetória da bola. Após o saque, não é preciso respeitar posição e a bola pode ser rebatida por qualquer tenista da dupla.

É ponto quando:

> A bola atinge o chão da quadra do adversário 2 vezes consecutivamente, sem que ele consiga tocá-la.
> Após a bola quicar 1 vez na quadra adversária, o oponente não consegue rebatê-la.
> O adversário retorna a bola para fora, ou seja, além das linhas que delimitam a quadra.
> O adversário golpeia a bola antes que ela passe da rede na direção de sua quadra.
> O adversário toca 2 vezes na bola, a conduz com sua raquete ou a carrega deliberadamente.
> O adversário, ou sua raquete, toca a rede ou a quadra oposta.
> A bola toca em qualquer parte do corpo do adversário, exceto a mão que segura a raquete.

A linguagem dos pontos

Erro não forçado: ocorre quando o tenista comete um erro que não foi provocado pelo adversário, lançando a bola na rede ou para fora da quadra.
Winner: golpe vencedor, sem ser o saque, que define um ponto por não ser alcançado pelo tenista adversário.

A linguagem dos torneios

Cabeças de chave: jogadores mais bem ranqueados, que são distribuídos pelas chaves de um torneio com o objetivo de não se cruzarem nas primeiras rodadas.
Grand Slam: como é chamado o feito de vencer os 4 principais eventos do tênis num só ano. Apenas 5 tenistas conseguiram: Don Budge (1938), Maureen Connoly (1953), Rod Laver (1962 e 1969), Margaret Court (1970) e Steffi Graf (1988).
Torneio de Grand Slam: Aberto da Austrália, Roland Garros, Wimbledon e Aberto dos Estados Unidos, que são os 4 maiores eventos do tênis.

Golpes

Backhand: também chamado de revés. Movimento em que o tenista rebate a bola do lado em que as costas de sua mão estão de frente para a bola. Nos jogadores destros, o golpe é realizado do seu lado esquerdo. Nos canhotos, do lado direito. Pode ser dado com 1 ou com as 2 mãos na raquete.
Cruzada: bola lançada para o outro lado da quadra na diagonal.
Deixadinha: bola curta que deve cair na quadra do adversário bem junto à rede. O original em inglês é *drop shot*.

Forehand: golpe de fundo de quadra em que a palma da mão está de frente para o adversário. Nos destros, é dado no lado direito; nos canhotos, no esquerdo.

Lob: golpe que tenta encobrir o adversário quando ele está próximo à rede.
Paralela: golpe executado ao longo da quadra, paralelo às linhas laterais.
Passada: quando o jogador consegue passar a bola (cruzada ou paralela) pelo adversário que está subindo à rede.

Slice: efeito utilizado principalmente no golpe de backhand, em que o tenista move a raquete como se estivesse cortando o ar, fazendo com que a bola perca força ao quicar e mudando o ritmo do ponto.

Smash: golpe executado por cima da cabeça, num movimento parecido com o do saque, geralmente perto da rede.

Top spin: efeito que imprime uma rotação à bola. O tenista o aplica movendo a raquete de baixo para cima, fazendo com que a bola ganhe velocidade e altura depois de quicar.
Terminação: última fase do gesto da rebatida.
Voleio: ação de rebater a bola antes que esta quique na quadra.

Rafael Nadal (embaixo) e Roger Federer (acima) se enfrentam na Batalha das Superfícies

JAIME REINA/AFP/GETTY IMAGES

Pontos no ranking

Para atrair os melhores tenistas do mundo, os Jogos Olímpicos davam pontos aos atletas nos rankings das entidades que organizam as grandes competições mundiais (ATP, para homens, e WTA, para mulheres). Essa prática foi adotada a partir de Sidney 2000.

Ouro: 750 pontos.
Prata: 450 pontos.
Bronze: 340 pontos.

A medida foi tão eficiente que não precisa mais ser usada. Nos Jogos Rio 2016, o torneio olímpico de tênis deixará de distribuir pontos no ranking – e mesmo assim os melhores tenistas do mundo devem comparecer..

Batalhas épicas

Em 1973, Bobby Riggs, um tenista aposentado de 55 anos conhecido por suas declarações sexistas, desafiou Margaret Court para uma partida que, segundo ele, provaria a superioridade dos homens sobre as mulheres, e a derrotou por 6/2 e 6/1. Diante do resultado, Billie Jean King, militante dos direitos femininos, pediu revanche. No evento que ficou conhecido como "Batalha dos Sexos", Billie Jean (que tinha direito a usar a área da quadra de duplas no lado do adversário) venceu por 6/4, 6/3 e 6/3. O público de 30.472 torcedores é até hoje o segundo maior de uma partida de tênis. Em 2007, foi a vez de Rafael Nadal e Roger Federer se enfrentarem numa quadra que tinha piso de saibro de um lado e de grama no outro. Nadal foi o vencedor da "Batalha das Superfícies".

Tênis nos Jogos Rio 2016

LOCAL DE COMPETIÇÃO

Centro Olímpico de Tênis | Capacidade: 10.000 lugares* (quadra central), 5.000 lugares* (quadra 2), 3.000 lugares* (quadra 3), 250 lugares* (quadras 4 a 16).

**Números sujeitos a alteração.*

O TORNEIO | As disputas do tênis nos Jogos Rio 2016 seguirão o padrão dos grandes torneios internacionais: tanto no masculino quanto no feminino, as partidas são eliminatórias – quem perder está fora, até a final. A exceção são as semifinais: os perdedores voltam à quadra e se enfrentam na disputa da medalha de bronze. Todos os jogos serão disputados em quadra de piso artificial (duro), em melhor de 3 sets. Exceção é a final de simples masculina, disputada em melhor de 5 sets.

DESTAQUES | Os grandes nomes do tênis masculino estarão no Brasil, lutando pela medalha de ouro: pela Sérvia, Novak Djokovic, que foi o porta-bandeira do país no desfile de abertura em Londres 2012 e é o líder do ranking mundial; pela Suíça, Roger Federer, que muitos consideram o maior tenista de todos os tempos. Mas nenhum deles tem a carreira olímpica de Serena Williams. Como Djokovic, ela é a número 1 do ranking; como Federer, é apontada como a melhor da história. E tem mais medalhas do que os 2 juntos. São 4, todas de ouro: duplas em Sidney 2000, Pequim 2008 e Londres 2012; e simples em Londres 2012. Essa norte-americana de 34 anos ainda quer mais: já anunciou o desejo de defender seu país naquela que deve ser sua última participação olímpica, nos Jogos Rio 2016.

O BRASIL | Bruno Soares e Marcelo Melo são tenistas brasileiros especializados em duplas que já chegaram às primeiras colocações do ranking mundial – mas separados. Eles passam quase toda a temporada como rivais. No circuito profissional, Bruno, que completa 34 anos em 2016 e já foi 3º colocado, joga com o britânico Jamie Murray, irmão de Andy Murray, desde o início de 2016, e com ele conquistou o Aberto da Austrália, em janeiro, principal título de sua carreira até o momento. Já Marcelo, de 32 anos, é parceiro do croata Ivan Dodig, com quem venceu um Grand Slam, em Roland Garros, em 2015 (ano em que chegou à liderança do ranking). Ambos competem também em duplas mistas, modalidade na qual Bruno tem 2 títulos de outro Grand Slam, o Aberto dos Estados Unidos. Os conterrâneos – nasceram em Belo Horizonte – só ficam do mesmo lado da quadra para defender o Brasil em torneios por equipes, como a Copa Davis e os Jogos Olímpicos. A estreia foi em Londres 2012, com uma campanha que terminou nas quartas de final. Nos Jogos Rio 2016, Bruno e Marcelo tentarão superar os favoritos, os irmãos norte-americanos Bob e Mike Bryan, em busca de uma medalha inédita para o tênis brasileiro.

Pelo critério de país-sede, o Brasil tem direito a inscrever um tenista ou uma dupla em todas as modalidades. Outras vagas – o limite é de 4 por país – podem ser conquistadas pela posição dos atletas no ranking mundial.

Tênis de mesa

O tênis de mesa surgiu como uma brincadeira na Inglaterra do fim do século XIX, nos moldes do que até hoje é um passatempo muito popular – chamado de ping-pong, nome que foi registrado por uma empresa norte-americana e adaptado para pingue-pongue no Brasil. Com regras parecidas com as do tênis, era uma versão doméstica de seu irmão mais velho, opção para os dias de chuva, quando as quadras estavam molhadas. Sobre a mesa da sala de jantar, livros faziam as vezes de rede, tampas de caixas de charuto viravam raquetes, e rolhas de champanhe eram usadas para fazer as bolas. À medida que o jogo foi se popularizando, surgiram as primeiras raquetes e bolas específicas para a novidade – e em alguns anos o tênis de mesa já tinha adeptos em todo o mundo. Hoje, calcula-se que existam mais de 300 milhões de praticantes. Apesar da grande popularidade desde o começo do século XX, o esporte só foi estrear no programa olímpico em Seul 1988.

Órgãos dirigentes

> International Table Tennis Federation (ITTF)

> Confederação Brasileira de Tênis de Mesa (CBTM)

Jogo rápido | O princípio básico é o mesmo do tênis, mas os atletas (chamados de mesatenistas) jogam à beira de uma mesa, na qual a bola deve quicar, atravessando uma rede, para os pontos serem marcados.

Caroline Kumahara prepara o saque em disputa de tênis de mesa em Londres 2012

ALAOR FILHO/AGIF/ COMITÊ OLÍMPICO DO BRASIL

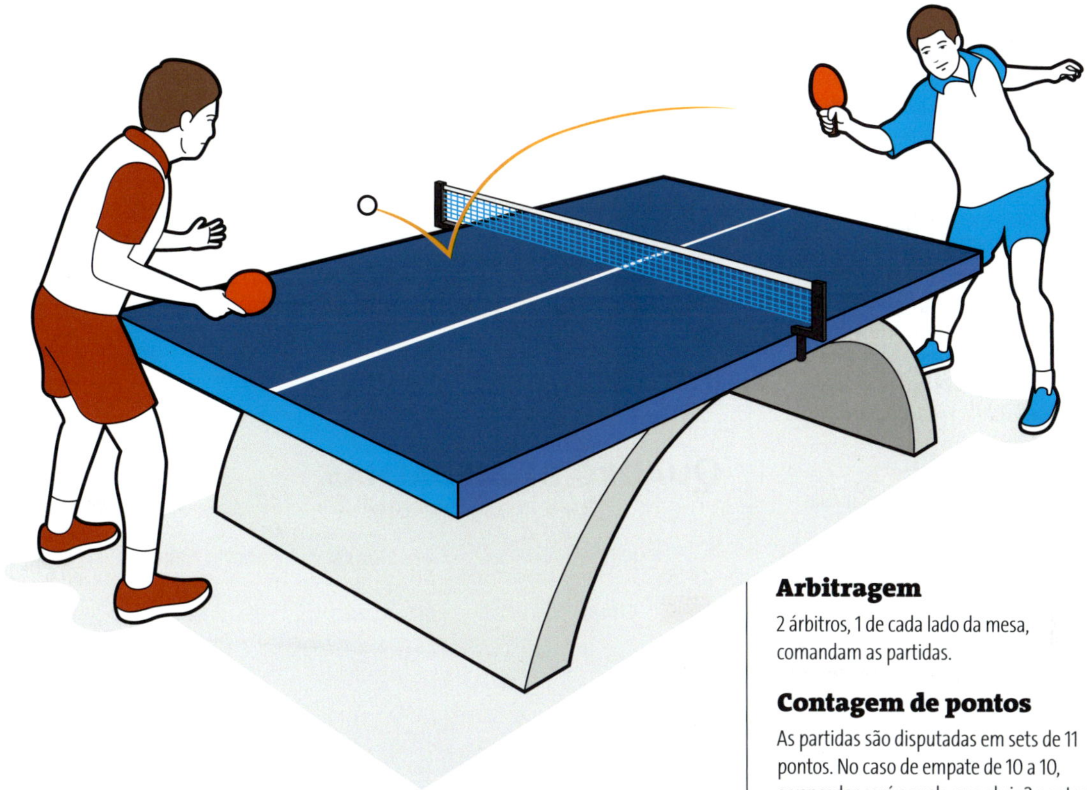

Arbitragem

2 árbitros, 1 de cada lado da mesa, comandam as partidas.

Contagem de pontos

As partidas são disputadas em sets de 11 pontos. No caso de empate de 10 a 10, o vencedor será aquele que abrir 2 pontos de diferença. Nas simples, as partidas são decididas no sistema melhor de 7 (vence o primeiro mesatenista a ganhar 4 sets); nas duplas, o sistema é melhor de 5 (vence a primeira dupla a ganhar 3 sets). Os atletas mudam de lado na mesa a cada set.

As modalidades olímpicas

> Simples (masculino e feminino)
> Equipes (masculino e feminino)

*Nas competições por equipes, são disputadas 4 partidas de simples e 1 de duplas a cada confronto. A equipe que ganhar mais partidas é declarada vencedora.

A mesa

Comprimento: 2,75m.
Largura: 1,525m.
Altura: 76cm.
Rede: 15,25cm de altura, estendendo-se além das bordas laterais por 15,25cm.

A bola

Material: plástico.
Cor: branca ou laranja.
Diâmetro: 40mm.
Peso: 2,7g.

A raquete

Pode ser de qualquer tamanho, forma ou peso e deve ser constituída de madeira natural em 85% do material.
Cores: vermelho de um lado e preto do outro.

Empunhadura

No tênis de mesa, o jeito de segurar a raquete influencia o estilo.
Caneta: o mesatenista envolve o cabo com os dedos polegar e indicador, projetando-os sobre a face da raquete de frente e deixando os outros por trás, como se estivesse segurando uma caneta. Apenas um dos lados da raquete é usado para bater na bola. Permite mais rapidez.
Clássica: o mesatenista envolve o cabo lateralmente usando todos os dedos, menos o indicador, que fica esticado, numa posição semelhante à do aperto de mão. Os 2 lados da raquete são usados para bater na bola. Permite mais força.
Classineta: mistura dos 2 estilos. O mesatenista segura a raquete como na empunhadura caneta, mas usa os 2 lados para bater na bola, como na clássica. Permite unir rapidez e força.

Uniforme

Traje: os mesatenistas preferem roupas leves, normalmente short e camiseta.
Calçados: a única exigência é ter solas que não marquem o piso.

O saque

Toda jogada do tênis de mesa começa com um saque. Os mesatenistas sacam alternadamente a cada 2 pontos (ou a cada ponto, se o placar de um set chegar a 10 a 10). O sacador deve segurar a bola com uma das mãos (estendida, à vista do adversário), lançá-la para o alto a uma altura mínima de 15 centímetros e golpeá-la com a raquete de forma que ela toque em seu próprio lado da mesa, passe sobre a rede e quique novamente do outro lado. Se a bola tocar na rede antes de quicar do outro lado da mesa, o saque deve ser repetido. Um saque errado dá o ponto ao adversário. O saque certo põe a bola em jogo, e a partir daí cada jogador deve mandá-la para o outro lado da mesa, passando sobre a rede, com apenas um golpe da raquete. É obrigatório esperar a bola quicar na mesa antes de golpeá-la.

Rodízio nas duplas

Os mesatenistas que jogam em duplas não têm posição fixa na mesa, mas devem se alternar para rebater a bola, ou seja, um saca, o outro recebe a devolução do saque e assim por diante. Se um jogador desrespeitar esse rodízio, é ponto para o adversário. O serviço também é alternado: a cada vez que a dupla tem o direito de sacar, um jogador faz os 2 saques, cedendo a vez na próxima. O saque é executado obrigatoriamente do lado direito da mesa, na direção do lado direito da dupla adversária, em diagonal.

É ponto quando:

> A bola vai ao chão depois de ter tocado na mesa do adversário.
> O adversário não consegue devolver a bola para o outro lado da mesa, mandando-a para fora ou na rede.
> O adversário toca com qualquer parte do corpo na bola ou com a mão livre na mesa.

Golpes

Backspin: efeito aplicado com a raquete por baixo da bola, causando desaceleração.
Bloqueio: golpe de defesa, usado para aproveitar o efeito ou a velocidade do ataque adversário.
Chop: semelhante ao backspin. O mesatenista bate na bola como se a estivesse fatiando, para que o quique seja o mais baixo possível.
Lowdown: o mesatenista se agacha para bater na bola abaixo da mesa.
Top spin: efeito aplicado com a raquete por cima da bola, causando aceleração.
Top up: o atleta projeta a raquete à frente, para bater com força na bola de cima para baixo.
*Como no tênis, todos os golpes podem ser aplicados de forehand (do lado da mão mais forte do mesatenista) ou backhand (do lado da mão mais fraca).

Diplomacia pingue-pongue

Em 1971, uma tentativa de aproximação do presidente Richard Nixon com o governo comunista chinês permitiu a visita de uma delegação de mesatenistas dos Estados Unidos à China. Na Era Mao Tse-Tung, nenhum norte-americano tinha entrado oficialmente até então no fechado e controladíssimo território chinês. A iniciativa de Nixon ficou conhecida como diplomacia pingue-pongue. Detalhe: na China, o tênis de mesa é oficialmente conhecido como ping-pong.

Quadro de medalhas

PAÍS	OURO	PRATA	BRONZE	TOTAL
China	24	15	8	47
Coreia do Sul	3	3	12	18
Suécia	1	1	1	3
Alemanha	0	2	3	5
Coreia do Norte	0	1	2	3
Cingapura	0	1	2	3
Taiwan	0	1	1	2
França	0	1	1	2
Iugoslávia	0	1	1	2
Japão	0	1	0	1
Hong Kong	0	1	0	1
Dinamarca	0	0	1	1

*Todos os medalhistas da história da modalidade

Caroline Kumahara rebate a bola lançada por Yasmin Hassan Farah em Londres 2012
VALTERCI SANTOS/AGIF/ COMITÊ OLÍMPICO DO BRASIL

Tênis de mesa nos Jogos Rio 2016

Local de competição
Riocentro – Pavilhão 3 | Capacidade: 6.625 lugares*
** Número sujeito a alteração.*

O TORNEIO | Os jogos são eliminatórios. Os mesatenistas derrotados são eliminados, e os vencedores seguem até a final. Os perdedores das semifinais se enfrentam na disputa do bronze.

DESTAQUES | Não é fácil ser jogador de tênis de mesa na China. A gigantesca nação que produz o maior número de mesatenistas – e até "exporta" para outros países, que naturalizam chineses para ter alguma chance nas competições internacionais – tem campeonatos nacionais às vezes mais disputados do que os Jogos Olímpicos. Ser o melhor chinês é, quase automaticamente, ser o melhor do mundo. Mas é preciso abrir os olhos com a concorrência, como Ma Long percebeu da pior forma. Depois de se tornar o mais jovem campeão mundial (por equipes), aos 18 anos, em 2006, ele liderou o ranking mundial entre 2010 e 2012. Mas bastou cair algumas posições, perdendo 2 partidas para jogadores sem expressão, para não ser selecionado para representar seu país nas competições individuais em Londres 2012. Long ganhou o ouro por equipes, mas manteve a sede por uma conquista individual. Foi campeão mundial em 2015 e – se não bobear com o ranking – tentará finalmente o ouro olímpico nos Jogos Rio 2016, aos 27 anos.

O BRASIL | Derrotar um dos maiores medalhistas brasileiros na história dos Jogos Pan-americanos já é o suficiente para um atleta ser notado no cenário de seu esporte. Imagine então se ele fizer isso aos 15 anos de idade. Foi o que aconteceu com Hugo Calderano. Mas ele fez mais do que vencer Hugo Hoyama. Em 2012, tornou-se o primeiro mesatenista do país a liderar o ranking mundial juvenil (sub-18). Dois anos depois, ganhou o bronze nos Jogos Olímpicos da Juventude Nanquim 2014 e estreou na liga profissional da Alemanha, onde mora e treina até hoje. Lá – adivinhe só – causou sensação ao vencer um ídolo local, Timo Boll. Em 2015, mostrou que pode honrar a tradição de Hugo Hoyama, ganhando o ouro individual e por equipes no Pan de Toronto. Nos Jogos Rio 2016, terá 20 anos – e ainda espera surpreender muita gente.

Pelo critério de país-sede, o Brasil tem o direito de inscrever mesatenistas em todas as modalidades. Se nenhum atleta conseguir vaga pelo ranking mundial ou num torneio pré-olímpico (são permitidos no máximo 2 por país), a CBTM fará a convocação por critério técnico.

Tiro com arco

Desde muito antes do nascimento de Cristo, o arco e a flecha já eram usados como arma de ataque e de caça na China e em outros pontos do planeta. Até que se transformassem em equipamentos esportivos, algumas centenas de anos se passaram – com provas como as que mediam a habilidade dos arqueiros em festivais da Idade Média servindo de modelo. Foi no século XIX que o tiro com arco passou a ser visto como esporte, ainda chamado de arco e flecha. Depois de participações olímpicas em Paris 1900, Saint Louis 1904, Londres 1908 e Antuérpia 1920, os arqueiros ficaram um tempo fora de cena e só voltaram a competir por medalhas nos Jogos em Munique 1972.

ÓRGÃOS DIRIGENTES

> World Archery (WA)
> Confederação Brasileira de Tiro com Arco (CBTArco)

JOGO RÁPIDO | Os atletas (chamados de arqueiros) somam pontos de acordo com a área que as flechas atiradas por seu arco atingem num alvo.

Os arqueiros se preparam para o disparo em Londres 2012
VALTERCI SANTOS/AGIF/ COMITÊ OLÍMPICO DO BRASIL

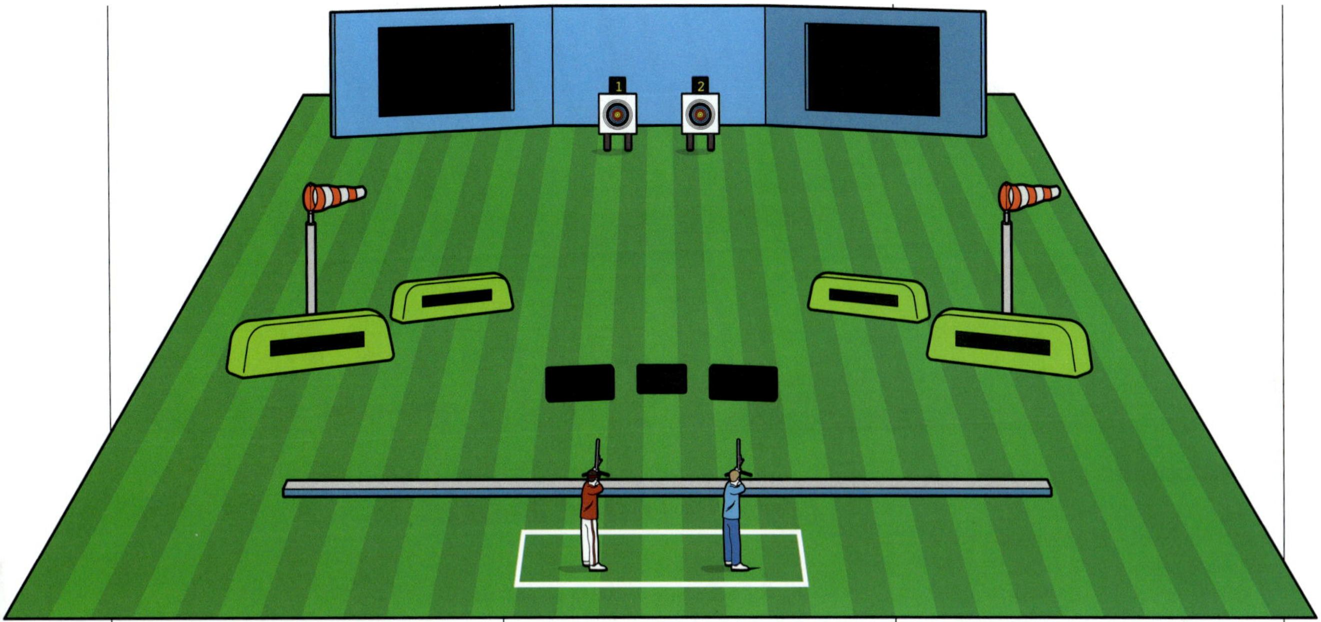

As provas olímpicas

O tiro com arco distribui medalhas em 2 modalidades para homens e mulheres: individual e por equipes. Tanto no masculino quanto no feminino, os 64 arqueiros atiram 72 flechas a uma distância de 70m na primeira série. A soma de pontos é usada para formar as chaves para a fase seguinte: primeiro contra último, segundo contra penúltimo e assim por diante. Nesses confrontos, chamados de combates, os atletas atiram 3 flechas por round; o vencedor de cada round ganha 2 pontos e quem atinge 6 pontos vence o set. Se houver empate no set, é usado o sistema "flecha de morte": a pontuação de um tiro define o vencedor.

A pista

Extensão: 70m.
Sinal luminoso: o arqueiro deve esperar a luz verde para atirar.
Birutas: indicam a velocidade do vento, para ajudar os arqueiros a calcularem seus tiros.

O arco

Os arcos modernos, bem diferentes dos de madeira flexível, utilizados nos filmes e seriados que ajudaram a divulgar o tiro com arco, conseguem imprimir velocidades incríveis às flechas. Elas chegam a atingir 240km/h. Nos Jogos Olímpicos, é usado o arco recurvo, com lâminas curvadas, uma evolução do arco tradicional com alguns aparatos a mais: alça de mira, estabilizadores e material especial para grandes distâncias.
Corda: feita de fibra de polietileno; tem uma marca que indica a posição de encaixe da flecha.
Estabilizador: haste ou conjunto de hastes de diversos materiais que têm a função de estabilizar o arco.
Mira: equipamento que ajuda na precisão do tiro. Fica preso na empunhadura do arco.

As flechas

Podem ser de madeira, alumínio, carbono ou alumínio com carbono.
Diâmetro máximo: 9,3mm.
Aletas: feitas de plástico, ajudam a manter velocidade e direção.
Encaixe: em forma de V, na base da haste, para prender a flecha à corda do arco.
Aljava: bolsa em que ficam guardadas as flechas. Presa à cintura do lado da mão que atira, para facilitar a preparação dos tiros.

Uniforme

Traje: leve, não deve atrapalhar os movimentos.
Braçadeira: proteção usada pelo atleta para o antebraço.
Pulseira: serve para manter o arco junto à mão, após o momento do tiro. Prende o arco ao punho ou ao antebraço do atleta.
Luvas: são usadas para dar firmeza à pegada.
Dedeira: equipamento em couro que protege os dedos na hora em que a flecha é largada.
Sapatos: pesados e de sola lisa, para manter o arqueiro bem equilibrado.

O alvo

Feito de papel ou material sintético sobre uma base de palha.
Diâmetro: 1,22m.
Diâmetro da mosca (área central): 12mm.
Altura: 1,30m.
Distância entre o chão e a base: 61cm.

Olho no lance

Como os alvos ficam distantes, é preciso ajuda para ver os detalhes. Os arqueiros podem usar um pequeno telescópio para ver onde estão as flechas que já atirou. Os torcedores veem, em telões de vídeo instalados ao lado do placar eletrônico, o momento exato em que cada flecha atinge o alvo.

As flechas nos alvos em Londres 2012
VALTERCI SANTOS/AGIF/ COMITÊ OLÍMPICO DO BRASIL

Pontuação

O alvo tem um diagrama de anéis concêntricos de 4cm a 6cm, graduados de 1 a 10 pontos a partir da parte exterior, identificados por cores. A flecha deve ficar presa a um deles ou deixar uma marca visível para pontuar.
Branco: 1 (externo) e 2 (interno).
Preto: 3 (externo) e 4 (interno).
Azul: 5 (externo) e 6 (interno).
Vermelho: 7 (externo) e 8 (interno).
Amarelo: 9 (externo) e 10 (interno).

Cronometragem

O arqueiro tem 40s para disparar cada flecha. Na final, esse tempo cai para 20s.

Arbitragem

Árbitro: controla a competição e é responsável pela anotação dos pontos.
Juízes: verificam o posicionamento dos arqueiros e tiram dúvidas quanto à validade de cada tiro.

Técnica

Cada tiro é executado com 3 movimentos básicos.
Preparação: o arqueiro encaixa a flecha na corda, mantendo o arco apontado para baixo por questões de segurança.
Mira: com os pés paralelos e o corpo perpendicular à posição do arco, o arqueiro puxa a corda com a flecha presa entre os dedos e prepara a flechada.
Tiro: com a mão que segura a flecha apoiada no rosto, o arqueiro solta a corda. O corpo precisa estar imóvel e o movimento deve ser o mais suave possível.

Ecos da Idade Média

O mais famoso dos arqueiros jamais participou de Jogos Olímpicos. E nem poderia, pois além de ser um personagem de ficção (embora há quem garanta que ele existiu mesmo), viveu na Idade Média. Estamos falando, claro, do célebre Robin Hood, aquele cavaleiro inglês dos tempos do Rei Ricardo "Coração de Leão". Uma de suas maiores façanhas foi vencer uma competição partindo ao meio a flecha do adversário, que já tinha atingido o alvo na mosca. Quando isso acontece hoje em dia (o que é muito raro!), diz-se que o arqueiro fez um *robin hood*.

QUADRO DE MEDALHAS

PAÍS	OURO	PRATA	BRONZE	TOTAL
Coreia do Sul	19	9	6	34
EUA	14	9	8	31
Bélgica	11	7	3	21
França	7	10	7	24
Grã-Bretanha	2	2	5	9
Itália	2	2	3	7
China	1	6	2	9
União Soviética	1	3	3	7
Ucrânia	1	1	2	4
Finlândia	1	1	2	4

Tiro com arco nos Jogos Rio 2016

LOCAL DE COMPETIÇÃO
Sambódromo | Capacidade: 5.418 lugares*
** Número sujeito a alteração.*

O BRASIL | Ele era chamado de Cupido na escola; agora, há quem queira apelidá-lo de Neymar do tiro com arco. Marcus D'Almeida terá, nos Jogos Rio 2016, a missão de tornar seu esporte conhecido no país do futebol. E com apenas 18 anos de idade! Fruto de um investimento da CBTArco para revelar jovens atletas, Marcus foi prata nos Jogos Olímpicos da Juventude, em 2014, e teve excelentes resultados no Campeonato Mundial da Juventude: foi ouro no individual e bronze no geral. Em competições sem limite de idade, conquistou prata no individual na Copa do Mundo de 2014 e bronze por equipes nos Jogos Pan-americanos Toronto 2015. Mesmo já tendo chegado ao 8º lugar no ranking mundial (a melhor posição já ocupada por um brasileiro), ainda está longe de competir em casa como favorito. Mas, como Cupido e Neymar sempre fazem, pode surpreender.

Marcus D'Almeida será um dos 3 arqueiros brasileiros na competição olímpica masculina de tiro com arco. O país também classificou, pelo desempenho no Mundial, 3 atletas no feminino. Todos competirão nas provas individuais e por equipes.

O TORNEIO | Depois da primeira série, os perdedores dos combates são eliminados e os vencedores seguem nesse sistema até a final. Os perdedores das semifinais voltam para a disputa do bronze.

DESTAQUES | A Coreia do Sul é o país do tiro com arco. E, assim como acontece com os chineses em esportes como badminton e tênis de mesa, ser o número 1 do país pode ser tão complicado quanto ganhar o ouro olímpico. Kim Woo-Jin, por exemplo, era o líder do ranking mundial em 2011, depois de conquistar os títulos individual e por equipe no Mundial de Turim, e não foi selecionado para Londres 2012. Mas voltou em 2015, para repetir a dose no Mundial de Copenhague. Foi o primeiro arqueiro a ganhar 2 títulos individuais na competição. Será que agora ele convence os dirigentes coreanos a convocá-lo para os Jogos Rio 2016? Se conseguir, poderá lutar por seu primeiro ouro olímpico, aos 24 anos.

Tiro esportivo

Desde a invenção da pólvora, proeza dos chineses no século IX, armas dos mais variados calibres passaram a ser usadas em guerras ou para a caça. O tiro só começou a ganhar ares de atividade de lazer e esporte a partir da segunda metade do século XIX, na Europa e nos Estados Unidos. Segundo a maioria dos registros históricos, as primeiras regras foram criadas logo após a fundação da Associação Nacional do Rifle (NRA, na sigla em inglês), por 2 generais norte-americanos, assim que a Guerra Civil terminou. Logo o esporte se tornou popular na América e em outros continentes. Esporte preferido do Barão de Coubertin, que chegou a dar a ele um campeonato francês, o tiro garantiu vaga na programação olímpica desde a primeira edição dos Jogos, em Atenas 1896. A partir de Los Angeles 1984, as mulheres também passaram a competir.

ÓRGÃOS DIRIGENTES

> International Shooting Sport Federation (ISSF)

> Confederação Brasileira de Tiro Esportivo (CBTE)

JOGO RÁPIDO | Os atletas (chamados de atiradores) marcam pontos usando armas de fogo para atirar em alvos fixos ou móveis. As provas nos Jogos Olímpicos são divididas em 2 grupos: carabina e pistola e tiro ao prato.

O brasileiro Filipe Fuzaro mira em seu alvo em prova de tiro esportivo em Londres 2012

DANIEL RAMALHO/AGIF/ COMITÊ OLÍMPICO DO BRASIL

CARABINA E PISTOLA

As provas

PARA HOMENS
- Pistola de ar 10m (60 tiros).
- Carabina de ar 10m (60 tiros).
- Pistola de tiro rápido 25m (60 tiros).
- Pistola 50m (60 tiros).
- Carabina 3 posições 50m (3x40 tiros).
- Carabina deitado 50m (60 tiros).

PARA MULHERES
- Pistola de ar 10m (40 tiros).
- Carabina de ar 10m (40 tiros).
- Pistola esportiva 25m (40 tiros).
- Carabina 3 posições 50m (3x20 tiros).

As armas e seus alvos

Pistola livre: arma curta de calibre .22 (5,6mm de diâmetro do cano). O alvo mede 50cm (diâmetro) e tem variação de 1 a 10 pontos até a mosca. Distância do alvo: 50m. Durante a prova, são efetuados 60 disparos em até 90min. Os 8 melhores colocados na fase classificatória disputam a final.

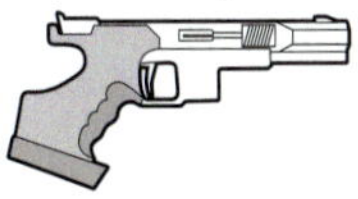

Pistola de tiro rápido: arma de calibre .22. São 5 alvos para cada atirador, separados entre si por 75cm. Os alvos são circulares e têm 6 áreas de pontuação divididas por círculos concêntricos, que variam de 5 a 10 pontos. Distância do alvo: 25m. Os atletas disparam 5 tiros consecutivos em intervalos de tempo de 8s, 6s e 4s. Durante a prova, são efetuados 60 disparos, 30 no primeiro dia e 30 no segundo. Os 8 melhores colocados na fase classificatória disputam a final.

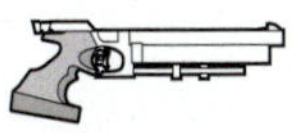

Pistola de ar: arma curta de ar comprimido, com 4,5mm de calibre. O alvo mede 155,5mm (diâmetro) e tem variação de 1 a 10 pontos até a mosca. Distância do alvo: 10m. A prova masculina é realizada em 75min, e a feminina, em 50min. Os 8 melhores colocados na fase classificatória disputam a final.

Entre as batidas do coração

Praticar tiro esportivo requer muita concentração. O atirador deve acertar uma mosca que, proporcionalmente à distância, pode parecer apenas o ponto final de uma frase, como este aqui. Para evitar o mínimo movimento que seja na hora do disparo, alguns atletas (notadamente nas provas de carabina deitado, que permitem uma posição bem mais estática) tentam controlar seus batimentos cardíacos e apertar o gatilho entre as batidas do coração.

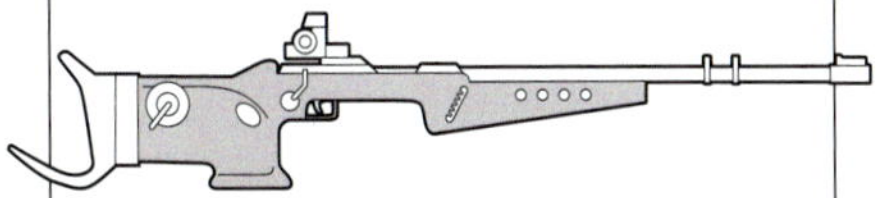

Carabina 3 posições (de pé, ajoelhado e deitado): arma longa de calibre .22 (5,6mm de diâmetro do cano). Os alvos são círculos com 154,4mm de diâmetro. Distância do alvo: 50m. Na prova masculina, os atletas disparam 40 tiros em cada posição, em 165min; na feminina, 20 tiros em cada posição, em 105min. Os 8 melhores colocados na fase classificatória disputam a final.

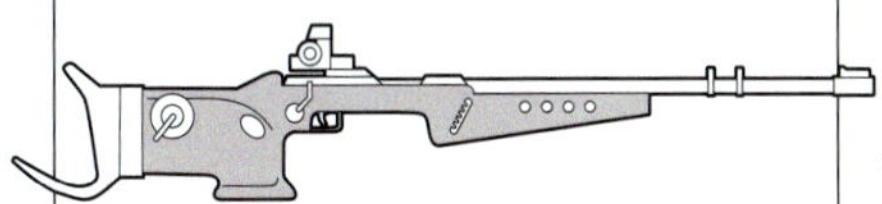

Carabina deitado: arma longa de calibre .22 (5,6mm de diâmetro do cano). Os alvos são círculos com 154,4mm de diâmetro. Distância do alvo: 50m. A prova é realizada em 50min. Os 8 melhores colocados na fase classificatória disputam a final.

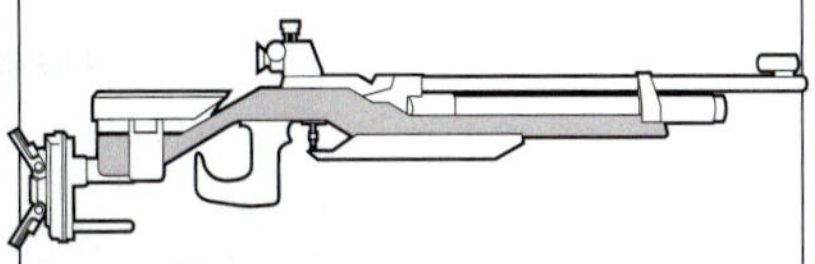

Carabina de ar: arma longa de ar comprimido, com 4,5mm de calibre. O alvo mede 45,5mm (diâmetro) e tem variação de 1 a 10 pontos até a mosca. Distância do alvo: 10m. A prova masculina é realizada em 75min, e a feminina, em 50min. Os 8 melhores colocados na fase classificatória disputam a final.

Equipamento

Protetores de ouvidos: os atiradores usam tampões para abafar o barulho dos tiros.
Óculos: evitam que estilhaços de bala atinjam os olhos. Os competidores de pistola de tiro rápido podem usar outro tipo de óculos, com lentes especiais, muito potentes, para conferir se seus tiros foram precisos.
Tapa-olho: opcional. Serve para que o atirador não se distraia com o que está ocorrendo ao redor.
Traje: há diversas restrições, de acordo com a disciplina. Nas provas de pistola, os atiradores procuram usar roupas confortáveis, que não inibam os movimentos. Cintos e bolsos podem ser úteis para apoiar a mão que não é usada para atirar. Nas provas de carabina, há uma vestimenta especial, que auxilia na performance do atirador.
*Proteções para mãos e braços são proibidas.

O estande de tiro

Todas as provas de carabina e pistola são disputadas em estandes de 10m, 25m e 50m. Os atiradores competem lado a lado, numa área coberta, distribuídos em postos de tiro de 1,25m por 2,5m delimitados por linhas pintadas no chão. Os alvos são ajustados de acordo com as exigências de cada prova.

Pontuação

O atirador que faz mais pontos nas finais é o vencedor, de acordo com as características da prova.
Provas de tiro rápido 25m e pistola esportiva 25m: são computados apenas tiros certos e errados, de acordo com uma zona determinada do alvo.
Todas as outras provas: a pontuação do alvo vai de 1 (círculo mais externo) a 10 (círculo mais interno, ou mosca).

TIRO AO PRATO

As provas

PARA HOMENS
- > Fossa olímpica
- > Fossa double
- > Skeet

PARA MULHERES
- > Fossa olímpica
- > Skeet

A arma

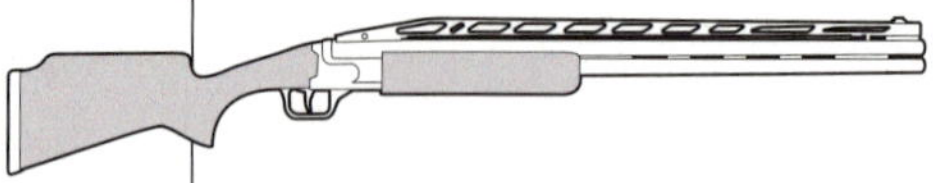

Espingarda: com cano calibre 12mm, é usada em todas as provas.

Os pratos

Material: deve ser biodegradável; normalmente, asfalto (hoje há versões ecológicas, de resina de pinos).
Diâmetro: 11cm.
Altura: de 2,5cm a 2,6cm.
Peso: de 100g a 110g.
Velocidade: de 90km/h a 120km/h (fossa olímpica), 80km/h (fossa double) e 90km/h (skeet), sempre lançados por máquinas.

O campo de tiro

As provas são disputadas a céu aberto. A área de tiro, protegida por um muro alto no fundo, é chamada de pedana. Nas provas de fossa olímpica e fossa double, os atiradores ficam em 5 posições centrais e os pratos são lançados de uma trincheira à frente deles. Na prova de skeet, os atiradores ficam em 8 posições numeradas e os pratos são lançados de 2 cabines (casas) fechadas: casa alta, à esquerda, e casa baixa, à direita.

QUADRO DE MEDALHAS

PAÍS	OURO	PRATA	BRONZE	TOTAL
EUA	53	29	25	107
China	21	13	15	49
União Soviética	17	15	17	49
Suécia	15	24	19	58
Grã-Bretanha	15	15	18	48
Noruega	13	9	11	33
França	12	14	13	39
Itália	12	13	11	36
Suíça	10	9	9	28
Alemanha	8	8	6	22

Sistema de competição

Fossa olímpica: na fase de classificação, são lançados 125 pratos para homens e 75 para mulheres; na semifinal e na final, 15 pratos para homens e mulheres.
Fossa double: na fase de classificação, são lançados 150 pratos, sempre 2 pratos por vez, em 5 séries de 30; a semifinal e a final têm apenas uma série de 30 pratos, com o atleta que acertar mais pratos sendo declarado o vencedor.
Skeet: na fase de qualificação, são lançados 125 pratos para homens e 75 para mulheres; na semifinal e na final, 16 pratos duplos para homens e mulheres.

Pontuação

Cada prato atingido, mesmo que não quebre totalmente, vale 1 ponto. Os atiradores devem ocupar todas as posições de tiro, alternando-se para somar pontos. A pontuação da fase classificatória não é levada para a semifinal nem para a final. Vence o atleta que quebrar mais pratos na final.

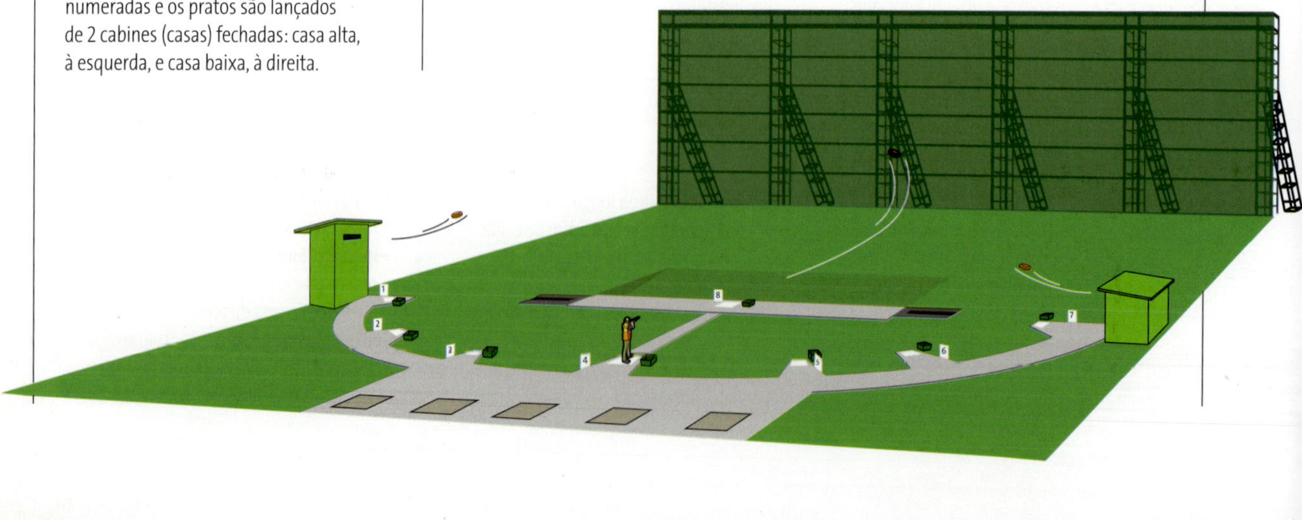

Tiro esportivo nos Jogos Rio 2016

LOCAL DE COMPETIÇÃO
Centro Olímpico de Tiro |
Capacidade: 7.250 lugares*
** Número sujeito a alteração.*

O TORNEIO | O tiro esportivo costuma ser o esporte a distribuir as primeiras medalhas dos Jogos Olímpicos (nas últimas edições, essa honra coube à prova de carabina de ar para mulheres, logo no início da tarde do primeiro dia de competição). Provas classificatórias e finais são disputadas no mesmo dia, com os melhores atletas se classificando de acordo com os critérios de cada arma.

DESTAQUES | Vincent Hancock começou a mostrar sua pontaria cedo: aos 16 anos, por causa do bom desempenho no Mundial e na Copa do Mundo, sempre no skeet, esse norte-americano foi eleito o melhor atirador de 2005. Chegou como favorito a Pequim 2008 e não decepcionou: levou o ouro. Mas seu resultado mais marcante viria na edição seguinte dos Jogos, em Londres 2012, quando tornou-se o primeiro atirador a subir 2 vezes no topo do pódio olímpico em sua prova. Nos Jogos Rio 2016, terá a chance de ampliar a façanha, atirando pelo tri aos 27 anos.

O BRASIL | Cássio Rippel aprendeu a atirar por força da escolha profissional: esse paranaense de Ponta Grossa fez carreira no Exército e tem mestrado em ciências militares. Mas só depois de um intercâmbio nos Estados Unidos, em 2007, começou a se dedicar ao tiro esportivo. Os resultados internacionais começaram a aparecer na década seguinte. O mais importante lhe valeu a vaga nos Jogos Rio 2016: ganhou a medalha de ouro na prova de carabina deitado 50m nos Jogos Pan-americanos Toronto 2015. Com excelente pontuação, tanto na classificatória quanto na final, Cássio venceu ninguém menos do que o norte-americano Michael McPhail, atual líder do ranking mundial e medalha de ouro em 3 etapas da Copa do Mundo em 2015. Um desempenho que traz ao Brasil uma esperança de voltar ao pódio na modalidade que deu ao país seu primeiro ouro olímpico, com Guilherme Paraense, em Antuérpia 1920.

Além de Cássio, o Brasil terá representantes nas provas de pistola de ar 10m e 50m, carabina deitado, pistola de tiro rápido, carabina 3 posições, fossa olímpica, skeet e pistola livre.

Triatlo

Homens e mulheres de ferro testam seus limites na água e em terra. Mistura de natação, ciclismo e corrida, o desgastante triatlo pode ser apontado como o esporte caçula dos Jogos Olímpicos. Não pela estreia no programa, em Sidney 2000, mas pelo tempo de existência. Há registros de que na década de 1920 havia, na França, uma competição que também envolvia corrida, ciclismo e natação, mas como as disputas eram amadoras e mal documentadas, não serviram como base para a invenção do esporte como é praticado hoje – este só começou a tomar forma na década de 1970. No início, era uma alternativa de treinamento entre competições para o pessoal do atletismo. A primeira prova oficial foi disputada em San Diego, Califórnia, em 1974, com 500m de natação, 9,5km de ciclismo e 5km de corrida. O triatlo nasceu com a vocação de testar limites, e antes mesmo de aparecer em versão olímpica já havia provas com diferentes combinações de distâncias, sempre voltadas para atletas de extrema resistência. A mais famosa delas é o Ironman havaiano.

O triatleta olímpico moderno tem de ser a fusão de 3 exímios esportistas de modalidades muito diferentes, em um único corpo. É preciso nadar como um nadador de alto nível, pedalar como um ciclista de padrão internacional e correr como um corredor de elite! Não por acaso, é considerado o atleta, entre todos os esportes, que suporta mais, e de forma mais prolongada, a dor e o sofrimento gerados pela fadiga. O triatleta, dizem, está acostumado a brincar com os limites do corpo.

Órgãos dirigentes

> International Triathlon Union (ITU)

> Confederação Brasileira de Triathlon (CBTri)

Jogo rápido | Os competidores, chamados de triatletas, disputam uma prova combinada de natação, ciclismo e corrida. O primeiro a chegar é o vencedor.

Atletas competem no ciclismo da prova de triatlo em Londres 2012
VALTERCI SANTOS/AGIF/ COMITÊ OLÍMPICO DO BRASIL

A brasileira Pâmella Oliveira em prova de triatlo, etapa de ciclismo, em Londres 2012
VALTERCI SANTOS/AGIF/ COMITÊ OLÍMPICO DO BRASIL

As distâncias

O percurso utilizado nos Jogos existe desde muito antes de o triatlo se tornar um esporte olímpico. Em 1983, grupos da Costa Oeste dos Estados Unidos e da Austrália criaram um movimento para incluir a modalidade no programa de Los Angeles 1984. A ideia era reunir as mais longas provas olímpicas de natação (piscina), ciclismo (pista) e atletismo (corrida de pista).

Triatlo olímpico: 1,5km de natação, 40km de ciclismo, 10km de corrida.

Outras distâncias para provas oficiais:
Super Sprint – 3 voltas de 250m/4km/1,6km;
Sprint – 750m/20km/5km;
Long Distance – qualquer distância acima de meio Ironman: 1,9km/90km/21km.

Cronometragem

O tempo dos triatletas é marcado ininterruptamente, da largada da natação à chegada da corrida. O tempo de troca de roupa e equipamento entre as modalidades não é descontado.
A cronometragem é feita de forma eletrônica, por radiofrequência, usando-se chips individuais, que são rastreados e detectados por antenas e transmitidos online.

Punições

Nas 3 modalidades da prova, os árbitros podem advertir e até eliminar triatletas que estejam atrapalhando o percurso de um adversário. A penalidade mais comum é o *stop and go*: o competidor é obrigado a parar (no caso do ciclismo, desmontando da bicicleta) e só pode voltar à prova quando autorizado pelo árbitro – que determina o tempo de acordo com a gravidade da infração.

> O atleta também poderá ser punido se utilizar o vácuo de veículos oficiais ou motocicletas de equipes de TV.

> Como as etapas de ciclismo e corrida são disputadas no formato "multivoltas" (com um percurso dividido em voltas), os atletas retardatários que forem alcançados pelos líderes da etapa do ciclismo deverão ser desclassificados pelos árbitros e impedidos de continuar na prova.

> É passível de punição e desclassificação também o atleta que se valer de força física exagerada e utilizar de violência durante a etapa de natação, prejudicando ou intimidando seu adversário.

Largada da prova masculina de triatlo em Londres 2012
VALTERCI SANTOS/AGIF/ COMITÊ OLÍMPICO DO BRASIL

Identificação

Os triatletas devem portar seu número de inscrição ao longo de toda a prova.
Natação: na touca.
Ciclismo: no capacete.
Corrida: no cinto de identificação.

Alimentação e hidratação

Para combater o desgaste das provas, os triatletas podem carregar recipientes de água, comida e gel isotônico presos ao uniforme ou à bicicleta. Ou usar as estações de apoio espalhadas pelos circuitos de ciclismo e corrida.

NATAÇÃO

Trajeto

A prova olímpica é disputada em águas abertas: rio, lago ou mar. O trajeto é marcado por boias.

Largada e chegada

Os competidores esperam o tiro de largada sem posição definida – nos Jogos, como em outras provas oficiais da ITU, num "pontoon de largada", ou deque flutuante. É comum haver contato físico (chutes, cotoveladas e "caldos") na disputa por espaço. Não há linha de chegada. Os triatletas saem da água e vão buscar as bicicletas na área de transição.

Equipamento

O mesmo de outras provas de natação: maiô (muitas vezes usado também nas provas de ciclismo e corrida, para poupar tempo), óculos e touca. Um traje térmico pode ser exigido se a temperatura da água estiver muito baixa.

Estilo

Livre. O crawl é o mais usado. Na entrada na água, é usada a golfinhada, série de mergulhos para atravessar as ondas.

Regras

Sair do caminho causa punição, mas é permitido tocar nas boias e até se apoiar nelas para descansar.

CICLISMO

Trajeto

A prova de ciclismo do triatlo é de estrada. O percurso pode variar, mas começa e termina na área de transição, onde as bicicletas ficam penduradas em cavaletes.

Largada e chegada

Cada triatleta deve saber de antemão onde fica seu cavalete. É proibido retirar a bicicleta antes de afivelar o capacete. Na transição para a corrida, é obrigatório pendurar a bicicleta de volta.
Linha de monte: na largada, delimita o ponto a partir do qual é permitido subir na bicicleta.
Linha de desmonte: na chegada, delimita o ponto a partir do qual é permitido descer da bicicleta.

Equipamento

Bicicleta: a mesma usada nas provas de estrada do ciclismo. Feita de material resistente (fibra de carbono, titânio ou liga de cromo-molibdênio). Atualmente, algumas marcas já produzem bicicletas para o triatlo profissional, com alto grau de retomada de velocidade e prontas para escapadas, como as de provas de contrarrelógio.
Capacete: uso obrigatório.
Óculos: uso opcional.
Sapatilhas: presas com velcro para serem calçadas e descalçadas rapidamente. Para poupar tempo na transição, os triatletas não costumam usar meias.

Regras

O triatleta não pode bloquear o competidor que vem logo atrás. Mesmo que haja quebra ou acidente, é proibido trocar de bicicleta. Mas é permitida a troca de peças, como aros ou rodas, em locais predeterminados pela organização.

Atletas competem na etapa de ciclismo da prova de triatlo em Londres 2012
VALTERCI SANTOS/AGIF/ COMITÊ OLÍMPICO DO BRASIL

QUADRO DE MEDALHAS

PAÍS	OURO	PRATA	BRONZE	TOTAL
Suíça	2	0	2	4
Austrália	1	2	2	5
Nova Zelândia	1	1	1	3
Canadá	1	1	0	2
Alemanha	1	1	0	2
Grã-Bretanha	1	0	1	2
Áustria	1	0	0	1
Portugal	0	1	0	1
Espanha	0	1	0	1
Suécia	0	1	0	1
República Tcheca	0	0	1	1
EUA	0	0	1	1

*Todos os medalhistas da história da modalidade

O brasileiro Reinaldo Colucci na transição durante a prova de triatlo em Londres 2012
VALTERCI SANTOS/AGIF/ COMITÊ OLÍMPICO DO BRASIL

CORRIDA

Trajeto

A corrida do triatlo olímpico é como as provas de rua do atletismo. Pode ter uma ou mais voltas.

Largada e chegada

A corrida começa logo depois de o atleta parar a bicicleta no cavalete e mudar de roupa na área de transição. A linha de chegada marca o fim da competição de triatlo. Quem a cruza primeiro é o vencedor.

Equipamento

Tênis: semelhantes aos das corridas de rua do atletismo, mas sem cadarços para serem calçados rapidamente. Para poupar tempo, os triatletas não costumam usar meias.
Viseiras ou bonés: opcionais. Alguns triatletas usam óculos de sol.

Regras

É permitido caminhar. Correr sem camisa é proibido. Descalço, também.

A transição

Conhecida como a quarta modalidade do triatlo, a transição entre as provas tem suas próprias técnicas para poupar tempo.
Da natação para o ciclismo: os triatletas costumam deixar as sapatilhas de ciclismo presas aos pedais e calçá-las durante as primeiras pedaladas. A subida na bicicleta, a partir de uma linha pintada no chão ao sair da área de transição, é feita com um salto, que já serve para dar impulso.
Do ciclismo para a corrida: os triatletas tiram as sapatilhas de ciclismo durante as últimas pedaladas e calçam os tênis de corrida com um só movimento, puxando pelo calcanhar. Depois, desfazem-se do capacete, deixando todo o material em local individual no bicicletário, sob pena de punição com perda de tempo (*stop and go*).

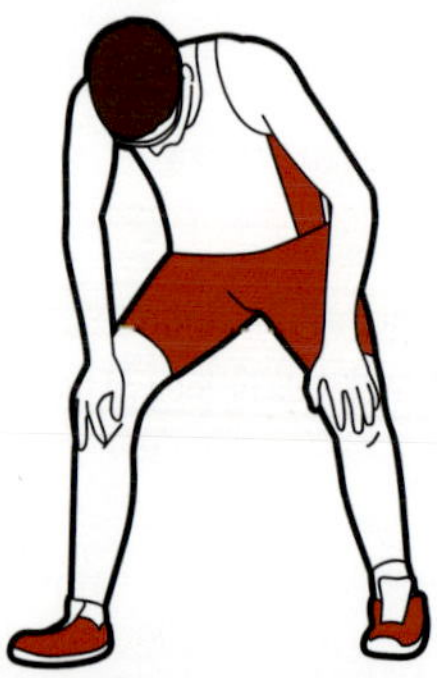

Só para quem é de ferro

Se disputar uma prova olímpica de triatlo já é tarefa difícil, imagine o que não passam os competidores das mais duras provas de resistência.
Ironman: disputado anualmente num circuito de 26 etapas. Inclui 3,8km de natação, 180km de ciclismo e 42,2km de corrida. Os atletas de melhor desempenho se classificam para a final, no Havaí.
Ultraman: disputado no Havaí, em 3 dias. São 10km de natação, 421km de ciclismo (em 2 pernas, de 145km e 276km) e 84km de corrida.
Deca Ironman: prova para poucos, em 2 formatos: 10 Ironman seguidos, 1 a cada dia, durante 10 dias, vencendo o triatleta com a menor soma de tempos, ou 10 Ironman no formato de triatlo único (38km de natação, 1.800km de ciclismo e 422km de corrida), com o primeiro a cruzar a linha de chegada declarado vencedor.

Triatlo nos Jogos Rio 2016

LOCAL DE COMPETIÇÃO
Forte de Copacabana |
Capacidade: 2.978 lugares*
** Número sujeito a alteração.*

A PROVA | O triatlo olímpico não tem eliminatórias. Todos os atletas largam juntos. Cada país pode inscrever até 3 atletas no masculino e no feminino, com base no ranking mundial.

DESTAQUES | A brilhante geração do futebol espanhol que conquistou tudo no início do século XXI sofreu um desfalque em 1998, quando Javier Gómez Noya decidiu trocar os campos pelas piscinas e depois pelo triatlo. Cinco anos depois, um exame detectou que uma das válvulas de seu coração era maior do que o normal. Nascido na Suíça, Noya brigou para defender a Espanha, terra de seus pais, imigrantes galegos: o conselho nacional de esportes, que tinha encomendado o exame, proibiu sua participação em competições internacionais – o que impediu que ele fosse a Atenas 2004. Vencida a batalha legal, em 2006, o espanhol começou a colecionar medalhas de ouro no triatlo: 5 no Mundial, 3 na Copa do Mundo, 1 no Ironman 70.3 (com distâncias diferentes da tradicional prova havaiana) e 1 no Mundial XTERRA. Só falta a olímpica: depois de um decepcionante 4º lugar, sendo ultrapassado na reta final em Pequim 2008, ele ficou com a prata em Londres 2012. Nos Jogos Rio 2016, aos 33 anos, esse lutador tentará completar sua coleção dourada.

O BRASIL | A maior triatleta brasileira jamais competiu nos Jogos Olímpicos: Fernanda Keller era especialista em distâncias longas. Chegou a tentar a classificação para a estreia da modalidade, em Sidney 2000, mas não conseguiu e preferiu manter o foco da carreira nas competições do Ironman. Para os Jogos Rio 2016, o Brasil, por ser país-sede, tem garantida pela menos 1 vaga no masculino e 1 no feminino, independentemente do ranking mundial.

Representante do país na prova feminina, Pâmella Oliveira conheceu o triatlo quando atravessava uma fase ruim em seu esporte de origem, a natação. Os treinos começaram em 2007, em Vila Velha, sua cidade natal. Apenas 4 anos depois, ela já conquistava o bronze nos Jogos Pan-americanos Guadalajara 2011. Na estreia nos Jogos, no ano seguinte, em Londres 2012, um modesto 30º lugar – que ela espera melhorar muito nos Jogos Rio 2016.

Vela

A vela apresenta em forma de competição uma das mais antigas e engenhosas invenções humanas – a de usar o vento como combustível para os barcos. O hábito de velejar vem de tempos ancestrais e foi cultivado por diversas sociedades em todo o planeta. Nos séculos XV e XVI, com as grandes caravelas, a navegação à vela ganhou um caráter mais comercial. Portugal e Espanha, depois Holanda e Inglaterra, eram potências marítimas, com colônias nas Américas e na África. Datam da mesma época os primeiros registros de utilização de barcos à vela para atividades de lazer. A primeira regata internacional de que se tem notícia foi disputada em 1851: um desafio entre o Royal Thames Yacht Club, da Inglaterra, e o New York Yacht Club, dos Estados Unidos, num trajeto de cerca de 100km em torno da ilha de Wight, no sudeste da Inglaterra. Os ingleses eram favoritos, mas acabaram perdendo para os norte-americanos. O desafio ficou conhecido então como America's Cup e se firmou como uma competição tradicional, disputada até hoje. A vela estreou no programa olímpico em Paris 1900. A primeira classe exclusivamente feminina foi a 470, em Seul 1988. Antes disso, as mulheres já tinham participado de outras edições de Jogos, mas fazendo parte de tripulações mistas.

Órgãos dirigentes | > International Sailing Federation (ISAF) > Confederação Brasileira de Vela (CBVela)

Jogo rápido | Usando apenas a força do vento, os velejadores conduzem seus barcos em águas abertas, somando pontos a cada regata para apontar o vencedor.

As classes

Nas regatas olímpicas, todos os barcos devem ser idênticos, com as características e medidas oficiais de cada classe.

PARA HOMENS

49er **Barco:** casco simples, 3 velas, 2 asas laterais, 2 tripulantes. **Comprimento:** 4,99m. **Peso:** 94kg.

Finn **Barco:** casco simples, 1 vela, 1 tripulante. **Comprimento:** 4,50m. **Peso:** 130kg.

Laser **Barco:** casco simples, 1 vela, 1 tripulante. **Comprimento:** 4,23m. **Peso:** 59kg.

PARA MULHERES

Laser radial **Barco, comprimento e peso:** iguais aos da Laser (só a vela é menor).

49er FX **Barco, comprimento e peso:** iguais aos da 49er (só as velas são menores).

PARA HOMENS E MULHERES

RS:X **Barco:** prancha a vela, 1 tripulante. **Comprimento:** 2,88m. **Peso:** 30kg.

470 **Barco:** casco simples, 3 velas, 2 tripulantes. **Comprimento:** 4,70m. **Peso:** 120kg.

PARA TRIPULAÇÕES MISTAS

Nacra 17 **Barco:** catamarã de casco duplo, 3 velas, 2 tripulantes. **Comprimento:** 5,25m. **Peso:** 135kg.

Prova de vela em Londres 2012
DANIEL RAMALHO/AGIF/ COMITÊ OLÍMPICO DO BRASIL

A linguagem dos barcos

Adriças: cabos usados para içar as velas.
Área vélica: é a área total das velas, medida em metros quadrados.
Boca: a maior largura do casco.
Bolina: peça móvel retrátil encaixada na parte de baixo do casco. Impede que o barco seja levado lateralmente pelos ventos.
Calado: é a altura do barco medida da linha d'água para baixo. Determina a profundidade limite da água para que o barco não encalhe.
Casco: é o corpo do barco, sem considerar mastro, velas, leme e outros acessórios.
Leme: peça localizada na popa, usada para governar o barco, dando sua direção.
Popa: parte posterior (ou traseira) de uma embarcação.
Proa: parte anterior (ou a frente) de uma embarcação.
Quilha: peça estrutural (de madeira ou aço) que fica na base do casco, ao longo de seu comprimento. Fica submersa e impede que o barco seja levado lateralmente pelos ventos.
Retranca: haste fixada na parte de trás do mastro que ajuda na sustentação da vela grande.
Velame: conjunto de velas de um barco.

A linguagem do vento

O vento é o motor dos barcos à vela, e saber sua direção e sua velocidade é fundamental para traçar a estratégia da prova.
Barlavento: lado em que sopra o vento. Quando o barco está a favor do vento, os tripulantes erguem as velas, que inflam para ganhar velocidade.
Bombordo (BB): o que está à esquerda, olhando para a proa do barco.
Boreste (BE): o que está à direita, olhando para a proa do barco.
Nó: medida de velocidade do vento, equivalente a uma milha náutica por hora.
Sotavento: lado oposto ao vento. Quando o barco está contra o vento, os tripulantes mudam a posição das velas e procuram navegar em ziguezague.
Través: vento que vem pelos lados do barco. Pode ser de bombordo ou boreste.
Vento de popa: vento que vem por trás do barco.

Robert Scheidt em Toronto 2015
JONNE RORIZ/EXEMPLUS/COMITÊ OLÍMPICO DO BRASIL

Os tipos de vela

Mestra (ou grande): triangular, envergada no mastro e na retranca.
Spinnaker (ou balão): em forma de balão, oferece maior resistência ao vento.
Buja: vela triangular, envergada no espaço junto ao cabo que segura longitudinalmente o mastro.

Posições no barco

Proeiro: aquele que manobra na proa em barcos com 2 ou mais tripulantes. Usa o peso do corpo, projetado para fora, para ajustar a posição do barco.
Timoneiro: encarregado de governar a embarcação, comandando seu leme. Toma também as decisões sobre içar ou arriar as velas.

Uniforme

Traje: muitos atletas usam roupas de neoprene, parecidas com as de surfistas e mergulhadores, que protegem o corpo da temperatura da água e não ficam encharcadas.
Colete salva-vidas: é obrigatório.
Luvas: necessárias para as manobras com a vela, já que é obrigatório o uso de cabo.
Calçados: devem ser à prova d'água.

A raia

Os velejadores devem percorrer um trajeto predeterminado, em água doce ou salgada (lagos, baías e até mar aberto). Dois barcos da organização da prova delimitam a largada – os competidores devem passar entre eles. Boias são usadas para formar o percurso, numa combinação de triângulos e retas a favor e contra o vento – que pode ser diferente a cada regata, de acordo com as condições climáticas. Vence quem cruza primeiro a linha de chegada.

Sinais

Os momentos que antecedem uma regata são tensos. Os velejadores devem buscar as melhores posições e estar atentos aos sinais vindos do barco de largada.
Sinal de atenção: 5min antes da largada, a bandeira da classe é hasteada.
Sinal preparatório: 4min antes da largada, soa o sinal de preparação, enquanto sobe uma bandeira indicativa.
Sinal de 1min: a 60s da largada, soa um sinal sonoro longo, enquanto a bandeira de preparação é arriada.
Sinal da largada: mais um sinal sonoro é dado, dessa vez com a bandeira da classe também arriada.

Tradição

A vela era considerada um esporte nobre na Inglaterra. O Rei Carlos II não apenas tinha barcos, como também gostava de competir. Na vizinha Irlanda, fica o mais antigo clube ainda em atividade no mundo, o Royal Cork Yacht Club.

QUADRO DE MEDALHAS

PAÍS	OURO	PRATA	BRONZE	TOTAL
Grã-Bretanha	26	18	11	55
EUA	19	23	17	59
Noruega	17	11	3	31
Espanha	13	5	1	19
Dinamarca	12	9	7	28
França	11	9	12	32
Suécia	10	12	13	35
Austrália	10	5	8	23
Nova Zelândia	8	5	5	18
Brasil	6	3	8	17

Arbitragem

Um comitê de regata acompanha a competição de dentro de um barco, verificando a validade das ultrapassagens, aplicando infrações e atendendo às reclamações dos velejadores.

Abalroamento: choque entre 2 embarcações.

Protesto: pedido de sinal de irregularidade, a ser apreciado após a regata pelos juízes. Um dos tripulantes ergue uma bandeira para sinalizar. O protesto pode ser avaliado após a regata, e se aprovado, muda-se o resultado.

Manobras

Arribar: alterar o rumo do barco a favor do vento.

Cambar: mudar a direção, com o barco entrando no vento e saindo em seguida.

Bordejar: mudar o rumo do barco.

Jibe: manobra realizada normalmente com vento de popa, com o objetivo de alterar o rumo do barco com mudança de lado das velas.

Orçar: alterar o rumo do barco contra o sentido do vento.

Ultrapassagens

Numa regata, os barcos não precisam fazer um percurso linear – a única obrigação é contornar as boias nos lugares indicados. Por isso, podem se encontrar em posições diferentes, e devem seguir normas rígidas na hora de ultrapassar.

Quando 2 barcos vêm de lados opostos: o barco com velas do lado direito tem prioridade.

Quando os barcos vêm do mesmo lado: o barco que quer ultrapassar deve manter distância.

Quando 2 barcos estão no mesmo trajeto: o barco que está a barlavento deve manter distância.

Quando 2 barcos chegam juntos para contornar uma boia: o barco que navega por dentro tem prioridade.

Vela nos Jogos Rio 2016

LOCAL DE COMPETIÇÃO
Marina da Glória | Capacidade: 3.500 lugares*
** Número sujeito a alteração.*

O TORNEIO | Nos Jogos Olímpicos, são disputadas 11 regatas para as classes Laser, 470 e Finn e 13 para as Classes 49er, 49er FX, RS:X e Nacra 17. Os velejadores participam de todas e recebem pontos de acordo com a ordem em que cruzam a linha de chegada: 1 ponto para o primeiro, 2 para o segundo e assim por diante. O pior resultado é descartado e os pontos das regatas são somados. Os 10 velejadores com as menores somas de notas se classificam para a regata das medalhas (medal race), com pontuação dobrada, cujo resultado se soma aos anteriores para apontar os vencedores.

DESTAQUES | Mat Belcher, australiano 6 vezes campeão mundial e campeão olímpico na classe 470 em Londres 2012, decidiu ser atleta olímpico no lugar mais propício para isso. Em 2000, aos 18 anos, ele já era campeão mundial da classe 420, e acabou escolhido para carregar a bandeira olímpica na cerimônia de encerramento dos Jogos do mesmo ano, em Sidney. Mas a participação como atleta demorou a chegar. Em 2007, quando era o número 1 do ranking mundial da classe 470, perdeu a vaga dos Jogos Pequim 2008 na seletiva australiana. E não era para menos: o barco que o eliminou conquistou a medalha de ouro. Um dos tripulantes, Malcom Page, juntou-se a Belcher para a edição seguinte, e ele finalmente pôde competir – e ganhar o ouro – numa edição dos Jogos, em Londres 2012. Nos Jogos Rio 2016, seu parceiro será outro, Will Ryan. Mas o sonho olímpico, aos 33 anos, continuará o mesmo.

O BRASIL | Nenhum atleta brasileiro em atividade, em qualquer esporte, tem mais medalhas olímpicas do que Robert Scheidt. São 2 de ouro e 1 de prata na classe Laser, 1 de prata e 1 de bronze na Star (que não faz mais parte do programa). A elas se somam mais 5 (3 de ouro) em Jogos Pan-americanos e 13 (10 de ouro) em Mundiais. A coleção de medalhas começou 2 anos depois que o pequeno Robert ganhou um barco do pai para aprender a velejar na Represa de Guarapiranga, em São Paulo, sua cidade natal. Ele tinha 11 anos ao vencer seu primeiro campeonato – e não parou mais. Só Torben Grael, que hoje é consultor técnico da equipe de vela (e pai de Martine, que ao lado de Kahena Kunze chega como uma das favoritas na classe 49er FX após a conquista do Mundial de 2014 e a prata em Toronto 2015), tem tantas medalhas olímpicas quanto ele (2 de ouro, 1 de prata e 2 de bronze). Nos Jogos Rio 2016, Scheidt terá 43 anos e voltará a competir com o barco de suas 3 primeiras participações nos Jogos, o Laser.

Por ser país-sede, o Brasil tem o direito de inscrever 1 barco em cada classe olímpica. As tripulações são escolhidas por critério técnico.

Voleibol

Na origem, o voleibol é primo do basquetebol. Também surgiu nos Estados Unidos, criado sob encomenda por um professor de uma Associação Cristã de Moços (ACM) – no caso, William Morgan, de Massachusetts, em 1895. E também tinha como objetivo ser praticado em lugares fechados. Mas com uma precaução a mais: permitir a participação de idosos. Preocupado em garantir a integridade física dos associados, Morgan queria um jogo sem o contato físico do esporte das cestas. A novidade fez sucesso e cruzou rapidamente as fronteiras, sendo adotada pelos soldados norte-americanos na Segunda Guerra Mundial. Impulsionado pela ACM, que atuava em mais de 80 países, já era praticado em todos os continentes depois da guerra. Hoje, a FIVB estima que quase 1 bilhão de pessoas pratiquem ou assistam a jogos de voleibol ao redor do planeta. O esporte entrou no programa olímpico em Tóquio 1964, tanto no masculino quanto no feminino.

Órgãos dirigentes

> Fédération Internationale de Volleyball (FIVB)

> Confederação Brasileira de Voleibol (CBV)

Jogo rápido | Duas equipes tentam marcar pontos fazendo uma bola cair no lado oposto de uma quadra separada por uma rede, usando principalmente as mãos.

Fernanda Garay em Londres 2012

ALAOR FILHO/AGIF/ COMITÊ OLÍMPICO DO BRASIL

Vista geral da partida entre Brasil e Rússia em Londres 2012
WASHINGTON ALVES/AGIF/ COMITÊ OLÍMPICO DO BRASIL

A quadra

Pode ser coberta por qualquer tipo de material antiderrapante. Normalmente, é usado taraflex.
Comprimento: 18m.
Largura: 9m.
Zona de ataque: nos 2 lados da quadra, delimitada por uma linha paralela a 3m da linha central. As linhas demarcatórias têm 5cm de largura e fazem parte da quadra – ou seja, a bola está dentro se tocar nelas.

Uniformes

Traje: short e camiseta.
Tênis: têm sola lisa e sistema de amortecimento para amenizar o impacto.
Acessórios: não são obrigatórios. Os mais comuns são as joelheiras, para proteger os jogadores das constantes quedas. Munhequeiras e faixas na testa também podem ser usadas. Líberos costumam usar luvas elásticas compridas para proteger os antebraços (elas devem ter a cor de uma das peças do uniforme e, se usadas por mais de um atleta, ser todas da mesma cor).
Numeração: de 1 a 20.

A rede

Altura: 2,43m para homens e 2,24m para mulheres.
Largura: 1m.
Comprimento: entre 9,5m e 10m.
Antena: 1,80m de altura e 10mm de diâmetro. Limita o espaço para a bola ser enviada à quadra oposta, com projeção vertical infinita.
Bordas horizontais: devem ser feitas de lona branca, costuradas ao longo da extensão da rede. A superior tem 7cm de largura, e a inferior, 5cm.
Faixas verticais: brancas, de 5cm de largura e 1m de altura, tensionadas verticalmente e colocadas no prolongamento acima de cada linha lateral. São consideradas parte integrante da rede.

A bola

Coberta de couro flexível, com camadas de borracha no interior.
Circunferência: de 65cm a 67cm.
Peso: de 260g a 280g.
Pressão interna: 0,300 a 0,325kg/cm³.

É ponto quando:

> A bola toca o chão na quadra do adversário.
> A bola vai para fora depois de ter sido tocada por último por um jogador adversário.
> O time adversário não consegue passar a bola sobre a rede para o lado oposto da quadra.
> Um jogador adversário comete uma infração como condução (manter contato com a bola ou retê-la por mais tempo do que o necessário) ou 2 toques (tocar na bola com as 2 mãos, mas não ao mesmo tempo – exceto no primeiro toque da sua equipe, para recepção do saque ou defesa).
> Um jogador adversário comete uma violação de estar fora da posição de rodízio no momento do saque de sua equipe ou atacar de dentro da zona de ataque quando está numa posição de defesa (1, 6 ou 5).
> Um jogador adversário toca com qualquer parte do corpo na quadra oposta com a bola em jogo (invasão) ou na rede.
> Quando um jogador ou o treinador adversário recebe uma punição disciplinar com cartão vermelho.

1, 2, 3...

Com a bola em jogo, cada time tem de fazê-la passar sobre a rede para o outro lado da quadra com até 3 toques alternados (um mesmo jogador não pode tocar na bola 2 vezes seguidas, a não ser em ação de defesa com os 2 toques praticamente simultâneos).

Saque: cada jogada começa com um saque, efetuado de qualquer lugar atrás da linha de fundo. O primeiro da partida é decidido por sorteio. Depois, o time que marca um ponto ganha o direito de continuar sacando. O jogador que saca deve lançar a bola ao alto e golpeá-la apenas uma vez, com uma das mãos, fazendo-a passar para o outro lado da quadra. É permitido sacar saltando e a bola pode tocar na rede antes de passar à quadra adversária.

Recepção: o primeiro toque na bola após o saque. O recurso mais usado é a manchete, ou seja, o jogador junta as mãos em concha e usa os antebraços para absorver o impacto. Mas qualquer outro movimento pode ser usado.

Defesa: o primeiro toque na bola após um ataque adversário. Pelas novas regras, pode ser feito com qualquer parte do corpo, incluindo pernas e pés, e os "2 toques" são tolerados.

Levantamento: a bola é erguida, normalmente por um especialista, o levantador (embora qualquer jogador possa executar a ação), para preparar o ataque. O recurso mais usado é o toque – a bola é empurrada com as pontas dos dedos das duas mãos, simultaneamente.

Ataque: faz a bola passar sobre a rede para o outro lado da quadra, buscando, com força ou jeito (ou ambos), iludir os defensores adversários e tocar o chão. O recurso mais usado é a cortada, em que o jogador salta para alcançar a bola acima da rede e bater nela com força, normalmente com a mão espalmada.

Bloqueio: usado para impedir os ataques adversários. Um, 2 ou 3 jogadores saltam junto à rede, com os braços erguidos e as mãos espalmadas, para impedir a passagem da bola, fazendo-a voltar para a quadra adversária. Se a bola tocar num bloqueador e seguir para sua própria quadra, esse toque não conta entre os 3 a que o time tem direito. Não é permitido bloquear saques.

O rodízio

Os jogadores começam a partida distribuídos em quadra numa ordem preestabelecida a partir da zona de defesa da quadra: 3 na defesa, atrás da linha dos 3 metros (posições 1, 6 e 5) e 3 no ataque, junto à rede (posições 4, 3 e 2). A posição 1 (onde estará o jogador que executa o saque) deve ser informada aos árbitros antes do início de cada set. A cada recuperação da posse de bola, eles se movem em sentido horário, trocando de posição. Essa ordem deve ser respeitada até que o saque seja efetuado, mas pode ser alterada logo em seguida. O jogador que efetua o saque é sempre o que está na posição 1, e ele volta a sacar se sua equipe conseguir o ponto. Normalmente, os jogadores se movem rapidamente para assumir posições definidas taticamente – o levantador, por exemplo, procura ficar sempre junto à rede, no centro da quadra. Mas os 3 jogadores que começaram a jogada na defesa não podem saltar dentro da zona de ataque para efetuar um ataque, sob pena de perder o ponto (eles podem atacar, mas para isso precisam saltar de antes da linha dos 3 metros).

Entrada de rede (posição 4): o lado esquerdo, por onde o jogador que estava na defesa entra na área de ataque após um movimento do rodízio.

Saída de rede (posição 2): o lado direito. Dali, o jogador que estava na zona de ataque volta para a zona de defesa, na posição de saque (1).

*As posições dos jogadores são determinadas e controladas conforme a posição do contato de seus pés com o solo.

Cartões

Jogadores e técnico podem ser advertidos ou punidos pelos árbitros por mau comportamento, de acordo com a gravidade da ofensa. A primeira advertência é verbal.

Cartão amarelo: segunda advertência, disciplinar ou por retardamento da partida, sem sanção.

Cartão vermelho: ponto para o adversário.

Cartões amarelo e vermelho juntos: expulsão (do set).

Cartões amarelo e vermelho separados: desqualificação (da partida).

Contagem de pontos

Set: cada partida é dividida em 5 períodos, chamados de sets. O primeiro time a vencer 3 sets é considerado vencedor, encerrando a partida.

Pontuação: nos primeiros 4 sets, vence o primeiro time a marcar 25 pontos (com no mínimo 2 de vantagem; havendo empate em 24, a partida continua indefinidamente até essa diferença ser atingida por uma das equipes). O 5º, chamado de set de desempate ou tie break, é menor: termina com 15 pontos (valendo também a regra dos 2 pontos de vantagem).

Volée, volley, vôlei

O primeiro nome que William Morgan pensou para o jogo que criou foi mintonette. A expressão *volleyball* surgiu nos Estados Unidos a partir da associação da palavra de origem francesa *volée* (voada) com a inglesa *ball* (bola). O verbo *to volley*, em inglês, significa rebater (uma bola) no ar. No Brasil, durante muitos anos foi utilizado o termo em inglês *volleyball* (com ou sem hífen). Depois, ganhou as traduções volibol (forma ainda aceita em vários dicionários) e voleibol, como é chamado até hoje. Popularmente, o esporte é conhecido como vôlei.

Arbitragem

Primeiro árbitro: fica junto à rede, sobre uma escada. Toma as decisões finais e aplica os cartões, se necessário. Informa que um time marcou um ponto, apontando um braço para seu lado da quadra, e em seguida sinaliza qual foi a razão do ponto.
Segundo árbitro: fica no chão, do outro lado da rede, de pé. Observa principalmente invasões, toques na rede e erros de rodízios da equipe que recebe o saque.
Fiscais de linha: são 4. Verificam se a bola tocou dentro ou fora da quadra ou na antena. Sinalizam também se a bola tocou ou não num jogador ou em qualquer local fora da área de jogo.
Apontador: controla o placar, as substituições, o rodízio de jogadores, os pedidos de tempo, as advertências e as penalidades ou ocorrências da partida (que podem ser pedidas pelo árbitro ou pelo capitão da equipe ao fim do jogo).
Controlador de líbero: verifica a entrada e a saída do líbero a cada ponto.

Tempos

Tempo técnico: um jogo de voleibol para obrigatoriamente quando a primeira equipe faz 8 e 16 pontos num set. Os treinadores têm então 1min para orientar seus jogadores. Essa regra só vale durante os 4 primeiros sets. No 5º, não há tempo técnico.
Tempo de descanso: além dos tempos técnicos, cada treinador tem direito a parar o jogo 2 vezes por set, incluindo o 5º. Essas paradas duram apenas 30s.

O líbero

Dos 6 jogadores em quadra, um destoa dos demais por usar um uniforme diferente. É o líbero. Trata-se de um jogador que é impedido de atacar por cima – ou seja, de passar a bola para o outro lado da quadra após saltar – e tem direito de entrar e sair da partida, substituindo outro jogador, sem contar no limite de substituições. A única restrição: cada vez que sai, só pode retornar à quadra após a disputa de um rali (sequência de ações de jogo ocorridas desde o saque até o momento em que a bola é considerada fora de jogo). Geralmente, o líbero é o melhor defensor do time e um dos jogadores que têm o melhor passe. Costuma ser o mais baixo – embora já haja uma tendência de usar jogadores altos também para essa posição.

Titulares e reservas

São 6 jogadores e 6 reservas em cada time. Cada jogador substituído só pode voltar à quadra 1 vez por set, e apenas no lugar do atleta que o substituiu. A exceção é o líbero, cujas entradas e saídas não são consideradas substituições.

Posições na quadra

Levantador: prepara as jogadas de ataque, levantando a bola para ser cortada.
Oposto: na formação inicial, fica na diagonal oposta ao levantador. Ataca pelos lados da rede.
Ponta: precisa ter agilidade para ajudar na recepção e atacar pelos lados da rede.
Meio de rede: normalmente é o atacante mais alto e atua pouco na defesa (em geral após seu saque, pois quando sua equipe perde esse ponto ele sai para a entrada do líbero).

A levantadora Dani Lins se prepara para sacar em Londres 2012
WASHINGTON ALVES/AGIF/ COMITÊ OLÍMPICO DO BRASIL

Jogadas e técnicas

Ace: ponto de saque, com a bola tocando diretamente no chão da quadra adversária.
Bola de segunda: o levantador passa a bola diretamente para a quadra adversária, em vez de prepará-la para um atacante.
China: jogada de meio de rede com finta. O atacante sai do meio da rede para a ponta, saltando com apenas uma perna.
Chutada: bola levantada com velocidade, para propiciar um ataque rápido.
Deixada: também chamada de largadinha. O atacante simula uma cortada e toca a bola levemente, fazendo um arco sobre os jogadores do bloqueio ou atrás dos defensores.
Mergulho: também chamado de peixinho. O jogador "mergulha" na quadra, atirando-se ao chão com um dos braços estendido à frente para alcançar a bola.
Rolamento: usado pelas mulheres, para evitar o choque dos seios com o chão no mergulho.

Duas invenções brasileiras

Além de transformar o voleibol em febre de norte a sul do Brasil, a seleção brasileira masculina, medalha de prata em Los Angeles 1984, revolucionou a história do esporte ao inventar 2 maneiras de sacar.
Jornada nas estrelas: Bernard foi o criador do saque em que o atleta bate na bola de baixo para cima, com o antebraço, levantando-a quase até a altura do teto do ginásio.
Viagem ao fundo do mar: o levantador William divide com Renan e Montanaro a responsabilidade pela invenção do saque que é hoje adotado em todo o mundo e conhecido apenas como "viagem". Ele ocorre quando o atleta joga a bola para o alto e bate nela em suspensão de cima para baixo, como se fosse uma cortada.

Bruno prepara um saque "viagem"
WASHINGTON ALVES/AGIF/ COMITÊ OLÍMPICO DO BRASIL

Mudanças nas regras

Em 1998, as regras do voleibol sofreram uma mudança radical, com o fim do sistema de vantagem (apenas o time que estava sacando podia pontuar), a adoção dos sets de 25 pontos (antes, eram todos de 15) e a introdução da figura do líbero. O objetivo, como em outras alterações feitas ao longo do século XX, era tornar o esporte mais competitivo e atraente para o público. E esse foi só o primeiro pacote. De lá para cá, as inovações continuaram – a mais recente permite o uso de vídeo pelos árbitros para tirar dúvidas.

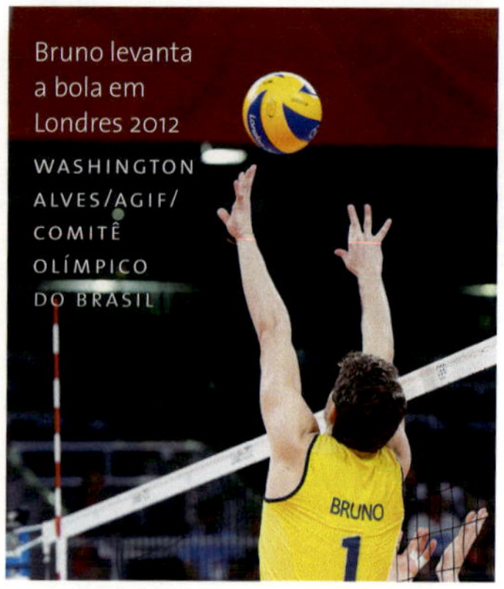

Bruno levanta a bola em Londres 2012
WASHINGTON ALVES/AGIF/ COMITÊ OLÍMPICO DO BRASIL

De jogador a presidente do COB

Atual presidente do Comitê Olímpico do Brasil e do Comitê Organizador dos Jogos Olímpicos e Paralímpicos Rio 2016, Carlos Arthur Nuzman fez parte da equipe brasileira na primeira edição dos Jogos em que o voleibol foi incluído, em Tóquio 1964. Tempos depois, dirigiria a CBV por mais de 20 anos. Sob seu comando, a entidade promoveu o jogo que até hoje é o de maior público na história do voleibol: Brasil 3x2 União Soviética, no Maracanã, com uma quadra montada no centro do gramado e mais de 95 mil torcedores na arquibancada.

QUADRO DE MEDALHAS

PAÍS	OURO	PRATA	BRONZE	TOTAL
União Soviética	7	4	1	12
Brasil	4	3	2	9
Japão	3	3	3	9
EUA	3	3	2	8
Cuba	3	0	2	5
China	2	1	2	5
Rússia	1	3	2	6
Holanda	1	1	0	2
Polônia	1	0	2	3
Iugoslávia	1	0	1	2

Voleibol nos Jogos Rio 2016

LOCAL DE COMPETIÇÃO
Maracanãzinho |
Capacidade: 11.454 lugares*
** Número sujeito a alteração.*

O TORNEIO | Tanto no masculino quanto no feminino, são 12 seleções, divididas em 2 grupos de 6. Elas se enfrentam dentro dos grupos na primeira fase, e as 4 melhores de cada grupo avançam para as quartas de final, com jogos eliminatórios até a final.

DESTAQUES | O cenário mundial do voleibol masculino é muito competitivo, e o favoritismo não gira sempre em torno dos mesmos países. Oito seleções já conquistaram o ouro olímpico – mas a Itália, que desde os anos 1990 chega aos Jogos como forte candidata, não está entre elas. Até hoje, foram 3 bronzes e 2 pratas, estas últimas em derrotas sofridas para a Holanda, em Atlanta 1996, e para o arquirrival Brasil, em Atenas 2004. Para os Jogos Rio 2016, o favoritismo já não é o mesmo – o que não diminui a vontade dos italianos, fanáticos pelo esporte que chamam de *pallavolo*, de subir no alto do pódio. Em especial a de um dos líderes da nova geração, que já tem 1 ouro na família: Ivan Zaytsev. Seu pai, Vyacheslav Zaytsev, campeão pela União Soviética em Moscou 1980, jogava em Espoleto quando ele nasceu, há 27 anos. Ivan adotou a cidadania italiana e começou no voleibol seguindo os passos de Vyacheslav, que era levantador. Mas foi na ponta, aproveitando seus 2,02m de altura, que se tornou um dos principais nomes do voleibol mundial. Conhecido também pelos penteados exóticos, chegará ao Rio com o ouro na cabeça.

O BRASIL | O maior medalhista de ouro do esporte olímpico brasileiro não estará nas quadras dos Jogos Rio 2016 – mas sim à beira delas. José Roberto Guimarães foi o técnico da primeira seleção brasileira masculina de voleibol a subir no alto do pódio, em Barcelona 1992. Depois de uma campanha ruim em Atlanta 1996, Zé Roberto, como é conhecido, trabalhou em clubes e foi até diretor de futebol do Corinthians até assumir a seleção feminina, em 2003. Já no ano seguinte, chegou a Atenas 2004 com um time considerado favorito, que acabaria, contudo, vivendo uma das maiores tristezas da história do voleibol: vencendo a Rússia por 2 sets a 1, e 24 a 19 no 4º set, permitiu a virada e perdeu a partida no tie break, ficando fora da final e voltando para casa sem medalha. Só que a recuperação foi ainda mais espetacular: comandando um processo de renovação, com jogadoras como Fofão, Fabi, Paula Pequeno e Sheilla, ele fez do Brasil uma potência do voleibol feminino, chegando a 9 títulos do Grand Prix, uma das principais competições internacionais, e 2 ouros seguidos nos Jogos, em Pequim 2008 e Londres 2012 (nesta última, com uma emocionante revanche sobre a Rússia, de virada, nas quartas de final). Nenhum atleta brasileiro tem, como Zé Roberto, 3 ouros olímpicos. E ele estará em busca do quarto nos Jogos Rio 2016. Pelo critério de país-sede, o Brasil está classificado para os torneios masculino e feminino.

Vôlei de praia

Emanuel tenta defender o ataque de Márcio nos Jogos Pequim 2008
WASHINGTON ALVES/ COMITÊ OLÍMPICO DO BRASIL

O vôlei de praia nasceu na segunda década do século XX como uma brincadeira de fim de semana ou férias de famílias norte-americanas. Nas ensolaradas praias da Califórnia, a novidade encontrou campo fértil para se desenvolver e conquistar o mundo. As primeiras competições de duplas surgiram na década de 1940 e a popularização aconteceu na década de 1960. Hoje, o vôlei de praia é extremamente organizado, com um Circuito Mundial que distribui prêmios milionários. A estreia do esporte em Jogos Olímpicos veio em Atlanta 1996, para homens e mulheres.

ÓRGÃOS DIRIGENTES

- Fédération Internationale de Volleyball (FIVB)
- Confederação Brasileira de Voleibol (CBV)

JOGO RÁPIDO | O vôlei de praia segue os principais preceitos da versão de quadra. Nos textos desta seção, apontaremos as diferenças.

A quadra

A praia foi onde o esporte surgiu e acabou incorporada ao nome. Mas qualquer quadra de areia pode ser usada, com espessura mínima de 40cm.
Comprimento: 16m.
Largura: 8m.
As linhas laterais e de fundo são feitas de material flexível, fixadas à areia nos cantos. Não existe linha de 3 metros.

A rede

Comprimento: 8,50m.
As faixas superior e inferior devem ter de 7cm a 10cm e cor azul-escuro ou brilhante.

A bola

É um pouco mais macia do que a usada na quadra.
Circunferência: de 66cm a 68cm.
Peso: até 280g.
Pressão: 0,175 a 0,225kg/cm³.
Normalmente, são usadas bolas de cores fortes, para evitar que se confundam com a areia.

Uniforme

Traje: calção (geralmente largo) e camiseta sem manga para homens. Mulheres devem usar maiôs de 2 peças.
Tênis: não são usados. Os jogadores atuam descalços ou de meias elásticas.
Acessórios: além dos que são permitidos na quadra, óculos escuros, bonés e viseiras.

1, 2

As partidas de vôlei de praia são disputadas por duplas, sem reservas. Se um dos jogadores se machucar e não puder continuar, sua dupla é declarada perdedora (antes de desistir, ele tem direito a 5min para tentar se recuperar, podendo receber auxílio médico). A regra dos 3 toques continua valendo, com uma diferença: o bloqueio conta como um toque (como na quadra, o jogador que bloqueou pode dar o toque seguinte, mas contará como o 2º dos 3 permitidos).

O rodízio

É obrigatório apenas para o saque. Quando um jogador saca, o outro se posiciona em qualquer lugar dentro da quadra. A dupla que recebe o saque não precisa guardar posição – os jogadores escolhem livremente um lugar para recepcionar o saque. A cada 7 pontos disputados, as duplas trocam de lado na quadra.

Pode ou não pode?

> Só é permitido passar a bola para a quadra adversária usando o recurso do toque se o jogador estiver em posição perpendicular à rede (de frente ou de costas).
> Não é permitido usar o recurso da deixada (ou pingada) com a mão aberta, usando as pontas dos dedos.
> Não há tolerância para 2 toques na recepção. A infração só não é marcada se cometida na defesa de um ataque com potência.
> Tocar na rede (exceto com os cabelos) é sempre punido com ponto para o adversário.
> Não existe invasão por baixo. Como não há linha central, um jogador pode passar sob a rede, desde que não interfira numa jogada da dupla adversária.

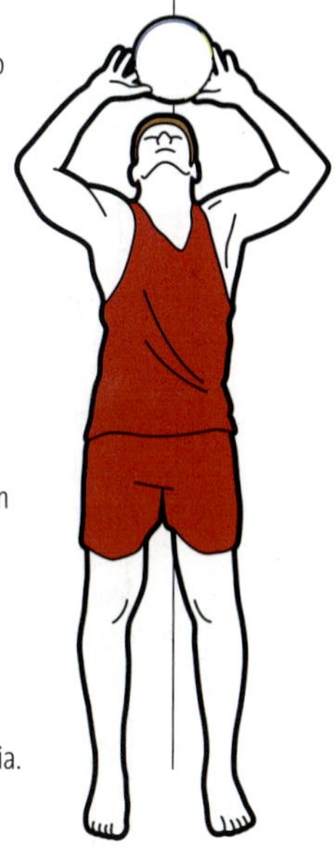

Vista geral da quadra de vôlei de praia em Londres 2012
WASHINGTON ALVES/AGIF/ COMITÊ OLÍMPICO DO BRASIL

Cartões

Se um dos jogadores for expulso do set, sua dupla é considerada perdedora daquele set; se um jogador for desqualificado, a dupla é considerada perdedora da partida.

Contagem de pontos

As partidas são disputadas em melhor de 3 sets. Os 2 primeiros são de 21 pontos; o terceiro, se necessário, de 15. Também é preciso ter uma diferença de 2 pontos para vencer um set.

Arbitragem

O apontador não marca falta se houver erro no rodízio de saque; avisa para que o sacador seja trocado.

Tempos

Parada técnica: apenas 1 por set, de 30s, quando a soma dos pontos das 2 duplas chega a 21. Não é concedida no 3º set.
Tempo pedido: deve ser solicitado pelo capitão, porque o técnico não pode ficar à beira da quadra nem passar instruções durante a partida. Cada dupla tem direito a 1 tempo de 30s por set, incluindo o 3º.

Rio faz história

O Rio de Janeiro é um lugar importante na história do vôlei de praia. O primeiro torneio internacional foi disputado na cidade, em 1987. Apenas depois, com etapas no Brasil, no Japão e na Itália, o Circuito Mundial começava a tomar forma. As mulheres disputaram um Campeonato Mundial pela primeira vez em Almería, na Espanha, em 1992 – 4 anos antes da estreia olímpica.

QUADRO DE MEDALHAS

PAÍS	OURO	PRATA	BRONZE	TOTAL
EUA	6	2	1	9
Brasil	2	6	3	11
Austrália	1	0	1	2
Alemanha	1	0	1	2
China	0	1	1	2

Vôlei de praia nos Jogos Rio 2016

LOCAL DE COMPETIÇÃO
Arena de Vôlei de Praia | Capacidade: 11.892 lugares*
** Número sujeito a alteração.*

O TORNEIO | Tanto no masculino quanto no feminino, as duplas disputam uma fase de grupos, com as melhores avançando para jogos eliminatórios das quartas de final, até a disputa do ouro. As perdedoras das semifinais se enfrentam pelo bronze.

DESTAQUES | A Letônia tem praia – mas o Mar Báltico, que banha essa ex-república soviética, está longe de oferecer as paisagens ensolaradas da Califórnia ou do Rio de Janeiro. Por que, então, uma dupla do país chegaria aos Jogos Rio 2016 como uma das favoritas ao título, no competitivo cenário do vôlei de praia? Quem tem a resposta é o Rei Leão. Assim é conhecido Aleksandrs Samoilovs, um letão de 1,95m que começou sua carreira olímpica em Pequim 2008. Competindo com Martins Plavins, ele derrotou os norte-americanos Rogers e Dalhausser na estreia – a maior zebra do esporte nos Jogos Olímpicos até hoje. Samoilovs chegará ao Brasil com 31 anos, em busca do ponto mais alto de uma evolução constante: campeão mundial sub-21, ele terminou suas 2 participações olímpicas (a segunda, em Londres 2012, jogando com Ruslans Sorokins) em 9º lugar, e em 2015 conquistou o primeiro título de expressão como adulto, o Campeonato Europeu. Seu parceiro era Janis Smedins, que virá com ele para os Jogos Rio 2016.

O BRASIL | O vôlei de praia fez história no esporte brasileiro, com a final entre 2 duplas femininas do país em Atlanta 1996, e desde então não ficou fora do pódio em nenhuma edição olímpica. Entre homens e mulheres, o país costuma figurar nas primeiras posições do ranking mundial. Larissa faz parte dessa história: terminou 7 temporadas no 1º lugar, entre 2005 e 2012. Ganhou a medalha de ouro nos Jogos Pan-americanos Rio 2007 e Guadalajara 2011. Sempre ao lado de sua antiga parceira, Juliana. As duas chegaram a Pequim 2008 como favoritas, mas Juliana se machucou e teve de ser substituída por Ana Paula. Elas voltaram a jogar juntas em Londres 2012 e ficaram com o bronze. Larissa chegou a anunciar a aposentadoria, mas voltou a competir, agora ao lado de Talita, ex-parceira de Maria Elisa. Juntas, elas conquistaram o World Tour Final, em Fort Lauderdale 2015. E chegam aos Jogos Rio 2016 para tentar levar o Brasil ao alto do pódio pela primeira vez desde aquele dia histórico em Atlanta.

Por ser país-sede, o Brasil já tinha o direito de indicar uma dupla masculina e uma feminina, e conquistou mais uma vaga de cada na Copa do Mundo da Holanda, em 2015. Larissa/Talita e Alison/Bruno Schmidt garantiram a classificação por um critério inédito: o maior número de pontos nos 6 melhores resultados entre Grand Slams (5 etapas) e Major Series (3 etapas). Ágatha/Bárbara Seixas e Pedro Solberg/Evandro receberam indicação da CBV.

MASCOT

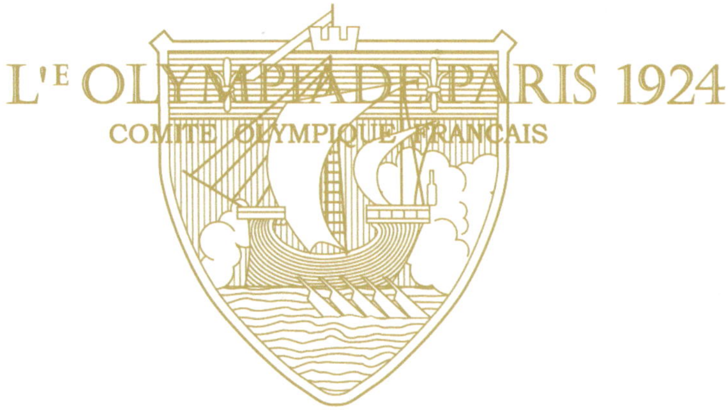
L'E OLYMPIADE PARIS 1924
COMITE OLYMPIQUE FRANCAIS

OLYMPIC GAMES
LONDON 1908

Os Jogos

A ORIGEM

Os Jogos Olímpicos da Grécia Antiga

O evento esportivo que atualmente tem dimensões planetárias e reúne mais de 200 países participantes foi criado na Antiguidade, pelos gregos. Os Jogos são uma fonte infindável de histórias e casos. Para começar o enredo do início, é preciso esclarecer logo que esses nem eram os únicos torneios esportivos da Grécia Antiga.

Na verdade, era costume que competições se seguissem a grandes feitos ou acontecimentos – no canto XXIII da *Ilíada*, Homero narra com detalhes os jogos fúnebres em homenagem a Pátroclo, escudeiro de Aquiles e uma das vítimas da Guerra de Troia. Alguns jogos se tornaram regulares e se estabeleceram como tradição. Eis alguns dos mais importantes, que eram chamados de Pan-Helênicos, pelo fato de reunirem cidadãos de várias cidades-estado:

JOGOS PÍTICOS: Celebrados no santuário de Apolo, em Delfos, a cada 4 anos. Como homenageavam o deus da música, os Jogos tinham também concursos musicais e teatrais.

JOGOS ÍSTMICOS: No santuário de Poseidon, em Corinto, a cada 2 anos. Em honra ao deus do mar, tinham provas aquáticas, como regatas de remo.

JOGOS NEMEUS: Também dedicados a Zeus, mas em outro santuário do deus, em Nemeia, sendo celebrados a cada 2 anos.

JOGOS OLÍMPICOS: É sobre eles que vamos falar nas próximas páginas deste Almanaque.

Reconstrução ideal da Acrópole de Atenas, de Leo von Klenze, 1846

Olímpia na época dos Jogos Clássicos UNIVERSAL HISTORY ARCHIVE/UIG VIA GETTY IMAGES

Do Olimpo aos Jogos Olímpicos

OLIMPO – É um monte de verdade, o mais alto da Grécia, com 2.197m. Porém, para a mitologia grega, representa muito mais: trata-se da casa dos 12 principais deuses, comandados por Zeus – deus dos raios e trovões – e por sua mulher, Hera.

OLÍMPIA – Lugar sagrado, também na Grécia, onde foram encontrados vestígios e ruínas que podem datar do século XV a.C. Ao contrário do que se possa imaginar, Olímpia não teve seu nome inspirado no Olimpo. Há historiadores que afirmam que a denominação foi dada para indicar "fonte de água sagrada". Olímpia tinha, inicialmente, templos dedicados a Hera e, mais tarde, também a Zeus. A maior das divindades ganhou o maior dos templos, adornado por uma estátua com sua imagem representada em ouro e marfim, esculpida durante 8 anos por Fídias, e considerada uma das 7 maravilhas da Antiguidade. Ali eram premiados os vencedores dos Jogos Olímpicos, que competiam em 2 outras importantes construções da cidade: o hipódromo e o estádio.

OLIMPÍADA – Período de 4 anos entre 2 edições dos Jogos Olímpicos, durante o qual era celebrada uma trégua entre as cidades-estado gregas. Dois meses antes de cada edição, uma espécie de Senado Olímpico decretava a trégua, que era comunicada por mensageiros escolhidos entre os cidadãos de Élis (o reino que organizava os Jogos). A partir desse momento, atletas, juízes, artistas e familiares podiam viajar em segurança e tinham direito a um período de 1 mês de preparação para o evento.

JOGOS OLÍMPICOS – Os da Antiguidade eram os organizados em Olímpia pelos gregos. Os Jogos Olímpicos da Era Moderna, criados pelo francês Barão de Coubertin, começaram a ser disputados em 1896 e mais tarde passariam a ser chamados também de Jogos de Verão. A partir de 1924, foram criados os Jogos de Inverno.

Começo, meio e fim

Você já deve ter ouvido ou lido por aí que os gregos criaram os Jogos Olímpicos em 776 a.C. Mas existem relatos diferentes. Os historiadores dividem os Jogos Antigos em 3 grandes fases.

1 Os primeiros Jogos, cujos registros históricos indicam terem sido homenagens funerárias, tiveram provavelmente 16 edições e foram interrompidos pela dominação dórica.

2 Tempos depois, houve a volta dos Jogos. Conta-se que Ifitos, rei de Élis, perguntou ao oráculo de Delfos o que fazer para acabar com as guerras que dividiam a Grécia. A resposta: retomar os Jogos de Olímpia. Ele então assinou um acordo com Cleóstenes de Pisa e Licurgo de Esparta e, por meio do documento, proclamava a trégua sagrada a cada 4 anos para que os Jogos fossem disputados. Os termos foram gravados num disco de cobre: "Olímpia é um lugar sagrado. Quem ousar entrar nele com armas será considerado sacrílego." Essa fase intermediária teve 26 edições.

3 Em 776 a.C., os Jogos já eram tão importantes que se tornaram a base do calendário. A terceira e última fase é a que conhecemos hoje como os Jogos Olímpicos da Grécia Antiga. A primeira edição teve apenas 1 prova, a corrida, vencida por Koroibos, cozinheiro e cidadão de Élis. Dali em diante, o número de competições cresceu e foram disputadas 293 edições olímpicas. Os Jogos já integravam o cotidiano e a cultura da Grécia quando o país foi invadido e se tornou parte do Império Romano, em 149 a.C. O que se viu na sequência foi um conflito de culturas que pôs a tradição em risco: para os gregos, competir era lutar pela glória pessoal (o ideal do guerreiro); para os romanos, lutava-se para o público. Assim, aos poucos, os espetáculos foram se tornando muito mais populares do que as competições esportivas. Em 393 d.C., o golpe final: depois de dizimar 10 mil gregos, o imperador romano Teodósio se converteu ao cristianismo para curar-se de uma doença, a conselho de Ambrósio, bispo de Milão, que, em troca, pediu a destruição dos mitos pagãos. Os Jogos Olímpicos, assim como qualquer exibição esportiva, foram terminantemente proibidos.

Atletas celebridades

Há relatos de gregos famosos que teriam assistido aos Jogos e até participado de competições: Hipócrates, pai da Medicina; Heródoto, o grande historiador; Alexandre I, rei da Macedônia; os filósofos Aristóteles, Sócrates e Platão. Este, dizia-se, foi bicampeão do pancrácio, uma mistura de luta e pugilato.

Clube do bolinha

A participação das mulheres nos Jogos Olímpicos era expressamente proibida, não só nas competições como na plateia. Só podiam competir ou torcer cidadãos gregos, ou seja, homens livres e nascidos na Grécia. A única exceção era a sacerdotisa de Deméter, do templo da deusa Ceres, que tinha entre suas obrigações de ofício assistir às provas.

Estátua de um atleta encontrada no sítio arqueológico Vila dos Papiros, em Herculano. Enquanto alguns acreditam ser um corredor, outros veem um lutador

Reconstrução da estátua de Zeus em Fídias, em um desenho de Maarten van Heemskerck. DOMÍNIO PÚBLICO

A PROGRAMAÇÃO DOS JOGOS ANTIGOS

O programa olímpico da Antiguidade sofreu muitas modificações, mas a agenda principal sempre girou em torno de 5 grupos de modalidades:

1 CORRIDAS. O stadion (que deu origem à palavra estádio), corrida que compreendia a distância de 192,27m, foi o começo de tudo, a única prova dos 13 primeiros anos olímpicos. Dele surgiram o diaulo (2 stadion) e o dólico (inicialmente 8 e no fim 24 stadion). Na 54ª edição, surgiu também uma corrida de 2 stadion com armas, que era disputada no último dia para simbolizar o fim da trégua olímpica.

2 OUTRAS PROVAS ATLÉTICAS. Arremesso (de um disco feito de pedra, cobre ou outro metal), lançamento (de um dardo de madeira de cerca de 2m, com ponta de ferro e suporte de couro para a mão do atleta) e salto (em distância, sendo que em uma das modalidades o atleta segurava um peso).

3 LUTAS. Assim como nas edições olímpicas modernas, havia 2 modalidades, porém a diferenciação não se baseava no uso das pernas, e sim na posição: na modalidade mais antiga, só era permitido ficar de pé; na outra, instituída na 18ª edição, era permitido lutar no chão. Eram disputadas também provas de pugilato (semelhante ao boxe) e pancrácio (mistura de boxe e pugilato).

4 PENTATLO. A prova nobre dos Jogos Olímpicos era composta, pela ordem, por corrida (um stadion), arremesso, salto em distância, lançamento e luta (na modalidade em pé, disputada apenas pelos 2 atletas que ainda não tivessem sido eliminados, da qual saía o campeão).

5 PROVAS HÍPICAS. As únicas disputadas fora do estádio. Bigas (carros puxados por 2 cavalos) e quadrigas (4 cavalos) davam 2 voltas no hipódromo, numa espécie de vale-tudo equino. Havia também provas sem carros, nas quais o cavalo poderia ser declarado vencedor se cruzasse a linha de chegada, mesmo sem o cavaleiro.

Todos nus

Séculos antes do aparecimento das chuteiras coloridas e do maiô de pele de tubarão, os atletas competiam nus. Para variar, há mais de uma versão para o surgimento desse hábito exótico:

1 Orsippus, cidadão de Megara, deixou cair a túnica durante a corrida nos Jogos Olímpicos de 720 a.C. Os outros competidores gostaram da ideia e resolveram imitá-lo.

2 Os espartanos exigiram que a prática fosse adotada, a partir do século VIII a.C., para que todos os atletas competissem em igualdade de condições.

3 Os próprios organizadores dos Jogos fizeram a exigência, para evitar que as mulheres, que eram proibidas de participar, competissem disfarçadas de homens.

O renascimento

Depois de uma interrupção de mais de 1.500 anos, os Jogos Olímpicos ressurgiram em 1896 graças aos esforços de um francês apaixonado por esportes e pelos ideais gregos. Ao combinar suas 2 paixões, ele idealizou o Olimpismo, lançou o Movimento Olímpico, fundou o Comitê Olímpico Internacional e escreveu a Carta Olímpica.

"Juno Barberini", que se encontra no Museu Pio-Clementino, no Vaticano. Juno, ou Hera, é a rainha dos deuses

Os louros da vitória

Essa você já deve ter ouvido: "Fulano se deitou sobre os louros da vitória." Pois a expressão surgiu das cerimônias de premiação dos Jogos Olímpicos da Grécia Antiga. As vitórias eram celebradas em 2 momentos. Logo depois da prova, os espectadores arremessavam flores e amarravam fitas vermelhas na cabeça e nas mãos do campeão, enquanto o árbitro da prova lhe entregava um ramo de palma e uma coroa de ramos de oliveira, pinho ou louros. No último dia dos Jogos, uma celebração reunia todos os premiados no templo de Zeus, mas sem a presença do público. Era praticamente uma cerimônia religiosa, em que cada campeão ouvia o anúncio de seu próprio nome, seguido dos nomes dos pais e da cidade de origem, para depois ter a cabeça ungida com kotinos, um óleo sagrado.

O BARÃO DE COUBERTIN

Ele nasceu em Paris, no dia 1º de janeiro de 1863. Foi batizado Pierre de Frédy, tendo como sobrenome o título que um antepassado – nobre e de origem italiana – recebera do rei Luís XI. Depois, passou a ser conhecido como Barão de Coubertin, adotando o nome de uma propriedade da família, nos arredores da cidade natal.

O jovem Coubertin não tinha problemas financeiros (era herdeiro de hotéis deixados pelos pais) e por isso pôde dedicar-se quase integralmente aos estudos, que o levaram a conhecer a obra do inglês Thomas Arnold, considerado um dos precursores do esporte moderno, e também as escavações do alemão J.J. Winckelmann, que encontrou em Olímpia as ruínas do estádio onde eram disputados os Jogos Olímpicos da Antiguidade. O projeto de reviver o evento sofreu forte influência de William Penny Brookes e de Evangelis Zappas, que organizaram competições parecidas, respectivamente, na Inglaterra e na Grécia, nos anos de 1859, 1870 e 1875.

Em 1892, Coubertin mostrou, na Sorbonne, a famosa universidade de Paris, durante um encontro da União Francesa das Sociedades de Esportes Atléticos, um estudo sobre os exercícios físicos no mundo moderno e também o projeto de reviver os Jogos Olímpicos. Mas só encontraria apoio para sua ideia 2 anos depois, numa reunião com figuras importantes da época na mesma Sorbonne. Esse evento ficou conhecido como Congresso Olímpico. Era o dia 23 de junho de 1894, e ali nasciam os Jogos Olímpicos da Era Moderna. O Barão de Coubertin foi presidente da organização que ele próprio fundou, o Comitê Olímpico Internacional, de 1896 a 1925. Ele morreu aos 74 anos, em Genebra, na Suíça, ainda detendo o título de presidente de honra, mas já sem tantas posses – gastara quase toda a sua fortuna na tentativa de emplacar o ideal olímpico.

O Barão de Coubertin

ABAIXO
A residência do Barão de Coubertin

A Carta Olímpica e o Olimpismo

O documento que pôs no papel os ideais do Olimpismo, escrito originalmente à mão pelo próprio Pierre de Coubertin, em 1899, começou a ganhar sua forma atual ao ser editado pela primeira vez com esse nome em Lausanne, Suíça, em 1978. Seus objetivos, descritos no próprio texto, são: publicar e reafirmar os princípios fundamentais e os valores essenciais do Olimpismo, servir de estatuto para o Comitê Olímpico Internacional e definir os direitos e as obrigações das principais entidades do Movimento Olímpico.

"O Olimpismo é uma filosofia de vida que exalta e combina num conjunto harmônico as qualidades do corpo, a vontade e o espírito. Ao associar o esporte com a cultura e a educação, o Olimpismo se propõe a criar um estilo de vida baseado na alegria do esforço, no valor educativo do bom exemplo e no respeito pelos princípios éticos universais. O objetivo do Olimpismo é colocar sempre o esporte a serviço do desenvolvimento harmônico do homem, com o fim de favorecer o estabelecimento de uma sociedade pacífica e comprometida com a manutenção da dignidade humana."
(Trecho da Carta Olímpica)

O Discóbolo, estátua do escultor grego Míron

O lema olímpico

O lema olímpico parece bastante competitivo: *citius, altius, fortius*, expressão latina comumente traduzida para "mais rápido, mais alto, mais forte". Mas se trata, na verdade, de uma mensagem de superação pessoal, um convite do Movimento Olímpico para que cada atleta tente melhorar o próprio desempenho. Foi cunhado por um amigo de Coubertin, o reverendo Henri Didon, e aprovado no Congresso Olímpico de 1897, em Havre, na França.

O Movimento Olímpico e suas ações

Manter vivos os ideais do Barão de Coubertin, expressos pelo Olimpismo e registrados na Carta Olímpica, é a função nada modesta do Movimento Olímpico. Sob esse nome se reúnem – numa lista que foi crescendo com o tempo e com o aumento do alcance dos Jogos Olímpicos – o Comitê Olímpico Internacional (sua autoridade máxima), as federações esportivas internacionais, os comitês olímpicos nacionais, o comitê organizador de cada edição e, é claro, os atletas. A lista de tarefas do Movimento abrange 8 áreas de atuação:

- Escolha da cidade-sede
- Organização dos Jogos Olímpicos
- Promoção da mulher no esporte
- Proteção aos atletas
- Desenvolvimento pelo esporte
- Promoção do desenvolvimento sustentável
- Respeito à trégua olímpica
- Promoção da cultura e da educação olímpicas

O Comitê Olímpico Internacional

O Comitê Olímpico Internacional foi fundado no Congresso de Paris, no dia 23 de junho de 1894. Hoje, com sede em Lausanne, na Suíça, o COI é a autoridade suprema do Movimento Olímpico e está definido na Carta Olímpica como "uma organização internacional, não governamental, sem fins lucrativos, constituída por associações, dotada de personalidade jurídica, reconhecida pelo Conselho Federal Suíço". Sua missão é dirigir o Movimento Olímpico com base nos preceitos da Carta.

Presidido atualmente pelo alemão Thomas Bach, ex-campeão olímpico de esgrima, o COI é formado por ex-atletas, atletas em atividade, representantes de federações internacionais e de comitês olímpicos nacionais. Eles se reúnem uma vez por ano, em sessões plenárias. O Brasil tem 2 membros no comitê: Bernard Rajzman, medalhista de prata no voleibol em Los Angeles 1984, e Carlos Arthur Nuzman, presidente do Comitê Olímpico do Brasil, eleito membro honorário em 2012.

O Comitê Olímpico do Brasil

O Comitê Olímpico Brasileiro, que hoje se chama Comitê Olímpico do Brasil e é conhecido pela sigla COB, foi a primeira instituição do gênero a ser fundada na América do Sul, no dia 8 de junho de 1914, na sede da Federação Brasileira das Sociedades de Remo, no Rio de Janeiro. Fernando Mendes de Almeida foi eleito presidente, mas a Primeira Guerra Mundial, que eclodiu no mesmo ano, praticamente inviabilizou as atividades, o que fez com que o Brasil tivesse suas primeiras participações em edições olímpicas sem um comitê atuante.

No dia 20 de maio de 1935, o Comitê foi reorganizado, sob a presidência de Antônio Prado Júnior. Hoje, a entidade é presidida por Carlos Arthur Nuzman, que participou dos Jogos Tóquio 1964 como atleta de voleibol e foi presidente da Confederação Brasileira de Voleibol (CBV).

Além de reunir os presidentes de todas as confederações de esportes olímpicos e ser o responsável pela participação do país nos Jogos, o COB organiza competições e eventos esportivos nacionais como os Jogos Escolares da Juventude, as Olimpíadas Universitárias e a Semana Olímpica. Tem também iniciativas culturais, que apoiam a publicação deste Almanaque, e educacionais, por meio do Instituto Olímpico Brasileiro.

Desde 1999, o COB promove uma espécie de Oscar do esporte brasileiro. O Prêmio Brasil Olímpico homenageia o melhor e a melhor atleta de cada modalidade esportiva. A votação, feita por um colégio eleitoral de especialistas e pelo público, por meio da internet, aponta ainda o atleta da torcida e o melhor treinador.

A bandeira olímpica

Vai dizer que você nunca viu? Os 5 anéis coloridos entrelaçados formam um dos símbolos mais conhecidos do mundo. Foram criados pelo próprio Barão de Coubertin, e apareceram pela primeira vez como timbre de uma carta escrita por ele em 1913. No ano seguinte, foram apresentados oficialmente, já como parte da bandeira olímpica, no Congresso Olímpico, mas foi só nos Jogos Antuérpia 1920 que ela apareceu finalmente em um estádio olímpico.

"A bandeira olímpica tem fundo branco, com 5 anéis entrelaçados no centro: azul, amarelo, preto, verde e vermelho. Esse desenho é simbólico; representa os 5 continentes do mundo, unidos pelo Olimpismo, enquanto pelo menos uma das 6 cores aparece em todas as bandeiras nacionais do mundo no presente momento", escreveu Coubertin sobre sua criação, em texto publicado em 1931.

Existem padrões para os anéis: eles devem ser entrelaçados da esquerda para a direita, com o azul, o preto e o vermelho em cima e o amarelo e o verde embaixo. E para a bandeira, que deve ter 3m de comprimento por 2m de largura, com o emblema no centro, medindo 2m x 0,66m.

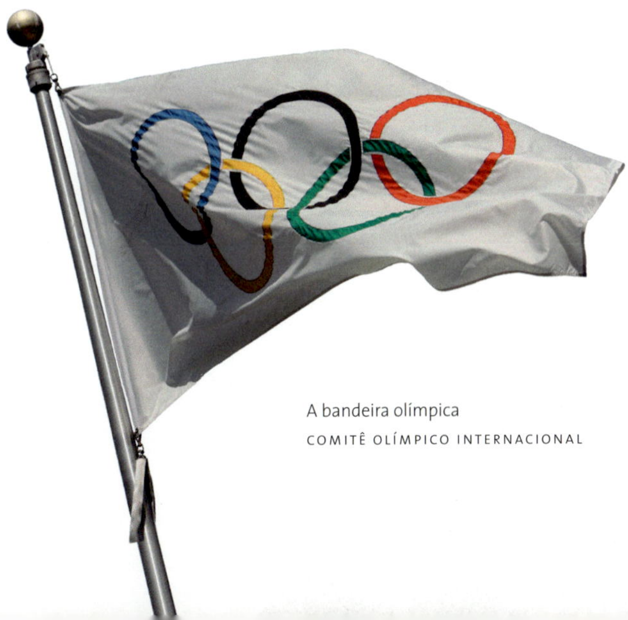

A bandeira olímpica
COMITÊ OLÍMPICO INTERNACIONAL

Chama, pira e tocha olímpicas

Para os gregos, a História da Humanidade começa com o fogo: conta-se que Prometeu, filho de um titã, roubou-o dos deuses e entregou aos homens, que a partir de então se diferenciaram dos animais. E é por ter esse caráter quase sagrado que o fogo foi parar nos Jogos Olímpicos da Antiguidade, durante os quais as chamas permaneciam acesas nos templos de Zeus e Hera. A tradição foi revivida nos Jogos da Era Moderna, a partir de Amsterdã 1928. Coube a um funcionário da companhia elétrica local a honra de acender a pira no Estádio Olímpico.

Desde então, a tradição é que a chama olímpica permaneça acesa durante todas as edições dos Jogos. A essa rotina, acrescentou-se, a partir de Berlim 1936, outra prática, que tornou a cerimônia completa. O alemão Carl Diem foi o criador do ritual que prevê o acendimento da chama em Olímpia, berço dos Jogos da Antiguidade, e sua condução à cidade-sede em tochas, num revezamento que termina com a iluminação da pira que marca a abertura oficial dos Jogos.

Cerimônia de abertura dos Jogos Londres 2012

Cerimônias de abertura e de encerramento

O ursinho Misha deixando cair uma lágrima de saudade. Muhammad Ali segurando a tocha com a dignidade inabalada pela Doença de Parkinson. O arqueiro Antonio Rebollo atirando uma flecha incandescente sobre a pira. O homem voador de Los Angeles. Algumas das imagens mais marcantes da história dos Jogos Olímpicos foram registradas nas cerimônias de abertura e de encerramento.

A Carta Olímpica prevê que o Comitê Organizador apresente o programa das cerimônias de abertura e de encerramento para aprovação do COI. Elas são consideradas ritos e obrigatoriedades dos Jogos Olímpicos e têm um formato padrão para a parte oficial. A exibição artística fica por conta da criatividade dos donos da casa.

Hino olímpico

Pierre de Coubertin queria usar o quarto movimento da Nona Sinfonia de Beethoven (com letra de Schiller) como hino dos recém-criados Jogos Olímpicos, mas o desejo do barão não prevaleceu. O hino olímpico foi composto pelos gregos Spirou Samara (música) e Cositis Palamas (letra) já para a primeira edição dos Jogos, em Atenas 1896. Foi oficialmente aprovado pelo COI em sua 55ª sessão, em Tóquio, em 1958, e executado pela primeira vez sob esse novo status na inauguração da Vila Olímpica de Roma 1960. Sua execução é obrigatória em todas as edições olímpicas.

LETRA ORIGINAL DO HINO OLÍMPICO TRADUZIDA PARA O PORTUGUÊS:

Espírito imortal da Antiguidade
Criador augusto da verdade, beleza e bondade
Desça aqui, apresente-se, irradie sua luz sobre nós,
Por este campo e debaixo deste céu
Que primeiro testemunharam
Sua fama imperecível

Traga vida e entusiasmo para estes nobres Jogos!
Atire coroas de flores com frescor eterno aos vitoriosos
Da corrida e da luta
E crie em nossos peitos corações de aço!

Em sua luz, planícies, montanhas e mares
Brilham em matizes rosados e formam um vasto templo
No qual as multidões de todas as nações vão adorá-lo
Oh, espírito imortal da Antiguidade

Muhammad Ali ergue a tocha olímpica na cerimônia de abertura dos Jogos Atlanta 1996
GIULIO LOCATELLI/
COMITÊ OLÍMPICO INTERNACIONAL

ATENAS 1896

241 ATLETAS
14 PAÍSES
NENHUMA MULHER

OS I JOGOS OLÍMPICOS

O sonho do Barão de Coubertin começou a se tornar realidade num domingo de Páscoa, pouco menos de 2 anos depois de ele ter lançado, no Congresso Olímpico de Paris, a ideia de reviver os Jogos Olímpicos. No dia 6 de abril de 1896, do alto de sua tribuna no majestoso Estádio Panathinaiko – presente do milionário grego Georgius Averoff, com capacidade para 80 mil espectadores e todo coberto de mármore –, o rei da Grécia, Jorge I, declarava aberta a primeira edição dos Jogos Olímpicos da Era Moderna.

Mas o sonho do barão ainda estava longe da realidade financeira e superorganizada dos dias de hoje. Embora tenham comprado a ideia de reviver os Jogos que seus antepassados inventaram, os gregos não tinham muita experiência para realizá-los. Houve problemas, por exemplo, com o calendário: entre o juliano, então usado na Grécia, e o convencional, havia uma diferença de 13 dias relativa à data da cerimônia de abertura dos Jogos.

Prova de atletismo em Atenas 1896: preparam-se para a largada os corredores dos 100m. Na segunda raia, da esquerda para a direita, está Thomas Burke, que ganharia o ouro
COMITÊ OLÍMPICO INTERNACIONAL

As manchetes de 1896

> O norte-americano Henry Ford lança seu primeiro veículo motorizado sobre 4 rodas.

> O alemão Wilhelm Rontgen apresenta sua nova descoberta: o raio-x.

> O francês Antoine Henri Becquerel estuda a radioatividade dos sais de urânio, abrindo caminho para a energia – e a bomba – atômica.

> A Etiópia declara independência. A derrota nessa guerra colonialista levou à renúncia do primeiro-ministro italiano.

> O governo brasileiro vence uma guerra interna, derrotando os seguidores de Antônio Conselheiro, em Canudos.

> Na Itália, é fundada a Gazzetta dello Sport, que se tornaria um dos mais prestigiosos jornais de esporte do mundo.

Aconteceu em Atenas

> O alemão Carl Schuhmann venceu 4 provas e foi o atleta com melhor desempenho nessa edição dos Jogos, com um feito impensável nos dias de hoje: ganhou medalhas em 2 esportes. Além das 3 que obteve na ginástica artística (cavalo, barra fixa e barras paralelas), triunfou na categoria aberta da luta estilo greco-romano. Ele também competiu no salto em distância, no salto triplo, no arremesso do peso e no levantamento do peso.

> Os Jogos de Atenas tiveram seu herói: o grego Spyridon Louis, um pastor de ovelhas, assumiu a liderança da maratona a 4km da chegada e terminou 7min à frente do 2º colocado. Foi recebido em delírio por milhares de espectadores no Estádio Panathinaiko. Muitas lendas se criaram em torno desse personagem. Há historiadores que afirmam que ele era um soldado, e outros, que era um carteiro.

> As provas de natação foram realizadas em mar aberto, mais precisamente na baía de Zea. A temperatura da água beirava os 13°C. Para enfrentar a água fria, nadador húngaro Alfréd Hajós, vencedor da prova dos 1.200m, passou graxa no corpo. Hajós aprendeu a nadar aos 13 anos, depois que o pai morreu afogado no rio Danúbio.

Spyridon Louis, vencedor da primeira maratona dos Jogos Olímpicos da Era Moderna

COMITÊ OLÍMPICO INTERNACIONAL

Prova de natação em mar aberto na baía de Zea

Prata que valia ouro

Em Atenas ainda não existia o sistema atual de entrega de medalhas. Os prêmios para os vencedores eram um diploma, uma coroa de ramos de oliveira e uma medalha de prata. O 2º colocado ganhava um diploma, uma coroa de louros e uma medalha de bronze. E o 3º, assim como todos os demais atletas participantes daquela edição dos Jogos, recebia apenas uma medalha comemorativa.

O atleta Herman Weingartner durante a prova de argolas, em que ficou em 3º lugar

Os Principais medalhistas

	PAÍS	OURO	PRATA	BRONZE	TOTAL
1	Estados Unidos	11	7	2	20
2	Grécia	10	17	19	46
3	Alemanha	6	5	2	13
4	França	5	4	2	11
5	Grã-Bretanha	2	3	2	7
6	Hungria	2	1	3	6
7	Áustria	2	1	2	5
8	Austrália*	2	0	0	2
9	Dinamarca	1	2	3	6
10	Suíça	1	2	0	3

* A medalha conquistada por Edwin Flack no tênis não é contabilizada. Como a disputa tinha parcerias de diferentes países, a conquista em duplas vai para Países Mistos.

Obs: A indicação ouro, prata e bronze existe apenas para padronizar a tabulação de medalhas em relação às edições seguintes dos Jogos Olímpicos.

O primeiro campeão olímpico

Aos 27 anos, o norte-americano James Connolly decidiu abandonar a Universidade de Harvard para realizar o sonho de disputar os Jogos Olímpicos. Ao lado de 9 atletas e 1 técnico, encarou uma viagem de 16 dias em um cargueiro até Nápoles, na Itália, onde teve a carteira roubada. Em seguida, fez outros percursos de barco e trem até Atenas. Ao chegar à capital grega, novo imprevisto: Connolly descobriu que a prova do salto triplo seria realizada no dia seguinte, 12 dias antes do previsto pela delegação norte-americana. Mesmo sem estar devidamente preparado, o atleta saltou 13,71m e venceu a prova com mais de 1m de vantagem sobre o 2º colocado. Ele ainda conquistaria um 2º lugar no salto em distância. Em Saint Louis 1904, voltaria aos Jogos Olímpicos em função diferente: a de jornalista.

James Connolly, o vencedor da prova de salto triplo em Atenas 1896

ALBERT MEYER/COMITÊ OLÍMPICO INTERNACIONAL

O tenista John Boland

COMITÊ OLÍMPICO INTERNACIONAL

Um turista no alto do pódio

O irlandês John Boland, estudante de Oxford, ficou sabendo da realização da primeira edição dos Jogos da Era Moderna em Atenas e decidiu viajar para ver o evento de perto. Ao chegar à Grécia, conheceu um grego ligado ao Comitê Organizador que o convidou a participar do torneio de tênis. Boland topou e acabou campeão em simples e em duplas, mesmo jogando com sapato de couro e de salto.

ABAIXO

Vista geral do Estádio Panathinaiko, onde os espectadores aguardavam a chegada do atleta que venceria a maratona de Atenas 1896

UNITED ARCHIVES/ COMITÊ OLÍMPICO INTERNACIONAL

Final de tênis em duplas: John Boland e seu parceiro, Friedrich Traun

Olimpílulas

> Edwin Flack, o único representante da Austrália nos Jogos, ganhou 3 medalhas em 2 esportes: venceu os 800m e os 1.500m do atletismo e chegou em 3º lugar nas duplas de tênis.

> A primeira demonstração de espírito olímpico aconteceu no ciclismo. Durante os 100km de estrada, apenas Léon Flameng (França) e Georgios Kolettis (Grécia) tinham chances de terminar a prova. Porém, durante a disputa, a bicicleta de Kolletis quebrou. Vendo que o grego teria de ficar algum tempo consertando seu equipamento, Flameng, então líder, parou de pedalar e aguardou seu adversário voltar à competição. No fim, o francês acabou levando a melhor e vencendo a prova.

> Nenhuma prova de esportes coletivos foi disputada nos Jogos Atenas 1896. O críquete era o único que fazia parte dos planos da organização, mas acabou ficando fora porque houve poucas inscrições.

> O remo e a vela estavam na programação dos Jogos, mas as provas foram canceladas devido às fortes chuvas.

> Como ainda não existia o conceito de equipes nacionais, houve vencedores de países diferentes na mesma prova. Foi o caso da dupla de tênis formada pelo irlandês John Boland e pelo alemão Friedrich Traun.

Assim não vale...

O grego Spiridon Belokas terminou a maratona em 3º mas acabou desclassificado por realizar parte do percurso a bordo de uma carruagem. A denúncia partiu do 4º colocado, o húngaro Gyula Kellner, que herdou a posição.

O Rei da Grécia, Jorge I, entregando prêmios nos Jogos Atenas 1896

Números

12 MODALIDADES DO ATLETISMO foram disputadas nos primeiros Jogos da Era Moderna: 100m rasos, 400m, 800m, 1.500m, 110m com barreiras, maratona, salto em altura, salto em distância, salto com vara, salto triplo, arremesso do peso e lançamento do disco.

9 ESPORTES distribuíram medalhas: atletismo, esgrima, tênis, tiro, levantamento de peso, natação, ginástica, ciclismo e lutas.

2H58MIN50S FOI O TEMPO do grego Spyridon Louis, vencedor da primeira maratona olímpica, que teve percurso de 40km.

Largada da prova de ciclismo estrada em Atenas 1896

ALBERT MEYER/ DOMÍNIO PÚBLICO

PARIS 1900

997 ATLETAS
24 PAÍSES
22 MULHERES
(2,20%)

Os II Jogos Olímpicos

Os Jogos Olímpicos da Era Moderna chegaram à terra de seu criador, o Barão de Coubertin. Uma composição política levou Coubertin à decisão de aproveitar a estrutura da Exposição Universal Internacional, também chamada de Feira Mundial de Paris, para realizar o evento, o que se provou um grande equívoco. A exposição fazia muito sucesso numa época de invenções e avanços científicos. Os Jogos, com isso, acabaram em segundo plano, espalhados por um período de mais de 5 meses e sem locais apropriados para as competições.

Até o nome dos Jogos Olímpicos foi esquecido: os organizadores da exposição, que tiveram papel mais atuante do que o COI, batizaram o evento de "Concurso Internacional de Exercícios Físicos e Esportes". As competições de ginástica foram classificadas como "desporto escolar para crianças"; a esgrima foi parar na seção de "cutelaria"; e o remo, na de "socorrismo". Algumas provas de atletismo foram disputadas sobre a grama do Bois de Boulogne, um grande parque na zona oeste de Paris, e a natação teve como palco o rio Sena.

A entrada para a Exposição Universal Internacional de Paris

Soldados aguardam instruções durante a Guerra dos Bôeres

As manchetes de 1900

> Clima tenso nas colônias europeias: ingleses enfrentam a segunda Guerra dos Bôeres na África do Sul; na China, eclode a Revolta dos Boxers, contra a presença de estrangeiros no país.

> Kodak lança a Brownie Box, primeira versão de bolso da máquina fotográfica.

> França limita a jornada de trabalho para mulheres e crianças a 11 horas diárias.

> Brasil ganha o Amapá, graças a uma decisão da Comissão Arbitral de Genebra.

> A Copa Davis, principal competição entre países no tênis, tem sua primeira edição, apenas com equipes da Inglaterra e dos Estados Unidos, que saíram campeões.

Aconteceu em Paris

> Pierre de Coubertin teve um desgosto em casa: contra a sua vontade, as mulheres foram admitidas nos Jogos Olímpicos. Uma frase do barão ficou famosa: "É indecente ver mulheres torcendo-se no exercício físico do esporte."

> A primeira campeã olímpica foi uma inglesa, a tenista Charlotte Cooper, que já era tricampeã de Wimbledon e ganharia ainda mais 2 títulos do torneio.

> Dois atletas norte-americanos dominaram o quadro de medalhas. Alvin Kraenzlein, o primeiro a correr com pregos na sola do sapato, ganhou ouro nos 60m, 110m e 200m, as 2 últimas com barreiras (dessas provas, só a dos 110m permanece no programa olímpico) e no salto em distância. Ray Ewry, que escapara de se tornar paralítico depois de sofrer de pólio na infância, começava a construir sua fama de "Homem de Borracha", vencendo 3 provas que não existem mais: os saltos sem impulso, nas modalidades distância, triplo e altura.

Charlotte Cooper

Alvin Kraenzlein

Os principais medalhistas

		País	Ouro	Prata	Bronze	Total
1		França	26	41	34	101
2		Estados Unidos	19	14	14	47
3		Grã-Bretanha	15	6	9	30
4		Equipe mista	6	3	3	12
5		Bélgica	5	5	5	15
6		Suíça	6	2	1	9
7		Alemanha	4	2	2	8
8		Itália	2	2	0	4
9		Austrália	2	0	3	5
10		Dinamarca	1	3	2	6

Obs: A indicação ouro, prata e bronze existe apenas para padronizar a tabulação de medalhas em relação às edições seguintes dos Jogos Olímpicos.

Aos vencedores, guarda-chuvas

Assim como em Atenas, foi difícil contabilizar e padronizar as conquistas obtidas pelos países participantes dos Jogos Paris 1900. Primeiro porque, em vez de receber ouro, prata e bronze, alguns atletas acabaram sendo premiados com pratos, guarda-chuvas e carteiras. Para complicar ainda mais, no tênis, no futebol, no polo, no remo e no cabo de guerra atletas de diferentes países competiram nos mesmos times. Somente em 1912 o problema seria resolvido em definitivo, e as medalhas, finalmente, entregues.

Paris em 1900, durante os Jogos e a Exposição Universal

Olimpílulas

> Inicialmente, o Comitê Organizador de Paris 1900 havia previsto a realização de mais provas nos Jogos, mas algumas foram vetadas, como o torneio de pipas, a pesca, a sinuca, a corrida com asnos e o tiro com canhão.

> Nessa edição dos Jogos, os ginastas que disputavam medalha no individual geral tiveram de fazer apresentações em 16 modalidades. Algumas delas curiosas, como o levantamento de pedra (de 50kg) e a escalada com corda.

> O norte-americano Meyer Prinstein foi o melhor nas eliminatórias do salto em distância, mas não pôde disputar a final por uma questão religiosa. Alvin Kraenzlein, também norte-americano, superou sua marca em 1cm e levou o ouro. Como, na época, a marca das eliminatórias era levada em conta, Prinstein ficou com a prata. Em Saint Louis 1904 ele subiria no alto do pódio na mesma prova.

Alvin Kraenzlein

Meyer Prinstein

Números

500 PESSOAS assistiram a Grã-Bretanha x França, pelo torneio de futebol. Muitas delas foram ao estádio achando que veriam a decisão do rugby. Os britânicos foram campeões jogando apenas essa partida, que venceram por 4 x 0. O torneio tinha 3 equipes (uma delas misturando britânicos e belgas) e foram disputados 2 jogos.

16 ANOS tinha o cubano Ramón Fonst Segundo quando venceu a prova de espada individual em Paris 1900. Foi a primeira medalha conquistada por um latino-americano em Jogos Olímpicos. Fonst ainda levou 1 prata na extinta categoria espada para amadores e mestres.

4 ATLETAS disputaram a prova de tiro ao pombo. Havia 55 inscritos. As desistências foram causadas pelos protestos em prol dos animais. A modalidade não foi reconhecida como olímpica.

SAINT LOUIS 1904

651 ATLETAS
12 PAÍSES
6 MULHERES (0,92%)

OS III JOGOS OLÍMPICOS

Em sua terceira edição, os Jogos Olímpicos da Era Moderna pareciam caminhar para a extinção. Assim como em Paris 1900, o evento realizado nos Estados Unidos se associou a uma feira, dessa vez a Louisiana Purchase Exhibition. E o resultado confuso se repetiu: competições espalhadas por quase 5 meses, sem visibilidade, sem locais apropriados, marcadas pela desorganização e até por algumas bizarrices. O próprio Barão de Coubertin, que preferia que Chicago fosse a cidade-sede dos Jogos, recusou-se a participar da cerimônia de abertura, apesar dos apelos do presidente norte-americano, Theodore Roosevelt, que escolhera Saint Louis. A primeira edição dos Jogos Olímpicos disputada fora da Europa teve muito menos participantes do que a anterior (651 atletas contra 997 em Paris 1900).

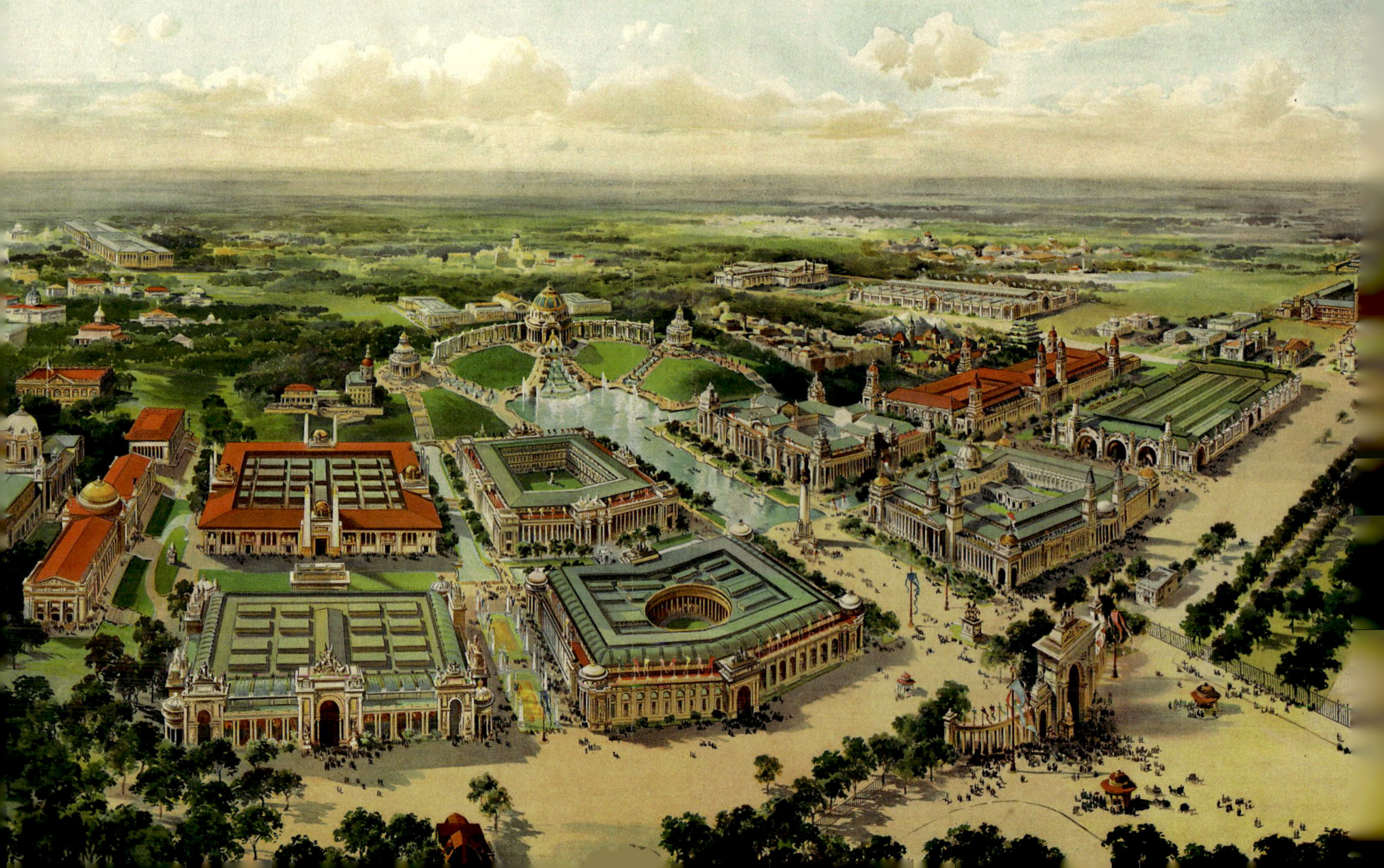

Cartaz de divulgação da Louisiana Purchase Exhibition, em 1904

As manchetes de 1904

> França e Inglaterra assinam a Entente Cordiale, para evitar desavenças sobre seus interesses colonialistas no norte da África.

> O Japão declara guerra à Rússia e retoma à Manchúria, em poder dos russos desde 1900.

> O Brasil vence a disputa com a Inglaterra pela posse de Roraima.

> O futebol ganha sua entidade máxima: a FIFA é fundada em Paris.

> Surge o Botafogo Football Club, que passaria a se chamar Botafogo de Futebol e Regatas ao se fundir com o Club de Regatas Botafogo.

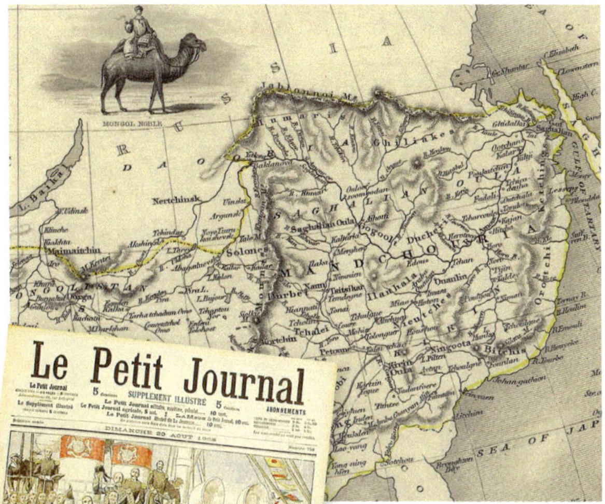

Le Petit Journal
SUPPLEMENT ILLUSTRÉ
L'ENTENTE CORDIALE
Réception de l'amiral Caillard et des officiers français par S. M. le roi Édouard VII

O vencedor da maratona em Saint Louis 1904, Thomas Hicks, e o troféu
COMITÊ OLÍMPICO INTERNACIONAL

Jan Mashiani (nº 36) e Len Taunyane (nº 35)

Aconteceu em Saint Louis

> Pela primeira vez as medalhas foram distribuídas no formato atual: ouro, prata e bronze.

> Atletas africanos negros competiram pela primeira vez, mas por um motivo pitoresco: Len Taunyane e Jan Mashiani estavam em Saint Louis para participar de uma exposição sobre a Guerra dos Bôeres e aproveitaram a oportunidade para disputar a maratona.

> O primeiro a cruzar a linha de chegada da maratona foi o norte-americano Fred Lorz. Mas chegou tão bem ao final da prova que levantou suspeitas – e elas tinham fundamento: Lorz foi desclassificado quando se descobriu que ele percorrera 18km do percurso de carro. A vitória então foi para seu compatriota Thomas Hicks, que durante a prova teve de ser reanimado várias vezes por seu treinador, com uma mistura de ovos crus, conhaque e estricnina. Hicks cruzou a linha de chegada bêbado.

Três norte-americanos, 18 medalhas

George Eyser com 3 medalhas de ouro (barras paralelas, salto sobre o cavalo e subida de corda), 2 de prata e 1 de bronze, o ginasta foi o grande herói dos Jogos. Na infância,foi atropelado por um trem e perdeu parte da perna esquerda. Competiu em Saint Louis com uma perna de madeira.

Anton Heida também ginasta, conquistou 5 medalhas de ouro e 1 de prata. Venceu as provas de salto sobre o cavalo, cavalo com alças e barra fixa, além dos 4 eventos combinados e a disputa por equipes. No salto sobre o cavalo, ficou empatado com Eyser e os 2 subiram no alto do pódio.

Burton Downing o ciclista levou 2 medalhas de ouro (nas provas de 2 milhas e 25 milhas), 3 de prata e 1 de bronze.

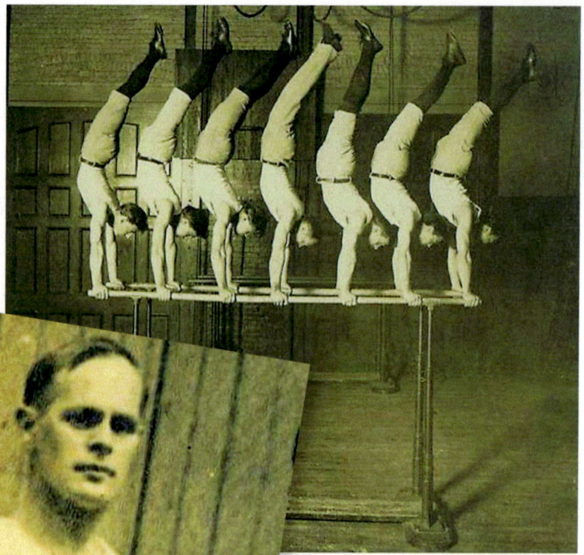

Time do clube de ginástica Concordia Turnverein Saint Louis, onde Eyser (ao centro) treinava

O ginasta George Eyser

Os principais medalhistas

		País	Ouro	Prata	Bronze	Total
1		Estados Unidos	80	85	80	245
2		Alemanha	4	2	2	8
3		Cuba	4	1	1	6
4		Canadá	4	2	3	9
5		Hungria	2	1	1	4
6		Equipe mista	1	1	0	2
7		Grã-Bretanha	1	1	0	2
8		Grécia	1	0	1	2
9		Suíça	1	0	1	2
10		Áustria	0	0	1	1

Félix Carvajal durante a maratona

O MAIS GLORIOSO VENCIDO

Carteiro em Havana, o cubano Félix Carvajal, de 1,55m de altura e bigodes fartos, ficou sabendo pelo jornal que os Jogos de 1904 seriam realizados em Saint Louis. Sem recursos ou um comitê olímpico nacional para ajudá-lo, o corredor pediu dinheiro nas ruas da capital cubana para conseguir viajar até os Estados Unidos. Sua ideia era competir na maratona.

Com o dinheiro arrecadado, conseguiu lugar em uma embarcação que o levou até Nova Orleans, que fica a aproximadamente 1.100km de Saint Louis. Ao chegar, perdeu o pouco que lhe restava em jogos de azar. Sem alternativa, decidiu ir até a cidade-sede dos Jogos de 1904 a pé ou tentando caronas. Após dias de andança, chegou ao local de competição, com a roupa do corpo, em cima da hora. Só conseguiu correr porque os outros atletas cortaram as mangas da camisa e as barras das calças e lhe emprestaram sapatilhas.

Ao longo do percurso, sem se alimentar há mais de 1 dia, parou para comer maçãs em um pomar. As frutas estavam verdes e lhe renderam uma dor de estômago. Por alguns instantes, Carvajal precisou parar de correr. Mesmo assim, não desistiu da prova e a completou em quarto lugar. Acabou se tornando o xodó dos adversários, que lhe presentearam com passagem de volta para casa e uma placa com a inscrição: "A Félix, o IV, o mais glorioso vencido da História dos Jogos".

A largada para a maratona

Olimpílulas

> Um dos destaques do atletismo foi o velocista norte-americano Charles "Archie" Hahn, apelidado de "Meteoro de Milwaukee". Ele conquistou ouro nas provas dos 60m, 100m rasos e 200m.

> Quando chegou a Saint Louis, o norte-americano James Lightbody não era apontado como favorito ao ouro em prova alguma. Mas deixou a cidade como o grande nome do atletismo naqueles Jogos, cruzando 3 vezes a linha de chegada em 1º lugar – nos 800m, 1.500m e 2.590m com barreiras. Nas 2 primeiras provas bateu, respectivamente, os recordes olímpico e mundial.

> As provas de natação foram disputadas num grande lago artificial de águas turvas. Os competidores dividiram espaço com peixes e batráquios.

> O boxe estreou nos Jogos, permitindo que os atletas competissem em mais de uma categoria. O norte-americano Oliver Kirk venceu os pesos galo e pena, sendo até hoje o único pugilista com 2 triunfos numa mesma edição dos Jogos Olímpicos.

Números

85% DAS MEDALHAS distribuídas em Saint Louis acabaram no pescoço de atletas norte-americanos.
18 ESPORTES distribuíram medalhas em Saint Louis. Três deles não fazem mais parte do programa olímpico: cabo de guerra, lacrosse e roque.
3 EQUIPES disputaram o torneio de futebol: 2 norte-americanas e 1 inglesa, que acabou sendo campeã.

A largada da prova de 100m de natação em Saint Louis 1904
COMITÊ OLÍMPICO INTERNACIONAL

ACIMA
Atletas aguardam o tiro que anuncia a largada da prova
COMITÊ OLÍMPICO INTERNACIONAL

Atletas em prova de cabo de guerra em Saint Louis 1904

ATENAS 1906

A edição fantasma dos Jogos Olímpicos reuniu 884 atletas de 20 países, entre eles 7 mulheres. Mas nenhum de seus feitos foi reconhecido, porque a história olímpica oficial não registra esse evento. Os Jogos de 1906 foram uma iniciativa dos gregos, para comemorar os 10 anos da realização, em Atenas, dos I Jogos Olímpicos. O Barão de Coubertin se opôs fortemente à ideia. Ele não queria que o ciclo olímpico de 4 anos fosse quebrado e seu projeto original previa o rodízio entre as cidades-sede, garantindo o caráter internacional de sua criação.

DESTAQUES SEM MEDALHAS

Atletas que competiram em edições anteriores dos Jogos estiveram em Atenas. Foi o caso de George Eyser, o norte-americano que usava uma perna de pau e que voltou a se destacar na ginástica. E de seu compatriota James Lightbody, herói de Saint Louis, vítima da maior zebra do atletismo: Paul Pilgrim, nascido em Nova York e que nem sequer conseguira viajar com a delegação do país no navio S.S. Barbarossa, pagou a viagem do próprio bolso e chegou a tempo de derrotar o favorito Lightbody nos 800m.

Mas as medalhas conquistadas por Eyser e Pilgrim, assim como a de William Sherring, nunca foram reconhecidas pelo COI, que ignora todos os resultados daquela edição. Os Jogos Extraordinários de 1906, como passaram a ser conhecidos, foram uma iniciativa jamais repetida, que hoje faz parte apenas do rol de curiosidades olímpicas.

Cerimônia de abertura dos Jogos Atenas 1906, no estádio Panathinaiko.

Londres 1908

2.008 ATLETAS
22 PAÍSES
37 MULHERES (1,84%)

Os IV Jogos Olímpicos

Roma tinha sido a cidade escolhida para fazer os Jogos voltarem ao ciclo de 4 anos. Mas uma erupção do vulcão Vesúvio fez com que o governo italiano tivesse de usar todo o dinheiro reservado à organização do evento para socorrer as vítimas. Foi então que o Rei Eduardo VII se pronunciou: Londres superou as candidaturas de Berlim e de Milão e se apresentou para socorrer o Movimento Olímpico.

A experiência dos ingleses na organização de eventos esportivos mudou a cara dos Jogos, ao tirá-los da sombra da Exposição Franco-Britânica, o principal acontecimento do momento na cidade. Algumas novidades importantes foram introduzidas: pela primeira vez um estádio era construído sob a marca do "padrão olímpico". Ficava em Shepherd's Bush e tinha capacidade para mais de 66 mil espectadores. Também pela primeira vez os atletas da natação mergulhariam numa piscina (até então, as provas do esporte tinham sido disputadas no mar Egeu, no rio Sena e num tanque cheio de peixes e sapos, em Saint Louis).

Espectadores preenchem as fileiras do White City Stadium, em Londres 1908
HULTON ARCHIVES/ GETTY IMAGES

As manchetes de 1908

> O Rei Carlos I, de Portugal, e seu filho mais velho, o Infante Luís Filipe, são assassinados em Lisboa por militantes republicanos.

> Os norte-americanos iniciam 2 tradições: o escotismo, fundado por Baden Powell, e o Dia das Mães, comemorado pela primeira vez na Igreja Metodista Andrew, em Grafton, West Virginia.

> Imigração japonesa é proibida nos Estados Unidos. O Brasil se torna o novo destino dos orientais. Em 18 de junho, o navio Kasato Maru chega ao Porto de Santos, trazendo os japoneses que iniciariam a colônia nipônica no país.

> Surge em Belo Horizonte o Atlético Mineiro. E o Vitória conquista pela primeira vez o Campeonato Baiano.

> Jack Johnson se torna o primeiro pugilista negro a conquistar o título mundial dos pesos pesados.

O navio Kasato Maru

Jack Johnson

O regicídio de 1908

Baden Powell

Dorando Pietri cruza a linha de chegada da maratona auxiliado pelos fiscais da prova

Aconteceu em Londres

> O cerimonial olímpico veio cheio de inovações importantes: os atletas passaram a receber medalhas feitas verdadeiramente de ouro, prata e bronze, e a cerimônia de abertura teve o desfile das delegações.

> O italiano Dorando Pietri era o líder da maratona ao entrar no estádio olímpico. Porém, estava passando mal, com forte tontura, e pegou a direção errada. Percebendo as dificuldades do atleta, alguns fiscais o ajudaram a concluir a prova em 1º lugar, numa chegada celebrada por uma famosa foto e pela música "Dorando", de Irving Berlin. Indignado com a postura dos fiscais, o norte-americano John Hayes, 2º colocado, protestou contra a ajuda e acabou ficando com o ouro.

Os principais medalhistas

		PAÍS	OURO	PRATA	BRONZE	TOTAL
1	🇬🇧	Grã-Bretanha	56	51	39	146
2	🇺🇸	Estados Unidos	23	12	12	47
3	🇸🇪	Suécia	8	6	11	25
4	🇫🇷	França	5	5	9	19
5	🇩🇪	Alemanha	3	5	5	13
6	🇭🇺	Hungria	3	4	2	9
7	🇨🇦	Canadá	3	3	10	16
8	🇳🇴	Noruega	2	3	3	8
9	🇮🇹	Itália	2	2	0	4
10	🇧🇪	Bélgica	1	5	2	8

O Rei Eduardo VII e a Rainha Alexandra

As bandeiras da discórdia

As bandeiras dos países participantes – ou a falta delas – deram o que falar no desfile da cerimônia de abertura. Os finlandeses se negaram a desfilar sob a bandeira russa, e os suecos também desistiram ao perceber que a de seu país não estava no estádio. Durante o desfile, o porta-bandeira da delegação dos Estados Unidos, Ralph Rose, se negou a prestar saudação ao Rei Eduardo VII e à Rainha Alexandra porque percebeu que o estandarte norte-americano, assim como os de outros países, não estava no estádio. Seu gesto foi ainda seguido por um companheiro de equipe, Martin Sheridan. Os ingleses se justificaram dizendo que não tinham conseguido encontrar uma bandeira norte-americana. A saia-justa diplomática teve grande repercussão na imprensa inglesa.

Ginastas se exercitam no White City Olympic Stadium, em Londres 1908

HAECKEL COLLECTION/ ULLSTEIN BILD VIA GETTY IMAGES

A prova dos 400m

W.O. NO ATLETISMO

O norte-americano John Condict Carpenter foi acusado de fechar o britânico Wyndham Halswelle na prova dos 400m e acabou eliminado pelos juízes. Após decisão dos árbitros de realizar uma segunda largada, os outros 2 norte-americanos que disputavam a prova, William Robbins e John Baxter Taylor, recusaram-se a voltar à pista, e Halswelle venceu correndo sozinho, no primeiro e único W.O. registrado em provas de atletismo na história dos Jogos Olímpicos. O incidente deu origem à prática de escalar árbitros de vários países, e não só do país anfitrião.

Alfred Swahn (à esquerda) e Lottie (à direita), em Londres 1908

Jogos em família

> Os suecos Oscar e Alfred Swahn, pai e filho, ganharam medalhas no tiro. Juntos, levaram para casa 3 ouros e 1 bronze.

> O casal britânico Charles James e Frances Rivett-Carnac integrava a tripulação do barco vencedor na classe 7m da vela. Frances foi a primeira mulher a ganhar ouro na modalidade.

> Os arqueiros britânicos William (ouro) e Charlotte Dod (prata) foram os primeiros irmãos a conquistar medalhas olímpicas. Charlotte, mais conhecida como Lottie, foi pentacampeã de tênis em Wimbledon. Também praticou patinação artística, golfe, curling e foi uma das fundadoras da seleção inglesa de hóquei sobre grama.

Olimpílulas

> Dois atletas que competiram em Londres seguiram carreira no ramo do entretenimento. O ginasta italiano Alberto Braglia, ouro na disputa individual geral, virou o "Torpedo Humano" num circo, para livrar-se de problemas financeiros. O norte-americano Alfred Gilbert, ouro no salto com vara, inventou o "Erector Set", um dos brinquedos mais populares dos Estados Unidos no século passado, com peças para as crianças montarem diversos tipos de projetos.

> A patinação no gelo entrou no programa oficial de Londres 1908. Permaneceu durante 3 edições, até ser transferida para os Jogos Olímpicos de Inverno, em 1924.

Números

37 ANOS tinha o britânico Richard Gunn ao conquistar a medalha de ouro na categoria pena do boxe.

17 GOLS fez a seleção de futebol da Dinamarca contra os franceses nos Jogos Londres 1908. A goleada de 17 x 1 foi a maior já registrada até hoje no torneio olímpico de futebol. Os britânicos, donos da casa, foram os campeões.

NO ALTO DA PÁGINA
A final de futebol entre a Grã-Bretanha e a Dinamarca no White City Stadium
BOB THOMAS/POPPERFOTO/GETTY IMAGES

O patinador russo Nikolai Panin
DOMÍNIO PÚBLICO

Cartaz dos Jogos Londres 1908
COMITÊ OLÍMPICO INTERNACIONAL

Tower Bridge, em Londres, nos anos 1900

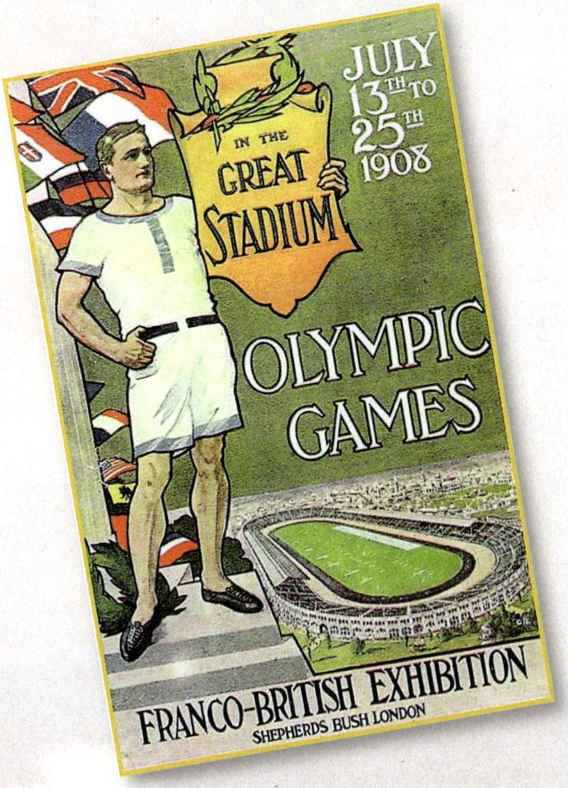

Estocolmo 1912

2.407 ATLETAS
28 PAÍSES
48 MULHERES (1,99%)

Os V Jogos Olímpicos

A virada que havia começado em Londres se consolidou em Estocolmo. Os suecos realizaram uma edição dos Jogos que foi considerada um modelo de organização, deixando o Barão de Coubertin confiante quanto à sobrevivência do evento – que resistiria até a Primeira Guerra Mundial forçar o cancelamento da edição de 1916. Pela primeira vez, atletas dos 5 continentes participavam das competições, que tiveram novidades tecnológicas: um sistema de alto-falantes para anunciar os resultados no Estádio Olímpico, cronometragem eletrônica (ainda extraoficial) e o photo finish, aparelho usado na linha de chegada para tirar dúvidas relativas à colocação dos atletas nas provas.

A equipe feminina norueguesa executa um exercício durante os Jogos de 1912

BOB THOMAS/POPPERFOTO/GETTY IMAGES

As manchetes de 1912

> Henri Seimet realiza o primeiro voo sem escalas entre Paris e Londres.
> O transatlântico RMS Titanic naufraga após colidir com um iceberg.
> Albert Belly faz o primeiro salto de paraquedas e a Itália se torna o primeiro país a usar aeronaves numa missão militar, para o reconhecimento de linhas turcas em Trípoli, na Líbia.
> Montenegro declara guerra à Turquia, inaugurando um período de tensão nos Bálcãs, a região onde mais tarde eclodiria a Primeira Guerra Mundial.
> O Santos Futebol Clube, que mais tarde ficaria famoso como o time de Pelé, é fundado.

Cartaz dos Jogos Estocolmo 1912

COMITÊ OLÍMPICO INTERNACIONAL

Pierre De Coubertin

Aconteceu em Estocolmo

> Na maratona, foi registrada a primeira morte de um atleta numa edição dos Jogos. O português Francisco Lázaro sofreu uma insolação durante a prova e foi levado às pressas ao hospital. Não resistiu e morreu no dia seguinte.
> Hannes Kolehmainen inaugurou a tradição da Finlândia nas provas de fundo do atletismo, vencendo os 5.000m, os 10.000m e o cross country (prova que saiu do programa olímpico).
> Na natação, brilhou um mito do surfe: o havaiano Duke Kahanamoku, criado na praia de Waikiki, no Havaí, onde aprendeu a nadar e surfar. Kahanamoku começou em Estocolmo, com ouro nos 100m livre e prata no revezamento 4x200m, uma carreira olímpica que se estenderia até Paris 1924, e que ainda teria uma participação no polo aquático em Los Angeles 1932.

Titanic

Muito além do esporte

Além das competições esportivas, Estocolmo promoveu concursos culturais, como era costume na Grécia Antiga. Música, pintura, arquitetura e literatura foram algumas das categorias. Nesta última, por sinal, o vencedor foi o próprio Barão de Coubertin, que se utilizou do pseudônimo George Horrod para participar com o poema *Ode ao esporte*. As medalhas dos vencedores nessas atividades não são computadas pelo COI no quadro oficial.

Hannes Kolehmainen cruza a linha de chegada da prova de 5.000m

Francisco Lázaro

Duke Kahanamoku

Os principais medalhistas

	PAÍS	OURO	PRATA	BRONZE	TOTAL
1	Estados Unidos	25	19	19	63
2	Suécia	24	24	17	65
3	Grã-Bretanha	10	15	16	41
4	Finlândia	9	8	9	26
5	França	7	4	3	14
6	Alemanha	5	13	7	25
7	África do Sul	4	2	0	6
8	Noruega	4	1	4	9
9	Canadá	3	2	3	8
10	Hungria	3	2	3	8

Um campeão sem medalhas

Aclamado pelo público em Estocolmo como o atleta mais completo já visto, o norte-americano Jim Thorpe viu o mundo desabar 1 ano depois das conquistas no pentatlo e no decatlo ao admitir que recebera 30 dólares mensais para jogar 2 temporadas em ligas menores do beisebol. Como isso violava os preceitos de amadorismo então preconizados pelo COI, ele teve suas 2 medalhas cassadas. Avery Brundage, que mais tarde seria presidente da entidade e passaria todo o mandato sem rever o caso, competiu com o acusado nas 2 provas, chegando em 6º no pentatlo e em 16º no decatlo. Em 1982, 30 anos depois da morte do campeão, o COI reviu a decisão e entregou as medalhas a seus familiares. Jim Thorpe era descendente de índios, que o batizaram Wa Tho Huck (Destino Brilhante), porque um raio de sol brilhou quando ele nasceu.

Jim Thorpe
COMITÊ OLÍMPICO INTERNACIONAL.

Patton enfrenta Mas Latrie
na etapa de esgrima do pentatlo

O tiro do General Patton

O norte-americano George Patton perdeu a medalha de ouro no pentatlo moderno numa decisão contestada: na prova de tiro, ele alegou que uma bala considerada fora do alvo pelos juízes tinha na verdade passado exatamente pelo buraco da outra na mosca. Seu protesto não foi aceito e, com o mau resultado no tiro, Patton acabou em 5º na classificação geral. Anos depois, ele se tornaria general e participaria com destaque da Segunda Guerra Mundial.

George Patton

Espírito olímpico

O nadador australiano Cecil Healy deu uma demonstração de espírito olímpico na prova dos 100m livre. Ele notou que 2 norte-americanos estavam atrasados para a segunda semifinal e solicitou que eles tivessem direito a disputar uma terceira bateria, para que pudessem ter a chance de chegar à final. O pedido foi aceito, e Duke Kahanamoku, um dos que perderam o horário, se classificou para a decisão. De quebra, levou a medalha de ouro. Healy ficou com a prata.

Cecil Healy

OLIMPÍLULAS

> Em 1908 e 1912, Austrália e Nova Zelândia competiram juntas nos Jogos Olímpicos. Os países formaram a Australásia, que nada mais é do que uma denominação criada no século XVIII para se referir ao "sul da Ásia".

> O boxe esteve ausente desta edição dos Jogos, pois uma lei sueca proibia a prática do esporte no país. A partir de então, o COI passaria a exigir que os países anfitriões se adaptassem às exigências do programa olímpico.

> O tênis não contou com a presença dos principais atletas da modalidade, já que o torneio de Wimbledon estava sendo disputado no mesmo período.

> O norte-americano Walter Winans foi o único a ganhar, em Estocolmo, medalhas em competições esportivas (prata no tiro) e artísticas (ouro na escultura).

> Pela primeira vez, um dirigente esportivo ganhou medalha. Otto Herschmann, presidente do Comitê Olímpico Austríaco, foi prata na esgrima, como integrante da equipe de sabre.

As delegações da Austrália e da Nova Zelândia

Escultura do norte-americano Walter Winans

O ciclista Rudolph Lewis

O russo Klein e o finlandês Asikainen em disputa de luta greco-romana

NÚMEROS

16X0 FOI o placar da vitória da Alemanha sobre a Rússia no torneio de futebol. Gottfried Fuchs marcou 10 gols. Os alemães ficaram em 7º lugar.

11 HORAS durou uma das semifinais dos pesos médios na luta estilo greco-romano, o mais longo combate já registrado na modalidade em Jogos Olímpicos. O russo Martin Klein venceu seu adversário, o finlandês Alfred Asikaunen, mas ficou tão cansado que acabou não disputando a final.

10H42MIN FOI o tempo que levou o ciclista sul-africano Rudolph Lewis para vencer a mais dura prova olímpica de ciclismo de estrada já disputada. A distância era de 196 milhas, equivalente a 315km.

BERLIM 1916

Os VI Jogos Olímpicos seriam disputados em Berlim, a cidade alemã que venceu Alexandria e Budapeste na disputa pelo direito de sediar as competições. Pela primeira vez, os esportes de inverno teriam seu próprio programa, que seria disputado em 1 semana e incluiria patinação artística (que já era olímpica desde Londres 1908) e de velocidade, hóquei no gelo e esqui nórdico. Mesmo quando a Primeira Guerra Mundial eclodiu, em 1914, os trabalhos de organização continuaram, porque ninguém na época acreditava que o conflito se estenderia por mais de 2 anos. Em 1916, a Europa já estava devastada pela guerra, que só terminaria em 1918, e os Jogos foram cancelados. Mas a numeração foi mantida e 4 anos depois, em Antuérpia 1920, seriam realizados os VII Jogos Olímpicos.

Soldados remendam suas roupas em barricada durante a Primeira Guerra Mundial

ANTUÉRPIA 1920

2.626 ATLETAS
29 ATLETAS
65 MULHERES (2,47%)

OS VII JOGOS OLÍMPICOS

A Bélgica, um dos países que mais sofreram com a guerra, fez um esforço notável para transformar Antuérpia na cidade-sede olímpica. Embora as cicatrizes do conflito ainda não tivessem se fechado por completo (Hungria, Alemanha, Áustria, Bulgária e Turquia foram banidas das competições), aquela edição ficou conhecida como Jogos da Paz. O Movimento Olímpico se consolidava com tradições que nasciam, como a bandeira olímpica, a revoada de pombos na cerimônia de abertura e o juramento dos atletas.

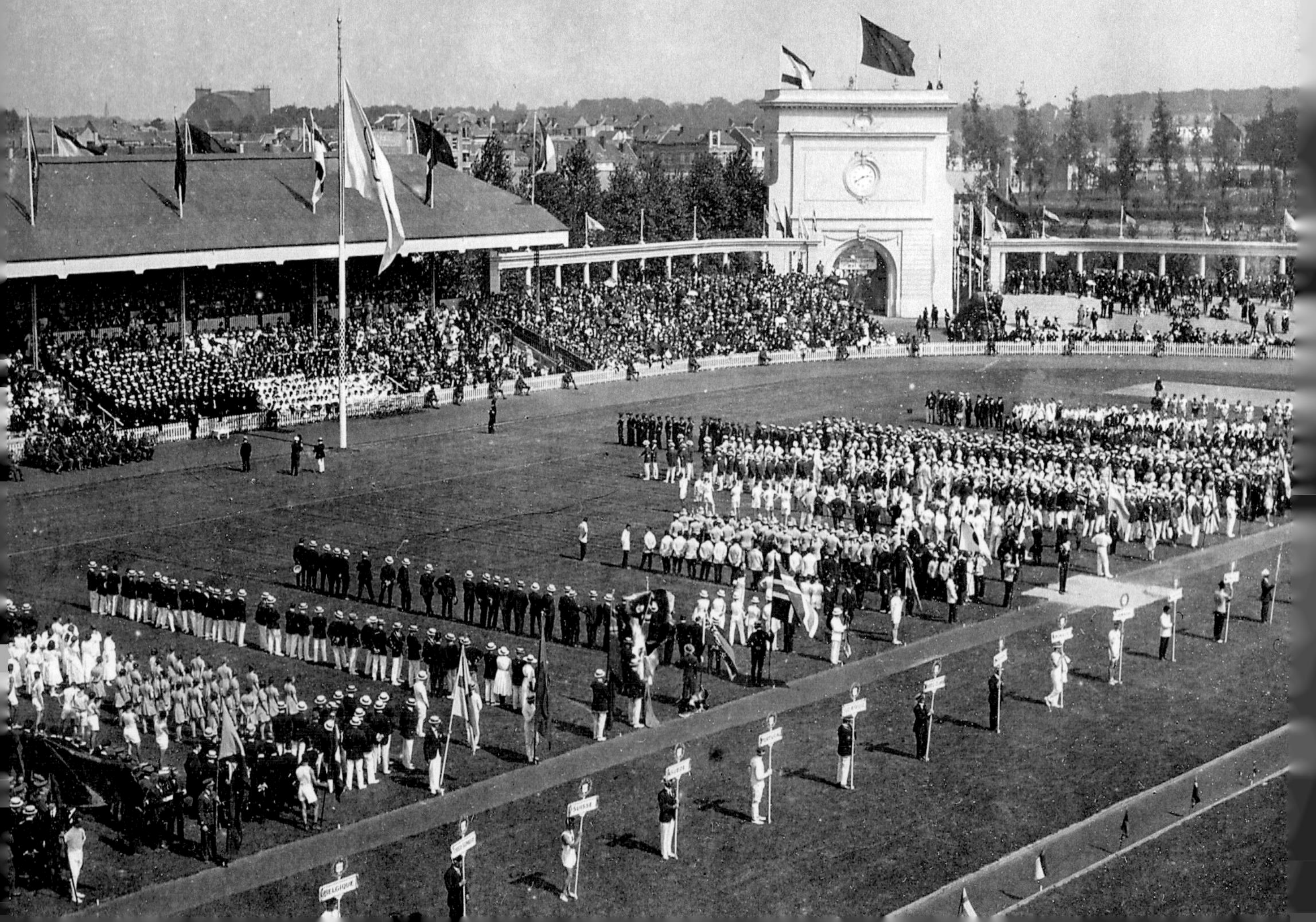

As delegações reunidas no estádio olímpico durante a cerimônia de abertura dos Jogos Antuérpia 1920
COMITÊ OLÍMPICO INTERNACIONAL

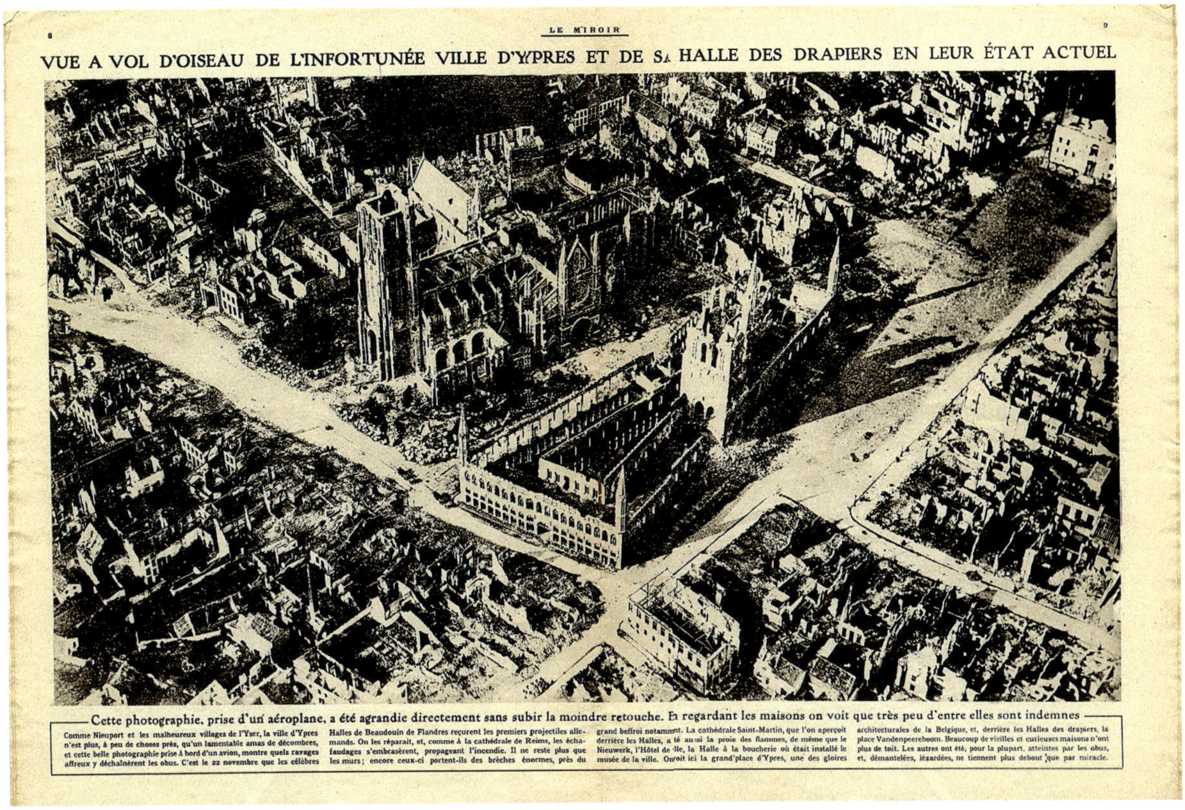

8 LE MIROIR 9

VUE A VOL D'OISEAU DE L'INFORTUNÉE VILLE D'YPRES ET DE SA HALLE DES DRAPIERS EN LEUR ÉTAT ACTUEL

Cette photographie, prise d'un aéroplane, a été agrandie directement sans subir la moindre retouche. En regardant les maisons on voit que très peu d'entre elles sont indemnes

Comme Nieuport et les malheureux villages de l'Yser, la ville d'Ypres n'est plus, à peu de choses près, qu'un lamentable amas de décombres, et cette belle photographie prise à bord d'un avion, montre quels ravages affreux y déchaînèrent les obus. C'est le 22 novembre que les célèbres Halles de Beaudouin de Flandres reçurent les premiers projectiles allemands. On les réparait, et, comme à la cathédrale de Reims, les échafaudages s'embrasèrent, propageant l'incendie. Il ne reste plus que les murs; encore ceux-ci portent-ils des brèches énormes, près du grand beffroi notamment. La cathédrale Saint-Martin, que l'on aperçoit derrière les Halles, a été aussi la proie des flammes, de même que le Nieuwerk, l'Hôtel de Ville, la Halle à la boucherie où était installé le musée de la ville. On voit ici la grand'place d'Ypres, une des gloires architecturales de la Belgique, et, derrière les Halles des drapiers, la place Vandenpeereboom. Beaucoup de vieilles et curieuses maisons n'ont plus de toit. Les autres ont été, pour la plupart, atteintes par les obus, et, démantelées, lézardées, ne tiennent plus debout que par miracle.

AS MANCHETES DE 1920

> A Europa entre as 2 grandes guerras:
– *Um ano depois da assinatura do Tratado de Versalhes, é assinado o Tratado de Sèvres, entre os Aliados e o Império Otomano.*
– *A Liga das Nações, que daria origem à ONU, faz sua reunião inaugural, em Genebra.*
– *Na Alemanha, Adolf Hitler discursa em público pela primeira vez.*

> A recém-criada União Soviética, em guerra com a Polônia, reconhece a independência de países como Estônia, Letônia, Lituânia e Geórgia, apenas para incorporá-los mais tarde (no caso da Geórgia, 6 meses depois) a seu território.

> No México, acaba o sonho da revolução popular. Pancho Villa se entrega às autoridades.

> Nos Estados Unidos, começa a era da comunicação de massa, com a primeira transmissão pública de rádio.

> Em Salvador, surge um novo clube no futebol brasileiro, o Bahia.

Primeira reunião da Liga das Nações, em Genebra

Pancho Villa

NO ALTO DA PÁGINA
Página de jornal com imagem de La ville d'Ypres totalmente devastada pela guerra

Aconteceu em Antuérpia

> Nas pistas de atletismo, surgiu um mito olímpico. O finlandês Paavo Nurmi venceu os 10.000m, o cross country individual e por equipes (2 provas que não são mais olímpicas) e chegou em 2º lugar nos 5.000m. Foram as primeiras das 12 medalhas (9 de ouro e 3 de prata) que ele conquistaria até Amsterdã 1928. Nurmi, até hoje o maior medalhista da história olímpica do atletismo, foi o primeiro atleta a cronometrar seus próprios tempos, um hábito que lhe valeu o apelido de "Homem-cronômetro".

> O belga Victor Boin, que leu o juramento dos atletas, mostrou ter sido uma escolha mais do que acertada de seu país: prata no polo aquático em Londres 1908 e bronze em Estocolmo 1912, desta vez ele competiu na esgrima e conquistou sua terceira medalha olímpica, de prata. Anos depois, seria eleito presidente do Comitê Olímpico da Bélgica.

> Entre as mulheres, a norte-americana Ethelda Bleibtrey venceu todas as provas da natação que então constavam do programa olímpico feminino: 100m, 300m e revezamento 4x100m livre. Bleibtrey começara a nadar para se livrar das consequências de uma poliomielite.

> A francesa Suzanne Lenglen foi outro grande destaque dos Jogos, com 3 medalhas no tênis: ouro no individual, ouro nas duplas mistas e bronze nas duplas femininas. Divine, como era chamada, encerraria a carreira com 19 títulos em Roland Garros e 15 em Wimbledon, entre simples e duplas.

Victor Boin fazendo o juramento olímpico. Ao fundo, as delegações da Grã-Bretanha, da Grécia e da Holanda
COMITÊ OLÍMPICO INTERNACIONAL

A tenista Suzanne Lenglen
COMITÊ OLÍMPICO INTERNACIONAL

ABAIXO
Os ciclistas franceses Achille Souchard, Fernand Canteloube, Georges Detreille e Marcel Gobillot

No meio do caminho, um trem

A prova de estrada do ciclismo contou com um obstáculo inesperado: um trem. O percurso incluía a passagem por uma linha ferroviária. Como o transporte não parou durante a competição, muitos atletas perderam tempo esperando a passagem do comboio. Coube aos organizadores marcar o tempo perdido por cada um. No final, vitória do sueco Harry Stenqvist, que ficou parado por 4min. O sul-africano Henry Kaltenbrun, que não foi prejudicado, ficou com a prata, mesmo cruzando a linha de chegada primeiro.

Os principais medalhistas

	PAÍS	OURO	PRATA	BRONZE	TOTAL
1	Estados Unidos	41	27	27	95
2	Suécia	19	20	25	64
3	Grã-Bretanha	15	15	13	43
4	Finlândia	15	10	9	34
5	Bélgica	14	11	11	36
6	Noruega	13	9	9	31
7	Itália	13	5	5	23
8	França	9	20	13	42
9	Holanda	4	2	5	11
10	Dinamarca	3	9	1	13

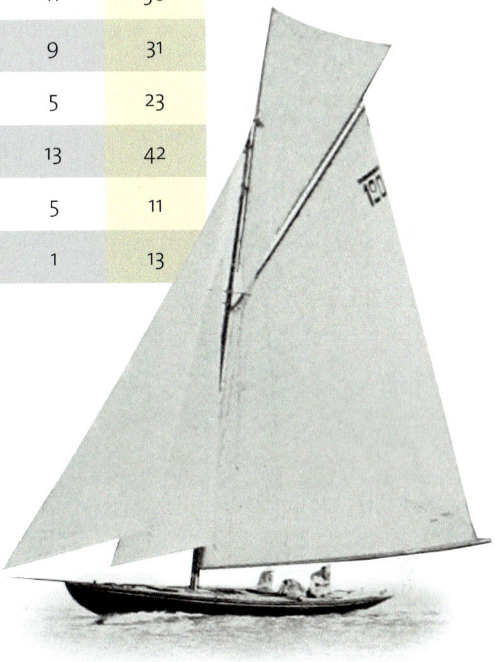

Duelo histórico no remo

O norte-americano John Kelly venceu o britânico Jack Beresford na prova final de single skiff do remo. Foi uma das disputas mais emocionantes dos Jogos, entre 2 dos maiores remadores da época. Kelly teria sua fama superada pela da filha, Grace, atriz que se tornaria Princesa de Mônaco. Beresford, que era ligeiramente manco por causa de um estilhaço que o ferira na Primeira Guerra Mundial, ganharia mais 1 medalha de prata e 3 de ouro até os Jogos Berlim 1936.

John Kelly

Jack Beresford

Olimpílulas

> Pela primeira vez uma competição olímpica foi disputada fora do país-sede. A Holanda recebeu 2 regatas de vela dos Jogos Antuérpia 1920. Somente holandeses participaram dessas competições.

> A semana de esportes de inverno, originalmente programada para os Jogos de 1916 (cancelados por causa da guerra), foi realizada, mas com apenas 2 esportes: a patinação artística, que já constava do programa olímpico, e o hóquei no gelo.

> O britânico Philip Noel-Baker, prata nos 1.500m do atletismo, recebeu o Prêmio Nobel da Paz em 1959 por um projeto de desarmamento nuclear.

Números

6 MEDALHAS foram conquistadas pelos irmãos esgrimistas italianos Aldo e Nedo Nadi nos Jogos Antuérpia 1920. E só não foram todas de ouro porque no sabre individual a final foi entre eles, com vitória de Nedo.
72 ANOS tinha o atirador sueco Oscar Swahn quando conquistou sua sexta e última medalha em Jogos, tornando-se o mais velho atleta a subir num pódio olímpico. Ele foi prata na competição por equipe do tiro ao veado. Em Londres 1908 e Estocolmo 1912, sempre na mesma prova, Swahn já tinha ganhado 3 medalhas de ouro e 2 de bronze.

Aldo e Nedo Nadi

A estreia olimpíca do Brasil

21 ATLETAS
NENHUMA MULHER
3 MEDALHAS
15ª COLOCAÇÃO

Pontaria certeira

Por ter tido gosto de estreia, a participação do Brasil nos Jogos Olímpicos Antuérpia 1920 já teria sido histórica e valido a pena mesmo sem a conquista de medalhas. Mas a primeira delegação a representar o país numa edição dos Jogos (21 atletas, todos homens) fez bonito e voltou para casa trazendo na bagagem 3 medalhas – ouro, prata e bronze –, todas conquistadas no tiro esportivo. Os brasileiros competiram também no remo, na natação, no polo aquático e nos saltos ornamentais.

A delegação brasileira no desfile de abertura dos Jogos Antuérpia 1920.
COMITÊ OLÍMPICO INTERNACIONAL

Uma viagem inesquecível

Os atletas brasileiros embarcaram no navio Curvello e tiveram uma viagem atribulada – especialmente para os atiradores da delegação. Como o Comitê Olímpico do Brasil, embora tivesse sido oficialmente fundado em 1914, ainda não estava ativo, coube à Confederação Brasileira de Desportos (CBD) escolher os atletas e organizar a viagem, o que foi feito em menos de 10 dias. Já não havia mais lugares na primeira classe, então os atletas foram alojados na terceira. Diante das condições precárias, parte da delegação optou por dormir no bar ou no *fumoir*. Também não houve um cálculo adequado da rota: na Ilha da Madeira, o chefe da delegação de tiro esportivo descobriu que, naquele ritmo, o navio só chegaria a Antuérpia no dia 5 de agosto, e as provas do esporte estavam marcadas para 28 de julho. A solução encontrada foi descer em Lisboa e seguir de trem – uma viagem na qual choveu o tempo todo sobre os vagões descobertos. No dia 26, finalmente, os 7 atiradores chegaram à cidade-sede dos Jogos a tempo de descobrir que a competição tinha sido adiada em 1 semana.

Mais obstáculos no caminho do pódio

Como se não bastassem todos os reveses já enfrentados, a delegação foi roubada numa parada em Bruxelas, ficou sem os alvos de treinamento e sem a munição. O Brasil só conseguiu competir porque a equipe norte-americana doou 50 alvos (que tiveram de ser apoiados com a mão enquanto os suportes de madeira não ficavam prontos), 1.000 cartuchos calibre 38 e outros 1.000 calibre 22. O capítulo final dessa epopeia ocorreu sobre o pódio: Guilherme Paraense ganhou a medalha de ouro no tiro com revólver e Afrânio Costa foi prata na modalidade pistola livre. Também na pistola, a equipe brasileira (formada pelos 2, além de Sebastião Wolf, Dario Barbosa e Fernando Soledade) levou o bronze.

A equipe brasileira de tiro
CENTRO DE MEMÓRIA DO ESPORTE/UFRGS

PARIS 1924

3.089 ATLETAS
44 PAÍSES
135 MULHERES (4,37%)

Os VIII Jogos Olímpicos

Paris, que fracassara como a cidade-sede de 1900, ganhou mais uma chance de receber os Jogos, dessa vez sob a égide do recém-criado lema olímpico: *citius, altius, fortius* (mais rápido, mais alto, mais forte). E não decepcionou. O palco agora era o Estádio de Colombes, com capacidade para 40 mil espectadores e construído especialmente para o evento, assim como a piscina de Tourelles e as quadras de tênis no terreno do Racing Club. Pela primeira vez houve uma cobertura jornalística maciça. Curiosamente, foi no ano em que os Jogos voltaram à cidade de sua criação que o Barão de Coubertin se afastou da presidência do COI.

Georges Andre entoa o Juramento Olímpico na cerimônia de abertura dos Jogos Olímpicos Paris 1924
GETTY IMAGES

PÁGINA AO LADO
Cartaz dos Jogos Olímpicos Paris 1924
COMITÊ OLÍMPICO INTERNACIONAL

PARIS _ 1924
VIIIe OLYMPIADE
Jean Droit
JEUX OLYMPIQUES
HACHARD & CIE
6 PLACE DE LA MADELEINE PARIS

Lênin e Stalin em cartaz de propaganda comunista

DOMÍNIO PÚBLICO

As manchetes de 1924

> O partido fascista ganha a eleição na Itália.

> União Soviética chama a atenção do mundo: morre Lênin, e Stalin começa a campanha para substituí-lo. O país é reconhecido pela Inglaterra, anexa o Uzbequistão e sufoca uma rebelião na Geórgia.

> Onda republicana varre a Europa: Grécia, Albânia e Turquia se proclamam repúblicas, esta última trocando o fundamentalismo religioso pelo estado laico do líder Atatürk.

> Os Jogos Olímpicos de Inverno são disputados pela primeira vez, em Chamonix, na França.

> No futebol, o Corinthians é tricampeão paulista. No Rio, o Vasco, que conquistara o primeiro título de sua história no ano anterior, chega ao bicampeonato.

Mustafa Kemal Atatürk

Aconteceu em Paris

> O norte-americano William DeHart Hubbard se tornou o primeiro negro a conquistar uma medalha de ouro olímpica em uma prova individual. Ele venceu o salto em distância com a marca de 7,44m.

> Seis anos antes da criação da Copa do Mundo, brilhou em Paris a Celeste, como já era conhecida a seleção uruguaia de futebol. Depois da vitória sobre a Suíça na final, o apelido ficou completo: Celeste Olímpica.

> Com 5 medalhas de ouro, o finlandês Paavo Nurmi foi o grande destaque dos Jogos, melhorando o desempenho que teve em Antuérpia 1920. Ele foi o melhor em 3 provas individuais (1.500m, 5.000m e cross country) e conquistou os outros 2 ouros nos 3.000m por equipes e cross country por equipes (provas que não fazem mais parte do programa olímpico).

William DeHart Hubbard

Paavo Nurmi

Os principais medalhistas

	PAÍS	OURO	PRATA	BRONZE	TOTAL
1	Estados Unidos	45	27	27	99
2	Finlândia	14	13	10	37
3	França	13	15	10	38
4	Grã-Bretanha	9	13	12	34
5	Itália	8	3	5	16
6	Suíça	7	8	10	25
7	Noruega	5	2	3	10
8	Suécia	4	13	12	29
9	Holanda	4	1	5	10
10	Bélgica	3	7	3	13

Faltou fair-play

O sucesso dos Jogos só não foi completo por causa do mau comportamento dos torcedores franceses, que vaiaram constantemente os vencedores de outros países e impediram a execução de hinos estrangeiros nas cerimônias de premiação. Para completar, alguns árbitros foram criticados por suposto favorecimento de atletas franceses.

Johnny Weissmuller como Tarzan

Johnny Weissmuller, vencedor dos 100m, 400m e revezamento 4x200m livre

COMITÊ OLÍMPICO INTERNACIONAL

O primeiro Tarzan

Johnny Weissmuller surgiu para o mundo ganhando 4 medalhas, sendo 3 de ouro. Ele venceu as provas de 100m, 400m e revezamento 4x100m livre na natação e ainda conquistou a medalha de bronze no polo aquático. Alguns anos depois de brilhar nos Jogos de Paris, o nadador recebeu o convite para interpretar Tarzan. Ao sucesso no cinema se seguiu um seriado na televisão e foi a carreira de ator, muito mais do que a de atleta, que o fez voar alto no mundo das celebridades.

Final de atletismo em Paris 1924: na prova de 200m, Charles Paddock, Jackson Scholz, Eric Liddel, George Hill e Harold Abrahams se aproximam da linha de chegada

COMITÊ OLÍMPICO INTERNACIONAL

Uma história que virou filme

Os personagens de *Carruagens de Fogo*, ganhador de 4 Oscar em 1981 (incluindo o de melhor filme), foram inspirados nos britânicos Harold Abrahams e Eric Liddell, que brilharam no atletismo. Abrahams foi ouro nos 100m rasos e prata no revezamento 4x100m. Liddell (missionário religioso na China) não corria aos domingos por respeitar o dia de descanso cristão e teve de desistir dos 100m rasos, mas venceu os 400m rasos, estabelecendo um novo recorde olímpico, e ainda foi bronze nos 200m.

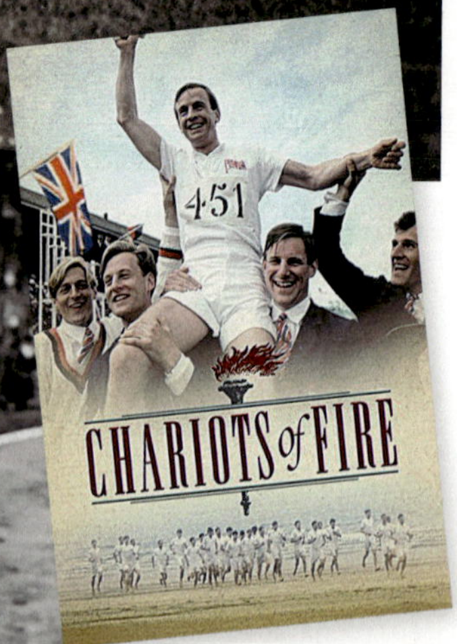

Cartaz do filme "Carruagens de fogo"

Eric Liddell

COMITÊ OLÍMPICO INTERNACIONAL

Na prova de cross-country, Edvin Wide (o número 746) entre Ville Ritola (329), que seria o segundo colocado, e Paavo Nurmi, o vencedor

COMITÊ OLÍMPICO INTERNACIONAL

Números

13 ANOS tinha o turco M. N. Djemal quando participou da prova de levantamento de peso na categoria pena. Ele se classificou em 14º lugar.

6 MEDALHAS conquistou o finlandês Ville Ritola, cujo nome ficou ofuscado na história dos Jogos pelos feitos do conterrâneo Paavo Nurmi, não apenas em Paris 1924, mas também em Antuérpia 1920 e Amsterdã 1928. Ritola voltou para casa com 4 ouros e 2 pratas.

5 PÓDIOS olímpicos fazem de Kathleen McKane a tenista com mais medalhas nos Jogos. Em Paris 1924 a britânica conquistou as 2 últimas medalhas de sua coleção: bronze em simples e prata em duplas femininas. Em Antuérpia 1920, ela já tinha ganhado ouro (duplas femininas), prata (duplas mistas) e bronze (simples).

A tenista Kathleen McKane

Avenue des Champs-Élysées com o Arco do Triunfo ao fundo, em Paris 1924

Olimpílulas

> Depois de Paris 1924, o tênis foi excluído do programa olímpico pelo COI em função de o esporte ter passado por um processo de profissionalização. Só retornou em Seul 1988.

> Foi a primeira vez na história dos Jogos que atletas ficaram instalados numa Vila Olímpica.

> Tempo de novas medidas em Paris. A maratona passou a ter definitivamente a distância de 42.195m (estabelecida pela primeira vez em Londres 1908 e até hoje a oficial, não apenas nos Jogos Olímpicos). A piscina de 50m de comprimento, dividida por raias, hoje conhecida como piscina olímpica, foi usada pela primeira vez.

> A norte-americana Gertrude Ederle foi bronze nos 100m livre. Dois anos depois, ficou famosa numa prova de distância muito maior: foi a primeira mulher a atravessar a nado o Canal da Mancha.

A primeira vila olímpica construída para uma edição de Jogos em Paris 1924
HULTON ARCHIVE/GETTY IMAGES

ABAIXO
Gertrude Ederle

A equipe brasileira
de atletismo
em Paris 1924
CENTRO DE MEMÓRIA
DO ESPORTE

O Brasil em Paris

12 ATLETAS
NENHUMA MULHER

A preparação da equipe brasileira foi ainda mais confusa do que na primeira participação, em Antuérpia 1920. A CBD chegou a desistir da tarefa de levar os brasileiros aos Jogos, e mais tarde o COI teria de refazer o material oficial, incluindo o Brasil nas competições. A verba de 350 contos de réis prometida pelo presidente Artur Bernardes (suficiente para bancar a viagem de umas 70 pessoas) não foi liberada, e o jornal O Estado de S. Paulo lançou uma campanha pública de arrecadação de fundos que amealhou 48 contos. No fim, viajaram 12 atletas, todos homens.

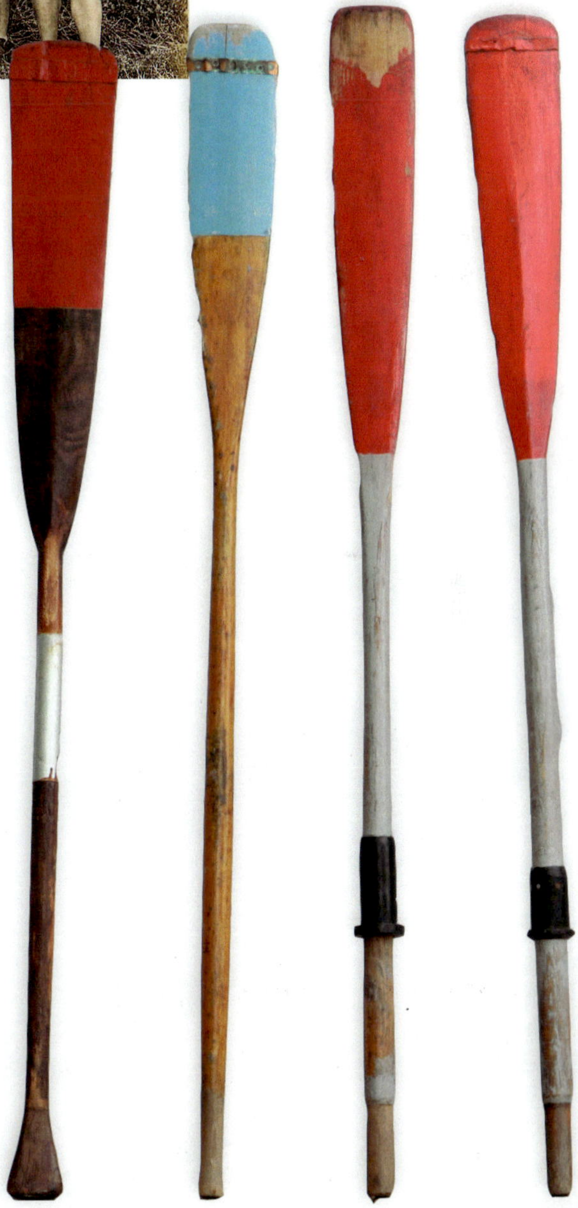

No remo, o melhor desempenho

Os irmãos cariocas Carlos e Edmundo Castello Branco acabaram obtendo a melhor colocação do país nos Jogos, um 4º lugar no double skiff. No lançamento do dardo, Guilherme Seewald era esperança de medalha e de fato teria conquistado o bronze se repetisse a marca de 60m com que tinha alcançado no Brasil. Mas em Paris atingiu apenas 49,39m e não passou das eliminatórias. O tiro, que ganhara 3 medalhas em Antuérpia 1920, teve um solitário representante: Y. Macedo, o 39º colocado na carabina 50m.

AMSTERDÃ 1928

2.883 ATLETAS
46 PAÍSES
277 MULHERES
(9,6%)

OS IX JOGOS OLÍMPICOS

A primeira edição dos Jogos totalmente organizada sem a participação oficial do Barão de Coubertin trouxe de volta uma tradição da Grécia Antiga: a chama olímpica. Pela primeira vez, uma área abandonada da cidade-sede foi resgatada com a construção de instalações esportivas. Um terreno pantanoso da periferia, aterrado, recebeu uma piscina, locais para treinamento, um estacionamento e, claro, o Estádio Olímpico – projetado sobre 4.500 pilares de cimento pelo arquiteto Jan Wils, fundador do movimento artístico De Stijl ao lado do pintor Piet Mondrian. Foi ele também que desenhou a pira onde o fogo olímpico voltou a arder.

Vista aérea da cerimônia de abertura dos Jogos Amsterdã 1928
COMITÊ OLÍMPICO INTERNACIONAL

Amelia Earhart

As manchetes de 1928

> Alexander Fleming descobre a penicilina.
> Frederick Griffith prova acidentalmente a existência do DNA.
> Amelia Earhart ganha fama como a primeira mulher piloto a cruzar o Atlântico de avião.
> No Brasil, é fundada a escola de samba Estação Primeira de Mangueira e a avenida Rio Branco, no Rio de Janeiro, recebe uma inédita decoração para o carnaval.
> Os Jogos Olímpicos de Inverno são disputados em Saint Moritz, Suíça.

Cartaz da primeira edição de Jogos Olímpicos de Inverno, em Saint Moritz 1928
COMITÊ OLÍMPICO INTERNACIONAL

Patinadoras nos Jogos Olímpicos de Inverno Saint Moritz 1928
COMITÊ OLÍMPICO INTERNACIONAL

A seleção uruguaia de futebol
COMITÊ OLÍMPICO INTERNACIONAL

Na prova de 10.000m de atletismo, Ville Ritola – o vencedor –, Paavo Nurmi (prata) e Edvin Wide (bronze)
COMITÊ OLÍMPICO INTERNACIONAL

Aconteceu em Amsterdã

> Um dos grandes nomes das edições anteriores dos Jogos conquistou em Amsterdã suas últimas medalhas de ouro: o finlandês Paavo Nurmi, nos 10.000m do atletismo (ele ainda foi prata nos 5.000m e nos 3.000m com obstáculos). Com essas 3 medalhas, chegou a um total de 12, um recorde ainda não igualado no atletismo.
> A seleção de futebol do Uruguai conquistou o bicampeonato olímpico ao vencer a Argentina – numa prévia da final da primeira Copa do Mundo, 2 anos depois.
> Com o primeiro dos 6 ouros consecutivos no hóquei sobre grama, a Índia despontou como uma potência no esporte.
> A Alemanha, banida dos Jogos nas 2 edições anteriores, voltou a participar e terminou em 2º lugar no quadro de medalhas, atrás apenas dos Estados Unidos.

Os principais medalhistas

		PAÍS	OURO	PRATA	BRONZE	TOTAL
1		Estados Unidos	22	18	16	56
2		Alemanha	10	7	14	31
3		Finlândia	8	8	9	25
4		Suécia	7	6	12	25
5		Itália	7	5	7	19
6		Suíça	7	4	4	15
7		França	6	10	5	21
8		Holanda	6	9	4	19
9		Hungria	4	5	0	9
10		Canadá	4	4	7	15

Elizabeth Robinson

Dois ouros para calar os médicos

O vencedor dos 100m rasos e 200m rasos do atletismo foi o canadense Percy Williams, que tinha 20 anos na época. Aos 15, o atleta tivera febre reumática e fora aconselhado pelos médicos a não mais praticar esporte. Porém, mesmo frágil fisicamente (em Amsterdã ele pesava 57kg), Williams seguiu em frente e chocou o mundo com suas vitórias.

Elizabeth, rainha da superação

Ouro nos 100m rasos e prata no revezamento 4x100m, a norte-americana Elizabeth Robinson protagonizou uma história de superação no atletismo. Três anos após os Jogos Amsterdã 1928, ela sofreu um grave acidente de avião. Depois de quase 2 meses em coma e 2 anos sem poder andar, Elizabeth voltou a competir e ganhou o segundo ouro olímpico, no revezamento 4x100m, em Berlim 1936.

O canadense Percy Williams, vencedor das provas de 100m rasos e 200m, é carregado pelos companheiros de equipe

COMITÊ OLÍMPICO INTERNACIONAL

NA PÁGINA AO LADO

Prova de 400m de atletismo: Ray Buchner, o vencedor, seguido pelo segundo colocado, James Ball

POPPERFOTO/ GETTY IMAGES

Hildegard Schrader

Ops, seio à vista!

Um problema no maiô da alemã Hildegard Schrader fez com que seu seio ficasse exposto na final dos 200m peito. Hildegard acabou ganhando o ouro. E teve gente dizendo que o contratempo fez com que nadasse mais depressa.

AO LADO

Herman Brix

Dois Tarzans no pódio

Dois Tarzans conquistaram medalhas olímpicas em Amsterdã 1928. Ambos norte-americanos: além do nadador Peter John Weissmuller, ou Johnny Weissmuller, o mais famoso, Herman Brix, prata no arremesso do peso em Amsterdã 1928, viveu o personagem no filme *As aventuras de Tarzan*, de 1935.

A origem do gol olímpico

Já nos anos 1920, era grande a rivalidade entre uruguaios e argentinos no futebol. Na final dos Jogos Amsterdã 1928, as 2 seleções se enfrentaram e os uruguaios levaram a melhor. Algum tempo depois, as equipes voltaram a se encontrar em partidas amistosas. Na segunda delas, em Buenos Aires, o argentino Cesáreo Onzari marcou um gol ao cobrar um escanteio. Como o gol foi feito "nos olímpicos" (então campeões dos Jogos), os hermanos decidiram criar essa nomenclatura em provocação aos rivais uruguaios.

Olimpílulas

> Durante as eliminatórias do single skiff, o australiano Henry Pearce parou de remar para esperar uma família de patos passar em frente a seu barco. Após a parada, voltou ao ritmo normal, venceu a bateria e, posteriormente, conquistou o ouro na prova, façanha que repetiria nos Jogos Los Angeles 1932.

> O atleta japonês Mikio Oda se tornou o primeiro asiático a conquistar 1 medalha de ouro nos Jogos Olímpicos, ao vencer a prova de salto triplo do atletismo. Na mesma edição, ele venceu os 200m peito da natação.

> Na esgrima, Attila Petschauer foi um dos primeiros medalhistas de ouro da Hungria em Jogos Olímpicos, na prova de sabre por equipes (ele também levou a prata no individual). Em Los Angeles 1932, repetiria o ouro, mas as glórias olímpicas não salvaram o atleta de origem judaica de ser torturado pela polícia húngara durante a Segunda Guerra Mundial.

Henry Pearce

Attila Petschauer

Números

400M de extensão tinha a pista de atletismo do Estádio Olímpico de Amsterdã. Desde então, essa passou a ser a medida padrão, embora as provas de 400m rasos só tenham entrado no programa olímpico em 1964.

2MIN16S FOI O TEMPO da vencedora da prova feminina dos 800m do atletismo, a alemã Karoline Radke, que estabeleceu um novo recorde mundial. Mas a prova gerou polêmica. O estado de exaustão das atletas na chegada, algumas precisando de socorro médico, levou o COI a suspender provas femininas com mais de 200m. Os 800m para mulheres só voltaram a ser disputados em Roma 1960.

O vencedor do salto triplo, o japonês Mikio Oda

COMITÊ OLÍMPICO INTERNACIONAL

Karoline Radke

Brasil fora dos jogos

Depois das 2 primeiras participações, em Antuérpia 1920 e em Paris 1924, o Brasil não enviou atletas a Amsterdã por causa da crise econômica que atravessava.

Los Angeles 1932

1.332 ATLETAS
37 PAÍSES
126 MULHERES (9,46%)

Os X Jogos Olímpicos

Os Jogos chegaram aos Estados Unidos. Sim, chegaram, porque Saint Louis 1904 foi uma feira e as competições esportivas eram café com leite. Dessa vez, não: o povo mais esportivo do mundo recebeu um evento já consolidado e caprichou no aspecto técnico, trazendo à cena novidades como a introdução do cronômetro eletrônico. O calendário olímpico também mudou, concentrando todas as provas em 16 dias – fato inédito, já que até então nenhuma edição tivera menos de 79 dias. A partir de Los Angeles 1932, os Jogos passaram a ser realizados num período mais curto, que compreendia entre 15 e 18 dias.

Atletas se exercitam durante os Jogos Los Angeles 1932
HAYNES ARCHIVE/ POPPERFOTO/GETTY IMAGES

As manchetes de 1932

> Japoneses invadem a região de Manchúria, na China. É a semente da Segunda Guerra Sino-Japonesa (1937-1945).

> Adolf Hitler, nascido na Áustria, obtém a nacionalidade alemã, tornando-se apto a participar de eleições.

> O mundo em grande crise financeira: 6 milhões de desempregados na Alemanha e a maior queda da bolsa de valores dos Estados Unidos desde a quebra de 1929.

> Em São Paulo, explode a Revolução Constitucionalista.

> Os Jogos Olímpicos de Inverno são disputados em Lake Placid, EUA.

> O Palestra Itália inicia a conquista do tricampeonato paulista de futebol. Em 1932 e nos 2 anos seguintes o vice-campeão foi o São Paulo da Floresta.

Invasão da Manchúria, na China

Adolf Hitler

BROOKLYN DAILY EAGLE

WALL ST. IN PANIC AS STOCKS CRASH

Attempt Made to Kill Italy's Crown Prince

Hollywood Fire Destroys Films Worth Millions

High Duty Group Gave $700,000 to Coolidge Drive

Manifestação durante a Grande Depressão

Fora de campo

Foi em Los Angeles que, pela primeira vez, a causa olímpica serviu de instrumento de propaganda política. Por força dos efeitos da Grande Depressão, nenhuma outra cidade do mundo se candidatou a receber o evento. No entanto, os norte-americanos, que tinham perdido a disputa para Amsterdã, em 1928, mantiveram-se como candidatos e usaram os Jogos para mostrar que tinham se recuperado da quebra da bolsa de valores de Nova York – o estopim da crise mundial. Um país que ainda sofria com o desemprego gastou 3,5 milhões de dólares em obras de instalações esportivas e infraestrutura. Apesar de todo o esforço do governo, o presidente Herbert Hoover foi o único chefe de Estado, até hoje, a não comparecer a uma edição dos Jogos em seu próprio país. Entretanto, o investimento parece ter valido a pena: embora não haja registros oficiais, os jornais da época falaram no legado dos Jogos e estimaram que houve um lucro de 1 milhão de dólares.

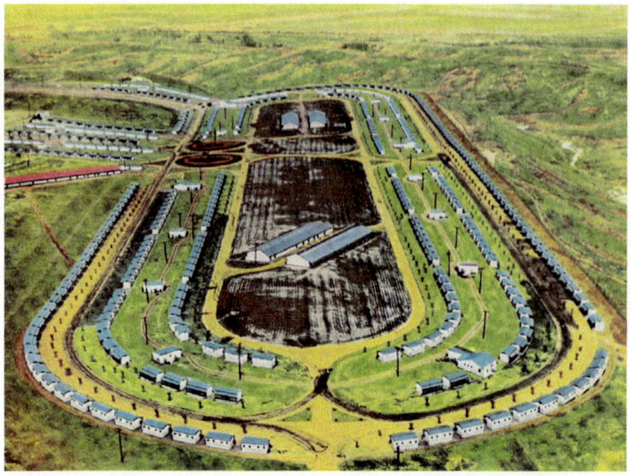

ACIMA
A Vila Olímpica construída especialmente para os Jogos Los Angeles 1932

Eddie Tolan

Aconteceu em Los Angeles

> Pela primeira vez um atleta negro subiu no alto do pódio das provas de velocidade. Eddie Tolan venceu os 100m rasos e 200m, contribuindo para o domínio dos Estados Unidos no atletismo.

> O nadador japonês Kusuo Kitamura, de 14 anos, tornou-se o atleta mais jovem a conquistar 1 medalha numa prova individual, os 1.500m livre.

> O esgrimista húngaro Aladár Gerevich, que se tornaria o maior medalhista olímpico na esgrima, ganhou seu primeiro ouro na prova por equipes do sabre. Ele subiria no alto do pódio desta prova 6 vezes seguidas, até Roma 1960.

> Pela primeira vez uma Vila Olímpica foi construída especialmente para uma edição dos Jogos. Só os homens se hospedaram nela; as mulheres ficaram num hotel em Los Angeles.

Os principais medalhistas

	PAÍS	OURO	PRATA	BRONZE	TOTAL
1	Estados Unidos	41	32	30	103
2	Itália	12	12	12	36
3	França	10	5	4	19
4	Suécia	9	5	9	23
5	Japão	7	7	4	18
6	Hungria	6	4	5	15
7	Finlândia	5	8	12	25
8	Grã-Bretanha	4	7	5	16
9	Alemanha	3	12	5	20
10	Austrália	3	1	1	5

Mildred, a multiatleta

Mildred Ella Didrikson, que mais tarde seria conhecida como Babe Zaharias (juntando o apelido que ganhou em homenagem ao jogador de beisebol Babe Ruth – depois de ter conseguido 5 home runs num jogo – ao sobrenome do marido), chegou às finais nas 5 modalidades que disputou em Los Angeles, mas as regras da época só permitiram a participação em 3. Ganhou o ouro no lançamento do dardo e nos 80m com barreiras. No salto em altura, ela também chegou a fazer a melhor marca do mundo. Porém, sua técnica foi considerada ilegal por 2 juízes. Com isso, o ouro acabou nas mãos de Jean Smiley, enquanto a multiatleta teve de se contentar com a prata. Além do atletismo, Babe disputaria ao longo da carreira competições de ponta de basquetebol e golfe, além de beisebol, softbol, mergulho, patinação, boliche e até torneios de costura.

O segredo da campeã

Stanislawa Walasiewicz nasceu na Polônia e mudou-se ainda criança para os Estados Unidos. Competindo por seu país natal, ela ganhou o ouro nos 100m rasos em Los Angeles 1932 e prata na mesma prova em Berlim 1936. Em 1980, foi assassinada ao sair de um supermercado em Cleveland. A autópsia revelou que Stanislawa era intersexual, o que, pelas regras vigentes em 1932, teria impedido sua participação nos Jogos. Mas os testes de feminilidade só foram instituídos em Munique 1972, e as medalhas não foram cassadas.

Mildred 'Babe' Didrikson, vencedora da prova de lançamento do dardo em Los Angeles 1932

BETTMAN/GETTY IMAGES

Espírito olímpico

Na final da prova feminina de florete, a esgrimista britânica Judy Guinness ficou sem chances de vitória ao perder 2 pontos. O detalhe é que foi ela que chamou a atenção dos juízes para o movimento que determinou a punição. O ouro acabou ficando para a adversária, a austríaca Ellen Preis.

Da esquerda para a direita: Judy Guinness, Ellen Preis e Erna Bogen

Patrick O'Callaghan

O melhor custo-benefício

A Irlanda teve um dos melhores desempenhos olímpicos de todos os tempos nos Jogos Los Angeles 1932. Dos 3 atletas que formavam a delegação do país, 2 voltaram para casa com medalhas de ouro: o médico Patrick O'Callaghan foi bicampeão olímpico do lançamento do martelo e Robert Tisdall venceu os 400m com barreiras.

O irlandês Robert Tisdall durante a prova de 400m com barreiras

BETTMANN/ GETTY IMAGES

Largada da prova de 100m de natação em Los Angeles 1932. STARY/ULLSTEIN BILD VIA GETTY IMAGES

Olimpílulas

> Em decisão inédita, os juízes alteraram o resultado final de uma prova utilizando o photo finish. Nos 110m com barreiras do atletismo, o norte-americano Jack Keller perdeu o bronze para o britânico Donald Finlay.

> Em 1932, os Estados Unidos ainda viviam o tempo da Lei Seca, em que era proibido o consumo de bebidas alcóolicas. Mas uma exceção foi aberta para as delegações italiana e francesa, que alegaram que o vinho fazia parte da dieta alimentar dos atletas.

> Com o 2º lugar nos 400m com barreiras, o norte-americano Glenn Hardin bateu o recorde mundial da prova. Isso só foi possível graças a uma regra que não homologava a melhor marca caso uma barreira fosse derrubada – o que aconteceu com o irlandês Robert Tisdall, vencedor da prova. O ouro, porém, foi para Tisdall.

> Ivar Johansson, um policial sueco, conquistou medalhas de ouro nas 2 modalidades olímpicas de luta: estilo livre e greco-romano.

Números

105 MIL pessoas ovacionaram o norte-americano Jim Thorpe no estádio Memorial Coliseum. Vencedor do pentatlo e do decatlo nos Jogos Estocolmo 1912, ele era um dos convidados na tribuna presidencial. Na época, Thorpe ainda tinha suas medalhas cassadas por acusação de ser um atleta profissional.

18 RECORDES mundiais foram quebrados ou igualados em Los Angeles 1932.

11 MEDALHAS das 23 distribuídas nas provas de atletismo masculino foram vencidas pelos norte-americanos.

Smoky, mascote dos Jogos, que nasceu na Vila Olímpica antes da chegada dos atletas COMITÊ OLÍMPICO INTERNACIONAL

O navio Itaquicê, que transportou a delegação brasileira até Los Angeles

Maria Lenk durante os Jogos Los Angeles 1932
LATINSTOCK

O Brasil em Los Angeles

67 ATLETAS
1 MULHER (1,49%)

Maria Lenk, a pioneira

Pela primeira vez a equipe olímpica brasileira tinha uma mulher: a nadadora Maria Lenk, de apenas 17 anos. A longa e conturbada viagem até Los Angeles foi feita no Itaquicê, navio cedido à CBD pela Companhia Nacional de Navegação Costeira, com a condição de que só poderia desembarcar quem vendesse uma cota do café que era transportado nos porões durante as paradas nos portos. Ao chegar no porto de San Pedro, em Los Angeles, a maior delegação que o Brasil já havia montado descobriu que a legislação local determinava a cobrança de 1 dólar por passageiro. Como só havia 32 dólares e 67 atletas, a decisão foi liberar apenas quem tivesse chance de medalha. Em um gesto de cavalheirismo, a jovem Maria Lenk, ainda inexperiente demais para sonhar com o pódio, foi a exceção: desembarcou sem pagar nada e foi a primeira mulher sul-americana a participar dos Jogos Olímpicos, disputando as provas de natação de 100m livre e 200m peito.

Adalberto, o fugitivo

O fundista Adalberto Cardoso teve de fugir do navio porque não conseguiu vender sua cota de sacas de café. Seguiu a pé e de carona os 19km que separavam o porto de Los Angeles do Estádio Olímpico e chegou 10min antes de sua prova, os 10.000m. Como o uniforme ficara para trás, correu descalço. Chegou em último lugar, mas foi calorosamente aplaudido pelo público e chamado de Iron Man (Homem de Ferro) pelos jornais.

O melhor desempenho

Os atletas que chegaram mais perto do pódio foram Estevam João Strata e José Ramalho, que competiram no remo com o timoneiro Francisco Carlos Brício na categoria 2 com e chegaram em 4º lugar.

Los Angeles na década de 1930

BERLIM 1936

3.963 ATLETAS
49 PAÍSES
331 MULHERES (8,35%)

OS XI JOGOS OLÍMPICOS

Berlim ganhou o direito de receber os Jogos em 1931, antes que os nazistas assumissem o poder. Foi o Ministro da Propaganda, Joseph Goebbels, que enxergou no evento a possibilidade de promover a ideologia do partido, principalmente a supremacia da raça ariana. O ditador Adolf Hitler aceitou a ideia e os Jogos Olímpicos de Berlim tiveram a marca da propaganda política: desde o revezamento da tocha, que se transformaria numa tradição olímpica, até o registro das competições no filme *Olympia*, da diretora Leni Riefenstahl (hoje um clássico do cinema), havia sempre encoberta a intenção da doutrinação ideológica.

A tocha olímpica chega à cerimônia de abertura, no Estádio Olímpico coberto por suásticas
GETTY IMAGES

PÁGINA AO LADO
Cartaz da cerimônia de abertura dos Jogos Berlim 1936. O dirigível Hindenburg sobrevoa o estádio
BETTMANN/GETTY IMAGES

As manchetes de 1936

> Formam-se as alianças para a Segunda Guerra Mundial: a Alemanha, governada por Adolf Hitler, se une à Itália, do fascista Benito Mussolini, e ao Japão, do imperador Hiroíto.
> Na Espanha, começa a guerra civil que levaria ao poder um dos maiores ditadores do século, Francisco Franco.
> Os Jogos Olímpicos de Inverno são disputados em Garmisch-Partenkirchen, Alemanha.
> Uma das maiores zebras de todos os tempos na decisão dos pesos pesados do boxe: o alemão Max Schmeling derrota o norte-americano Joe Louis, no Yankee Stadium. E outra no rugby: pela primeira vez a Inglaterra vence os All Blacks, como é conhecida a poderosa seleção da Nova Zelândia.

O alemão Max Schmeling e o norte-americano Joe Louis

DA ESQUERDA PARA A DIREITA
Benito Mussolini
O imperador Hiroíto
Francisco Franco

ABAIXO
A vila olímpica de Berlim 1936

Investimento e maquiagem

Os gastos com o Estádio Olímpico (até hoje um dos mais belos do planeta, palco da final da Copa do Mundo de futebol em 2006), ginásios, piscinas, pistas de hipismo e uma luxuosa Vila Olímpica com chalés em meio a um bosque foram estimados em 30 milhões de dólares – cerca de 8 vezes e meia mais do que os americanos investiram em Los Angeles. Além das obras, houve um trabalho de maquiagem para esconder dos visitantes a repressão política já em vigor no país. Cartazes com a expressão "Judeus não são bem-vindos" foram retirados das principais atrações turísticas, ciganos foram confinados fora da cidade e os policiais receberam ordens de não aplicar aos estrangeiros as severas leis contra a homossexualidade.

Avery Brundage com militares alemães
BETTMANN/CONTRIBUTOR/GETTY IMAGES

Judeus e negros x arianos

Os americanos chegaram a debater a possibilidade de boicotar os Jogos, e alguns atletas judeus, de fato, decidiram não competir. Uma corrente defendia que participar seria referendar as ideias nazistas de Hitler. Outra, que incluía jornais dirigidos por negros, achava que o melhor era ir, para derrotar os arianos e suas ideias na casa deles – o que realmente acabaria acontecendo. Mas o argumento vencedor foi o de Avery Brundage, futuro presidente do COI e então no comando do Comitê Olímpico Norte-americano, que defendeu a ideia de que esporte e política não se misturam. Não foi bem o que aconteceu. Mas, pelo menos em Berlim, o esporte venceu.

Aconteceu em Berlim

> Os alemães lideraram o quadro de medalhas pela primeira vez. Valia tudo na disputa contra os norte-americanos: na final da prova de velocidade do ciclismo, o alemão Toni Merkens cometeu uma penalidade contra o holandês Arie van Vliet. Em vez de perder o ouro, foi multado em 100 marcos, a moeda alemã na época.

> A nadadora holandesa Hendrika Mastenbroek foi a primeira mulher a conquistar 4 medalhas numa edição dos Jogos: ouro nos 100m, nos 400m e no revezamento 4x100m livre e prata nos 100m costas.

> Outro evento que teria repercussão no futuro foi a maratona: 2 atletas coreanos ganharam medalhas correndo com nomes japoneses: Sohn Kee-chung (ouro) virou Son Kitei, e Nam Sung-yong (bronze), Nan Shoryu. A Coreia estava sob dominação japonesa desde 1910, e a justiça só seria feita em Seul 1988 (leia mais sobre eles no capítulo Seul 1988).

> No hóquei sobre grama, o domínio da Índia continuou, sem piedade dos alemães, derrotados na final por 8 a 1.

DA ESQUERDA PARA A DIREITA
Nam Sung-yong, Tamao Shiwaku, Fusashige Suzuki e Sohn Kee-chung

Toni Merkens

Hendrika Mastenbroek

O homem que calou Hitler

Jesse Owens é o nome de uma rua na entrada do Estádio Olímpico de Berlim. Se alguém tivesse resolvido batizar assim o próprio estádio, talvez não pecasse pelo exagero. Coube a esse neto de escravos nascido no Alabama, no sul dos Estados Unidos, em plena época de segregação racial, fazer, por alguns dias, o que as grandes potências do mundo só conseguiriam, em definitivo, 9 anos depois: calar Adolf Hitler. Como se não bastassem as 4 medalhas de ouro, na prova do salto em distância Owens deu outro golpe nas ideias racistas do alemão ao confraternizar, entre um salto e outro, com a grande esperança branca dos donos da casa, Luz Long – de quem até recebeu dicas de como melhorar seu desempenho.

Jesse Owens no alto do pódio em Berlim 1936

Os principais medalhistas

	País	Ouro	Prata	Bronze	Total
1	Alemanha	33	26	30	89
2	Estados Unidos	24	20	12	56
3	Hungria	10	1	5	16
4	Itália	8	9	5	22
5	Finlândia	7	6	6	19
6	França	7	6	6	19
7	Suécia	6	5	9	20
8	Japão	6	4	8	18
9	Holanda	6	4	7	17
10	Grã-Bretanha	4	7	3	14

Jesse Owens treina na Vila Olímpica
COMITÊ OLÍMPICO INTERNACIONAL

O time olímpico norte-americano de basquetebol em Berlim 1936

As tenistas Helene Mayer (à esquerda), Ilona Elek (centro) e Ellen Pries (à direita) no pódio

A ESTREIA DO BASQUETEBOL

O basquete masculino estreou no programa olímpico com jogos disputados numa quadra de tênis adaptada. Durante a final, desabou uma tempestade. Como a quadra era de saibro, descoberta e não tinha arquibancada, os cerca de 1.000 torcedores ficaram encharcados e os jogadores não puderam quicar a bola. Resultado: Estados Unidos 19 x 8 Canadá. O inventor do esporte, James Naismith, participou da cerimônia de premiação.

CONVOCADA POR HITLER

Ouro em Amsterdã 1928, a esgrimista Helene Mayer, que competia na modalidade florete, foi convocada pessoalmente pelo ditador nazista Adolf Hitler para defender a Alemanha nos Jogos Berlim 1936. Detalhe: Helene era judia. Ela acabou ficando com a prata, perdendo a final para a húngara Ilona Elek, também judia.

Seleção peruana de futebol em Berlim 1936

Boicote inédito

Toda a delegação olímpica do Peru foi chamada de volta para casa no meio dos Jogos, devido a um incidente no futebol. Torcedores peruanos invadiram o campo quando o jogo contra a Áustria, pelas quartas de final, estava empatado em 2 x 2, e agrediram um jogador adversário. O placar final, na prorrogação, foi 4 x 2 para o Peru, mas o jogo acabou cancelado por causa da agressão. Uma comissão decidiu que a partida deveria ser disputada novamente com portões fechados, o que revoltou a delegação peruana e a levou ao primeiro boicote durante uma edição dos Jogos. Com isso, os austríacos ganharam a vaga na semifinal e terminaram com a medalha de prata.

Olimpílulas

> Eleanor Holm era a grande estrela da equipe norte-americana de natação. Porém, acabou cortada da delegação sob o argumento de não respeitar as regras de treinamento durante a viagem de navio que levava os atletas dos Estados Unidos a Hamburgo, porto de entrada na Alemanha. O ato de indisciplina da nadadora foi ter ficado muito tempo no bar, consumindo bebidas alcoólicas.

> O handebol estreou no programa olímpico, mas em sua modalidade de campo, disputada a céu aberto e com 11 jogadores em cada time.

> O norte-americano Glenn Morris, campeão do decatlo, seria mais tarde o terceiro Tarzan das telas de cinema a sair dos Jogos Olímpicos. Ele contracenava com Eleanor Holm, nadadora cortada em Berlim 1936.

Eleanor Holm

ABAIXO
Adolf Hitler desfila em carro aberto a caminho da cerimônia de abertura dos Jogos Olímpicos de Berlim em 1 de agosto de 1936
GETTY IMAGES

A seleção indiana de hóquei sobre grama
COMITÊ OLÍMPICO INTERNACIONAL

Dhyan Chand

Olivér Halassy (o segundo da esquerda para a direita) é amparado pelos colegas de equipe em Berlim 1936

Números

12 MEDALHAS de ouro conquistaram os norte-americanos no atletismo, 5 delas por atletas negros. Os donos da casa ficaram com 3 ouros.
6 GOLS marcou o capitão do exército Dhyan Chand na final de hóquei sobre grama entre Índia e Alemanha, vencida por 8 x 1. Foi a terceira medalha de ouro de Chand, que comandou a seleção indiana nos Jogos Amsterdã 1928 e Los Angeles 1932. Na final de Berlim 1936, ele jogou descalço. Quando encerrou a carreira de atleta, Chand se tornou técnico da seleção nacional.
3 VEZES subiu ao pódio olímpico o húngaro Olivér Halassy, atleta do polo aquático. Mesmo sem ter o pé esquerdo, amputado após um acidente de bonde quando tinha 8 anos, Halassy ganhou prata em Amsterdã 1928, ouro em Los Angeles 1932 e ouro em Berlim 1936.

Equipe feminina de natação treina dentro do navio, rumo à Alemanha

O Brasil em Berlim

88 ATLETAS
6 MULHERES (9,09%)

Duas delegações

Pela primeira vez, o COB assumiu a tarefa de organizar a equipe olímpica brasileira, reconhecida pelo COI; mas a CBD, que detinha a responsabilidade desde 1920 (com sérias limitações, como se viu nos capítulos sobre Jogos anteriores), conseguiu apoio do presidente Getúlio Vargas e mandou seus atletas a Berlim. Barrados na Vila Olímpica, eles dormiram numa estação de trem. Mas, no dia seguinte, foi selada a paz e os 88 homens e as 6 mulheres receberam permissão para defender o Brasil. Foi a última vez que o país voltou de uma edição dos Jogos Olímpicos sem medalha.

Brasileiras na piscina

A pioneira Maria Lenk fazia novamente parte da equipe feminina de natação, com 5 atletas. Piedade Coutinho foi o destaque, com um 5º lugar na prova dos 400m livre.

Futuros dirigentes em ação

Na equipe masculina de natação estava Jean-Marie Faustin Godefroid de Havelange, que chegou à segunda eliminatória dos 400m e dos 1.500m livre. João Havelange, como ficou conhecido, continuou ligado ao esporte fora das piscinas: foi presidente da FIFA e membro do COI.

Nas pistas de atletismo, o destaque foi outro futuro dirigente esportivo: Sylvio de Magalhães Padilha, que seria presidente do COB por 2 décadas, chegou a fazer o segundo melhor tempo nas eliminatórias dos 400m com barreiras. Chegou à final batendo o recorde sul-americano, com 53s3, superando o campeão europeu nos metros finais. O esforço pesou: com o tempo de 54s, ele terminou a prova decisiva em 5º lugar. Ficou fora do pódio, mas foi o melhor entre os homens da delegação brasileira.

Helsinque 1940

Os XII Jogos Olímpicos foram originalmente outorgados a Tóquio. O nome da capital japonesa apareceu na cerimônia de encerramento de Berlim 1936, e o Comitê Organizador chegou a divulgar o orçamento do evento: 20 milhões de ienes, um terço deles em investimentos da prefeitura. Mas a participação do Japão na Segunda Guerra Sino-Japonesa, em 1937, fez com que o COI transferisse o status de cidade-sede para Helsinque. Apenas no ano previsto para a realização dos Jogos, com a Segunda Guerra Mundial já em andamento, o cancelamento foi anunciado. Mais uma vez, a numeração foi mantida, em respeito à ideia do ciclo olímpico de 4 anos. Tanto Helsinque quanto Tóquio seriam cidades-sede no futuro: em 1952 e em 1964, respectivamente (a cidade japonesa voltará a receber uma edição em 2020).

Londres 1944

Os XIII Jogos Olímpicos deveriam ter sido disputados em Londres. Mesmo com a iminência da Segunda Guerra Mundial, que causaria o cancelamento da edição de 1940, a disputa pelo status de cidade-sede, em 1939, atraiu outras 7 candidatas: Roma, Detroit, Lausanne, Atenas, Budapeste, Helsinque e Montreal. Logo ficaria claro que a guerra impediria também a realização desta edição, e o COI tomou as medidas de praxe: manteve a numeração oficial e esperou o fim do conflito para escolher a próxima sede. Londres se candidatou mais uma vez, mas não foi necessária uma nova eleição para que a cidade fosse escolhida para receber os Jogos em 1948.

A população comemora a rendição incondicional alemã no dia que entrou para a história como "Victory in Europe Day – V-E Day" – o dia da vitória na Europa, em 8 de maio de 1945

PÁGINA AO LADO
Durante a Segunda Guerra Mundial, a Grã-Bretanha foi severamente bombardeada. A imagem mostra um avião alemão de bombardeio sobrevoando Londres

LONDRES 1948

4.104 ATLETAS
59 PAÍSES
390 MULHERES (9,50%)

Os XIV Jogos Olímpicos

O maior evento esportivo do mundo sobreviveu a seu mais duro golpe. Por causa da Segunda Grande Guerra, não foram realizadas as edições de 1940 e 1944, mas graças ao esforço dos países participantes, a começar pela própria Inglaterra, que recebeu os Jogos em meio a seu processo de reconstrução pós-guerra, a chama olímpica foi novamente acesa. Dessa vez, não houve obras faraônicas. Instalações já existentes, como Wembley – um dos grandes templos do futebol mundial –, receberam as competições. Também não havia recursos para construir uma Vila Olímpica, e os atletas se hospedaram nos alojamentos de Uxbridge e Richmond Park, usados pelos pilotos da Real Força Aérea Britânica durante a guerra.

Cerimônia de abertura dos Jogos Londres 1948 no estádio de Wembley

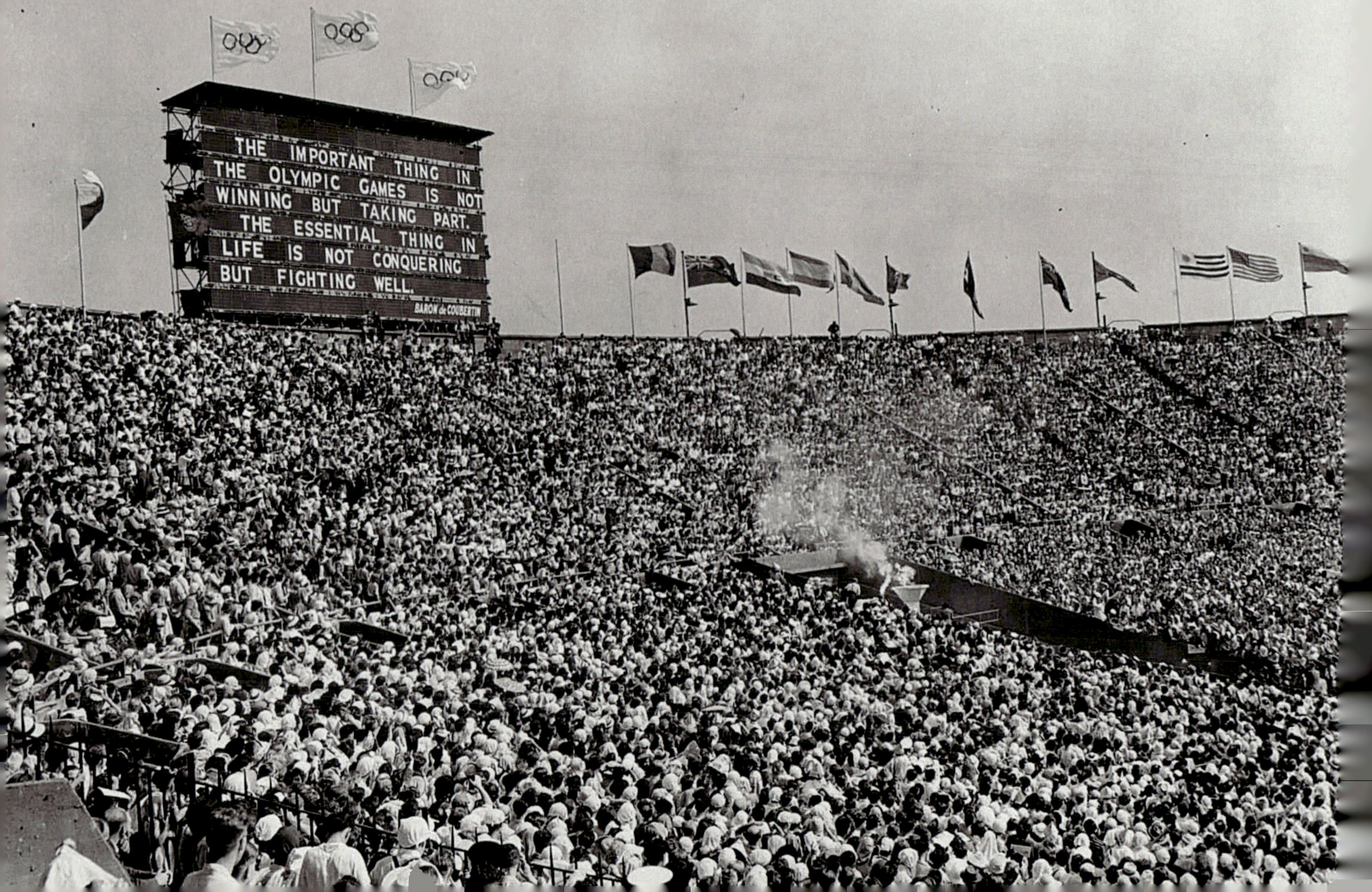

Manchete com a Declaração Universal dos Direitos Humanos

Alice Coachman

As manchetes de 1948

> O mundo vive as mudanças do pós-guerra:
– *A Assembleia Geral da ONU lança a Declaração Universal dos Direitos Humanos.*
– *O comunismo avança e toma o poder na Tchecoslováquia.*
– *O Estado de Israel se torna independente (e a reação dos países vizinhos levaria à Guerra Árabe-Israelense).*
– *Na Índia, Gandhi é assassinado por um fanático religioso.*

> A televisão se impõe como o grande veículo de comunicação do século. O maestro Arturo Toscanini conduz a Nona Sinfonia de Beethoven na íntegra para exibição no vídeo.

> No Brasil, é fundado o Museu de Arte Moderna de São Paulo.

> Os Jogos Olímpicos de Inverno são disputados em Saint Moritz, Suíça.

Aconteceu em Londres

> As feridas da Segunda Guerra ainda estavam abertas: Alemanha e Japão foram excluídos dos Jogos. A União Soviética preferiu não participar. E a delegação de 2 pessoas enviada por Israel não foi aceita, porque o recém-criado país ainda não era reconhecido pela ONU.

> Muitas delegações, preocupadas com o desabastecimento, levaram a própria comida: os argentinos, carne; os irlandeses, peixe seco; os franceses, vinho; e os norte-americanos, tudo.

> Na natação, os Estados Unidos se aproveitaram muito bem da ausência de Alemanha e Japão, banidos dos Jogos. A seleção masculina norte-americana levou para casa todas as medalhas de ouro em disputa na modalidade, e a feminina só não subiu ao pódio em 1 prova.

> A norte-americana Alice Coachman foi a primeira atleta negra a conquistar 1 medalha de ouro. O feito foi obtido no salto em altura.

Cartaz dos Jogos Olímpicos de Inverno St. Moritz 1948
COMITÊ OLÍMPICO INTERNACIONAL

Dona de casa voadora

Não eram os Jogos da reconstrução? Pois então a holandesa Francina Blankers-Koen era perfeita para se tornar a heroína de Londres. Fanny, como era chamada, começara a carreira 1 ano antes de Berlim 1936, competição da qual voltou sem ganhar medalhas, trazendo na bagagem apenas um autógrafo de Jesse Owens. No período em que as 2 edições seguintes dos Jogos foram canceladas por causa da guerra, casou-se, tornou-se mãe e bateu 6 recordes mundiais, mesmo vivendo num país invadido. Quando anunciou que competiria nos Jogos de Londres, era opinião corrente na Holanda que o sensato era ela ficar em casa cuidando da prole. Mas a desobediência lhe valeu a medalha de ouro nos 100m rasos, nos 200m, nos 80m com barreiras e no revezamento 4x100m. A coleção de medalhas só não foi maior porque ela foi impedida de competir no salto em altura e no salto em distância, provas das quais era recordista mundial. O regulamento da época impedia que mulheres disputassem mais de 3 provas individuais. Fanny voltou para o seu país celebrada com o apelido de "Dona de Casa Voadora".

Cerimônia de premiação para a prova feminina de 80m com barreiras. O ouro ficou com Fanny Blankers-Koen. Maureen Angela Jane Gardner recebeu a medalha de prata, e Shirley Stricklandde La Hunty, a de bronze

COMITÊ OLÍMPICO INTERNACIONAL

Os principais medalhistas

	País	Ouro	Prata	Bronze	Total
1	Estados Unidos	38	27	19	84
2	Suécia	16	11	17	44
3	França	10	6	13	29
4	Hungria	10	5	12	27
5	Itália	8	11	8	27
6	Finlândia	8	7	5	20
7	Turquia	6	4	2	12
8	Tchecoslováquia	6	2	3	11
9	Suíça	5	10	5	20
10	Dinamarca	5	7	8	20

Robert Mathias em prova de lançamento de disco
COMITÊ OLÍMPICO INTERNACIONAL

Emil Zatopek lidera a prova de 10.000m em Londres 1948

Surgem 2 lendas

O atletismo testemunhou o nascimento de 2 grandes atletas olímpicos em Londres. O tcheco Emil Zatopek ganhou o ouro nos 10.000m e a prata nos 5.000m. Ele ainda daria muito o que falar pelo que fez em Helsinque 1952 e Melbourne 1956. O norte-americano Bob Mathias, com apenas 17 anos, venceu o decatlo. Ele é até hoje o mais jovem atleta a conquistar uma medalha de ouro no atletismo olímpico. Quatro anos depois, Mathias conquistaria o primeiro bicampeonato de sua modalidade (feito que só seria igualado pelo britânico Daley Thompson, em Moscou 1980 e Los Angeles 1984).

Micheline Ostermeyer durante prova de lançamento do disco
COMITÊ OLÍMPICO INTERNACIONAL

Micheline Ostermeyer e sua outra paixão: o piano

Pianista de ouro

A francesa Micheline Ostermeyer ganhou medalha de ouro em 2 provas de força: arremesso do peso e lançamento do disco. Ambas com recorde olímpico. Fora do atletismo, Micheline (que também foi bronze no salto em altura) era pianista profissional, e festejou as medalhas tocando um recital de Beethoven no alojamento da delegação francesa.

Olimpílulas

> A ginasta tcheca Marie Provaznikova tornou-se a primeira atleta olímpica a desertar para o Ocidente.

> Os Jogos Londres 1948 foram marcados por muitas novidades. No atletismo, começaram a ser usados os blocos de apoio, que, no momento da largada, facilitam o impulso dos corredores de distâncias entre 100m e 400m. Já as provas de natação foram realizadas pela primeira vez em uma piscina coberta. Mas o principal acontecimento dos Jogos não esteve ligado às competições em si: o público finalmente pôde acompanhar os principais eventos pela televisão.

> Em 1938, Károly Takács, sargento do exército húngaro, perdeu a mão direita após a explosão de uma granada defeituosa. Depois do acidente, Takács, que também era atirador olímpico, foi obrigado a treinar com a mão esquerda. Apesar das dificuldades iniciais, acabou conquistando a medalha de ouro na categoria pistola rápida, batendo o recorde mundial (e em Helsinque 1952 se tornaria o 1º atleta do tiro rápido a ganhar o 2º ouro).

Károly Takács

Números

12 ANOS depois de conquistar 1 medalha de ouro na esgrima (florete) em Berlim 1936, a húngara Ilona Elek se tornou bicampeã olímpica. Em Helsinque 1952, aos 41 anos, Ilona ainda conquistaria a prata, também no florete.

20 PICTOGRAMAS representaram os esportes que distribuíram medalhas em Londres. Pela primeira vez, desenhos foram usados para identificar as modalidades, diferenciando os ingressos.

Ilona Elek

Vista geral do estádio de Wembley na chegada da tocha olímpica
COMITÊ OLÍMPICO INTERNACIONAL

O Brasil em Londres

70 HOMENS
11 MULHERES (15,71%)
1 MEDALHA
34ª COLOCAÇÃO

De volta ao pódio

Desde os Jogos Antuérpia 1920 o Brasil não conquistava uma medalha olímpica. E quem quebrou o jejum de 28 aos foi a seleção masculina de basquetebol, que tinha em quadra um futuro campeão mundial: Zenny de Azevedo, o Algodão, um dos grandes destaques da equipe. Com ele, o Brasil só perdeu 1 das 7 partidas que disputou (a semifinal contra a França), garantindo o bronze.

Pelo ar e pelo mar

Sinal dos tempos: pela primeira vez, a delegação viajou de avião para disputar as competições de uma edição olímpica. Nem por isso a viagem deixou de ter seus transtornos. Caixas de banana, carne seca, toucinho, batata doce, queijo, guaraná e até galinhas, transportadas de navio para garantir a boa alimentação dos atletas, jamais chegaram a Londres.

Plantando o futuro

No salto triplo, um jovem desconhecido terminou em 14º lugar. O nome dele era Adhemar Ferreira da Silva, que nas 2 edições seguintes dos Jogos se tornaria o primeiro bicampeão olímpico brasileiro. No boxe, Ralph Zumbano chegou às quartas de final do peso leve. Depois, ele seguiria a carreira de treinador e faria de seu sobrinho, Éder Jofre, um dos maiores pugilistas brasileiros de todos os tempos.

A seleção brasileira de basquetebol, medalhista de bronze em Londres 1948

ACIMA
Cartaz dos jogos Olímpicos Londres 1948
COMITÊ OLÍMPICO INTERNACIONAL

HELSINQUE 1952

4.955 ATLETAS
69 PAÍSES
519 MULHERES (10,47%)

OS XV JOGOS OLÍMPICOS

Os Jogos de Helsinque transcorreram em paz. Tanto que o principal distúrbio foi causado por uma pacifista. Barbara Rotraut-Pleyel, uma estudante alemã de 28 anos, invadiu o gramado do Estádio Olímpico, correu até os microfones e disse "Queridos amigos" em finlandês. Barbara queria pedir a reunificação da Alemanha, separada pela guerra, mas sua mensagem terminou aí. Após a segunda palavra, os seguranças a retiraram de cena. Apelidada de "Anjo da Paz" e elogiada por sua beleza, tornou-se celebridade instantânea.

À DIREITA
Vista aérea do estádio olímpico de Helsinque durante a cerimônia de abertura dos Jogos Helsinque 1952
COMITÊ OLÍMPICO INTERNACIONAL

À ESQUERDA
Estádio olímpico de Helsinque

Barbara Routraut-Peyel deixa o campo acompanhada por seguranças em Helsinque 1952

Cartaz dos Jogos Olímpicos Helsinque 1952

COMITÊ OLÍMPICO INTERNACIONAL

O país de Barbara competiu dividido, com uma delegação da Alemanha Ocidental e outra de Saarland. Essas regiões se uniriam 3 anos mais tarde, mas a Alemanha Oriental, que não enviou representantes, continuaria separada até a queda do Muro de Berlim, tornando-se em edições futuras uma potência olímpica. O Japão, banido de Londres 1948 – assim como os alemães –, voltou a participar. Israel foi aceito pela primeira vez, e a União Soviética finalmente resolveu enviar uma delegação. Os Jogos de Helsinque eram, até então, os de mais ampla participação na história olímpica.

As manchetes de 1952

> Após décadas de guerra, a ONU realiza a primeira reunião em sua sede permanente, em Nova York.
> Japão e Alemanha retomam relações diplomáticas.
> Elizabeth II se torna a rainha da Inglaterra, posto que ocupa até hoje.
> A Alemanha Oriental decide criar seu próprio Exército.
> Na Argentina, morre Evita, mulher do presidente Juan Domingo Perón. E nasce Evita, o mito.
> Os Jogos Olímpicos de Inverno são disputados em Oslo, Noruega.
> O Fluminense conquista a Copa Rio, que reunia campeões nacionais sul-americanos e europeus. O clube pleiteou na FIFA o reconhecimento do título como equivalente ao Mundial Interclubes.

Cerimônia de abertura dos Jogos Olímpicos de Inverno Oslo 1952

COMITÊ OLÍMPICO INTERNACIONAL

Abertura de gala

Paavo Nurmi e Hannes Kolehmainen acenderam a pira. O público que lotava o Estádio Olímpico aplaudiu. Talvez não houvesse mesmo melhor maneira de começar os Jogos de Helsinque – ali estavam 2 dos finlandeses voadores, donos de 13 medalhas de ouro em provas de longa distância do atletismo.

PÁGINA AO LADO
O finlandês Paavo Nurmi acende a pira olímpica durante a cerimônia de abertura dos Jogos Olímpicos Helsinque 1952
COMITÊ OLÍMPICO INTERNACIONAL

Aconteceu em Helsinque

> A União Soviética estreou nos Jogos dominando a ginástica artística. Seus atletas levaram para casa 22 medalhas, sendo 8 de ouro.

> O desempenho nacional mais impressionante em Helsinque coube à Hungria. O país, que na época tinha 10 milhões de habitantes, ganhou 42 medalhas, ficando atrás apenas dos Estados Unidos e da União Soviética.

> Comandada por Puskas, Bozsik, Kocsis, Czibor e Hidegkuti, a seleção de futebol da Hungria ganhou o ouro e começou a assombrar o mundo pela qualidade técnica e pelo estilo de jogo. A equipe chegou à Copa de 1954 como favorita, mas foi derrotada pela Alemanha numa das mais surpreendentes finais da competição.

O estádio lotado para assistir à partida entre Hungria e Inglaterra

A seleção húngara de futebol, conhecida como "Os mágicos magiares"

Ferenc Puskás
AFP/GETTY IMAGES

Os principais medalhistas

	País	Ouro	Prata	Bronze	Total
1	Estados Unidos	40	19	17	76
2	União Soviética	22	30	19	71
3	Hungria	16	10	16	42
4	Suécia	12	13	10	35
5	Itália	8	9	4	21
6	Tchecoslováquia	7	3	3	13
7	França	6	6	6	18
8	Finlândia	6	3	13	22
9	Austrália	6	2	3	11
10	Noruega	3	2	0	5

A locomotiva humana

Sexto filho de uma família pobre, Emil Zatopek chegou a Helsinque com 29 anos de idade, já dono de 1 medalha de ouro e de 1 de prata conquistadas em Londres 1948. Venceu as 3 provas que disputou – 5.000m, 10.000m e maratona – no espaço de 1 semana, batendo os recordes olímpicos nos 10.000m e na maratona, modalidade em que estreava. Saiu de Helsinque consagrado como a "Locomotiva Humana" e entrou para a história do esporte não só por seus títulos e pelos 20 recordes mundiais que bateu ao longo da carreira, mas também por ser um pioneiro da preparação física, o primeiro a usar os treinos intervalados, hoje prática comum. E ainda voltou para casa com o bônus de mais uma medalha: sua mulher, Dana Ingrova Zatopkova, ganhou ouro no lançamento do dardo.

Emil Zatopek lidera a prova de 5.000m, seguido por Alain Mimoun e Herbert Schade

LOTHAR RÜBERT/ COMITÊ OLÍMPICO INTERNACIONAL

Emil Zatopek

COMITÊ OLÍMPICO INTERNACIONAL

Gaston Boiteux pula na piscina para comemorar a vitória na prova de 400m livre de seu filho, o nadador francês Jean Boiteux

GETTY IMAGES

Papai orgulhoso

Sem conter sua satisfação com a vitória de Jean Boiteux, o primeiro campeão olímpico francês de natação, na prova dos 400m livre, o orgulhoso pai do atleta caiu na água de roupa e tudo para abraçar o filho. Os juízes chegaram a considerar a desclassificação do nadador, pois a prova ainda não havia terminado na hora do inusitado mergulho, mas acharam injusto punir o campeão pela atitude do pai.

Na cerimônia de premiação, o grã-duque Jean de Luxemburgo entrega a medalha de ouro a Joseph Barthel

COMITÊ OLÍMPICO INTERNACIONAL

Pódio sem hino

Joseph Barthel, de Luxemburgo, conquistou o ouro nos 1.500m do atletismo, garantindo a única medalha olímpica desse pequeno país europeu. Mas não ouviu o hino nacional no pódio, pois a organização não o encontrou. Provavelmente ninguém pensou que o hino de Luxemburgo precisaria ser tocado.

As voltas que esse mundo dá

O norte-americano Edward Sanders era o favorito ao ouro na categoria peso pesado do boxe. Seu adversário na final, o sueco Ingemar Johansson, adotou uma tática defensiva, dando voltas pelo ringue para fugir do combate. No segundo round, após vaias do público, ele foi desclassificado pela arbitragem por atitude antidesportiva. Revoltado, "Ingo", como era conhecido, não compareceu à cerimônia de premiação. A medalha de prata só seria entregue a ele em 1982. Mas a volta por cima de Johansson não demorou tanto. Sete anos depois do polêmico combate em Helsinque, ele se tornou campeão mundial de boxe.

Estátua de Ingemar Johansson, "Ingo, o campeão", feita por Peter Linde em bronze

Espírito olímpico

A dinamarquesa Lis Hartel conquistou a medalha de prata no adestramento individual do hipismo. Oito anos antes, ela contraíra poliomielite durante a gravidez. Após dar à luz uma filha saudável, voltou a competir, mesmo sem os movimentos das pernas. O campeão da prova, Henri Saint Cyr, ajudou-a a subir ao pódio, num dos momentos mais emocionantes da história dos Jogos. Em Melbourne 1956, ambos repetiriam suas medalhas.

Lis Hartel

Olimpílulas

> A uruguaia Estrella Puente, do lançamento do dardo, foi a primeira mulher a desfilar como porta-bandeira de uma delegação em Jogos Olímpicos.
> O sueco Lars Hall foi o primeiro civil a conquistar o ouro no pentatlo, justamente na primeira edição em que não apenas os militares foram aceitos na modalidade. Ele era marceneiro.
> O ciclista francês Jacques Anquetil, ainda pouco conhecido, conquistou 1 medalha de bronze na prova por equipes. Anos depois, seria aclamado como ídolo nacional ao se tornar o primeiro ciclista a vencer 5 vezes a Volta da França.

Cerimônia de premiação de hipismo: a equipe alemã ficou com o bronze, a suíça, com a prata, e o ouro foi para a equipe sueca
COMITÊ OLÍMPICO INTERNACIONAL

Números

72,71m de altura tinha a pira olímpica de Helsinque, equivalente a um prédio de 24 andares.
15 anos e 123 dias tinha a norte-americana Barbara Jones quando subiu no alto do pódio do revezamento 4x100m. Ela se tornou a mulher mais jovem a conquistar 1 medalha de ouro no atletismo nos Jogos Olímpicos.
13 medalhas conquistaram juntos 2 ginastas soviéticos. Viktor Chukarin subiu 6 vezes ao pódio (4 ouros e 2 pratas) e Maria Gorokhovskaya, 7 (2 ouros e 5 pratas).

Adhemar Ferrreira da Silva distribui autógrafos em Helsinque 1952
COMITÊ OLÍMPICO DO BRASIL

O Brasil em Helsinque

108 ATLETAS
5 MULHERES (4,62%)
3 MEDALHAS
24ª COLOCAÇÃO

As medalhas do Brasil

OURO
Adhemar Ferreira da Silva no atletismo (salto triplo)
BRONZE
José Telles da Conceição no atletismo (salto em altura)
Tetsuo Okamoto na natação (1.500m livre)

Um campeão e um violão

Pouco antes dos Jogos Olímpicos de 1952, um funcionário público brasileiro desembarcou em Helsinque com um violão debaixo do braço e saudou os funcionários da alfândega: "Terve, terve!" Se o ar de incredulidade já era geral com a visão de um negro sul-americano dizendo "Salve, salve!" no idioma local, os queixos caíram de vez quando ele cantou, dedilhando o violão, uma canção finlandesa. O nome do autor da façanha era Adhemar Ferreira da Silva. Ele tomara aulas de finlandês com um casal de imigrantes, em São Paulo, como parte de sua preparação para os Jogos, que em termos atléticos incluía apenas treinos na hora do almoço (para não atrapalhar o expediente!). Mesmo com a limitação de horário, Adhemar chegou a Helsinque já como recordista mundial do salto triplo. Voltou com a medalha de ouro e um recorde 21cm maior. Ele quebrou a marca anterior, de 16,01m, em todas as vezes que saltou. A façanha foi comemorada com um bolo feito pela cozinheira da Vila Olímpica, com a inscrição 16,22 (a marca do salto vencedor). Com aquele quitute, celebrava-se o surgimento de um dos maiores heróis olímpicos do Brasil em todos os tempos.

Bronze com recorde

No salto em altura, José Telles da Conceição quebrou o recorde sul-americano e garantiu o bronze ao atingir a marca de 1,98m.

A primeira na natação

Nascido em Marília, no interior de São Paulo, Tetsuo Okamoto entrou para a história da natação brasileira ao se tornar o primeiro medalhista olímpico. Ele nadou os 1.500m livre em 18min51s3 e ficou com a medalha de bronze.

Tetsuo Okamoto
COMITÊ OLÍMPICO DO BRASIL

Estreia do futebol

Foi a primeira participação do futebol brasileiro nos Jogos. Terminou em 5º lugar, com um time que tinha 2 futuros campeões mundiais: o atacante Vavá, com apenas 17 anos, e o zagueiro Zózimo.

Vencedores do salto em altura, da esquerda para a direita: José Telles da Conceição, G. Davis e K. Weisner
BETTMANN/GETTY IMAGES

Melbourne 1956

3.314 ATLETAS
72 PAÍSES
376 MULHERES (11,35%)

Os XVI Jogos Olímpicos

Os Jogos Olímpicos chegaram pela primeira vez ao hemisfério Sul sob protestos. Para poderem ser disputadas no verão, as competições foram transferidas para dezembro. Como se já não bastasse o fato de terem de se deslocar até a Austrália (o que era mais caro e demorado do que hoje em dia), os atletas europeus e norte-americanos ainda teriam de competir sob forte calor e numa época do ano que não coincidia com o auge da temporada de muitos esportes nem com as férias escolares – fato mais do que relevante num período em que a participação de atletas profissionais era proibida. Para complicar, o governo vetou o uso de recursos públicos nas obras, que atrasaram a ponto de o presidente do COI sugerir que os Jogos fossem transferidos para Roma.

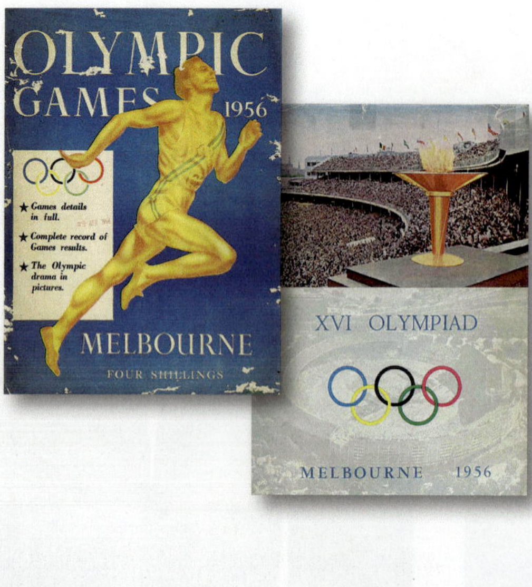

Cartaz dos Jogos Olímpicos Melbourne 1956
COMITÊ OLÍMPICO INTERNACIONAL

As manchetes de 1956

Fidel Castro

> Mudanças na geopolítica mundial: Tunísia e Marrocos se tornam independentes da França, e o Paquistão se declara uma república islâmica.

> Mãos às armas: Fidel Castro desembarca em Cuba para tomar o poder, Israel expulsa as tropas do Egito da Península do Sinai, causando a Crise de Suez, e tropas do Pacto de Varsóvia invadem a Hungria para sufocar um levante contra o governo comunista.

> Casamento de conto de fadas: a atriz Grace Kelly se une a Rainier III, príncipe de Mônaco.

> O primeiro carro fabricado no Brasil chega às ruas: a Romi-Isetta.

> Os Jogos Olímpicos de Inverno são disputados em Cortina D'Ampezzo, Itália.

> Rocky Marciano se aposenta como o único peso pesado campeão mundial invicto da história do boxe, com 49 vitórias.

Tensões políticas

"Durante os Jogos haverá apenas uma nação. Guerra, política e nacionalidade serão esquecidas", escreveu John Wing, australiano de origem chinesa que estudava em Melbourne, em carta ao COI. Com suas palavras, Wing conseguiu fazer com que os atletas passassem a desfilar todos juntos na cerimônia de encerramento, lançando uma tradição que se repetiu em todas as edições seguintes. Mas a realidade olímpica caminhava na direção oposta a seu sonho: cada vez mais o esporte refletia as tensões políticas, em vez de atenuá-las. Mesmo em meio à Guerra Fria, entre Estados Unidos e União Soviética, e tantos outros conflitos, Melbourne acabou entrando para a história olímpica como a cidade-sede dos Jogos da Amizade.

Sete desistências

Pela primeira vez, houve desistência de países inscritos por motivos políticos. Espanha, França e Suíça não participaram dos Jogos em represália à invasão da Hungria pela União Soviética; Egito, Iraque e Líbano não compareceram por causa da intervenção de França e Inglaterra no Canal de Suez; e a China, por discordar da presença de Taiwan nos Jogos.

PÁGINA ANTERIOR
Na cerimônia de abertura dos Jogos Olímpicos Melbourne 1956, o último atleta a carregar a tocha, Ronald Clarke, corre pelo estádio
COMITÊ OLÍMPICO INTERNACIONAL

Aconteceu em Melbourne

> Diante das rígidas leis australianas, que exigiam uma longa quarentena para a entrada de animais no país, as provas de hipismo tiveram de ser disputadas em Estocolmo, na Suécia, em junho.
> As recém-separadas Alemanha Ocidental e Oriental competiram juntas, sob a bandeira olímpica e tendo como hino a "Ode à Alegria" da Nona Sinfonia de Beethoven.
> O húngaro László Papp tornou-se o primeiro tricampeão olímpico do boxe em edições seguidas.
> Após os Jogos, muitos atletas da delegação da Hungria pediram asilo político.
> Com o 6º lugar na maratona, o tcheco Emil Zatopek fez sua última participação olímpica. O soviético Vladimir Kuts venceu os 5.000m e os 10.000m, provas que nas 2 edições anteriores tinham sido dominadas por Zatopek.

O russo Vladimir Kuts cruza a linha de chegada e vence a prova de 5.000m em Melbourne 1956
BETTMANN/GETTY IMAGES

Os principais medalhistas

	País	Ouro	Prata	Bronze	Total
1	União Soviética	37	29	32	98
2	Estados Unidos	32	25	17	74
3	Austrália	13	8	14	35
4	Hungria	9	10	7	26
5	Itália	8	8	9	25
6	Suécia	8	5	6	19
7	Equipe Alemã Unificada	6	13	7	26
8	Grã-Bretanha	6	7	11	24
9	Romênia	5	3	5	13
10	Japão	4	10	5	19

László Papp em fotografia assinada pelo próprio

"Emil, finalmente eu ganhei!"

A frase é do vencedor da maratona, o francês de origem argelina Alain Mimoun, prata nos 5.000m e nos 10.000m nos Jogos Londres 1948 e Helsinque 1952, perdendo nas 4 ocasiões para o tcheco Emil Zatopek. Ele esperou o rival na linha de chegada para fazer o comentário. Segundo Mimoun, o cumprimento que recebeu em resposta foi um prêmio maior do que a própria medalha.

Alain Mimoun, vencedor da maratona

KEYSTONE-FRANCE/GAMMA-KEYSTONE VIA GETTY IMAGES

O jogo do sangue na água

Assim ficou conhecida a semifinal masculina de pólo aquático entre Hungria e União Soviética nos Jogos Melbourne 1956. Os húngaros, que nas 4 edições anteriores tinham conquistado 3 medalhas de ouro e 1 de prata, venciam por 4 x 0 quando um de seus jogadores, Ervin Zádor, teve o supercílio cortado. O incidente levou a uma briga generalizada que interrompeu a partida e deixou 8 jogadores feridos. Os soviéticos foram considerados culpados e perderam o jogo, mas os 5.500 torcedores queriam mais: a polícia teve de agir para evitar agressões aos atletas. Os australianos apoiaram os húngaros, que acabariam vencendo a final e conquistando outro ouro no polo aquático.

O húngaro Ervin Zádor, ferido nos últimos minutos da partida de polo aquático entre a Hungria e a União Soviética

BETTMANN/GETTY IMAGES

Olga Fikotova e Harold Conolly se casam em Praga

ULLSTEIN BILD/ULLSTEIN BILD VIA GETTY IMAGES

Romance na Vila

Clima de romance entre campeões em Melbourne 1956. A tcheca Olga Fikotova, uma bela estudante de medicina, ganhou o ouro no lançamento do disco. O norte-americano Harold Connolly venceu a prova do lançamento do martelo. Eles se conheceram durante os Jogos e se apaixonaram. Um ano depois, casaram-se em Praga, tendo o casal Zatopek como padrinhos. Quando Olga voltou para a Tchecoslováquia, foi vista como traidora, e acabou competindo mais tarde pelos Estados Unidos.

Policial de ouro

Um dos maiores jogadores de hóquei sobre grama da história, Balbir Singh Sr., um policial indiano, conquistou na Austrália sua terceira medalha olímpica. A primeira, nos Jogos Londres 1948, teve importância histórica, pois a Índia tinha acabado de se tornar independente da Grã-Bretanha. Ao encerrar a carreira, tornou-se um técnico de sucesso à frente da seleção nacional. Curiosidade: na seleção indiana de hóquei sobre grama que ganhou o bronze em Cidade do México 1968 havia 3 Balbir Singh, identificados como I, II e III.

No topo do pódio, Balbir Singh Sr., capitão da seleção indiana de hóquei sobre grama em Melbourne 1956

Trajetória de campeão

O soviético Vyacheslav Ivanov conquistou sua primeira medalha olímpica, no single skiff do remo, aos 18 anos. O que impressionou foi o modo como ele venceu a prova na raia de Melbourne. Em 4º lugar, a 500m do fim, iniciou uma arrancada, superou 3 concorrentes e ainda terminou com vantagem de mais de 5s sobre o 2º colocado. Nas edições seguintes, Roma 1960 e Tóquio 1964, Ivanov repetiria a dose e se tornaria o primeiro tricampeão olímpico da modalidade.

Olimpílulas

> A esgrima utilizou pela primeira vez espadas ligadas a um circuito elétrico, tornando automática a marcação dos toques entre os atletas.

> A norte-americana Patricia McCormick, que fora mãe apenas 8 meses antes dos Jogos, levou para casa 2 medalhas de ouro nos saltos ornamentais, uma na plataforma e outra no trampolim. Sua filha, Kelly, seguiu seus passos e levou a prata em Los Angeles 1984 e o bronze em Seul 1988, ambas as medalhas no trampolim.

Patricia McCormick, campeã de saltos ornamentais
COMITÊ OLÍMPICO INTERNACIONAL

Vyacheslav Ivanov

NÚMEROS

26 VITÓRIAS seguidas no hóquei sobre grama tiveram os indianos entre os Jogos Amsterdã 1928 e Melbourne 1956, quando conquistaram a sexta medalha de ouro em sequência.
3 OUROS conquistou, no atletismo, a australiana Betty Cuthbert, de apenas 18 anos, ganhando o apelido de "Garota de Ouro". Ela venceu os 100m rasos e os 200m e foi uma componente fundamental na equipe do revezamento 4x100m, ultrapassando a Grã-Bretanha na última curva.

Betty Cuthbert cruza a linha de chegada da prova de 100m rasos

A seleção brasileira de basquetebol, que levou o bronze em Londres 1948
POPPERFOTO/GETTY IMAGES

O BRASIL EM MELBOURNE

47 ATLETAS
1 MULHER (2,12%)
1 MEDALHA
24ª COLOCAÇÃO

ADHEMAR, O CANGURU BRASILEIRO

Adhemar Ferreira da Silva já era um herói olímpico quando chegou a Melbourne. Tinha sido o segundo brasileiro a conquistar 1 medalha de ouro, 4 anos antes. Mas, na terra dos cangurus, saltou ainda mais longe: tornou-se o primeiro atleta do país a conquistar 2 ouros, e em 2 edições olímpicas seguidas. Adhemar, que no ano anterior batera mais uma vez seu recorde mundial, chegando a 16,56cm (21cm a mais do que o salto que valera o ouro em Melbourne), teve como principal adversário uma dor de dente. Mas foi forte o suficiente para superar o problema, os 31 adversários e entrar de vez na história do esporte brasileiro.

FUTUROS CAMPEÕES MUNDIAIS

No boxe, Éder Jofre, que viria a ser considerado um dos maiores da categoria galo de todos os tempos, terminou em 5º lugar. No basquetebol, Amaury, Wlamir e Edson Bispo juntavam-se a Algodão, àquela altura o único remanescente do bronze de Londres 1948, para formar a base da seleção bicampeã do mundo em 1959 e 1963. Em Melbourne, a equipe perdeu 4 dos 7 jogos e não passou do 6º lugar.

A delegação brasileira no desfile de abertura dos Jogos Olímpicos Melbourne 1956

UNITED ARCHIVES/
GETTY IMAGES

Roma 1960

5.338 ATLETAS
83 PAÍSES
611 MULHERES (11,45%)

Cartaz dos Jogos Olímpicos Roma 1960
COMITÊ OLÍMPICO INTERNACIONAL

Os XVII jogos olímpicos

Roma quis que os Jogos tivessem o tamanho de sua espera por eles – a erupção do Vesúvio, em 1906, forçara o governo italiano a ceder a vez, cabendo a Londres o direito de ser a cidade-sede de 1908. Para promover uma edição memorável, os italianos abriram os cofres: estima-se que 45 milhões de dólares foram gastos em obras como a maior Vila Olímpica construída até então, um ginásio com calefação e ar-condicionado para 16 mil pessoas e um velódromo para 20 mil. Os Jogos começavam a se tornar o megaevento dos dias de hoje, com transmissão pela TV para mais de 100 países e recordes de participação – pela primeira vez, o número de atletas passou de 5 mil, representando 83 países, mais do que os membros da ONU na época.

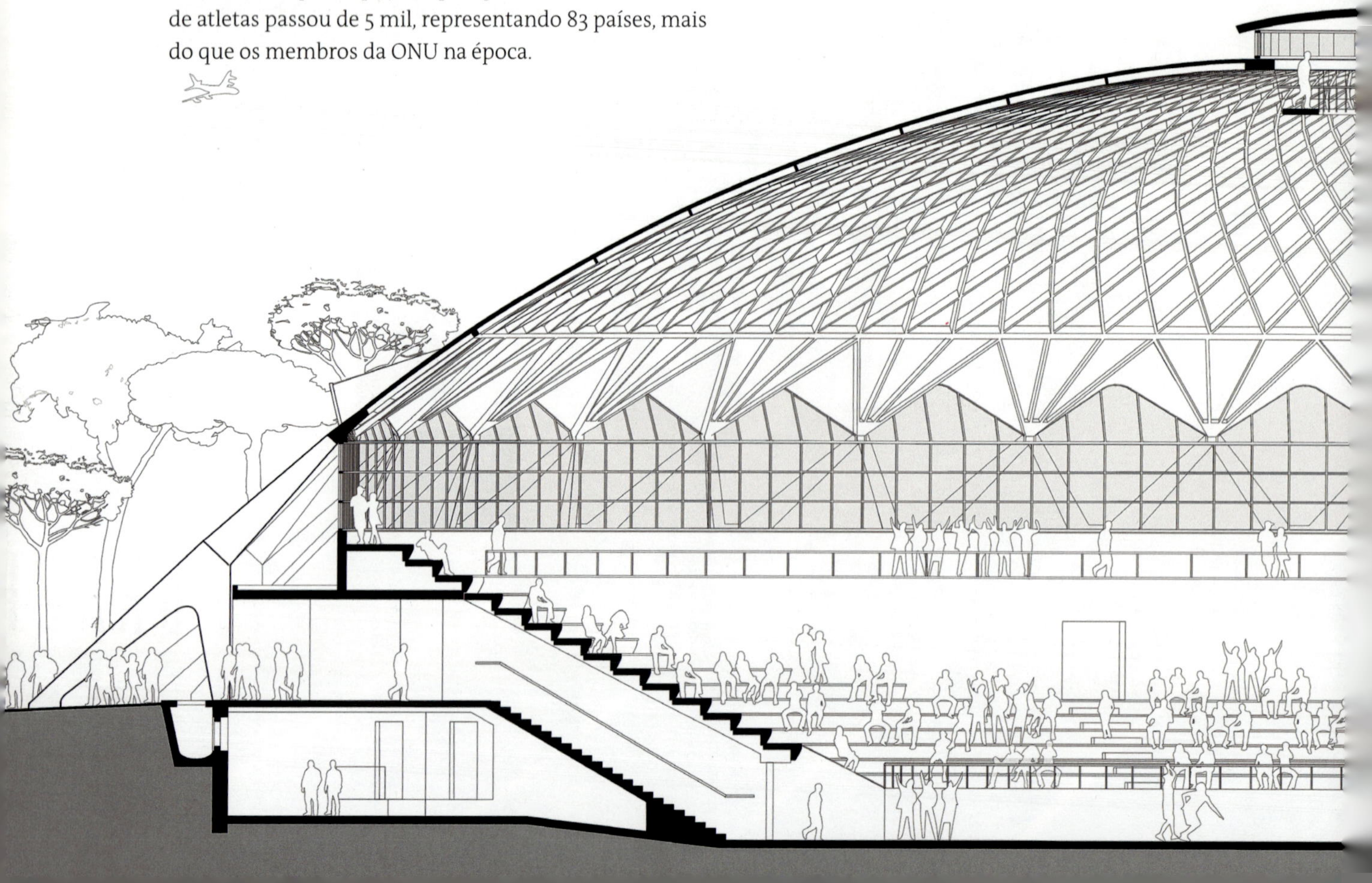

As manchetes de 1960

> Onda de independência na África: Camarões, Togo, Madagascar, Benin, Burkina Faso, Costa do Marfim, Chade, Congo, Gabão, Mali, Mauritânia e Nigéria se proclamam países livres.
> ONU batiza 1960 como Ano Mundial dos Refugiados.
> A pílula anticoncepcional é aprovada nos Estados Unidos.
> O presidente Juscelino Kubitschek se despede do poder inaugurando sua maior obra: Brasília, a cidade projetada por Oscar Niemeyer e Lúcio Costa que substituía o Rio de Janeiro como capital da República.
> Os Jogos Olímpicos de Inverno são disputados em Squaw Valley, Estados Unidos.
> Éder Jofre é coroado campeão mundial de boxe peso galo. Jofre defenderia seu título 7 vezes, sempre com sucesso, até 1965.

Aconteceu em Roma

> O alemão Armin Hary tornou-se o primeiro atleta cujo idioma nativo não era o inglês a vencer os 100m rasos. Antes dos Jogos, Hary levantara suspeitas ao marcar pela primeira vez o tempo de 10s para a distância – os juízes o acusaram de largar antes e ordenaram nova partida, e ele, mesmo sob protestos, repetiu a marca. Em Roma, bastaram 10s2 para o ouro.

> A pista de atletismo do Estádio Olímpico viu brilhar a "Gazela Negra", como ficou conhecida a norte-americana Wilma Rudolph. Vítima de poliomielite na infância, ela subiu no alto do pódio nos 100m rasos, nos 200m e no revezamento 4x100m.

> Dois atletas se tornaram os maiores medalhistas de seus esportes: o italiano Edoardo Mangiarotti, na esgrima (6 de ouro, 5 de prata e 2 de bronze), e o sueco Gert Fredriksson, na canoagem (6 de ouro, 1 de prata e 1 de bronze). Anos depois, Fredriksson teria sua marca superada pela canoísta alemã Birgit Fischer, que tem 12 medalhas olímpicas, sendo 8 de ouro.

Os principais medalhistas

	PAÍS	OURO	PRATA	BRONZE	TOTAL
1	União Soviética	43	29	31	103
2	Estados Unidos	34	21	16	71
3	Itália	13	10	13	36
4	Equipe Alemã Unificada	12	19	11	42
5	Austrália	8	8	6	22
6	Turquia	7	2	0	9
7	Hungria	6	8	7	21
8	Japão	4	7	7	18
9	Polônia	4	6	11	21
10	Tchecoslováquia	3	2	3	8

DE CIMA PARA BAIXO

Após a prova de 200m, Wilma Rudolph (ao centro), ganhadora da medalha de ouro, abraça a medalhista de bronze Dorothy Hyman e a de prata, Jutta Heine

UNITED ARCHIVES/ GETTY IMAGES

Da esquerda para a direita: Carlo Pavesi, Giuseppe Delfino, Alberto Pellegrino e Edoardo Mangiarotti

Gert Fredriksson

O mundo aos pés de Bikila

Os pés descalços de um membro da guarda imperial da Etiópia pisaram as pedras milenares de Roma a caminho da história olímpica. A pouco mais de 1km da chegada da maratona – a primeira numa edição dos Jogos a ser disputada à noite, com largada e chegada fora do Estádio Olímpico –, Abebe Bikila viu o Obelisco de Axum, roubado de seu país pelas tropas de Mussolini. Era o ponto que ele escolhera para a arrancada final. Bikila, que nasceu no dia da maratona de Los Angeles 1932 e foi pastor de ovelhas, cruzou a linha de chegada, no Arco de Constantino, causando assombro por não usar calçados. Com o tempo de 2h15min16s, bateu o recorde olímpico, que pertencia ao tcheco Emil Zatopek, e também o recorde mundial, do soviético Sergei Popov. Mal sabiam os italianos que se acotovelavam na reta final, entre soldados que seguravam tochas para iluminar o caminho, que ali começava a trajetória do primeiro bicampeonato olímpico da prova.

Lápide de Abebe Bikila

NO ALTO DA PÁGINA

O vencedor Abebe Bikila corre descalço durante a maratona

UNITED ARCHIVES/ GETTY IMAGES

Histórias de um campeão

Cassius Clay, um dos medalhistas de ouro no boxe em 1960, chegou a Roma desconhecido. Mais tarde, convertido muçulmano, mudaria seu nome para Muhammad Ali e se tornaria um dos atletas mais famosos do planeta (leia mais sobre ele no capítulo Atlanta 1996).

Cerimônia de premiação, no pódio: Medalha de ouro para Cassius Clay

UNITED ARCHIVES/ GETTY IMAGES

Atletas disputam a prova de ciclismo velocidade no velódromo construído especialmente para os Jogos Roma 1960

COMITÊ OLÍMPICO INTERNACIONAL

Bill Roycroft

POPPERFOTO/GETTY IMAGES

Causa mortis: doping

O doping, um dos grandes males do esporte, deu as caras pela primeira vez em Roma 1960. E de forma trágica. O ciclista dinamarquês Knud Jensen desmaiou e caiu durante a prova de 100km contrarrelógio por equipes, fraturando o crânio. A autópsia revelou a presença de anfetamina no corpo do ciclista. O acidente foi um dos motivos que levaram à realização de exames antidoping a partir dos Jogos Cidade do México 1968.

1, 2, 3 e ...ufa!

A seleção de futebol da Iugoslávia chegou a 4 finais seguidas, nos Jogos Londres 1948, Helsinque 1952, Melbourne 1956 e Roma 1960. Perdeu as 3 primeiras, para Suécia, Hungria e União Soviética, respectivamente, mas finalmente chegou ao título ao vencer a Dinamarca, na Itália. Com a derrota, os dinamarqueses passaram a dividir com os iugoslavos o título de maior vice olímpico, com 3 pratas. Em Londres 2012, o Brasil se juntou ao clube.

Vitória no braço

Durante a prova de cross country, uma das 3 do CCE (concurso completo de equitação), o australiano Bill Roycroft caiu do cavalo e quebrou uma das clavículas. Como sabia que se desfalcasse a equipe ela seria eliminada, decidiu competir nas provas de saltos com um dos braços na tipoia. Os australianos ficaram com o ouro.

A tocha olímpica de Roma 1960

COMITÊ OLÍMPICO INTERNACIONAL

Paul Elvström

As irmãs Irina e Tamara Press

Príncipe Constantino

OLIMPÍLULAS

> O veleiro grego na classe dragão contou com uma presença ilustre na tripulação: o príncipe Constantino. A equipe fez bonito e levou o ouro. Após o feito, a Grécia lançou um selo em homenagem ao herdeiro do trono.

> O dinamarquês Paul Elvström é autor de uma façanha única entre todas as classes olímpicas da vela: competindo na Finn, ganhou 4 medalhas de ouro seguidas (Londres 1948, Helsinque 1952, Melbourne 1956 e Roma 1960).

> O futebol voltou a fazer parte da programação olímpica nos Jogos Roma 1960. No time brasileiro, eliminado na primeira fase, jogava o Canhotinha de Ouro Gerson, que se tornaria campeão mundial em 1970.

> Foi a última participação da África do Sul nos Jogos Olímpicos até Barcelona 1992. O COI vetou a presença do país devido ao Apartheid, política de discriminação racial.

> Wyn Essajas seria o primeiro atleta a defender o Suriname nos Jogos Olímpicos. Porém, se confundiu ao ver a programação das eliminatórias dos 800m do atletismo e, enquanto sua prova era realizada, estava dormindo na Vila Olímpica.

> As irmãs soviéticas Irina e Tamara Press conquistaram 3 medalhas no atletismo: Irina foi ouro nos 80m com barreiras; Tamara, ouro no arremesso do peso e prata no lançamento do disco. Juntas, elas registraram 26 quebras de recordes mundiais, e ainda ganhariam mais 3 ouros em Tóquio 1964. Acabaram abandonando as competições assim que foram introduzidos os testes de determinação de sexo.

NÚMEROS

15 MEDALHAS das 18 em disputa na ginástica artística feminina foram parar no pescoço das soviéticas.

6 VEZES campeã olímpica, a seleção indiana de hóquei sobre grama perdeu sua invencibilidade em Jogos na final contra os vizinhos e rivais paquistaneses. Foi a primeira medalha olímpica do Paquistão.

O Brasil em Roma

80 ATLETAS
1 MULHER (1,25%)
2 MEDALHAS
39ª COLOCAÇÃO

As medalhas do Brasil

BRONZE
Basquetebol masculino
Manoel dos Santos na natação (100m livre)

Bronze para a seleção campeã mundial

A seleção masculina de basquetebol chegou a Roma como forte candidata à medalha de ouro. O time de Amaury Pasos, Wlamir Marques e Algodão, comandado por Togo Renan Soares, o Kanela, ganhara novos talentos, como Mosquito e Rosa Branca, e conquistara um inédito título mundial apenas 1 ano antes dos Jogos Olímpicos. Mas não conseguiu repetir a façanha. Perdeu para a União Soviética (por apenas 2 pontos), para os Estados Unidos, então campeões olímpicos, e ficou com o bronze.

A despedida de Adhemar

Adhemar Ferreira da Silva, campeão do salto triplo em Helsinque 1952 e Melbourne 1956, chegou a Roma com sérios problemas de saúde, causados principalmente pelo cigarro. Estava tuberculoso. Não chegou à final. E já ia se retirando, cabisbaixo, do Estádio Olímpico, quando ouviu aplausos. Era o som de sua despedida da cena olímpica. E o maestro que puxou o coro – isso ele só soube depois – foi Bing Crosby, astro da música e do cinema e fanático por esportes.

O terceiro braço do mundo

Manoel dos Santos chegou gripado para a disputa dos 100m livre, consequência de uma prova que disputara a contragosto poucos dias antes, nos Jogos da Lusofonia, numa noite gelada em Lisboa. Mesmo assim, só perdeu a liderança nos 25m finais. Acabou ficando com o bronze, a segunda medalha brasileira na natação olímpica. O resultado lhe rendeu o apelido de "Terceiro Braço do Mundo", que seria trocado por "Primeiro Braço do Mundo" quando Manoel bateu o recorde mundial da prova, no ano seguinte, na piscina do Clube de Regatas Guanabara, no Rio de Janeiro.

Tóquio 1964

5.151 ATLETAS
93 PAÍSES
678 MULHERES (13,16%)

Os XVIII Jogos Olímpicos

Até os olhos do Imperador Hiroíto se encheram de lágrimas quando Yoshinori Sakai entrou no Estádio Olímpico de Tóquio conduzindo a tocha. O jovem que acenderia a pira tinha nascido em Hiroshima, às 8h do dia 6 de agosto de 1945 – a data em que a cidade foi devastada pela bomba atômica. Dez mil pombas brancas sobrevoaram o estádio. Nas mãos de Sakai, brilhava não apenas a chama olímpica, mas o fogo simbólico da reconstrução do Japão. Para mostrar que tinham se recuperado dos estragos da Segunda Guerra Mundial, os japoneses organizaram uma edição impecável dos Jogos – um esforço testemunhado por 1 bilhão de pessoas ao redor do mundo, graças à transmissão das competições pela televisão.

Cartaz dos Jogos Olímpicos Tóquio 1964
COMITÊ OLÍMPICO INTERNACIONAL

Yoshinori Sakai, nascido no dia do bombardeio a Hiroshima, acende o caldeirão olímpico
COMITÊ OLÍMPICO INTERNACIONAL

A delegação do Japão na cerimônia de abertura dos Jogos Tóquio 1964
COMITÊ OLÍMPICO INTERNACIONAL

As manchetes de 1964

Os Beatles

> Um ano que mudou a história do Brasil: tropas comandadas pelo general Olímpio Mourão Filho derrubam o presidente João Goulart e dão início a um período de regime militar que só terminaria 21 anos depois.

> Tragédia no Peru: 328 pessoas morrem em Lima depois que torcedores se revoltam com gol anulado da seleção peruana em partida contra a Argentina pelo torneio pré-olímpico. Houve invasão de campo, violenta reação policial e o conflito se alastrou pelo estádio, alcançando as ruas da cidade.

> Os Beatles, líderes das paradas de sucesso com "I Wanna Hold Your Hand", desembarcam nos Estados Unidos pela primeira vez.

> As primeiras tropas norte-americanas embarcam para combater no Vietnã.

> Tensão racial nos Estados Unidos: aumentam protestos pelos direitos dos negros, cuja principal voz é Martin Luther King.

> Os Jogos Olímpicos de Inverno são disputados em Innsbruck, Áustria.

> O Santos vence o Flamengo na final da Taça Brasil. É o quarto dos 5 títulos do time de Pelé nas 10 edições da competição.

> Maria Esther Bueno sagra-se tricampeã em 2 torneios de Grand Slam: Wimbledon e Aberto dos EUA.

> Cassius Clay derrota Sonny Liston, em Miami, e é coroado campeão mundial dos pesos pesados do boxe pela primeira vez.

Aconteceu em Tóquio

Da esquerda para a direita: Basil Heatley, Abebe Bikila, e Kokichi Tsuburaya no pódio em Tóquio 1964

NO ALTO À ESQUERDA

Abebe Bikila (calçado) durante a maratona

KISHIMOTO/COMITÊ OLÍMPICO INTERNACIONAL

AO LADO

Dawn Fraser (segunda da esquerda para a direita), na premiação dos 4x100 livre

COMITÊ OLÍMPICO INTERNACIONAL

> Na maratona, o etíope Abebe Bikila voltou a encantar, repetindo o feito de 4 anos antes, em Roma: venceu a prova e bateu o recorde mundial. A única diferença foi que teve de correr de sapatilhas, por imposição dos juízes.

> O norte-americano Bob Hayes fez os 100m rasos em exatamente 10s, o que se acreditava na época ser o limite do homem. Depois dos Jogos, ele faria carreira no futebol americano, jogando pelo Dallas Cowboys.

> Na natação, a australiana Dawn Fraser se tornou a primeira mulher a nadar os 100m livre em menos de 1min, ao ganhar sua terceira medalha de ouro consecutiva na prova. Fraser ainda foi medalha de prata no revezamento 4x100m livre.

O Estádio Olímpico de Tóquio, especialmente construído para os Jogos Tóquio 1964

Os principais medalhistas

	País	Ouro	Prata	Bronze	Total
1	Estados Unidos	36	26	28	90
2	União Soviética	30	31	35	96
3	Japão	16	5	8	29
4	Equipe Alemã Unificada	10	22	18	50
5	Itália	10	10	7	27
6	Hungria	10	7	5	22
7	Polônia	7	6	10	23
8	Austrália	6	2	10	18
9	Tchecoslováquia	5	6	3	14
10	Grã-Bretanha	4	12	2	18

Larisa, a ginasta de ouro

Quando criança, ela ainda se chamava Larisa Dirij, morava na Ucrânia (que fazia parte da União Soviética) e queria ser bailarina. Mas seu coreógrafo mudou de cidade – e, sem querer, mudou também a história da ginástica artística, o esporte que sua pupila resolveu abraçar, mesmo sem a ajuda do mestre. Já como Larisa Latynina, ganhou medalha em todas as provas que disputou, em 3 edições dos Jogos. Foram 18 ao todo: 9 de ouro, 5 de prata e 4 de bronze. A atleta encerraria a carreira 2 anos depois, em 1966, como a maior medalhista de todos os tempos, passando a trabalhar como técnica e organizando a competição de ginástica artística em Moscou 1980.

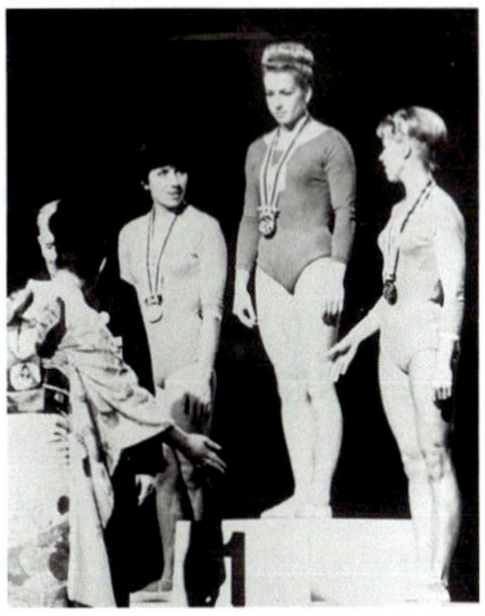

Cerimônia de premiação: Tamara Manina em 2º, Vera Caslavska em 1º e Larisa Latynina em 3º lugar no pódio

COMITÊ OLÍMPICO INTERNACIONAL

Vexame histórico

Além das 2 medalhas que conquistou na natação, a campeã australiana Dawn Fraser queria levar uma lembrança olímpica para casa e decidiu roubar a bandeira do Palácio Imperial de Tóquio. Foi flagrada e presa. O imperador japonês livrou-a da cadeia e deu-lhe a bandeira de presente. Mas as autoridades da natação australiana não a perdoaram: condenada a 10 anos de suspensão. Fraser encerrou a carreira. Em seu site oficial, no entanto, ela diz que foi banida por ter usado um maiô não oficial da delegação australiana na cerimônia de abertura e na eliminatória dos 100m livre.

Larisa Latynina

KISHIMOTO/ COMITÊ OLÍMPICO INTERNACIONAL

Rotina dura

Como se não bastassem relatos de que eram agredidas pelo treinador, a rotina das jogadoras da seleção feminina de voleibol do Japão era duríssima. Das 7h às 15h30, elas trabalhavam como operárias, em fábricas. Das 16h à meia-noite, treinavam duro. No único dia de folga do trabalho, tinham de se dedicar integralmente ao esporte. Tanto esforço teve recompensa: as japonesas ganharam a primeira medalha de ouro olímpica do voleibol feminino.

Olimpílulas

Final dos pesos pesados no boxe: Joe Frazier, que venceu a luta, golpeia Hans Huber

COMITÊ OLÍMPICO INTERNACIONAL

> O norte-americano Joe Frazier, que se tornaria campeão mundial dos pesos pesados no boxe, foi o medalhista de ouro nessa categoria, mesmo com o polegar esquerdo quebrado. Na final, derrotou o alemão Hans Huber.

> Michael Larrabee era professor de matemática em Los Angeles. Faltando 6 meses para os Jogos, anunciou que tentaria a vaga nos 400m rasos. Todos os alunos caíram na gargalhada com a notícia. Mesmo desacreditado, faturou o ouro nessa prova e também no revezamento 4x100m. Ao retornar às aulas, foi recebido com festa.

> Após sua desclassificação na categoria pena, o pugilista espanhol Valentin Loren partiu para cima do árbitro e deu-lhe um soco. Depois do incidente, foi banido do esporte.

> Os irmãos suecos Lars Gunnar Käll e Stig Lennart Käll inspiraram a criação do prêmio Fair Play do COI. Os velejadores abandonaram uma regata para ajudar uma dupla rival que acabara de perder seu barco, afundado. Perderam ali qualquer chance de medalha na prova, mas se tornaram os primeiros a receber a honraria.

> Ewa Klobukowska conquistou bronze nos 100m rasos e ouro no revezamento 4x100m do atletismo. Porém, 3 anos depois, a polonesa foi reprovada no teste de determinação de sexo, por ser portadora de cromossomos XXY, em vez de XX. Suas medalhas não foram cassadas. Mais tarde, ela se casaria e teria um filho.

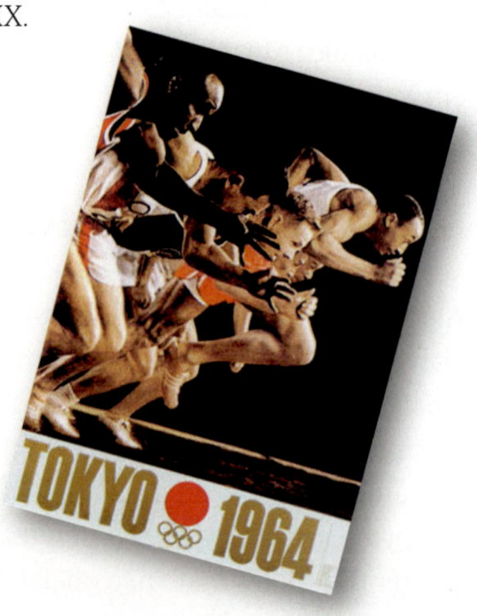

Números

10s DUROU o sonho olímpico do judoca filipino Thomas Ong. Ele perdeu a primeira luta em apenas 6s e, na repescagem, foi eliminado dos Jogos com outra derrota em apenas 4s.

3 BILHÕES DE DÓLARES foi o investimento do Japão para organizar os Jogos. Parte dessa quantia foi doada pelos Estados Unidos, que desde o fim da Segunda Guerra Mundial investiam na recuperação econômica do país.

2 ESPORTES muito populares no Japão foram incluídos na programação olímpica, o judô e o voleibol. E com isso os donos da casa ganharam 4 medalhas de ouro: 3 no judô e 1 com a seleção feminina de voleibol.

O Brasil em Tóquio

69 ATLETAS
1 MULHER (1,44%)
1 MEDALHA
35ª COLOCAÇÃO

A única medalha brasileira

O basquetebol masculino do Brasil chegou ao Japão como campeão mundial. Depois de uma surpreendente derrota para o Peru na estreia, o time venceu 4 partidas seguidas, mas esbarrou em 2 grandes potências do esporte: Estados Unidos e União Soviética. O bronze veio com uma vitória sobre Porto Rico.

O feito de Aída

Uma moça simples, nascida no Morro do Arroz, em Niterói, no Rio de Janeiro, era a única mulher da delegação brasileira. Tinha o nome de uma ópera escrita pelo italiano Giuseppe Verdi e encenada pela primeira vez quase 100 anos antes, no Egito. A nossa Aída brilharia no Japão, escrevendo uma história talvez não tão dramática quanto a de Verdi, mas marcada por talento e superação.

Quando menina, Aída dos Santos ajudava a mãe no trabalho doméstico em tarefas como carregar latas d'água morro acima, e só depois podia se dedicar aos treinos. Como tinha pernas longas, jogou voleibol e basquetebol e destacou-se no salto em altura, mas não imaginava se tornar uma atleta de ponta. Foi um susto quando descobriu, numa prova em São Caetano do Sul, que atingira o índice olímpico ao saltar 1,65m. Confirmou a marca no Maracanã e viajou para Tóquio. Tinha 27 anos e poucos recursos: as sapatilhas que usava eram de velocista. Nas eliminatórias, conseguiu saltar 1,70m para chegar à final, mas torceu o pé na aterrissagem do salto. Mesmo machucada, chegou a 1,74m. Ficou a 4cm do pódio, mas conseguiu o que era até então o melhor desempenho de uma atleta brasileira em Jogos Olímpicos, com um 4º lugar.

A estreia de Neco

Montando Huipil, o cavaleiro Nelson Pessoa, o Neco, chegou em 5º na prova de saltos do hipismo. Mais tarde, seria técnico das equipes brasileiras que conquistaram o bronze em Atlanta 1996 e Sidney 2000, e também de seu filho, Rodrigo Pessoa, ouro em Atenas 2004.

Nuzman em quadra

Na seleção masculina de voleibol, que estreou em Jogos com o 7º lugar, jogava Carlos Arthur Nuzman. Atleta do Botafogo na época, ele se tornaria presidente da Confederação Brasileira de Voleibol (CBV), do Comitê Olímpico do Brasil (COB) e do Comitê Organizador dos Jogos Olímpicos e Paralímpicos Rio 2016.

O time de voleibol brasileiro na estreia do esporte em Jogos Olímpicos. Nuzman é o 3º em pé

ACERVO CARLOS ARTHUR NUZMAN/ COMITÊ OLÍMPICO DO BRASIL

Cidade do México
1968

5.516 ATLETAS
112 PAÍSES
781 MULHERES (14,16%)

Os XIX Jogos Olímpicos

Os Jogos Olímpicos chegaram à América Latina sob desconfiança – e não era relativa à capacidade de organização dos mexicanos, mas sim à saúde dos atletas, que, pela primeira vez na história olímpica, teriam de competir na altitude, isto é, a mais de 2.000m do nível do mar. No fim, descobriu-se que o sofrimento supostamente previsto para os competidores, na verdade, os ajudou a quebrar recordes. O ar rarefeito, característico das regiões mais altas, acabou favorecendo os esportistas nas provas de curta e média distâncias e de saltos.

PÁGINA AO LADO
Cartaz dos Jogos Olímpicos Cidade do México 1968
COMITÊ OLÍMPICO INTERNACIONAL

Selos dos Jogos Olímpicos Cidade do México 1968

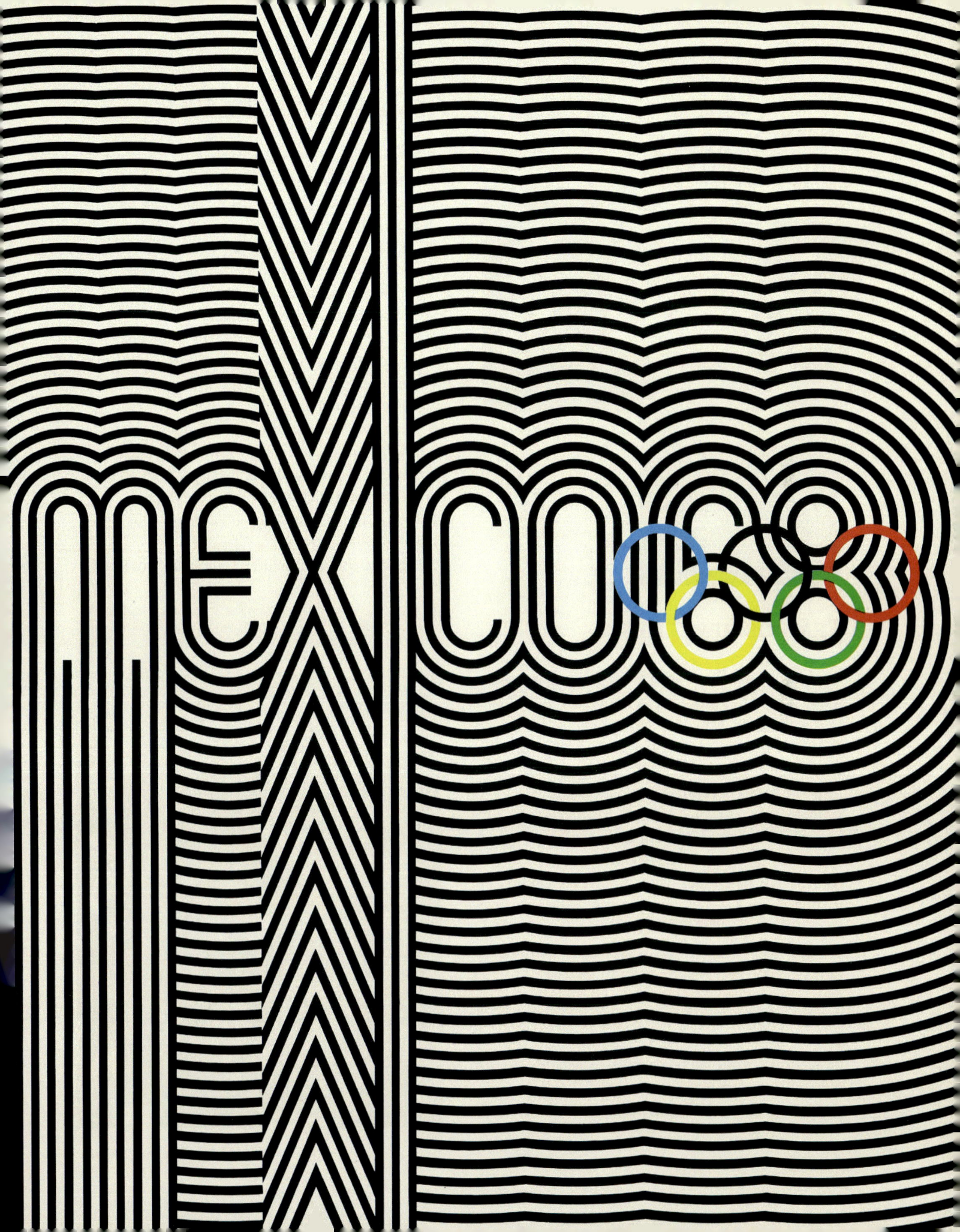
mexico68

The New York Times

CZECHOSLOVAKIA INVADED BY RUSSIANS AND FOUR OTHER WARSAW PACT FORCES; THEY OPEN FIRE ON CROWDS IN PRAGUE

Reportagem do New York Times sobre a Primavera de Praga

Martin Luther King Jr

À ESQUERDA:

Abertura dos Jogos Olímpicos de Inverno Grenoble 1968: a chama olímpica queima na pira

COMITÊ OLÍMPICO INTERNACIONAL

As manchetes de 1968

> A Passeata dos Cem Mil protesta contra o assassinato do estudante secundarista Edson Luís, vítima da repressão ao movimento estudantil no Brasil, e, por extensão, contra a ditadura.

> Nos Estados Unidos, em circunstâncias misteriosas, o líder do movimento negro Martin Luther King é morto por um atirador profissional.

> A Guerra do Vietnã chega a Saigon.

> O Maio de 1968, movimento de estudantes em Paris que ganhou apoio de trabalhadores e parou a França com uma sequência de greves, termina em duros confrontos com a polícia.

> A Primavera de Praga, como ficou conhecida a reação ao comunismo liderada pelo ministro Alexander Dubcek na Tchecoslováquia, acaba com a invasão do país pelas tropas russas e a prisão de Dubcek.

> Os Jogos Olímpicos de Inverno são disputados em Grenoble, França.

> O Botafogo conquista a última edição da Taça Brasil.

Tempos rebeldes

Os Jogos de 1968 refletiram a marca de seu tempo: não foram poucos os protestos verificados na cena olímpica. Destacamos os 4 de maior repercussão:

> Os norte-americanos Tommie Smith e John Carlos, ouro e bronze nos 200m do atletismo, ergueram no pódio os punhos cerrados com luvas negras, símbolo do movimento racial Black Power. Essa tornou-se a imagem mais conhecida dos Jogos do México. O gesto resultou em uma grande confusão. Os atletas foram expulsos da Vila Olímpica e o presidente do COI, Avery Brundage, só desistiu de cassar as medalhas depois de muita negociação.

> Na prova dos 400m rasos, os 3 atletas no pódio também eram negros norte-americanos (Lee Evans, Larry James e Ronald Freeman) e trocaram as luvas pelas boinas, outro símbolo do movimento.

> Na entrevista coletiva após o revezamento 4x100m do atletismo, os integrantes da equipe cubana anunciaram que enviariam suas medalhas de prata a Stokely Carmichael, um dos principais líderes do Black Power.

Durante a cerimônia de premiação, Tommie Smith (ouro) e John Carlos (bronze) fazem a saudação dos Panteras Negras.

UNITED ARCHIVES/ COMITÊ OLÍMPICO INTERNACIONAL

> A ginasta tcheca Vera Cáslavská, signatária do "Manifesto das Duas Mil Palavras" contra a intervenção da União Soviética em seu país, fez um protesto solitário, virando as costas para a bandeira soviética nas 3 provas em que subiu ao pódio derrotando atletas do país. Depois dos Jogos, Vera exilou-se no México. Voltou para casa no fim dos anos 1980, para se tornar presidente do Comitê Olímpico tcheco.

A nadadora Debbie Meyer e suas 3 medalhas de ouro

UNITED ARCHIVES/ COMITÊ OLÍMPICO INTERNACIONAL

Aconteceu na Cidade do México

> Sob o efeito do ar rarefeito da altitude, foram estabelecidos novos recordes nos 100m rasos, 200m e 400m rasos, salto em distância e salto em altura.

> Nos 100m rasos, Jim Hines marcou 9s9 e derrubou o que durante muito tempo se acreditou ser o limite do ser humano: 10s, ou seja, uma velocidade de 10m/s.

> No salto em altura, o norte-americano Richard Fosbury voou a 2,24m – valendo-se não apenas da altitude, mas da técnica que inventara, passando de costas pelo sarrafo: era o "Fosbury Flop", que se tornaria o estilo padrão da modalidade nos anos seguintes.

> Mark Spitz chegou à Cidade do México para os Jogos de 1968 prometendo se tornar o maior nadador de todos os tempos. Conseguiu 2 ouros, 1 prata e 1 bronze, desempenho que o tornaria um herói na maioria dos países, mas não nos Estados Unidos. Quatro anos depois, em Munique 1972, Spitz atingiria seu objetivo, com a incrível marca de 7 ouros.

> A nadadora norte-americana Debbie Meyer, vencedora dos 200m, dos 400m e dos 800m livre, assinou um feito inédito, tornando-se a primeira mulher do mundo a vencer 3 provas individuais na natação em uma só edição olímpica.

Na prova de 100m borboleta, o ouro foi para Douglas Albert Russel (o nadador mais à esquerda). Mark Spitz (o nadador do meio) ficou em 2º e Ross Wales (na ponta mais à direita) em 3º

COMITÊ OLÍMPICO INTERNACIONAL

Os principais medalhistas

	País	Ouro	Prata	Bronze	Total
1	Estados Unidos	45	28	34	107
2	União Soviética	29	32	30	91
3	Japão	11	7	7	25
4	Hungria	10	10	12	32
5	Alemanha Oriental	9	9	7	25
6	França	7	3	5	15
7	Tchecoslováquia	7	2	4	13
8	Alemanha Ocidental	5	11	10	26
9	Austrália	5	7	5	17
10	Grã-Bretanha	5	5	3	13

Al Oerter

O tetracampeão Al Oerter

O norte-americano Alfred Adolf Oerter Jr. tornou-se o primeiro ganhador de 4 ouros numa mesma prova de atletismo, o lançamento do disco. Sua primeira medalha foi conquistada em Melbourne 1956, quando tinha apenas 19 anos. No ano seguinte Oerter sofreu um grave acidente de carro e quase morreu. Mas se recuperou a tempo de competir em Roma 1960, onde subiu novamente no alto do pódio. No México, aos 32 anos, já não era o favorito na prova, mas se superou para ganhar o quarto e último ouro com um lançamento de 64,78m, um novo recorde olímpico.

Um salto para a história

Um dos norte-americanos que subiram no alto do pódio na Cidade do México, Bob Beamon, estabeleceu o recorde mais duradouro do atletismo olímpico: 8,90m. Desde então, ninguém salta tão longe em Jogos. Fora deles, a marca de Beamon foi imbatível por 23 anos, sendo superada pela do compatriota Mike Powell em 1991, com 8,95m.

Bob Beamon durante o salto

COMITÊ OLÍMPICO INTERNACIONAL

Olimpílulas

> Após a derrota por 1 ponto para o México, os jogadores da seleção cubana masculina de basquetebol ficaram irritados com o assédio dos fotógrafos, que não paravam de focalizá-los, e acabaram perdendo a paciência, agredindo-os.

> A final masculina do salto com vara teve duração recorde: 7h30min.

> Os Jogos tiveram uma estreia marcante: o controle antidoping. O sueco Hans-Gunnar Liljenwall, do pentatlo moderno, foi o primeiro a ser pego por alto teor alcoólico. As mulheres precisaram passar por um teste de feminilidade. Todas as 781 atletas inscritas foram aprovadas.

> A altitude causou apenas um incidente conhecido: provocou o desmaio do australiano Ronald Clarke, no momento em que o atleta cruzou a linha de chegada na prova dos 10.000m do atletismo.

> Jacques Rogge defendeu a Bélgica na vela. Mais tarde, ele se tornaria presidente do COI.

> Pela primeira vez nos Jogos, a pista de atletismo do Estádio Olímpico era feita de piso sintético (mais uniforme e estável do que o de terra batida ou areia), o que pode ter ajudado na quebra de recordes. E as marcas foram precisas: estreava também o sistema de célula fotoelétrica na linha de chegada.

O fundista australiano Ron Clarke é atendido depois de cruzar a linha de chegada dos 10.000m

POPPERFOTO/GETTY IMAGES

Números

16 OUROS seguidos conseguiram os norte-americanos no salto com vara entre os Jogos Atenas 1896 e Cidade do México 1968.
4 IRMÃOS suecos conquistaram juntos 1 medalha de prata no ciclismo. Erik, Gösta, Sture e Tomas Pettersson chegaram em 2º na extinta prova de revezamento na estrada.
3 AFRICANOS subiram ao pódio juntos pela primeira vez em uma prova olímpica. Foi nos 10.000m do atletismo. Ouro para o Quênia, prata para a Etiópia e bronze para a Tunísia.

O Brasil na Cidade do México

84 ATLETAS
3 MULHERES (3,6%)
3 MEDALHAS
35ª COLOCAÇÃO

As medalhas do Brasil

PRATA
Nelson Prudêncio no atletismo (salto triplo)
BRONZE
Servílio de Oliveira no boxe (peso mosca)
Reinaldo Conrad e Burkhard Cordes na vela (classe Flying Dutchman)

Nelson Prudêncio durante o salto que lhe rendeu a prata
POPPERFOTO/GETTY IMAGES

Batalha de recordes

Doze anos depois do bicampeonato olímpico de Adhemar Ferreira da Silva, um brasileiro por pouco não voltou a subir no alto do pódio no salto triplo. O paulista Nelson Prudêncio só não repetiu o feito de Adhemar porque em seu caminho apareceu o soviético Viktor Saneyev. Numa disputa espetacular, os 2 atletas foram se alternando na liderança e bateram o recorde mundial 9 vezes. Saneyev levou o ouro, mas a prata de Nelson foi o melhor resultado do Brasil nesta edição.

Muito perto do pódio

Na natação, Sylvio Fiolo, recordista mundial dos 100m peito, chegou em 4º lugar por 1 décimo de segundo. Foi a mesma posição da seleção masculina de basquetebol, que ganhara o bronze 4 anos antes, e que ainda tinha no time campeões mundiais como Wlamir Marques, Ubiratan e Rosa Branca.

MUNIQUE 1972

7.134 ATLETAS
121 PAÍSES
1.059 MULHERES (14,84%)

OS XX JOGOS OLÍMPICOS

A imagem mais marcante dos Jogos de Munique é a de um homem na varanda de um prédio da Vila Olímpica. Não era um atleta e não usava uniforme, mas sim um capuz. Tratava-se de um dos 8 terroristas árabes do grupo Setembro Negro que invadiram o alojamento da delegação de Israel. O episódio mais triste da história dos Jogos Olímpicos acabou com 17 mortos, 11 deles atletas israelenses.

Cartaz dos Jogos Olímpicos Munique 1972
COMITÊ OLÍMPICO INTERNACIONAL

PÁGINA AO LADO
Cerimônia em homenagem aos atletas mortos em ataque terrorista durante Munique 1972
GAMMA-KEYSTONE/GETTY IMAGES

A tragédia de Munique

As 2 primeiras pessoas a notar a invasão dos terroristas árabes – o técnico de luta estilo greco-romano Moshe Weinberg, que também era agente do serviço secreto, e o halterofilista Joseph Romano – foram mortas no local. Os outros 9 ocupantes do apartamento foram feitos reféns. Os terroristas queriam a libertação de 200 prisioneiros do Estado de Israel e um avião para a fuga. Depois de longas negociações, partiram com os reféns para o Aeroporto Militar de Munique, em 2 helicópteros. Mas o governo alemão mudou a estratégia na última hora e os atacou com atiradores de elite. Cinco terroristas tombaram, mas um dos sobreviventes conseguiu jogar uma granada de mão, matando todos os reféns. Um policial também perdeu a vida no confronto. Todas as competições foram suspensas por 34 horas, pela primeira e única vez até hoje. O cancelamento definitivo foi seriamente cogitado, mas a palavra final foi do presidente do COI, Avery Brundage: "The Games must go on" (Os Jogos devem continuar). Continuaram. Mas a edição ficou manchada de sangue para sempre.

Terroristas do Setembro Negro fazem atletas da delegação israelense de reféns

UNITED ARCHIVES/ COMITÊ OLÍMPICO INTERNACIONAL

As manchetes de 1972

> A Guerra do Vietnã se aproxima do fim. O presidente norte-americano Richard Nixon anuncia que nenhuma nova tropa seria enviada ao país. No ano seguinte, os soldados norte-americanos deixariam o Vietnã.

> No Brasil, a ditadura militar mantém o cerco contra a imprensa livre. A censura impera.

> Os Jogos Olímpicos de Inverno são disputados em Sapporo, Japão.

> O Palmeiras é o segundo vencedor do Campeonato Brasileiro, disputado pela primeira vez em 1971, quando o Atlético Mineiro levantou a taça.

> O brasileiro Emerson Fittipaldi conquista seu primeiro título na Fórmula 1.

> Pela primeira vez, um norte-americano é campeão mundial de xadrez. No "duelo do século", Bobby Fischer vence o soviético Boris Spassky em Reykjavik, Islândia.

> As mulheres passam a competir na Maratona de Boston, uma das mais tradicionais do mundo.

Emerson Fittipaldi

MIROSLAV ZAJIC/ GETTY IMAGES

A PRIMEIRA MASCOTE

Waldi
COMITÊ OLÍMPICO INTERNACIONAL

Waldi foi o pioneiro. Embora existam registros de uma pantera negra chamada Paloma em Cidade do México 1968, a primeira mascote oficial de uma edição dos Jogos foi esse cachorrinho dachshund. Populares na Alemanha, os cães dessa raça são conhecidos por possuírem características importantes para os atletas: resistência, tenacidade e agilidade. Waldi é uma criação de Otl Aicher, um dos mais importantes designers gráficos alemães do século XX. Seu desenho foi inspirado numa cadela dachshund de verdade, que tinha pelos compridos e nome elegante: Cherie Von Birkenhoff. O projeto era comercial e foi um sucesso. Os organizadores fecharam contrato de licenciamento com cerca de 50 empresas, que venderam mais de 2 milhões de Waldis em 20 países do mundo.

OS PRINCIPAIS MEDALHISTAS

	PAÍS	OURO	PRATA	BRONZE	TOTAL
1	União Soviética	50	27	22	99
2	Estados Unidos	33	31	30	94
3	Alemanha Oriental	20	23	23	66
4	Alemanha Ocidental	13	11	16	40
5	Japão	13	8	8	29
6	Austrália	8	7	2	17
7	Polônia	7	5	9	21
8	Hungria	6	13	16	35
9	Bulgária	6	10	5	21
10	Itália	5	3	10	18

Confusão e emoção até o último segundo

Os Estados Unidos não perdiam uma partida de basquetebol em Jogos Olímpicos desde Berlim 1936 e chegaram mais uma vez à final em Munique. O adversário era a União Soviética, num período histórico em que a relação entre os 2 países era conhecida como Guerra Fria. Os norte-americanos venciam por 50 x 49 restando 3s para o fim da partida. A bola foi colocada em jogo pelos soviéticos. Isso porque os árbitros, dentre eles o brasileiro Renato Righetto, não se deram conta do pedido de tempo do técnico soviético quando um atleta dos Estados Unidos ia cobrar um lance livre. Com o cronômetro zerado, os norte-americanos comemoraram a vitória. Inconformados, os soviéticos recorreram a William Jones, diretor da FIBA. O dirigente determinou a anulação da saída de bola e o retorno do cronômetro aos 3s. Após muita confusão, o último lance foi novamente realizado e, para a sorte da União Soviética, dessa vez os norte-americanos deram espaço para o pivô Aleksander Belov fazer a cesta da vitória no garrafão: URSS 51 x 50 EUA. Revoltados e pedindo a anulação da partida, negada minutos depois, a delegação dos Estados Unidos se recusou a receber as medalhas de prata, guardadas até hoje em um cofre na sede do COI.

A seleção norte-americana de basquetebol

Time de basquetebol do EUA e sua comemoração antes do apito final
POPPERFOTO/GETTY IMAGES

O inesquecível Spitz

Cabeludo e bigodudo, com um visual muito mais adequado à cultura hippie da época do que ao perfil de um nadador, Mark Spitz conquistou As manchetes de todo o mundo com a incrível façanha realizada em Munique. E não apenas por ter subido 7 vezes no alto do pódio, botando no pescoço metade das medalhas de ouro em disputa na natação masculina. Ele bateu o recorde mundial em todas as provas que nadou: 100m e 200m livre, 100m e 200m borboleta e os revezamentos 4x100m e 4x200m livre e 4x100m medley. Depois do feito, abandonou a carreira, com apenas 22 anos e uma coleção de 11 medalhas olímpicas, sendo 9 de ouro.

Mark Spitz
COMITÊ OLÍMPICO INTERNACIONAL

Aplausos para o falso atleta

Na maratona, um falso atleta – com o uniforme alemão – foi o primeiro a entrar no Estádio Olímpico. A torcida, sem saber que o homem era apenas um estudante, não se cansou de incentivá-lo e aplaudi-lo. A confusão também provocou a vaia do público ao verdadeiro vencedor da prova, o norte-americano Frank Shorter.

Pequena grande Olga

A ginasta soviética Olga Korbut chegou a Munique substituindo uma colega e jamais poderia imaginar que sairia de lá com 4 medalhas. Em Montreal 1976, duelando contra o fenômeno Nadia Comaneci, subiria ao pódio mais 2 vezes. Seus feitos foram ainda mais valorizados anos depois, quando foi revelado que a soviética sofria abuso sexual do técnico Renald Krysh.

Duelo entre alemães

A Alemanha Ocidental gastou o equivalente a 4 milhões de dólares na construção de um canal artificial para as provas de slalom da canoagem. Por ironia, todos os ouros foram parar no pescoço dos inimigos políticos que moravam ao lado, os alemães orientais.

ACIMA E ABAIXO
Olga Korbut
COMITÊ OLÍMPICO INTERNACIONAL

O anti-herói

A profissão do húngaro András Balczó não tinha nada a ver com o que se poderia esperar de um campeão olímpico do pentatlo moderno. Ele trabalhava consertando máquinas de escrever. Mesmo assim, conseguiu a proeza de conquistar 5 medalhas olímpicas (2 individuais e 3 por equipes) entre os Jogos Roma 1960 e Munique 1972, sendo 3 de ouro e 2 de prata.

Olimpílulas

> Durante a premiação dos 200m livre, Mark Spitz inaugurou o trabalho de marketing feito por atletas num pódio olímpico. Ele levou seu par de tênis para o pódio e exibiu o logotipo da empresa que lhe fornecia material esportivo.

> Sílvia Sommerlath, filha de mãe brasileira e pai alemão, era voluntária e chefe das recepcionistas do COI. Durante os Jogos, conheceu o Príncipe Carlos Gustavo, que seria coroado Rei da Suécia 1 ano depois. O encontro deu frutos: Gustavo e Sílvia se casaram em 1976 e ela se tornou Rainha da Suécia.

> Os Jogos Munique 1972 foram os primeiros em que um norte-americano não saiu com a medalha de ouro no salto com vara. A proeza foi realizada pelo alemão Wolfgang Nordwig. Uma das explicações para a vitória foi a proibição do uso de varas de fibra de carbono. Como já não usava esse material, Nordwig não teve de se adaptar a um novo modelo.

Números

70 ANOS tinha a amazona britânica Lorna Johnstone ao disputar os Jogos Munique 1972.. Ela se tornou a mulher mais velha a participar de uma edição olímpica.

42 IRMÃOS tinha John Akii-Bua, de Uganda, o vencedor da prova dos 400m com barreiras.

6 EDIÇÕES olímpicas seguidas disputou a romena Lia Manoliu, um feito até então inédito. Atleta do lançamento do disco, ela conseguiu 1 ouro (Cidade do México 1968) e 2 bronzes (Roma 1960 e Tóquio 1964), este último com marca inferior à que lhe deu o 9º lugar em Munique 1972.

2 PAÍSES levaram a medalha de bronze no futebol. Alemanha Oriental e União Soviética empataram por 2 x 2 e, como naquela época não havia prorrogação ou disputa de pênaltis para determinar um vencedor, as equipes dividiram o 3º lugar.

Pódio da prova de 400m rasos: Ralph Mann em 2º, John Akii-Bua em 1º e David Hemery em 3º

KISHIMOTO/ COMITÊ OLÍMPICO INTERNACIONAL

ABAIXO

Canoagem slalom: um atleta durante a prova na corredeira artificial

COMITÊ OLÍMPICO INTERNACIONAL

O Brasil em Munique

89 ATLETAS
5 MULHERES (5,95%)
2 MEDALHAS
41ª COLOCAÇÃO

As medalhas do Brasil

BRONZE
Nelson Prudêncio no atletismo (salto triplo)
Chiaki Ishii no judô (categoria meio-pesado, até 93kg)

Tradição reafirmada

O salto triplo, que já era a modalidade do atletismo que mais medalhas dera ao país, conseguiu mais 1: o bronze com Nelson Prudêncio, que se somava à prata conquistada por ele mesmo 4 anos antes e aos 2 ouros de Adhemar Ferreira da Silva.

Ishii, o pioneiro

Chiaki Ishii, um meio-pesado nascido no Japão e que era chamado de "Urso" por combinar muito tamanho com poucas palavras, foi o primeiro judoca brasileiro a chegar ao pódio. A partir de Los Angeles 1984, todas as edições de Jogos Olímpicos tiveram um brasileiro entre os medalhistas do judô.

Decepção no futebol

Uma das grandes sensações da equipe olímpica brasileira era a seleção de futebol. Mesmo que o regulamento então vigente proibisse a participação de profissionais – e, portanto, de todos os jogadores que estiveram na Copa do Mundo do México, em 1970 –, o "escrete canarinho" chegou com banca de tricampeão mundial. E tinha no elenco jogadores que brilhariam mais tarde, como Falcão, Dirceu e Roberto Dinamite. Mas uma derrota para o Irã, ainda na primeira fase, encerrou a participação do país do futebol com sabor de decepção.

Nelson Prudêncio
LATINSTOCK

MONTREAL 1976

6.084 ATLETAS
92 PAÍSES
1.260 MULHERES (20,71%)

OS XXI JOGOS OLÍMPICOS

Foi em Montreal que, pela primeira vez na história olímpica, um grupo de países – 32 ao todo, sendo 24 africanos – decidiu pela não participação nas competições como forma de fazer um protesto de cunho político. O pivô da crise foi a Nova Zelândia. A seleção de rugby do país, conhecida como All Blacks, disputou uma partida na África do Sul, banida pelo COI por ainda manter um regime de segregação racial, o Apartheid. Os 32 países queriam que os neozelandeses fossem banidos dos Jogos em represália, mas o COI não aceitou e eles, então, optaram pelo boicote.

Estádio Olímpico de Montreal

As manchetes de 1976

> A Guerra do Vietnã chega oficialmente ao fim. O país (antes dividido em Vietnã do Norte e Vietnã do Sul) é agora um só – e comunista.
> A corrida espacial chega a Marte. O planeta vermelho é explorado pela sonda Viking I.
> Duas pequenas empresas de computação (que se tornariam gigantes do setor) são criadas: a Apple e a Microsoft.
> A ditadura militar chega à Argentina. Uma junta depõe Isabelita Perón da presidência, nomeando o general Jorge Videla para substituí-la.
> No Brasil, morre nas dependências do DOI-Codi, órgão de repressão, o metalúrgico Manuel Fiel Filho. O governo militar alega suicídio do trabalhador.
> Os Jogos Olímpicos de Inverno são disputados em Innsbruck, Áustria.
> A seleção brasileira é campeã em 2 torneios: Copa do Atlântico e Bicentenário da Independência dos Estados Unidos.
> No boxe, Muhammad Ali mantém o título da categoria dos pesos pesados com uma vitória controversa sobre Ken Norton.
> O pugilista brasileiro Éder Jofre faz sua última luta, batendo por pontos o mexicano Octavio "Famoso" Gómez.

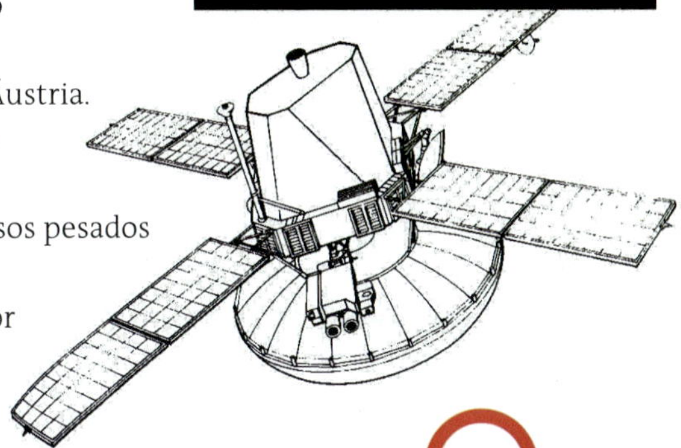

Prejuízo milionário

Montreal gastou 1,16 bilhão de dólares e teve um déficit de 223 milhões de dólares com a organização dos Jogos. A dívida só terminou de ser paga em 2000, e o prejuízo foi transferido para os habitantes da cidade, sob a forma de impostos. O revés acendeu uma luz amarela junto à direção do COI. O problema financeiro, de certa forma, ainda persistiu em Moscou 1980, quando o governo comunista da União Soviética bancou o investimento total necessário à realização dos Jogos, e só começaria a ser resolvido de fato em Los Angeles 1984.

Logotipo dos Jogos olímpicos Montreal 1976
COMITÊ OLÍMPICO INTERNACIONAL

À ESQUERDA
Parque Olímpico de Montreal

Mascote trabalhadora

Os canadenses decidiram seguir o exemplo dos alemães, que tinham escolhido um cachorrinho para mascote dos Jogos Munique 1972, e foram atrás de um animal que pudesse ser representativo. O escolhido foi um castor, nativo do Canadá e associado à ideia de paciência e trabalho duro – pelo esforço que faz para construir as barragens onde vive. Além disso, o roedor havia desempenhado um papel importante na economia local, numa época em que o comércio de sua pele era o maior negócio da América do Norte. Selos, moedas e até o brasão de Montreal já o tinham homenageado. A mascote ganhou o nome de Amik, que significa castor na língua algonquin, a mais difundida entre os índios do país.

Aconteceu em Montreal

> Na prova de esgrima do pentatlo moderno, Boris Onischenko, da União Soviética, instalou um transistor em sua espada. Com isso, ganhava pontos mesmo sem encostar no adversário. Acabou sendo descoberto e expulso da competição.

> Para vencer as provas de 5.000m e 10.000m do atletismo, o oficial da polícia finlandesa Lasse Virén utilizou uma técnica diferente. Ele tirava sangue de seu corpo 1 dia antes da prova e o congelava. Momentos antes da competição, já descongelado, injetava-o novamente em seu corpo. Assim, aumentava a concentração de glóbulos vermelhos no sangue e garantia maior oxigenação. O procedimento, à época, não era considerado ilegal.

ABAIXO
Cerimônia de abertura dos Jogos Olímpicos Montreal 1976
COMITÊ OLÍMPICO INTERNACIONAL

Os principais medalhistas

	País	Ouro	Prata	Bronze	Total
1	União Soviética	49	41	35	125
2	Alemanha Oriental	40	25	25	90
3	Estados Unidos	34	35	25	94
4	Alemanha Ocidental	10	12	17	39
5	Japão	9	6	10	25
6	Polônia	7	6	13	26
7	Bulgária	6	9	7	22
8	Cuba	6	4	3	13
9	Romênia	4	9	14	27
10	Hungria	4	5	13	22

Um fenômeno chamado Nadia

O que é um desempenho nota 10 no esporte? Em muitas modalidades, é difícil chegar a uma definição. Mas a ginástica artística oferecia essa possibilidade – e uma romena de 14 anos foi a primeira a torná-la realidade, brilhando nos aparelhos de Montreal. A pequena Nadia Comaneci (1,50m e 35kg) encantou o mundo – e os jurados – com sua graça e sua leveza. Além das notas 10 que garantiram ouro nas barras assimétricas e na trave, Nadia subiu no alto do pódio como a melhor ginasta no geral e levou para casa mais 2 medalhas: prata por equipes e bronze no solo. Curiosamente, após a apresentação histórica, a nota que apareceu no painel eletrônico do ginásio foi 1. O sistema não estava preparado para uma nota 10.

Nadia Comaneci com suas medalhas de ouro e prata
NEIL LEIFER COLLECTION/ GETTY IMAGES

Nadia Comaneci se apresenta na trave
COMITÊ OLÍMPICO INTERNACIONAL

TESTOSTERONA NELAS

Graciosidade e leveza não foram exatamente os pontos fortes das competidoras da Alemanha Oriental que abocanharam quase todas as medalhas disputadas na natação. Predominou a força das atletas, que depois da queda do Muro de Berlim revelaram ser vítimas de um sistema estatal de doping que incluía injeções de testosterona. Kornelia Ender foi o destaque da equipe, com 4 ouros e 1 prata.

Kornelia Ender
COMITÊ OLÍMPICO INTERNACIONAL

CASAL DE PEIXES

Nos Jogos Cidade do México 1968, Munique 1972 e Montreal 1976, o casal de nadadores Kornelia Ender e Roland Matthes conseguiu nada menos do que 16 medalhas para a Alemanha Oriental. Kornelia, especialista nos nados livre e borboleta, ganhou 4 ouros e 4 pratas. Matthes, imbatível no nado de costas, obteve 4 ouros, 2 pratas e 2 bronzes.

OLIMPÍLULAS

Ray Leonard enfrenta Valeri Limasov
COMITÊ OLÍMPICO INTERNACIONAL

> Ouro na categoria peso leve nos Jogos Montreal 1976, o norte-americano Ray Leonard se tornaria anos depois um dos maiores boxeadores profissionais do mundo. Ficou conhecido como "Sugar" Ray Leonard.

> Ex-pugilista e lutador de telecatch – a atração de TV em forma de luta na qual ganhou o apelido –, Nocaute Jack foi a Montreal com a seleção brasileira de futebol. Era um experiente massagista, com longa carreira no futebol carioca e na seleção principal, à qual servira no tricampeonato conquistado no México. Como nenhuma outra delegação tinha enviado um massagista, o sempre sorridente e solícito Nocaute atendeu a atletas de vários esportes – até mesmo João do Pulo passou por suas habilidosas mãos.

> A princesa Anne, filha da Rainha Elizabeth II, participou da equipe britânica de hipismo. Foi a única atleta que não precisou passar pelo teste – obrigatório – de feminilidade. Acabou com o pior desempenho entre os integrantes e a Grã-Bretanha ficou com a 7ª colocação.

> A equipe tcheca de ciclismo não contava com a trapalhada de um faxineiro em Montreal. Ele jogou no lixo todos os guidões e rodas de suas bicicletas. Quando foram avisados, os tchecos bem que tentaram resgatar o equipamento, mas já era tarde.

Donald Quarrie, medalha de prata, Hasely Crawford, ouro, e Valery Borzov, bronze

COMITÊ OLÍMPICO INTERNACIONAL

Números

276 MIN durou a decisão do voleibol masculino em Montreal, em que a Polônia venceu a União Soviética por 3 sets a 2. Foram 4h36min em quadra, o equivalente a mais de 3 partidas de futebol. Um recorde que dificilmente será superado, pois o jogo ainda era praticado com a regra da vantagem.
42 MIN para completar os 10.000m do atletismo? Sim, essa foi a marca do haitiano Olmeus Charles, dono do pior tempo da história olímpica para a prova. O vencedor Lasse Virén fez o percurso em 27min40s.
11 MEDALHAS conquistaram os canadenses nos Jogos de Montreal, mas nenhuma de ouro. Com 5 de prata e 6 de bronze, foi a primeira – e única – vez que atletas do país-sede não subiram no alto do pódio.
10s06 BASTARAM para transformar Hasely Crawford, ouro nos 100m rasos do atletismo, em ídolo no país natal, Trinidad e Tobago. Seis músicas foram compostas em sua homenagem, o atleta virou selo e até nome de avião.

O Brasil em Montreal

93 ATLETAS
7 MULHERES (7,52%)
2 MEDALHAS
36ª COLOCAÇÃO

As medalhas do Brasil

BRONZE

João Carlos de Oliveira no atletismo (salto triplo)
Reinaldo Conrad e Peter Ficker na vela (classe Flying Dutchman)

O sonho que virou bronze

O brasileiro João Carlos de Oliveira teve tuberculose aos 5 anos. Aos 7, perdeu a mãe. Na infância, foi lavador de carros. Ao servir o Exército, descobriu o salto triplo – e deu um incrível salto na vida. Aos 22 anos, chegou a Montreal com a patente de sargento, atleta consagrado, perto de ser uma celebridade nacional, já apelidado de João do Pulo e detentor do recorde mundial da modalidade que dera 4 medalhas olímpicas ao Brasil: incríveis 17,89m conquistados nos Jogos Pan-americanos Cidade do México 1975, uma marca que só seria superada 10 anos depois. Ainda hoje se discute se as pernas de João sucumbiram à pressão. O fato é que ele ficou a 1m de seu recorde e conquistou a medalha de bronze. Repetiria o feito 4 anos mais tarde, em Moscou.

João do Pulo

POPPERFOTO/ GETTY IMAGES

Futebol perto do pódio

Treinada por Zizinho, craque do Mundial de 1950, a seleção olímpica brasileira conseguiu a melhor colocação nos Jogos até então, um 4º lugar. A equipe tinha 3 jogadores que mais tarde defenderiam o Brasil em mais de uma Copa: o goleiro Carlos (3), o lateral Júnior (2) e o meia Batista (2).

Moscou 1980

5.179 ATLETAS
80 PAÍSES
1.115 MULHERES (21,53%)

Os XXII Jogos Olímpicos

A história dos Jogos Moscou 1980 começou a mudar no fim de 1979. Foi quando cerca de 100 mil soldados soviéticos invadiram o Afeganistão. Os Estados Unidos responderam em 2 frentes: na esfera privada, armando os talibãs, fanáticos religiosos que mais tarde tomariam o poder no país; e na pública, quando o presidente Jimmy Carter avisou que se as tropas da União Soviética não batessem em retirada, os atletas norte-americanos não iriam a Moscou. O restante, a história olímpica se encarregou de registrar: não só a delegação dos Estados Unidos, mas também as de outros 64 países, entre eles potências esportivas como Alemanha Ocidental e Japão, protagonizaram o maior boicote aos Jogos de todos os tempos.

Cartaz dos Jogos Olímpicos Moscou 1980
COMITÊ OLÍMPICO INTERNACIONAL

Espetáculo da cerimônia de abertura dos Jogos Olímpicos Moscou 1980.
COMITÊ OLÍMPICO INTERNACIONAL

As manchetes de 1980

> Dez anos depois da separação dos Beatles, o assassinato de John Lennon choca os fãs e os pacifistas de todo o mundo. Lennon é baleado por Mark David Chapman, que aparentemente sofria de distúrbios psicológicos, em Nova York, voltando do estúdio de gravação com sua companheira, Yoko Ono.

> No Oriente Médio, a paz sofre outro duro golpe: o Iraque invade o Irã, iniciando um conflito que se estenderia por praticamente toda a década.

> Duas instituições de oposição que teriam papel marcante nas décadas seguintes (inclusive levando seus líderes à presidência) são fundadas: na Polônia, o sindicato Solidariedade; no Brasil, o Partido dos Trabalhadores.

> A bênção, João de Deus! O Papa João Paulo II visita o Brasil pela primeira vez.

> Os Jogos Olímpicos de Inverno são disputados em Lake Placid, Estados Unidos.

> José João da Silva quebra uma sequência de 34 anos sem vitórias de brasileiros na Corrida de São Silvestre (ele seria bicampeão em 1985).

Mascote celebridade

À ESQUERDA

O ursinho Misha é formado por placas em momento marcante da cerimônia de abertura dos Jogos Olímpicos Moscou 1980

COMITÊ OLÍMPICO INTERNACIONAL

Nunca houve uma mascote como Misha. O ursinho que protagonizou a festa de encerramento dos Jogos de Moscou ao derramar lágrimas e emocionar telespectadores de todo o planeta conquistou fama internacional e virou retumbante sucesso comercial (mesmo tendo nascido num país comunista). Ganhou desenho animado na TV e teve sua imagem estampada em vários produtos. O criador do fenômeno foi o ilustrador de livros infantis Victor Chizhikov, que teve seu desenho escolhido entre mais de 60 apresentados pela maioria dos 45 mil participantes de uma pesquisa de opinião. O nome Misha é diminutivo de Mikhail e costuma ser usado como apelido de ursos em russo.

Teófilo Stevenson ergue os braços após mais uma vitória nos Jogos Moscou 1980

BOB THOMAS/ GETTY IMAGES

À ESQUERDA

Estádio Olímpico

Aconteceu em Moscou

> Os soviéticos prepararam uma bela festa para mostrar seu poderio esportivo ao mundo. E o boicote de 65 países aos Jogos só fez aumentá-lo: de cada 10 medalhas em disputa, 4 ficaram na cidade-sede.

> Aos 28 anos, o cubano Teófilo Stevenson conquistou sua terceira medalha de ouro na categoria peso pesado do boxe. E ele ainda poderia disputar a quarta, mas Cuba acabou boicotando os Jogos Los Angeles 1984.

> O ginasta soviético Nikolay Andrianov tornou-se o primeiro homem a ganhar 15 medalhas olímpicas (só nessa edição dos Jogos, foram 2 de ouro, 2 de prata e 1 de bronze).

> Na natação feminina, o domínio da Alemanha Oriental aumentou: as nadadoras do país ganharam 26 das 39 medalhas.

Os principais medalhistas

	PAÍS	OURO	PRATA	BRONZE	TOTAL
1	União Soviética	80	69	46	195
2	Alemanha Oriental	47	37	42	126
3	Bulgária	8	16	17	41
4	Cuba	8	7	5	20
5	Itália	8	3	4	15
6	Hungria	7	10	15	32
7	Romênia	6	6	13	25
8	França	6	5	3	14
9	Grã-Bretanha	5	7	9	21
10	Polônia	3	14	15	32

Nadia se despede

A romena Nadia Comaneci, aos 18 anos, não repetiu o desempenho de Montreal 1976 (quando ganhou 5 medalhas, sendo 3 de ouro), mas voltou a brilhar na ginástica artística e aumentou sua coleção, com mais 2 de ouro e 2 de prata. Em 1989, poucas semanas antes da revolução que culminou na morte do líder comunista Nicolae Ceaușescu, Nadia fugiria da Romênia para os Estados Unidos, onde vive até hoje.

Nadia Comaneci se apresenta na trave
COMITÊ OLÍMPICO INTERNACIONAL

Às campeãs, um boi

O boicote aos Jogos causou estragos no hóquei sobre grama feminino, que fazia sua estreia no programa olímpico. Cinco das 6 delegações desistiram de participar do evento. Sorte do Zimbábue, país africano que acabara de proclamar a independência e que já participara dos Jogos com seu antigo nome, Rodésia. Convidada de última hora, a seleção – formada por atletas brancas – faturou o ouro. O prêmio do governo para cada campeã olímpica foi um boi.

A lei da vantagem

Em 2 situações foram levantadas suspeitas sobre o favorecimento da arbitragem a atletas soviéticos. Na final da prova individual geral da ginástica artística, a romena Nadia Comaneci precisava de uma nota 9,9 para conquistar a medalha de ouro. E ela se apresentou com a mesma perfeição que lhe valera um 10 em Montreal 1976. Porém, sua nota só foi anunciada 30min depois de concluída a prova. Nadia ficou com 9,85, o que deu o ouro à soviética Yelena Davydova. No atletismo, atestados assinados por médicos do governo garantiram que as equipes masculina e feminina do revezamento 4x400m disputassem as finais com atletas descansados. A regra dizia que só os atletas contundidos poderiam ser substituídos, e os atestados legitimaram o troca-troca.

Nadia Comaneci
COMITÊ OLÍMPICO INTERNACIONAL

À ESQUERDA
A imagem de Lênin é formada por placas na cerimônia de abertura dos Jogos Moscou 1980
GETTY IMAGES SPORT CLASSIC/GETTY IMAGES

Sebastian Coe, número 254, na prova de 1.500m
COMITÊ OLÍMPICO INTERNACIONAL

Sem boicote, com medalhas

O meio-fundista Sebastian Coe soube aproveitar a não-adesão da Grã-Bretanha ao movimento de boicote liderado pelos Estados Unidos. Ele venceu a prova dos 1.500m e conquistou a prata nos 800m. Coe foi recordista mundial dos 800m entre 1979 e 1997 e dos 1.500m entre 1979 e 1980. Depois de se aposentar, entrou na vida política e foi o presidente do Comitê Organizador dos Jogos Londres 2012. Hoje, é presidente da IAAF.

NA PÁGINA AO LADO
Cerimônia de encerramento dos Jogos Moscou 1980

Olimpílulas

> Ofuscada pelo brilho de Nadia Comaneci em Montreal 1976, mesmo tendo conquistado 3 medalhas de ouro e 1 de prata, a ginasta soviética Nellie Kim aumentou sua coleção em Moscou. Ganhou mais 2 ouros, um deles numa impecável apresentação no solo.

> A luta estilo greco-romano, como o próprio nome indica, tem suas origens na Grécia. Mas o país só foi conquistar sua primeira medalha na modalidade em Moscou. A façanha coube a Stilianos Migiakis, ouro no peso pena (categoria que hoje é conhecida como até 59kg).

> O pianista brasileiro Arthur Moreira Lima foi uma das atrações da cerimônia de abertura. Tocou uma peça especialmente escrita para ele pelo argentino Astor Piazzola.

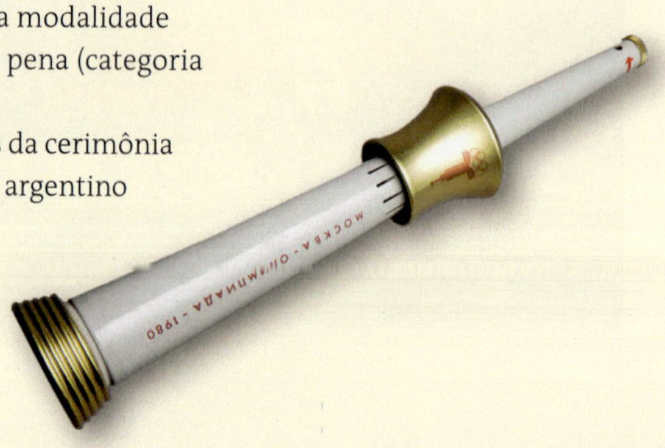

A tocha olímpica de Moscou 1980
COMITÊ OLÍMPICO INTERNACIONAL

Cerimônia de encerramento de Moscou 1980
COMITÊ OLÍMPICO INTERNACIONAL

Números

11 OUROS dos 14 distribuídos no remo foram parar no pescoço de atletas da Alemanha Oriental. Os 54 integrantes da equipe subiram ao pódio em Moscou.
6 VEZES na natação os 3 primeiros lugares ficaram com nadadoras da Alemanha Oriental.
3 SOVIÉTICAS ocuparam o pódio dos 800m. Foi a primeira vez que isso aconteceu numa prova feminina de atletismo. Nadezhda Olizarenko ficou com o ouro, Olga Mineyeva com a prata e Tatiana Providokhina com o bronze.

O Brasil em Moscou

109 ATLETAS
15 MULHERES (13,76%)
4 MEDALHAS
17ª COLOCAÇÃO

Logotipo dos Jogos Moscou 1980
COMITÊ OLÍMPICO INTERNACIONAL

As medalhas do Brasil

OURO
Marcos Soares e Eduardo Penido na vela (classe 470)
Lars Björkström e Alexandre Welter na vela (classe Tornado)
BRONZE
João Carlos de Oliveira no atletismo (salto triplo)
Jorge Luis Fernandes, Marcus Mattioli, Cyro Delgado e Djan Madruga na natação (revezamento 4x200m livre)

Velas douradas

Desde o bicampeonato de Adhemar Ferreira da Silva, o Brasil não subia ao degrau mais alto do pódio. E o responsável pela façanha foi o esporte que mais tarde se tornaria um dos mais bem-sucedidos do país em Jogos Olímpicos: a vela. Marcos Soares – então o mais jovem brasileiro a conquistar uma medalha olímpica – e Eduardo Penido venceram na classe 470; Lars Björkström e Alexandre Welter, na Tornado.

Um novo pulo para o pódio

Ainda como recordista mundial da modalidade, João Carlos de Oliveira repetiu o resultado de Montreal 1976 e levou o salto triplo ao pódio olímpico pela 6ª vez. João do Pulo teve de lutar contra os excelentes saltadores soviéticos, que ficaram com o ouro e a prata, e com os juízes, que anularam 9 de seus 12 primeiros saltos – um deles, considerado perfeito, lhe garantiria o ouro. Um ano depois dos Jogos de Moscou, João sofreu um grave acidente automobilístico e teve a perna direita amputada, encerrando a carreira. Morreu em 1999, com apenas 45 anos, vítima de cirrose hepática e infecção generalizada. Nos últimos anos de vida enfrentou o alcoolismo e problemas financeiros.

Los Angeles 1984

6.829 ATLETAS
140 PAÍSES
1.566 MULHERES (22,93%)

Os XXIII Jogos Olímpicos

Boicota de cá, boicota de lá, por essa todo mundo esperava: a União Soviética retaliou a ausência dos Estados Unidos e de outros 64 países nos Jogos Moscou 1980. E nem precisou de um motivo concreto para isso. Alegou apenas que não se sentia confortável com as garantias de segurança oferecidas pelas autoridades norte-americanas e foi seguida em sua decisão por mais 13 países, todos comunistas. Líbia e Irã também não participaram, por outras razões.

Mesmo assim, os Jogos foram um sucesso financeiro. Em Los Angeles, pela primeira vez, foi criado um sistema de patrocínio aberto às empresas privadas, tão bem-sucedido que serviu de modelo para as edições seguintes. A partir de então, os Jogos Olímpicos se transformaram pouco a pouco em um negócio bilionário. O merchandising, hoje tão comum, explodiu em 1984. E os Jogos de Los Angeles deixaram um lucro de 26 milhões de dólares.

Cerimônia de abertura dos Jogos Los Angeles 1984: com placas, a arquibancada forma as bandeiras de todos os países participantes
COMITÊ OLÍMPICO INTERNACIONAL

As manchetes de 1984

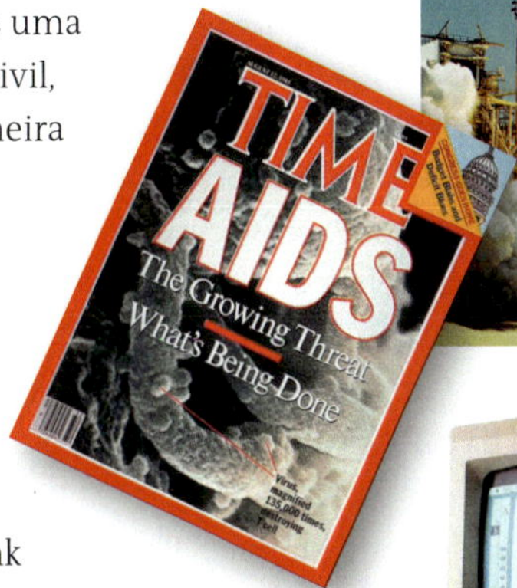

> O movimento das Diretas Já ganha as ruas do Brasil. O objetivo de eleger um presidente nas urnas só seria atingido 5 anos depois, mas uma vitória é conquistada: o Congresso Nacional decide que um civil, Tancredo Neves, governaria o país no ano seguinte, pela primeira vez desde o golpe militar de 1964.

> Avanços da ciência e da tecnologia: a Challenger se torna a primeira nave a voltar do espaço pousando em terra, e a Apple lança o Macintosh, que revolucionaria a história da computação.

> Na medicina, é descoberto o HIV, causador de uma doença até então pouco conhecida, a Aids.

> Num barco a remo de menos de 6m, o brasileiro Amyr Klink atravessa sozinho o Oceano Atlântico, em 101 dias.

> Na disputa mais acirrada de todos os tempos, o austríaco Niki Lauda, da McLaren, é campeão mundial de Fórmula 1 com apenas meio ponto de vantagem sobre o francês Alain Prost.

Mascote midiática

À ESQUERDA
Cartaz dos Jogos Los Angeles 1984
COMITÊ OLÍMPICO INTERNACIONAL

Os organizadores dos Jogos Los Angeles 1984 não queriam ficar atrás do sucesso de Misha, mascote dos Jogos Moscou 1980, e investiram pesado: contrataram os estúdios Disney, selecionados entre 3 finalistas. O animal escolhido foi a águia, ave nacional norte-americana. O nome, Sam, também tinha conotações patrióticas e remetia ao Tio Sam, famoso personagem dos cartazes de recrutamento do Exército norte-americano. Bob Moore, um dos principais desenhistas do Pato Donald, foi o responsável pelo design e adaptou as asas para que pudessem se movimentar como braços e mãos quando Sam fosse representado praticando esportes. O resultado de todo esse esforço levou a um sucesso comercial, mas que nem de longe abalou o prestígio de Misha.

Sam, mascote de Los Angeles 1984
COMITÊ OLÍMPICO INTERNACIONAL

ACONTECEU EM LOS ANGELES

> O norte-americano Carl Lewis se tornou o destaque dos Jogos ao conquistar as 4 primeiras medalhas de ouro de sua carreira. Dominou os 100m rasos e os 200m, o salto em distância, e ainda participou da equipe norte-americana vencedora do revezamento 4x100m livre.

> Michael Jordan – que naquele mesmo ano se juntaria ao Chicago Bulls, time pelo qual ganharia 6 títulos da liga profissional norte-americana de basquetebol (NBA) – foi o cestinha da seleção dos Estados Unidos, com média de 17 pontos por partida.

> A ausência dos países do Leste Europeu alterou o equilíbrio das competições de ginástica artística, permitindo que uma norte-americana, Mary Lou Retton, conquistasse pela primeira vez a medalha de ouro na prova individual geral.

> O britânico Daley Thompson, ouro no decatlo em Moscou 1980, repetiu o feito em Los Angeles 1984, tornando-se o primeiro bicampeão da modalidade desde o norte-americano Bob Mathias, campeão em Londres 1948 e Helsinque 1952.

Carl Lewis cruza a linha de chegada
COMITÊ OLÍMPICO INTERNACIONAL

Mary Lou Retton, medalha de ouro na trave
UNITED ARCHIVES/ COMITÊ OLÍMPICO INTERNACIONAL

Os principais medalhistas

		País	Ouro	Prata	Bronze	Total
1		Estados Unidos	83	61	30	174
2		Romênia	20	16	17	53
3		Alemanha Ocidental	17	19	23	59
4		China	15	8	9	32
5		Itália	14	6	12	32
6		Canadá	10	18	16	44
7		Japão	10	8	14	32
8		Nova Zelândia	8	1	2	11
9		Iugoslávia	7	4	7	18
10		Coreia do Sul	6	6	7	19

A tocha olímpica de Los Angeles 1984
COMITÊ OLÍMPICO INTERNACIONAL

Nudez entre 2 ouros

A alemã oriental Ulrike Meyfarth tornou-se a mais jovem atleta a ganhar ouro na prova de salto em altura do atletismo (tinha 17 anos) e conquistou 2 medalhas de ouro olímpicas num intervalo de 12 anos: venceu em Munique 1972 e Los Angeles 1984. Entre as 2 edições dos Jogos, trabalhou como modelo e posou nua para um escultor.

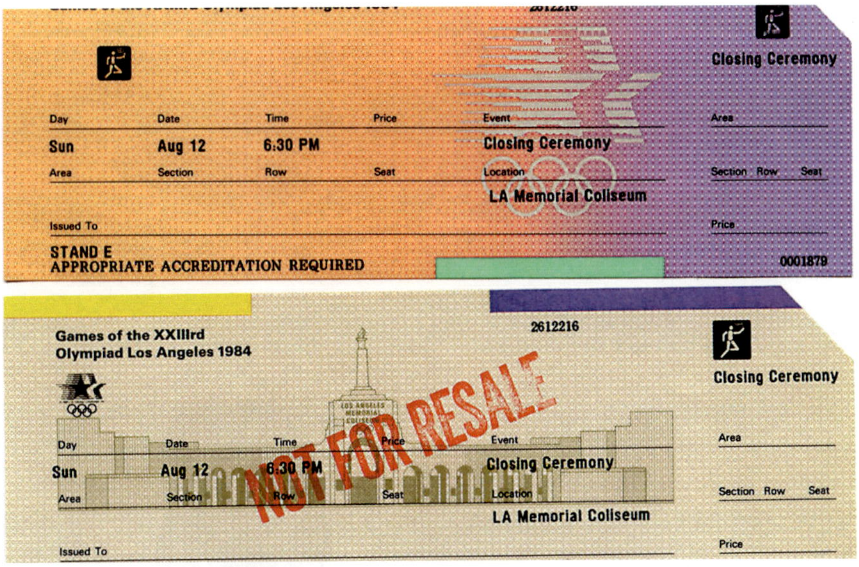

A imagem que ninguém esquece

Você se lembra de quem ganhou a maratona feminina nos Jogos Los Angeles 1984? Pois é, foi a norte-americana Joan Benoit. Mas provavelmente é a imagem de Gabriele Andersen-Scheiss, chegando em estado deplorável ao Estádio Olímpico, recusando todas as tentativas de ajuda médica para cruzar a linha de chegada, que você tem na memória. Telespectadores do mundo inteiro assistiram emocionados aos passos finais da norte-americana de nascimento que se aproveitou do fato de ter nacionalidade suíça para realizar o sonho de correr nos Jogos Olímpicos. Chegou na 37ª colocação, mas subiu ao pódio do espírito olímpico.

Gabriele Andersen-Scheiss
SPORTS ILLUSTRATED/ GETTY IMAGES

Bronze para Holyfield

Evander Holyfield, que mais tarde se tornaria campeão mundial dos pesos pesados, foi desclassificado nas semifinais do boxe. Ele derrubou seu adversário após o juiz ter paralisado o combate. Perdeu a luta, mas ficou com a medalha de bronze, que no boxe é entregue aos 2 semifinalistas que não chegam à final.

Recordista sem medalha

Nos 400m livre da natação, Thomas Fahrner, da Alemanha Ocidental, venceu a final B da prova (disputada pelos atletas que conquistam do 9º ao 16º tempo nas semifinais) com um tempo melhor do que o do vencedor da final A, o norte-americano George DiCarlo. De quebra, ainda bateu o recorde olímpico da prova.

Estádio Olímpico de Los Angeles
GETTY IMAGES

Olimpílulas

> Neroli Fairhall, da Nova Zelândia, disputou o tiro com arco e ficou em 35º lugar. Teria sido um desempenho irrelevante, não fosse ela a primeira atleta paraplégica a competir nos Jogos Olímpicos.

> O haitiano Dieudonné Lamothe revelou após correr a maratona que, se não concluísse a prova, seria morto pela polícia secreta de seu país.

Carlos Lopes
COMITÊ OLÍMPICO INTERNACIONAL

Números

94 ATLETAS entre os 100 primeiros colocados no ranking mundial do levantamento de peso e 29 dos 30 medalhistas do último Campeonato Mundial não foram a Los Angeles. Foi o esporte mais afetado pelo boicote liderado pela União Soviética.
37 ANOS tinha o português Carlos Lopes ao conquistar o ouro olímpico na maratona. Ele foi atropelado 15 dias antes de competir em Los Angeles, mas se recuperou a tempo de se tornar o atleta mais velho a vencer uma maratona olímpica.
2 MEDALHAS conquistou o índio canadense Alwyn Morris em Los Angeles. Nativo da reserva Caughnawaga, ele levou o ouro na prova K2 1.000m e o bronze na K2 500m, ambas na canoagem.

O Estádio Olímpico na cerimônia de abertura

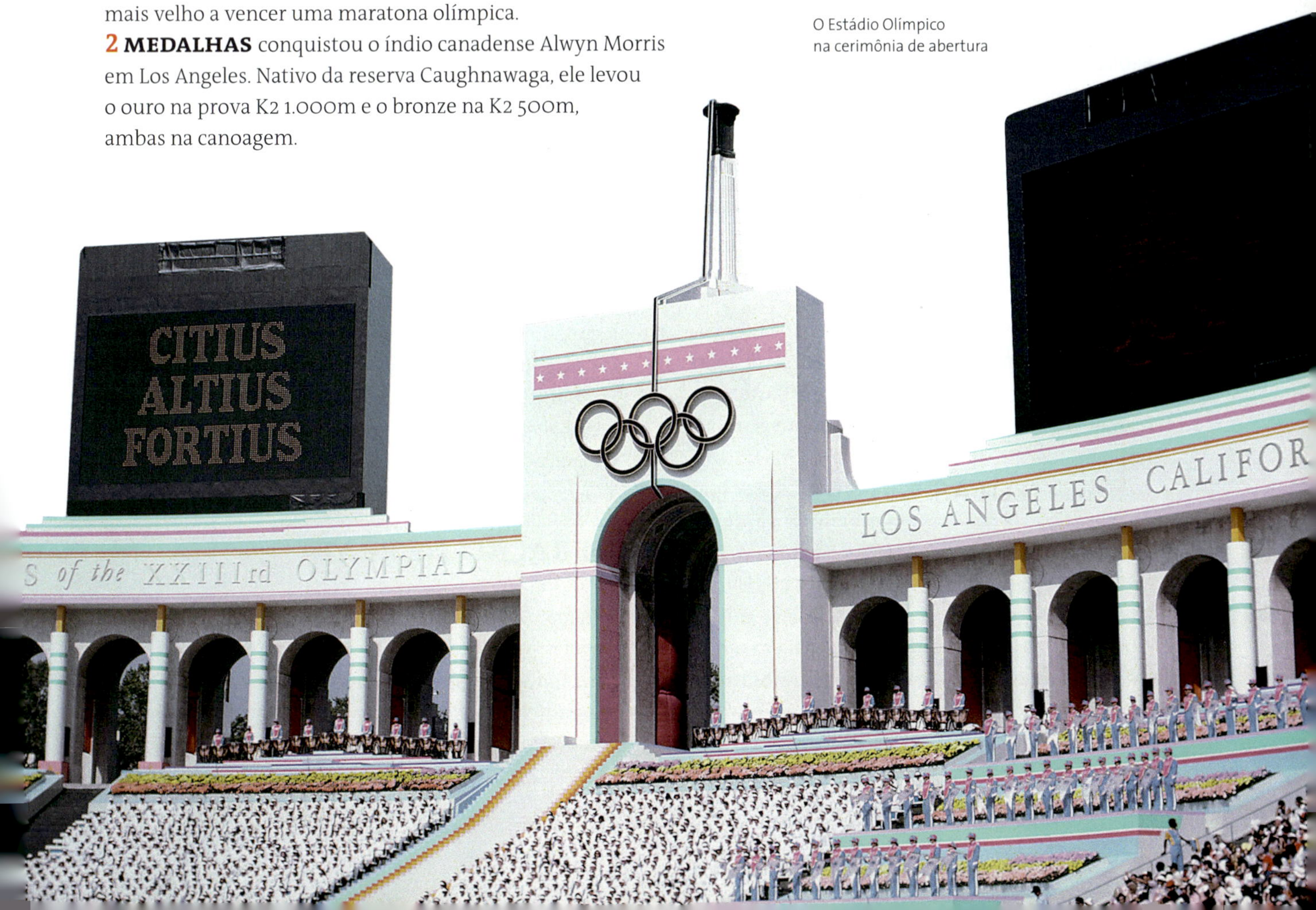

O Brasil em Los Angeles

151 ATLETAS
22 MULHERES (14,5%)
8 MEDALHAS
19ª COLOCAÇÃO

As medalhas do Brasil

OURO
Joaquim Cruz no atletismo (800m)
PRATA
Ricardo Prado na natação (400m medley)
Torben Grael, Daniel Adler e Ronaldo Senfft na vela (classe Soling)
Douglas Vieira no judô (categoria meio-pesado, até 95kg)
Voleibol masculino
Futebol masculino
BRONZE
Luiz Onmura no judô (categoria leve, até 68kg)
Walter Carmona no judô (categoria médio, até 78 kg)

Um herói chamado Joaquim

Joaquim Cruz jogava basquetebol. Até que um dia um técnico de atletismo viu aquele garoto de pernas compridas e o convenceu a mudar de esporte. Joaquim detestava correr. Achava cansativo, reclamava de dores nos pés – que passariam por várias cirurgias ao longo da carreira. Mas seus pés eram mais rápidos do que os dos adversários e o levaram longe: depois de bater o recorde mundial júnior, ganhou uma bolsa da Universidade do Oregon e já morava nos Estados Unidos quando competiu em Los Angeles e ganhou o ouro na prova dos 800m. Ele tinha pela frente o desafio de enfrentar Sebastian Coe, o recordista mundial da prova e 2 vezes medalhista em Moscou 1980 – ouro nos 1.500m e prata nos 800m. Na última

Joaquim Cruz lidera a prova de 800m
CORBIS/ LATINSTOCK

volta, arrancou para o ouro – que ainda é o único do Brasil numa prova de pista. Até hoje não se sabe se o basquetebol brasileiro perdeu um grande pivô, mas o atletismo certamente ganhou um de seus maiores nomes.

Façanha na natação

Com a medalha de prata nos 400m medley, Ricardo Prado conquistou o melhor resultado da natação brasileira até então. Nadou como favorito, por ser o recordista mundial, mas errou uma virada e foi superado no fim da prova pelo tcheco naturalizado canadense Alex Baumann, 30cm mais alto. Hoje, Pradinho, como é conhecido, trabalha como especialista em competição esportiva no Comitê Organizador dos Jogos Olímpicos Rio 2016.

Geração de prata

A medalha de prata do voleibol masculino em Los Angeles 1984 foi tão emblemática que acabou batizando uma geração. A seleção brasileira, que 2 anos antes fora vice-campeã mundial, bateu de frente com outra geração privilegiada, a melhor da história

Parte da delegação brasileira faz a festa na cerimônia de abertura de Los Angeles 1984
COMITÊ OLÍMPICO INTERNACIONAL

dos Estados Unidos. Foi justamente uma vitória sobre os donos da casa que levou William, Bernard, Renan, Montanaro, Amauri, Xandó e outros ídolos já consagrados à semifinal: era preciso fazer 3 sets a 0, depois de uma surpreendente derrota para a Coreia do Sul, e os brasileiros conseguiram. Mais adiante, receberam esse mesmo placar de volta na decisão. Até hoje se discute se os norte-americanos estavam escolhendo o Brasil como adversário, mas o que ficou da campanha foi a afirmação do voleibol como um dos principais esportes do país.

O velejador Eduardo Souza Ramos leva a bandeira brasileira durante a cerimônia de abertura de Los Angeles 1984
ACERVO MANCHETE

Dunga é prata

Em Los Angeles 1984 o Brasil conquistou sua primeira medalha olímpica no futebol. Na primeira edição em que foi permitida a convocação de jogadores profissionais, muitos clubes não quiseram liberar seus principais craques. O técnico Jair Picerni levou a base do Internacional – que incluía o futuro campeão mundial Dunga, que seria também treinador da seleção que ganhou o bronze em Pequim 2008. Na final, derrota para a França.

Improviso na vela

Torben Grael começou em Los Angeles sua coleção de medalhas olímpicas. Na classe Soling, a tripulação formada por ele, Daniel Adler e Ronaldo Senfft teve de superar um contratempo de última hora: 2 dias antes da competição, o barco Força Oculta foi vetado pelos organizadores, que não aprovaram a quilha, e o substituto Team Sausalito, conseguido de última hora, teve de ser adaptado às pressas, em madrugadas insones. Uma prata que valeu ouro.

SEUL 1988

8.391 ATLETAS
159 PAÍSES
2.194 MULHERES (26,15%)

Os XXIV Jogos Olímpicos

A Coreia do Sul, uma das protagonistas do fenômeno dos "tigres asiáticos" – países da região que cresciam impulsionados pela indústria, principalmente no setor de eletrônicos –, investiu pesado para mostrar essa nova cara ao mundo. Mais de 30 mil coreanos foram convocados para obras de reforma na capital, Seul. E até a política local foi afetada: o temor de que a ditadura militar prejudicasse a realização dos Jogos foi um dos motivos apontados para que se apressasse a transição para um governo democrático, em 1987.

Cerimônia de abertura dos Jogos Olímpicos de Seul 1988
COMITÊ OLÍMPICO INTERNACIONAL

As manchetes de 1988

> As tropas da União Soviética começam a se retirar do Afeganistão, pondo fim ao conflito que causara o boicote dos Estados Unidos e 64 outros países aos Jogos Moscou 1980.

> Irã e Iraque assinam um armistício, pondo fim aos combates entre os 2 países, iniciados 8 anos antes e que custaram 1 milhão de vidas. A guerra só terminaria de fato 2 anos depois, com a assinatura de um acordo a partir do qual era feita a definição de fronteira.

> Os Jogos Olímpicos de Inverno são disputados em Calgary, Canadá.

> O Bahia conquista pela primeira vez o Campeonato Brasileiro.

> Ayrton Senna se torna o terceiro piloto brasileiro a conquistar o título mundial da Fórmula 1. Antes dele, Emerson Fittipaldi fora bicampeão e Nelson Piquet, tri. Senna repetiria a marca de Piquet.

Jogos Olímpicos de Inverno Calgary 1988
COMITÊ OLÍMPICO INTERNACIONAL

Mascote eleita

O tigre Hodori enfrentou o mais duro processo de seleção da história das mascotes olímpicas. Na primeira etapa, o Comitê Organizador dos Jogos ofereceu um prêmio em dinheiro ao criador e recebeu 4.344 inscrições. O design de Hodori – que usava um chapéu típico de músicos populares coreanos, com uma fita esvoaçante na forma da letra S, de Seul – foi escolhido entre as propostas finais, apresentadas por 14 artistas selecionados. Pesou na decisão o papel que esse animal ocupa no folclore coreano, representando vigor e espírito de luta. O nome foi selecionado entre as 6.117 opções apresentadas. Hodori é uma mistura de horangi, que significa tigre, com dori, diminutivo de garoto.

Cartaz dos Jogos Seul 1988
COMITÊ OLÍMPICO INTERNACIONAL

Florence Griffith

BRUNO TORRES/COMITÊ OLÍMPICO INTERNACIONAL

Greg Louganis

COMITÊ OLÍMPICO INTERNACIONAL

Anthony Nesty

JEAN-JACQUES STRAHM/ COMITÊ OLÍMPICO INTERNACIONAL

Carl Lewis

UNITED ARCHIVES/ COMITÊ OLÍMPICO INTERNACIONAL

Time de basquetebol da URSS

COMITÊ OLÍMPICO INTERNACIONAL

A tocha olímpica de Seul 1988

COMITÊ OLÍMPICO INTERNACIONAL

Aconteceu em Seul

> Ben Johnson foi o nome mais comentado dos Jogos Seul 1988. Na pista, ele superou o norte-americano Carl Lewis e venceu os 100m rasos, com a assombrosa marca de 9s79. Mas ainda durante os Jogos foi divulgado o exame antidoping do velocista nascido na Jamaica e naturalizado canadense, com resultado positivo para estanozolol, esteroide anabolizante que aumenta a massa muscular. Johnson foi expulso da competição, suspenso das provas de atletismo por 2 anos e teve a medalha cassada. Lewis era o novo campeão. E o atletismo tinha um dos maiores escândalos esportivos de sua história.

> O norte-americano Greg Louganis conquistou sua segunda medalha consecutiva na prova de trampolim de 3m dos saltos ornamentais depois de assustar o mundo: bateu a cabeça na ponta do trampolim e banhou a piscina de sangue. Com 5 pontos no local, ele voltou, saltou e venceu. Na mesma edição dos Jogos, Louganis foi bicampeão da plataforma de 10m. Sete anos depois, declarou que era portador do vírus da Aids desde 1988.

> Anthony Nesty deu ao Suriname a primeira e única medalha de ouro desse país nos Jogos Olímpicos, nos 100m borboleta. Nascido em Trinidad e Tobago e naturalizado surinamês, ele foi também o primeiro negro a subir no alto do pódio de uma prova olímpica de natação.

> A Coreia do Norte, comunista, boicotou os Jogos. E conseguiu adesões: Cuba, Nicarágua e Etiópia também não participaram. Foi a última edição olímpica com boicote.

> Dezesseis anos depois do incidente no basquetebol envolvendo Estados Unidos e União Soviética, as 2 seleções voltaram a se encontrar em uma edição de Jogos Olímpicos. Assim como em Munique 1972, os soviéticos levaram a melhor.

> O tênis voltou a fazer parte do programa olímpico, após 64 anos de ausência.

> O tênis de mesa fez sua estreia. Das 12 medalhas distribuídas nos torneios de simples e duplas masculino e feminino, os chineses ficaram com 5, contra 4 dos anfitriões.

Os principais medalhistas

		PAÍS	OURO	PRATA	BRONZE	TOTAL
1		União Soviética	55	31	46	132
2		Alemanha Oriental	37	35	30	102
3		Estados Unidos	36	31	27	94
4		Coreia do Sul	12	10	11	33
5		Alemanha Ocidental	11	14	15	40
6		Hungria	11	6	6	23
7		Bulgária	10	12	13	35
8		Romênia	7	11	6	24
9		França	6	4	6	16
10		Itália	6	4	4	14

A façanha de Steffi

Ao vencer o torneio de simples feminino, a alemã Steffi Graf se tornou a primeira tenista da história (e única, até hoje) a conquistar aquilo que no mundo do tênis é conhecido como Golden Slam, que significa ganhar, no mesmo ano, os 4 torneios Grand Slam (Aberto da Austrália, dos Estados Unidos, Roland Garros e Wimbledon) e o torneio de simples nos Jogos.

Steffi Graf

UNITED ARCHIVES/ COMITÊ OLÍMPICO INTERNACIONAL

Kristin Otto

HEINZ KLUETMEIR/SPORTS ILLUSTRATED/GETTY IMAGES

Seis vezes Kristin

A nadadora alemã oriental Kristin Otto entrou para a história dos Jogos ao se tornar a primeira mulher a conquistar 6 medalhas de ouro em uma única edição. Sua façanha foi ofuscada por acusações de que atletas da extinta Alemanha Oriental usavam drogas para melhorar o desempenho. Kristin não competiu em Los Angeles 1984 devido ao boicoite aos Jogos pela Alemanha Oriental e abandonou a natação em 1989.

Olimpílulas

> O soviético Vladimir Salnikov dominara os 1.500m livre da natação entre 1977 e 1986. Em Seul, com 28 anos, era considerado um atleta em declínio. Porém, surpreendeu a todos e levou o ouro.

> O halterofilista Naim Suleymanoglu, da Bulgária, desertou e decidiu por um autoexílio na Turquia devido à opressão aos turcos-búlgaros. Acabou conquistando o ouro pela nova nação, na categoria pena (hoje até 62kg), com direito ao recorde mundial de 190kg no arremesso. Suleymanoglu seria campeão olímpico também nas 2 edições seguintes.

> O canadense Lawrence Lemieux estava em 2º lugar na classe Finn da vela quando abandonou uma regata para socorrer um adversário que se machucara. Caiu para 21º, mas teve seu gesto de espírito olímpico reconhecido pelo COI com um prêmio especial, a medalha Pierre de Coubertin.

> A cerimônia de abertura de Seul 1988 foi a última realizada à luz do dia. A partir de Barcelona 1992, o evento passou a ser realizado à noite.

Cerimônia de abertura

ALBERT RIETHAUSEN/ COMITÊ OLÍMPICO INTERNACIONAL

Números

55 PONTOS marcou o brasileiro Oscar Schmidt contra a Espanha em Seul, tornando-se o maior pontuador de uma partida olímpica de basquetebol. Em Atlanta 1996, ele encerraria suas participações nos Jogos como o maior cestinha do evento, com 1.093 pontos.

12 MEDALHAS de ouro conquistaram os donos da casa, que conseguiram um inédito 4º lugar na classificação geral.

9 PAÍSES fizeram em Seul sua primeira participação em Jogos.

Aruba, Guam, Iêmen do Sul, Ilhas Cook, Maldivas, Samoa Americana, São Vicente e Granadinas, Vanuatu e Brunei. Este último país não mandou atletas, mas estava representado por um árbitro.

7 PARTICIPAÇÕES em Jogos Olímpicos completou a esgrimista sueca Kerstin Palm em Seul 1988. Até então, nenhuma mulher tinha disputado tantas edições. Kerstin não ganhou nenhuma medalha.

Placas formam mosaico da bandeira brasileira
ACERVO MANCHETE

O Brasil em Seul

170 ATLETAS
35 MULHERES (20,58%)
6 MEDALHAS
24ª COLOCAÇÃO

O judoca Aurélio Miguel: porta-bandeira no desfile das delegações na cerimônia de encerramento
ACERVO MANCHETE

As medalhas do Brasil

OURO
Aurélio Miguel no judô (categoria meio-pesado, até 95kg)
PRATA
Futebol masculino
Joaquim Cruz no atletismo (800m)
BRONZE
Robson Caetano no atletismo (200m)
Torben Grael e Nelson Falcão na vela (classe Star)
Lars Grael e Clínio de Freitas na vela (classe Tornado)

A hora do judô

Os judocas brasileiros já tinham trazido 1 medalha de prata e 3 de bronze. Faltava o ouro, e ele veio pelas mãos de Aurélio Miguel. Esse filho de espanhóis nascido em São Paulo era muito agitado e apresentava problemas respiratórios quando tinha 4 anos de idade. O pai ouviu dizer que o judô era bom remédio para as 2 questões e entregou-o aos cuidados do mestre Masao Shinohara. O resultado foi ainda melhor do que o esperado: Aurélio foi eleito o melhor judoca do Brasil, fez estágio no Japão, disputou o Circuito Europeu (algo até então inédito para um brasileiro) e coroou essa evolução com o ouro na categoria meio-pesado em Seul. Nascia ali um gigante do esporte nacional.

Baixinho em campo

Romário na final
COMITÊ OLÍMPICO INTERNACIONAL

Do alto de seu 1,68m, Romário fez 6 gols e foi o artilheiro do time comandado por Carlos Alberto Silva, que tinha no gol outro futuro campeão mundial, Taffarel. O goleiro brilhou na semifinal, defendendo 2 cobranças na disputa de pênaltis para eliminar a Alemanha Ocidental. Na final, Romário marcou, mas a União Soviética empatou e virou na prorrogação. Era a segunda prata do futebol – até então – tricampeão do mundo.

Dois pódios no atletismo

Medalhista de ouro nos 800m em Los Angeles 1984, Joaquim Cruz dessa vez teve de se contentar com a prata. Ele liderou a prova até os metros finais, quando foi ultrapassado pelo queniano Paul Ereng. Robson Caetano conquistou sua primeira medalha olímpica, um bronze. A final foi disputada no dia do aniversário da mãe de Robson, dona Georgete – a quem o patrocinador do atleta tinha prometido uma casa se ele trouxesse uma medalha. Que presentão!

Voleibol e basquetebol

No voleibol masculino, o 4º lugar não teve tanto brilho quanto o pódio inédito da geração de prata em 1984. No feminino, o 6º lugar marcou uma evolução importante. O basquetebol competiu apenas com a seleção masculina, e o 5º lugar significou a melhor campanha desde o bronze dos campeões mundiais nos Jogos Roma 1960.

NA PÁGINA AO LADO
Desfile da delegação brasileira em Seul 1988
COMITÊ OLÍMPICO INTERNACIONAL

BARCELONA 1992

9.356 ATLETAS
169 PAÍSES
2.704 MULHERES (28,90%)

Os XXV Jogos Olímpicos

Nunca houve uma cidade-sede como a capital da Catalunha. Os Jogos foram a cereja no bolo de um projeto de revitalização comandado pelo prefeito Pasqual Maragall, que investiu cerca de 6 bilhões de dólares em reformas. Um novo anel viário foi construído, desafogando o trânsito nas áreas centrais, onde voltou a se destacar o charme das Ramblas, ruas de pedestres. Toda uma área costeira, próxima ao famoso bairro gótico, foi restaurada e incorporada à vida da cidade. E mais de 35 mil moradores se envolveram com o evento, inscrevendo-se como voluntários e ajudando a levar a cabo a organização impecável das competições. O resultado foi um renascimento: Barcelona passou de 13º a 5º destino turístico da Europa pouco depois dos Jogos Olímpicos. E, o mais importante, resgatou seu orgulho. Durante anos, os especialistas em candidaturas olímpicas falariam do "Efeito Barcelona".

NA PÁGINA SEGUINTE
Cartaz dos Jogos Barcelona 1992
COMITÊ OLÍMPICO INTERNACIONAL

Cerimônia de abertura dos Jogos Barcelona 1992
COMITÊ OLÍMPICO INTERNACIONAL

As manchetes de 1992

> O primeiro presidente eleito democraticamente no Brasil depois do fim do governo militar deixa o poder pela porta dos fundos: Fernando Collor de Mello anuncia a renúncia antes que o processo de impeachment chegasse ao Senado.

> O Rio de Janeiro recebe um grande evento internacional, a ECO-92. A ecologia já era uma das grandes preocupações mundiais.

> A dissolução da Iugoslávia leva a um dos maiores conflitos armados da década.

> O presidente da União Soviética, Mikhail Gorbachev, renuncia e os líderes de 11 de suas repúblicas formam a Comunidade dos Estados Independentes, sob o comando de Boris Yeltsin. Mais tarde, todas acabariam proclamando independência.

> Os Jogos Olímpicos de Inverno são disputados em Albertville, França. É a última edição realizada no mesmo ano dos Jogos Olímpicos de Verão.

> O Flamengo conquista o Campeonato Brasileiro e o Internacional, a Copa do Brasil.

> O São Paulo, do técnico Telê Santana, vence o Barcelona e ergue pela primeira vez o troféu do Mundial Interclubes.

Mascote estilosa

CoBi era uma mascote de design moderno até no nome – que é uma forma reduzida de Comitê Organizador dos Jogos Olímpicos de Barcelona. Foi escolhido por ser fácil de pronunciar em qualquer língua e se escreve assim mesmo, misturando maiúsculas e minúsculas. Questão de estilo. O desenho do cachorrinho coube a Javier Mariscal, escolhido entre 6 grandes nomes do design catalão. A intenção era justamente honrar a tradição da cidade de Gaudí, que tem prédios e até uma catedral inacabada famosos pelo formato pouco convencional. CoBi foi a primeira mascote desenhada sem a intenção de ser fofinha: traços fortes e cores chapadas rompiam a tradição dos desenhos influenciados pela escola de Walt Disney.

Aconteceu em Barcelona

>A etíope Derartu Tulu foi a primeira mulher negra africana a conquistar 1 medalha olímpica. Ela foi ouro nos 10.000m do atletismo e deu a volta olímpica de mãos dadas com a sul-africana – branca – Elana Meyer, 2ª colocada.

>Derrubado o Muro de Berlim em 1989, as Alemanhas Ocidental e Oriental competiram como um só país, Alemanha. Os atletas da extinta União Soviética representaram a Comunidade dos Estados Independentes (CEI), que usou como estandarte a bandeira olímpica.

>A África do Sul participou dos Jogos pela primeira vez em 28 anos, período em que esteve banida em represália à prática de política de segregação racial, o Apartheid.

>Cuba e Coreia do Norte voltaram aos Jogos Olímpicos, depois de boicotarem as edições de Los Angeles 1984 e Seul 1988. Livre da ditadura, a Albânia também competiu novamente, o que não acontecia desde Roma 1960.

>Passaram a fazer parte do programa olímpico o beisebol, o judô feminino e o badminton.

>O espanhol Carlos Front, de 11 anos e 251 dias, competiu no remo e tornou-se o mais jovem atleta a participar de uma edição olímpica desde Paris 1900.

Derartu Tulu e Elana Meyer
PASCAL PAVANI/AFP/GETTY IMAGES

NO ALTO
Desfile da delegação sul-africana na cerimônia de abertura de Barcelona 1992
COMITÊ OLÍMPICO INTERNACIONAL

Logotipo dos Jogos Olímpicos de Barcelona 1992
COMITÊ OLÍMPICO INTERNACIONAL

Os principais medalhistas

		PAÍS	OURO	PRATA	BRONZE	TOTAL
1		CEI	45	38	29	112
2		Estados Unidos	37	34	37	108
3		Alemanha	33	21	28	82
4		China	16	22	16	54
5		Cuba	14	6	11	31
6		Espanha	13	7	2	22
7		Coreia do Sul	12	5	12	29
8		Hungria	11	12	7	30
9		França	8	5	16	29
10		Austrália	7	9	11	27

O tropeço de Devers

A norte-americana Gail Devers, que já havia conquistado os 100m rasos, era a favorita na prova dos 100m com barreiras e liderava a prova com folga. Porém, no último obstáculo, ela tropeçou e caiu. Paraskevi Patoulidou aproveitou a oportunidade para se tornar a primeira mulher grega a ganhar 1 medalha olímpica.

Derek Redmond e o pai, Jim Redmond

SANKEI ARCHIVE/ GETTY IMAGES

Drama na pista

O britânico Derek Redmond, que deixara de disputar os 400m rasos em Seul 1988 por causa de uma lesão que o obrigara a passar por 5 cirurgias, venceu sua bateria nas quartas de final, mas sofreu uma ruptura de um músculo da coxa a 150m da chegada na semifinal. Negou-se a ser retirado de maca e seguiu na prova pulando num pé só. Nos metros finais, um homem driblou a segurança e invadiu a pista do Estádio Olímpico. Era o pai do atleta, seu maior incentivador. Ovacionado pelo público, Redmond terminou a prova abraçado ao pai e deixou para a memória olímpica uma das imagens mais tocantes de todos os tempos.

A volta de Johnson

Havia grande expectativa em torno da volta do canadense Ben Johnson, que perdera a medalha de ouro dos 100m rasos por doping em Seul 1988, fora suspenso por 2 anos e admitira a culpa diante de um comitê de investigação do governo do Canadá. Mas ele parou nas semifinais.

Magic Johnson
COMITÊ OLÍMPICO INTERNACIONAL

Surpresas na piscina

A natação foi dominada pelos atletas dos Estados Unidos, mas 2 nadadores do Leste Europeu se destacaram. O húngaro Tamás Darnyi tornou-se o primeiro a ganhar as difíceis provas de 200m e 400m medley em 2 edições seguidas dos Jogos. O russo Yevgeny Sadoviy ganhou o apelido de "Enguia de Volvogrado" ao vencer os 200m, 400m livre e o revezamento 4x200m livre, com a equipe da CEI.

O time dos sonhos

Aproveitando a mudança no regulamento dos Jogos Olímpicos, que passou a permitir a escalação de jogadores profissionais, os Estados Unidos levaram para Barcelona aquela que pode ser considerada a melhor equipe de basquetebol de todos os tempos, o Dream Team (Time dos Sonhos). As seleções de astros da liga profissional norte-americana reunidas para as edições seguintes dos Jogos herdaram o apelido, mas nenhuma o honrou como a original. Foram 8 vitórias em 8 jogos (uma delas sobre o Brasil). E ainda ficou o exemplo humano de Magic Johnson, que abandonara a carreira ao se descobrir portador do vírus da Aids e voltou às quadras para sonhar e fazer sonhar.

O time dos sonhos
SPORTS ILLUSTRATED CLASSIC/ GETTY IMAGES

Mimos para um campeão

O Rei Juan Carlos presenteou o nadador Martín López-Zubero com 100 mil dólares, um fim de semana em sua casa de campo e um Rolex repleto de diamantes como forma de convencer o atleta a defender a Espanha durante os Jogos e não os Estados Unidos, país do qual também tinha cidadania. O mimo deu certo e o hispano-norte-americano retribuiu com o primeiro ouro olímpico dos anfitriões na natação, nos 200m costas.

Vice-campeã de audiência

O badminton foi o segundo esporte com maior audiência nos Jogos de Barcelona. Cerca de 1,1 bilhão de pessoas acompanharam pela televisão a modalidade, muito popular no sudeste da Ásia. Apenas o Dream Team teve desempenho melhor.

Todos iguais

Não é nada fácil saltar 2,34m de altura. Mas o feito foi realizado por 4 atletas em Barcelona 1992. O ouro ficou com o cubano Javier Sotomayor pelo primeiro critério de desempate: ele precisou de menos tentativas para chegar tão alto.

Olimpílulas

> O marroquino Khalid Skah foi vaiado após vencer os 10.000m do atletismo. O motivo: seu compatriota Hammon Boutayeb atrapalhou o queniano Richard Chelimo durante toda a prova.

> O porta-bandeira da Espanha na cerimônia de abertura foi o Príncipe Felipe, que fazia parte da equipe de vela.

> Competindo pela CEI, o russo Alexander Popov estreou nos Jogos Olímpicos com 2 medalhas de ouro na natação: nos 50m e 100m livre.

> Também sob a bandeira da CEI, o ucraniano Sergei Bubka foi a maior decepção dos Jogos. Chegou a Seul depois de ter batido 14 vezes seguidas o recorde mundial do salto com vara, mas ficou a 36cm de seu melhor salto e simplesmente não se classificou para a final.

Números

117 PONTOS por partida foi a média do Dream Team em Barcelona.
13 ANOS tinha a chinesa Fu Mingxia, medalhista de ouro na plataforma de 10m, nos saltos ornamentais.
4 MEDALHAS DE OURO foram conquistadas em um único dia por Vitaly Scherbo, que competiu pela CEI: barras paralelas, salto, argolas e cavalo com alças.
3 GERAÇÕES da família alemã Keller conquistaram medalha no hóquei sobre grama. Em Barcelona, Andreas ganhou ouro. Em Munique 1972, seu pai, Carsten, também tinha subido no alto do pódio. O avô de Andreas, Erwin, ficou com a prata nos Jogos Berlim 1936.

Alexander Popov
COMITÊ OLÍMPICO INTERNACIONAL

Vitaly Scherbo
COMITÊ OLÍMPICO INTERNACIONAL

Sergei Bubka
COMITÊ OLÍMPICO INTERNACIONAL

A seleção masculina de voleibol: ouro em Barcelona 1992
COMITÊ OLÍMPICO DO BRASIL

O Brasil em Barcelona

197 ATLETAS
51 MULHERES (25,88%)
3 MEDALHAS
25ª COLOCAÇÃO

As medalhas do Brasil

Ouro
Voleibol masculino
Rogério Sampaio, no judô (categoria meio-leve, até 65kg)
Prata
Gustavo Borges, na natação (100m livre)

O ouro que ninguém esperava

O voleibol masculino estava começando um processo de renovação, com jovens jogadores no meio da ingrata missão de suceder a geração de prata, que se dissolvera em 1992. Maurício, Giovane, Tande, Marcelo Negrão, Carlão e Jorge Edson não eram nomes que estavam na boca dos torcedores. Mas a partir de Barcelona estariam, e para não mais sair. A equipe comandada por José Roberto Guimarães foi crescendo ao longo da competição e arrasou a Holanda na final, vencendo por 3 sets a 0 (15-12, 15-8 e 15-5) uma partida fechada com 1 ace de Negrão. O voleibol tinha a sua primeira geração de ouro.

Campeão com quimono emprestado

No último dia de lutas no judô, um sábado, tudo indicava que o Brasil voltaria sem medalhas no esporte, pela primeira vez desde Los Angeles 1984. Foi quando entrou no shai-jô o santista Rogério Sampaio, que competia com um quimono emprestado na categoria meio-leve. A cada vitória daquele judoca pouco conhecido, mais jornalistas brasileiros se deslocavam para o ginásio. Foram 5, e só o campeão mundial, o alemão Udo Quellmalz, não caiu por ippon. Após a última, contra o húngaro Jozsef Csak, Rogério se ajoelhou. Pensou no irmão, que perdera pouco antes dos Jogos. E levantou-se para entrar na galeria nacional dos heróis olímpicos.

O brasileiro Rogério Sampaio (em cima) enfrenta o húngaro Josef Csak em prova do judô durante Barcelona 1992
KARL MATHIS/AFP/GETTY IMAGES

Prata com requintes de suspense

O nadador Gustavo Borges treinava na Universidade de Michigan, nos Estados Unidos, e era considerado um dos favoritos para a prova dos 100m livre. Numa chegada muito disputada, ficou claro que ele tinha completado a prova entre os primeiros. Mas, para surpresa geral, seu nome apareceu em último no placar eletrônico – primeiro sem registro de tempo, e em seguida com uma impensável marca de 12s atrás do penúltimo colocado. O sistema eletrônico de cronometragem tinha falhado. Os fiscais se reuniram e chegaram a anunciar que Gustavo terminara em 4º lugar, mas depois se deram conta de outro erro incrível: tinham consultado a cronometragem manual da raia 6, e não a da 5, na qual ele nadara. Veio, enfim, o alívio: prata para o Brasil, com 49s43.

Aurélio fora do pódio

Campeão olímpico em Seul 1988, o judoca Auréio Miguel quase não participou dos Jogos Barcelona 1992 por conta de uma desavença com a CBJ. A paz foi selada poucos meses antes dos Jogos, mas, fora de forma, ele não repetiu o desempenho da edição anterior.

ATLANTA 1996

10.318 ATLETAS
197 PAÍSES
3.512 MULHERES (34,04%)

Os XXVI Jogos Olímpicos

Atenas era uma candidata natural a sede da edição que celebraria o centenário da criação dos Jogos Olímpicos da Era Moderna. Mas a força corporativa de Atlanta e seu projeto de candidatura mais bem-alinhavado falaram mais alto. Por 51 votos a 35, o COI apontou a cidade norte-americana como sede da edição olímpica histórica, o que fez com que a cidade tivesse de investir pesado para se remodelar e organizar o evento.

Cerimônia de abertura dos Jogos Atlanta 1996
COMITÊ OLÍMPICO INTERNACIONAL

NA PÁGINA SEGUINTE:
Cartaz dos Jogos Atlanta 1996
COMITÊ OLÍMPICO INTERNACIONAL

As manchetes de 1996

> Os Jogos de Atlanta são os primeiros da era da internet. Os resultados das competições são divulgados online.

> Nelson Mandela promulga a nova Constituição sul-africana, decretando o fim do Apartheid, política de segregação racial.

> No Afeganistão, os até então pouco conhecidos talibãs chegam ao poder com seu radicalismo religioso.

> Aos 20 anos, Ronaldo se torna o jogador mais jovem a receber o prêmio de melhor do mundo da FIFA.

Lucro e desorganização

Apesar do sucesso financeiro – o lucro líquido foi de 25 milhões de dólares –, os Jogos Atlanta 1996 foram marcados pela desorganização. O sistema de transporte entrou em colapso e foram registradas situações como a do ônibus "sequestrado" por um remador que temia perder sua prova. O sistema de resultados online criado especialmente para o evento atendeu apenas em parte às expectativas, mostrando-se muitas vezes lento. Para completar, sobraram reclamações sobre os voluntários, que não tiveram treinamento adequado.

Mascote enigmática

A figura escolhida para ser a mascote dos Jogos Atlanta 1996 não foi exatamente um sucesso na história olímpica. Ela foi selecionada num concurso que reuniu propostas feitas por 20 empresas. A vencedora foi a do estúdio DESIGNefx e, originalmente, a primeira mascote inteiramente criada no computador já não era das mais sedutoras. O nome – Izzy – surgiu como uma abreviação de "Whatizit", pronúncia informal da frase "What's it?" ("O que é isso?"). Se nem os criadores sabiam do que se tratava exatamente, imagine os pobres fãs.

Izzy, mascote de Atlanta 1996
GIULIO LOCATELLI/
COMITÊ OLÍMPICO INTERNACIONAL

A tocha olímpica de Atlanta 1996
COMITÊ OLÍMPICO INTERNACIONAL

Aconteceu em Atlanta

>O norte-americano Michael Johnson foi uma das estrelas do atletismo: venceu os 200m (batendo um recorde mundial que já durava 17 anos) e os 400m rasos (com 10m de vantagem, a maior margem em 100 anos).

>O programa olímpico de Atlanta teve muitas novidades: vôlei de praia, ciclismo mountain bike, futebol feminino, softbol e as categorias leves do remo estrearam.

>Os norte-americanos comemoraram a medalha de ouro de um de seus maiores ídolos, Andre Agassi, no tênis.

>Reconhecida pelo COI, a Palestina participou pela primeira vez dos Jogos Olímpicos.

>O velejador austríaco Hubert Raudaschl tornou-se o primeiro atleta a competir em 9 edições olímpicas (e poderiam ser 10, porque ele foi reserva em Roma 1960).

>A francesa Marie-José Pérec foi a segunda atleta, entre homens e mulheres, a conseguir vencer as provas dos 200m e 400m rasos numa edição dos Jogos.

>A ginasta Kerri Strug sofreu uma lesão séria no tornozelo esquerdo no primeiro dos 2 saltos sobre o cavalo. Convencida pelo técnico Bela Karolyi (famoso por ter revelado a romena Nadia Comaneci) de que precisava fazer o último salto para garantir a vitória da equipe norte-americana – o que mais tarde se revelaria desnecessário –, Strug impressionou o público com sua expressão de dor ao aterrissar após a segunda tentativa, realizada com perfeição.

Michael Johnson
COMITÊ OLÍMPICO INTERNACIONAL

O espanhol Miguel Indurain durante a prova de ciclismo estrada
COMITÊ OLÍMPICO INTERNACIONAL

NO ALTO, À ESQUERDA:
Andre Agassi, ouro no tênis
COMITÊ OLÍMPICO INTERNACIONAL

Os principais medalhistas

	PAÍS	OURO	PRATA	BRONZE	TOTAL
1	Estados Unidos	44	32	25	101
2	Rússia	26	21	16	63
3	Alemanha	20	18	27	65
4	China	16	22	12	50
5	França	15	7	15	37
6	Itália	13	10	12	35
7	Austrália	9	9	23	41
8	Cuba	9	8	8	25
9	Ucrânia	9	2	12	23
10	Coreia do Sul	7	15	5	27

Marie-José Pérec
COMITÊ OLÍMPICO INTERNACIONAL

Explosão de intolerância

Construído especialmente para os Jogos, com a proposta de ser o centro de congraçamento de atletas e torcedores, o Centennial Olympic Park acabou se tornando o cenário de uma grande confusão. Na madrugada de 27 de julho, durante um show da banda Jack Mack and the Heart Attack, uma bomba explodiu no parque, matando uma pessoa e ferindo outras 110. Richard Jewell, que trabalhava como segurança na ocasião, chegou a ser acusado, mas nada foi provado contra ele. Em 2005, Eric Robert Rudolph, membro de um grupo autointitulado *Army of God* (Exército de Deus), assumiu a responsabilidade pelo atentado e foi preso.

A seleção nigeriana comemora a vitória sobre a Argentina e o primeiro ouro em esportes coletivos do país

GETTY IMAGES SPORT/
GETTY IMAGES

Nigéria, o país do futebol

Ao vencer a Argentina por 3 x 2 na final do futebol masculino, a Nigéria tornou-se o primeiro país africano a conquistar 1 medalha de ouro em esportes coletivos, fazendo muita gente antecipar uma conquista na Copa do Mundo – o que até hoje não se confirmou.

Muhammad Ali, inesquecível

A imagem mais marcante dos Jogos Olímpicos de Atlanta não foi a de um atleta no pódio ou numa competição. Essa honra coube a um senhor de 54 anos, portador da Doença de Parkinson. Muhammad Ali, que ainda como Cassius Clay ganhara o ouro dos pesos pesados no boxe em Roma 1960, emocionou o mundo ao acender a pira olímpica na cerimônia de abertura dos Jogos.

No intervalo da final do basquetebol masculino, em que os Estados Unidos venceram a Iugoslávia, Ali recebeu uma réplica da medalha de ouro olímpica. Ele gostava de contar – embora essa história não tenha confirmação – que jogara a original num rio, depois de uma briga motivada por questões ligadas ao racismo no sul dos Estados Unidos.

Muhammad Ali ergue a tocha olímpica em Atlanta 1996

GIULIO LOCATELLI/
COMITÊ OLÍMPICO
INTERNACIONAL

Duelo entre irmãos

Os irmãos Elmadi e Tucuman Jabrailov se enfrentaram na segunda rodada do torneio de luta estilo livre. Nascidos na Chechênia, eles decidiram não competir pela Rússia por causa do conflito entre os povos. Com o desmembramento da União Soviética, Elmadi passou a defender o Cazaquistão, e Tucuman, a Moldávia. No fim, vitória de Elmadi por 10 x 8.

O russo Alexander Popov aguarda o resultado na prova de 100m livre
COMITÊ OLÍMPICO INTERNACIONAL

As marcas de Lewis

Em Atlanta 1996, aos 35 anos, Carl Lewis conquistou uma única medalha olímpica. Mas as suas marcas nas 3 edições anteriores dos Jogos já eram o bastante para incluí-lo na lista dos melhores atletas de todos os tempos. Ao somar em Atlanta sua 9ª medalha de ouro, vencendo pela 4ª vez seguida a prova do salto em distância, Lewis chegou a um patamar só alcançado por outros 4 atletas nos Jogos da Era Moderna: Paavo Nurmi, Mark Spitz, Larisa Latynina e Michael Phelps.

Josia Thugwane comemora o ouro na maratona em Atlanta 2016 com a bandeira da África do Sul

Olimpílulas

> Nas provas masculinas da natação, o russo Alexander Popov foi o grande destaque, vencendo os 50m e os 100m livre (os mesmos resultados que obtivera em Barcelona 1992).

> O ciclismo permitiu pela primeira vez a participação de profissionais, e o espanhol Miguel Indurain, pentacampeão do Tour de France, venceu a prova de estrada.

> O futebol masculino teve uma novidade: a inclusão de 3 atletas sem limite de idade entre os jogadores convocados, que desde Barcelona 1992 deveriam ter no máximo 23 anos.

> A equipe francesa de nado sincronizado foi obrigada a realizar alterações em sua apresentação a pedido do governo francês, já que a coreografia tinha como tema principal o nazismo. As atletas alegaram que iam criticar o movimento, mas acabaram cedendo.

> Um segurança de minas de carvão, Josia Thugwane, foi o vencedor da maratona. O sul-africano começou a treinar ao percorrer os 42km de sua casa até o trabalho.

O canandense Donovan Bailey comemora o ouro na prova de 100m
COMITÊ OLÍMPICO INTERNACIONAL

Números

9s84 LEVOU o canadense Donovan Bailey para percorrer os 100m rasos. Com um novo recorde mundial e olímpico, ele quebrou a hegemonia norte-americana na prova.
6 GOLS marcou Bebeto nos Jogos Atlanta 1996. Ele foi um dos artilheiros do torneio de futebol, ao lado de Hernán Crespo, da Argentina.

À ESQUERDA

André Domingos ergue os braços ao fechar a final de revezamento 4x100m, garantindo o bronze para a equipe brasileira

MARCELO CARNAVAL/ COMITÊ OLÍMPICO DO BRASIL

ACIMA

Da esquerda para a direita: Mônica Rodrigues, Adriana Samuel, Jacqueline Silva e Sandra Pires

MARCOS TRISTÃO/ COMITÊ OLÍMPICO DO BRASIL

O Brasil em Atlanta

225 ATLETAS
66 MULHERES (29,3%)
15 MEDALHAS
25ª COLOCAÇÃO

As medalhas do Brasil

OURO

Jacqueline e Sandra Pires no vôlei de praia
Torben Grael e Marcelo Ferreira na vela (classe Star)
Robert Scheidt na vela (classe Laser)

PRATA

Basquetebol feminino
Monica e Adriana Samuel no vôlei de praia
Gustavo Borges na natação (200m livre)

BRONZE

Voleibol feminino
Futebol masculino
Gustavo Borges na natação (100m livre)
Henrique Guimarães no judô (categoria meio-leve, até 66kg)
Aurélio Miguel no judô (categoria meio-pesado, até 100kg)
Luiz Felipe de Azevedo, Álvaro de Miranda Neto, André Johannpeter e Rodrigo Pessoa no hipismo (salto por equipes)
André Domingos, Arnaldo Oliveira, Edson Luciano Ribeiro e Robson Caetano no atletismo (revezamento 4x100m)
Lars Grael e Kiko Pelicano na Vela (classe Tornado)
Fernando Scherer na natação (50m livre)

Hortência
MARCELO CARNAVAL/ COMITÊ OLÍMPICO DO BRASIL

A seleção feminina de voleibol comemora mais um ponto
MARCELO CARNAVAL/ COMITÊ OLÍMPICO DO BRASIL

Atlanta, teu nome é mulher

> Os Jogos Olímpicos Atlanta 1996 testemunharam pela primeira vez a presença de brasileiras no pódio (o melhor resultado até então era o 4º lugar de Aída dos Santos no salto em altura, em Tóquio 1964). Elas foram fundamentais para que o Brasil conseguisse a melhor posição no quadro de medalhas até então.

> Na estreia do vôlei de praia em Jogos Olímpicos, 2 duplas do Brasil chegaram à final. Jacqueline e Sandra Pires derrotaram Adriana e Mônica por 2 sets a 0 (12/11 e 12/6).

> Com Hortência e Paula, a seleção feminina de basquetebol, campeã mundial 2 anos antes, perdeu a final para as norte-americanas (111 x 87) e levou a medalha de prata. Foi o melhor resultado do basquetebol brasileiro em Jogos Olímpicos.

> A seleção feminina de voleibol, depois de perder uma semifinal contra Cuba que terminou em briga, levantou a cabeça para vencer a Rússia por 3 sets a 2 e ficar com o bronze. Alguns meses depois dos Jogos, a equipe brasileira conquistaria o Grand Prix, vingando-se da derrota para Cuba em Atlanta.

Fernando Scherer
COMITÊ OLÍMPICO DO BRASIL

Vela e judô confirmam tradição

Esportes que já tinham construído uma tradição de pódios olímpicos voltaram a brilhar em Atlanta: na vela, ouro para Torben Grael e Marcelo Ferreira na classe Star e para Robert Scheidt, na Laser. No judô, bronze para o meio-leve Henrique Guimarães e para o meio-pesado Aurélio Miguel, campeão da categoria em Seul 1988.

Gustavo Borges
MARCELO CARNAVAL/ COMITÊ OLÍMPICO DO BRASIL

Nadando para o pódio

Em Atlanta, a natação brasileira teve seu melhor desempenho na história olímpica até então, consolidando a geração de Gustavo Borges (prata nos 200m e bronze nos 100m, ambas no estilo livre) e Fernando Scherer, o Xuxa (bronze nos 50m livre).

Bronze sem festa no futebol

A badalada seleção masculina de futebol, com os tetracampeões Bebeto e Aldair, e com os futuros pentacampeões Rivaldo e Ronaldo, decepcionou ao perder na semifinal para a Nigéria por 4 x 3. A seleção vencia por 3 x 2 até os 45min do segundo tempo, quando Kanu empatou, levando a partida para a prorrogação. O mesmo Kanu marcou o gol de ouro, garantindo a Nigéria na final e adiando mais uma vez o sonho brasileiro de chegar ao único título não conquistado no futebol. Na disputa do bronze, o Brasil venceu Portugal por 5 x 0, com 3 gols de Bebeto, mas não houve festa no pódio.

Bebeto em partida da seleção que conquistou o bronze no futebol
MARCOS TRISTÃO/ COMITÊ OLÍMPICO DO BRASIL

Para sempre Oscar

Os Jogos Atlanta 1996 marcaram a despedida de Oscar Schmidt da seleção brasileira de basquetebol. Ao todo, em 19 anos defendendo o Brasil, ele disputou 326 jogos e marcou 7.693 pontos. O último jogo foi a derrota para a Grécia, na disputa pelo 5º lugar. Mas o resultado da partida oficial de despedida não ofusca a trajetória do maior jogador da história do basquetebol nacional e um dos maiores do mundo. Oscar esteve em 5 Jogos Olímpicos e foi cestinha em 3 deles (Seul 1988, Barcelona 1992 e Atlanta 1996). O gigante de 2,04m marcou um total de 49.737 pontos na carreira e em 2010, 7 anos após abandonar as quadras (aos 45 anos), teve o nome incluído no hall da fama da FIBA. Em 2013, entrou para o hall da fama do basquetebol norte-americano, mesmo sem nunca ter jogado nos Estados Unidos.

Rodrigo Pessoa, Álvaro Affonso de Miranda Neto, André Johannpeter e Luiz Felipe Azevedo
MARCOS TRISTÃO/ COMITÊ OLÍMPICO DO BRASIL

Oscar Schmidt na partida contra a seleção da Austrália
MARCELO CARNAVAL/ COMITÊ OLÍMPICO DO BRASIL

SIDNEY 2000

10.651 ATLETAS
199 PAÍSES
4.069 MULHERES (38,20%)

OS XXVII JOGOS OLÍMPICOS

A ecologia era uma das principais preocupações da Humanidade na virada do milênio e Sidney se encarregou de organizar os Jogos Olímpicos Verdes. O respeito ao meio ambiente foi o ponto forte de uma campanha de candidatura que derrotou Berlim, Pequim, Istambul e Manchester e levou os Jogos à Austrália pela segunda vez em sua história.

Cartaz dos Jogos Sidney 2000

Cerimônia de abertura dos Jogos Sidney 2000

As manchetes de 2000

> O ano 2000 vira notícia não só pelo fim do segundo milênio da Era Cristã, mas também pelo temor de que os computadores do mundo não entendessem a nova data e entrassem em colapso. Entretanto, o bug do milênio fica só na ameaça.

> O Brasil comemora os 500 anos do descobrimento.

> Uma equipe de cientistas norte-americanos e britânicos começa a escrever o futuro, ao rascunhar a primeira sequência completa do genoma humano.

> A política mundial dá uma guinada à direita: George Bush ganha uma conturbada eleição nos Estados Unidos (que só teria seu resultado confirmado em janeiro do ano seguinte), enquanto Vladimir Putin lidera a reação dos oligopólios na já capitalista Rússia.

> Depois de muita polêmica, a FIFA divide o prêmio de melhor jogador do século entre Pelé e Maradona.

> Gustavo Kuerten, o Guga, bicampeão em Roland Garros, termina o ano como número 1 do ranking mundial de tênis, depois de vencer Pete Sampras e Andre Agassi na Masters Cup, em Lisboa.

WEEKLY WORLD NEWS
THE COMPUTER CRASH OF THE MILLENNIUM!
JANUARY 1, 2000
THE DAY THE EARTH WILL STAND STILL!
ALL BANKS WILL FAIL!
FOOD SUPPLIES WILL BE DEPLETED!
ELECTRICITY WILL BE CUT OFF!
THE STOCK MARKET WILL CRASH!
VEHICLES USING COMPUTER CHIPS WILL STOP DEAD!
TELEPHONES WILL CEASE TO FUNCTION!

Gustavo Kuerten, o Guga

EVANDRO TEIXEIRA E WASHINGTON ALVES/ COMITÊ OLÍMPICO DO BRASIL

George W. Bush

Sustentabilidade

Duas das principais estruturas construídas para os Jogos – o Estádio Olímpico, batizado de Super Dome, e a Vila Olímpica de 800 casas – eram abastecidas por energia solar. Metade da água usada na Vila era captada da chuva ou retratada dos esgotos, e todos os móveis foram construídos com madeira reciclada. Em Sidney e em outras cidades do país foram plantadas 4 milhões de árvores.

Cathy Freeman acende a pira olímpica na cerimônia de abertura de Sidney 2000

LOS ANGELES TIMES/ GETTY IMAGES

Signo da união

Os Jogos Sidney 2000 começaram sob o signo da união. Na cerimônia de abertura, as delegações da Coreia do Norte e da Coreia do Sul desfilaram juntas (embora tenham competido separadamente). E a pira foi acesa por Cathy Freeman, uma descendente de brancos e aborígenes, os primeiros habitantes da Austrália. Cathy se tornaria um dos destaques dos Jogos ao vencer no Estádio Olímpico, usando uma roupa que simulava a pele de tubarão, os 400m rasos do atletismo.

MASCOTES COMPLEXAS

Olly, Syd e Millie inauguraram em Sidney a era das mascotes múltiplas. O designer Matthew Hatton venceu um concurso aberto a centenas de artistas e até crianças do mundo todo com uma proposta complexa envolvendo os animais nativos da Austrália. Olly, cujo nome deriva de Olympic, é um pássaro kookaburra que representa o espírito olímpico. Syd é um ornitorrinco que deve seu nome a Sidney, cidade-sede dos Jogos. E o equidna Millie foi batizado em homenagem ao milênio. Ah, e os 3 ainda representam a terra (equidna), a água (ornitorrinco) e o ar (kookaburra).

Mascotes de Sidney 2000
COMITÊ OLÍMPICO INTERNACIONAL

ACONTECEU EM SIDNEY

> Três modalidades entraram no programa olímpico: triatlo, taekwondo e ginástica de trampolim. Nos saltos ornamentais, foram incluídas as provas sincronizadas.

> Pela primeira vez, uma mulher conduziu a bandeira brasileira na cerimônia de abertura: Sandra Pires, campeã do vôlei de praia em Atlanta 1996.

> No salto em distância, fato inédito na história dos Jogos, nenhum norte-americano subiu ao pódio. Ivan Pedroso, de Cuba, ficou com o ouro.

> No beisebol, os Estados Unidos levaram o ouro e quebraram uma longa hegemonia cubana. Desde 1969, em todas as edições de mundiais e Jogos Olímpicos, Cuba ocupava o lugar mais alto do pódio. As exceções foram os Jogos Los Angeles 1984 e Seul 1988, que os cubanos boicotaram.

ABAIXO
Em Sidney 2000, Sandra foi a primeira mulher a carregar a bandeira nacional no desfile de uma delegação brasileira
WASHINGTON ALVES/ COMITÊ OLÍMPICO DO BRASIL

OS PRINCIPAIS MEDALHISTAS

		PAÍS	OURO	PRATA	BRONZE	TOTAL
1		Estados Unidos	37	24	32	93
2		Rússia	32	28	29	89
3		China	28	16	14	58
4		Austrália	16	25	17	58
5		Alemanha	13	17	26	56
6		França	13	14	11	38
7		Itália	13	8	13	34
8		Holanda	12	9	4	25
9		Cuba	11	11	7	29
10		Grã-Bretanha	11	10	7	28

Ian, o "Thorpedo" australiano

O grande herói australiano nos Jogos foi Ian Thorpe, que subiu 5 vezes ao pódio. Com apenas 17 anos, o "Thorpedo", como era conhecido esse nadador de pés muito grandes, ganhou 3 medalhas de ouro, todas no estilo livre: sozinho, nos 400m, e comandando as equipes dos revezamentos 4x100m e 4x200m. Thorpe ainda ficou com a medalha de prata nos 200m livre e no revezamento 4x100m medley.

Ian Thorpe com uma de suas medalhas de ouro
COMITÊ OLÍMPICO INTERNACIONAL

O segredo de Marion Jones

A norte-americana Marion Jones passeou pelas pistas, tornando-se a primeira mulher, no atletismo, a ganhar 5 medalhas numa edição dos Jogos (2 de bronze e 3 de ouro, uma delas com a maior margem de vantagem numa final olímpica dos 100m rasos). Sete anos depois, durante as investigações do caso Balco – o laboratório que criou drogas não detectadas nos exames antidoping –, Jones confessou que competira dopada, e as 5 medalhas foram cassadas.

Fora, tubarões!

Em Sidney, uma das preocupações dos triatletas era com os tubarões, comuns na região. Pensando na segurança dos competidores, a organização criou um transmissor de ondas para espantar o animal e deixou mergulhadores circundando a área de competição durante a etapa de natação.

Um certo Moussambani

Se fosse o caso de eleger um personagem dos Jogos Sidney 2000, talvez ele pudesse ser Eric Moussambani. Seu país, a Guiné Equatorial, foi convidado para as provas de natação – uma prática do COI, para incentivar a participação de nações sem recursos para o desenvolvimento esportivo – e Moussambani, convocado para a vaga, tomou uma providência: aprendeu a nadar, 6 meses do início das competições olímpicas. Levou 1min52s72 para completar os 100m

livre (o tempo do campeão, o holandês Peter van den Hoogenband, foi de 48s30). Cansado, apelou ao estilo "cachorrinho" na reta final, o que lhe valeu o apelido de "Eric, a Enguia". Depois da prova, explicou o motivo do fracasso: jamais tinha nadado numa piscina olímpica, de 50m de comprimento. Em Londres 2012, ele voltou aos Jogos, como técnico de natação da Guiné Equatorial.

Eric Moussambani nos 100m livre

GETTY IMAGES SPORT/ GETTY IMAGES

Olimpílulas

AO LADO

Ginástica artística: o time romeno leva o ouro

STEPHEN MUNDAY/ COMITÊ OLÍMPICO INTERNACIONAL

> A romena Andreea Raducan perdeu a medalha de ouro no individual geral da ginástica artística, porque o médico da equipe lhe deu remédios com uma substância proibida.

> A atriz Geena Davis (que, entre outros filmes, estrelou *O Turista Acidental*, *Thelma e Louise* e *Stuart Little*) tentou uma vaga na equipe de tiro com arco dos Estados Unidos, mas foi eliminada nas seletivas.

> O COI liberou, em Sidney, que os arqueiros fumassem durante a competição. O pedido veio dos atletas, que argumentaram que o cigarro poderia aliviar a tensão, e a entidade concordou.

> Bahamas se tornou o menor país a vencer uma prova coletiva nos Jogos Olímpicos, com o ouro nos 4x100m feminino do atletismo.

> Com apenas 25% da visão, a norte-americana Marla Runyan terminou os 1.500m do atletismo na 8ª colocação. Dona de 5 medalhas de ouro nos Jogos Paralímpicos, Marla é a primeira atleta considerada cega a competir em Jogos Olímpicos.

Steve Redgrave com sua 5ª medalha de ouro

SHAUN BOTTERILL/ ALLSPORT/GETTY IMAGES

Números

40 ANOS tinha a velocista jamaicana Merlene Ottey ao conquistar em Sidney sua 9ª medalha olímpica, 1 prata no revezamento 4x100m. Em 7 participações olímpicas, Merlene nunca subiu no alto do pódio. Foram 6 bronzes e 3 pratas.

13 ANOS de invencibilidade do russo Aleksandr Karelin, tricampeão olímpico dos pesos pesados (atualmente, categoria até 96kg) na luta estilo greco-romano, foram encerrados pelo norte-americano Rulon Gardner na disputa do ouro em Sidney.

5 OUROS em 5 edições seguidas dos Jogos ganhou o remador inglês Steve Redgrave, que venceu em Sidney no barco 4 sem. Redgrave foi o primeiro remador e o 4º atleta olímpico a realizar o feito.

1 MEDALHA de ouro tem Moçambique na história dos Jogos Olímpicos. Ela foi conquistada em Sidney por Maria Mutola, na prova dos 800m do atletismo. Quatro anos antes, a mesma Mutola ganhara 1 medalha de bronze, na mesma prova. São as 2 únicas medalhas olímpicas de seu país.

AO LADO

Maria Mutola

KISHIMOTO/ YO NAGAIA/ COMITÊ OLÍMPICO INTERNACIONAL

O Brasil em Sidney

205 ATLETAS
94 MULHERES (45,85%)
12 MEDALHAS
52ª COLOCAÇÃO

Na memória olímpica dos brasileiros, a imagem de Sidney é prateada. A delegação do Brasil chegou à Austrália com 7 campeões mundiais ou líderes de ranking, mas não subiu no alto do pódio. Ao todo, o país conquistou 6 medalhas de prata e 6 de bronze.

A equipe brasileira comemora, debaixo d'água, o bronze no revezamento 4x100m livre

COMITÊ OLÍMPICO DO BRASIL

ABAIXO

Robert Scheidt enfrenta Ben Ainslie na disputa pelo ouro

STEPHEN MUNDAY/
COMITÊ OLÍMPICO DO BRASIL

As medalhas do Brasil

PRATA

Vicente Lenílson, Edson Luciano, André Domingos e Claudinei Quirino no atletismo (revezamento 4x100m)
Tiago Camilo no judô (categoria leve, até 73kg)
Carlos Honorato no judô (categoria médio, até 90kg)
Robert Scheidt na vela (classe Laser)
Zé Marco e Ricardo no vôlei de praia
Adriana Behar e Shelda no vôlei de praia

BRONZE

Basquetebol feminino
Voleibol feminino
André Johannpeter, Álvaro de Miranda Neto, Luiz Felipe de Azevedo e Rodrigo Pessoa no hipismo (saltos por equipe)
Torben Grael e Marcelo Ferreira na vela (classe Star)
Fernando Scherer, Gustavo Borges, Carlos Jayme e Edvaldo Valério na natação (revezamento 4x100m livre)
Adriana Samuel e Sandra Pires no vôlei de praia

O refugo de Baloubet

Uma das imagens mais surpreendentes da participação do Brasil foi o refugo de Baloubet du Rouet. A prova de salto no hipismo era a última chance de ouro do país, e o cavalo de Rodrigo Pessoa estacou diante de um obstáculo pela primeira vez em sua carreira. O erro tirou de Rodrigo a vitória no individual (que viria 4 anos depois, com o mesmo Baloubet), mas ainda assim a equipe nacional ficou com o bronze.

Rodrigo Pessoa e Baloubet du Rouet
WASHINGTON ALVES/ COMITÊ OLÍMPICO DO BRASIL

Armadilhas no mar

Torben Grael e Marcelo Ferreira, na Star, e Robert Scheidt, na Laser, chegaram às regatas finais das 2 classes na liderança. Mas o esperado ouro acabou não vindo. Scheidt caiu numa armadilha tática do inglês Ben Ainslie e ficou com a prata. Torben e Marcelo sofreram uma punição por terem entrado na rota de um barco suíço na 2ª regata e levaram o bronze.

Claudinei Quirino: prata no revezamento 4x100m
WASHINGTON ALVES/ COMITÊ OLÍMPICO DO BRASIL

As medalhas que vieram da areia

Três duplas brasileiras subiram ao pódio do vôlei de praia em Sidney. O Brasil chegou às finais masculina e feminina, mas perdeu as 2. Zé Marco e Ricardo foram derrotados pelos norte-americanos Dain Blanton e Eric Fonoimoana. Adriana Behar e Shelda, então tricampeãs mundiais, perderam para as australianas Natalie Cook e Kerry Pottharst. Sandra Pires e Adriana Samuel, que tinham se enfrentado na histórica final de Atlanta 1996, formaram uma nova dupla e venceram as japonesas Yukiko Takahashi e Mika Saiki na disputa do bronze.

Sandra Pires e Adriana Samuel, dupla de bronze do vôlei de praia feminino
MARCOS ANDRÉ PINTO/ COMITÊ OLÍMPICO DO BRASIL

Ronaldinho Gaúcho, um dos destaques da seleção olímpica de futebol
WASHINGTON ALVES/ COMITÊ OLÍMPICO DO BRASIL

Boas surpresas no judô

O peso médio Carlos Honorato era reserva e só foi a Sidney porque o titular Edelmar Branco Zanol se machucou. O peso leve Tiago Camilo também não era apontado como um candidato ao pódio. Mas os 2 judocas acabaram se superando e chegaram às finais em suas categorias, ganhando prata.

Judoca Tiago Camilo, de azul, na vitória sobre israelense
WASHINGTON ALVES/ COMITÊ OLÍMPICO DO BRASIL

A frustração de Guga

Grande esperança de medalha e no auge da forma, Gustavo Kuerten chegou a Sidney como um dos maiores destaques da delegação brasileira. Perdeu na estreia do torneio de duplas ao lado de Jaime Oncins e chegou às quartas de final nas simples. Foi eliminado pelo russo Yevgeny Kafelnikov, que conquistaria dias depois a medalha de ouro.

Gustavo Kuerten, o "Guga"
STEPHEN MUNDAY/COMITÊ OLÍMPICO INTERNACIONAL

"É prata, é prata, é prata, é prata!"

Foi assim que o narrador Galvão Bueno comemorou a surpreendente medalha brasileira no revezamento 4x100m. Vicente Lenilson, Edson Luciano, André Domingos e Claudinei Quirino ultrapassaram os cubanos a poucos metros da chegada e ficaram atrás apenas dos norte-americanos.

Atenas 2004

10.625 ATLETAS
201 PAÍSES
4.329 MULHERES (40,74%)

Os XXVIII Jogos Olímpicos

Oito anos depois do esperado, os Jogos Olímpicos voltaram à Grécia. Atenas queria ser a cidade-sede em 1996, quando os Jogos da Era Moderna completavam 100 anos. E, mesmo tendo esperado tanto tempo, os gregos deixaram tudo para a última hora. O atraso na entrega das obras agitou a imprensa mundial e preocupou o COI, mas as 38 instalações esportivas ficaram prontas a tempo – inclusive o Estádio Panathinaiko, palco dos Jogos da Grécia Antiga, reformado para receber a chegada da maratona, como acontecera em 1896. Os gregos investiram 4,6 bilhões de dólares na realização dos Jogos e nem assim conseguiram agradar a todos. Muitos atletas, jornalistas e turistas criticaram a organização.

Cerimônia de abertura dos Jogos Atenas 2004
KISHIMOTO/ HIROYUKI NAKAMURA/ COMITÊ OLÍMPICO INTERNACIONAL

AS MANCHETES DE 2004

> Numa série de ataques terroristas a trens em Madri, na manhã do dia 11 de março, 191 pessoas morrem e mais de 1.700 ficam feridas. Um grupo islâmico local ligado à rede Al-Qaeda seria responsabilizado pelos atentados.

> George Bush, nos Estados Unidos, e Vladimir Putin, na Rússia, são reeleitos, mesmo enfrentando fortes reações à guerra no Iraque e à repressão ao separatismo checheno, respectivamente.

> Liderado por Robinho, o Santos é campeão brasileiro. Washington, do vice-campeão Atlético Paranaense, faz 34 gols e se torna o maior artilheiro da história da competição.

> Romário faz seu último jogo pela seleção brasileira, um amistoso contra a Guatemala em São Paulo.

> Na Fórmula 1, o alemão Michael Schumacher conquista um inédito heptacampeonato.

Cartaz dos Jogos Atenas 2004
COMITÊ OLÍMPICO INTERNACIONAL

AO LADO
Cerimônia de abertura dos Jogos Olímpicos Atenas 2004

Estádio Olímpico de Atenas

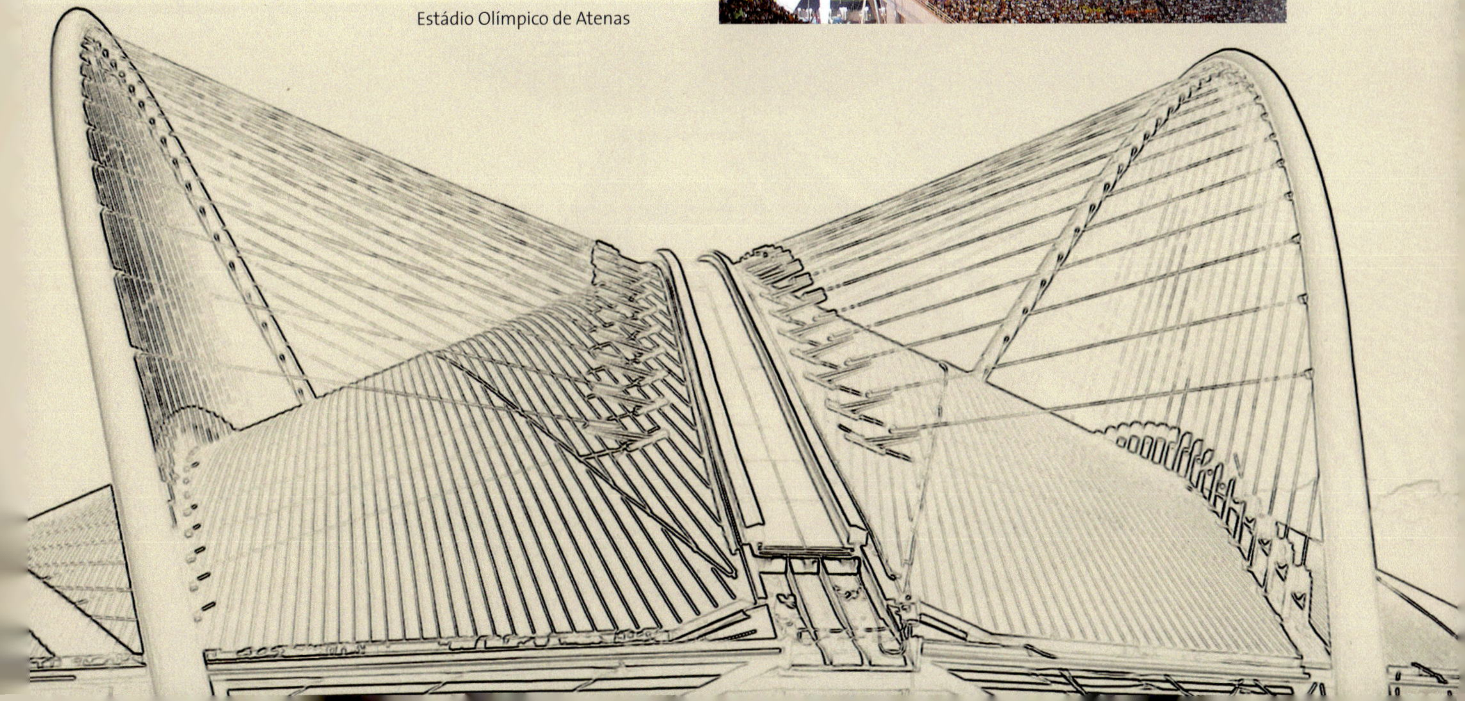

Mascotes divinas

Atenas teve um casal de mascotes. Athena e Phevos ganharam os nomes de irmãos do Olimpo, a morada dos deuses na mitologia grega. Athena era a deusa da sabedoria e deu seu nome à cidade-sede dos Jogos de 2004. Phevos era o outro nome de Apolo, deus da luz e da música. O designer gráfico S. Gogos, do estúdio grego Paragraph Design, venceu um concurso com 196 participantes com desenhos inspirados numa "aitala", boneca de terracota do século VII encontrada em escavações nas cercanias de Atenas.

Phevos (azul) e Athena (laranja)

COMITÊ OLÍMPICO INTERNACIONAL

Aconteceu em Atenas

> O programa olímpico teve apenas um acréscimo: a luta estilo livre para mulheres. Foram disputadas medalhas em 4 categorias e as japonesas ficaram com 2 ouros.

> Kostas Kenteris, campeão dos 200m do atletismo em Sidney 2000, e sua parceira de treinos Ekaterini Thanou, prata nos 100m rasos na mesma edição, negaram-se a participar de um exame antidoping antes dos Jogos. Fugiram de moto e não competiram.

> A judoca grega Eleni Ioannou morreu ao se jogar do 3º andar do prédio onde morava, após uma discussão com o namorado, a dias do início da competição.

> O técnico Jung-Bok Suh foi expulso de Atenas depois de espancar a judoca sul-coreana Ye Gue-Rin, derrotada nas quartas de final.

> As provas de arremesso do peso foram disputadas em Olímpia, num Estádio Olímpico do século V restaurado para o evento.

ABAIXO

Estádio Panathinaiko

Os principais medalhistas

		PAÍS	OURO	PRATA	BRONZE	TOTAL
1		Estados Unidos	35	39	29	103
2		China	32	17	14	63
3		Rússia	28	26	36	90
4		Austrália	17	17	16	50
5		Japão	16	9	12	37
6		Alemanha	13	16	20	49
7		França	11	9	13	33
8		Itália	10	11	11	32
9		Coreia do Sul	9	12	9	30
10		Grã-Bretanha	9	9	12	30

Longevidade recorde

As medalhas de ouro no K4 500m e de prata no K2 500m encerraram a brilhante carreira da alemã Birgit Fischer. Em Moscou 1980, com 18 anos, ela foi a atleta mais jovem a ganhar ouro na canoagem. Em Atenas 2004, com 42, tornou-se também a mais velha. Nos 7 Jogos em que esteve, Birgit conquistou 12 medalhas, sendo 8 de ouro. Foi a primeira mulher a subir ao pódio pelo menos 2 vezes – 1, no mínimo, no topo – em 5 edições seguidas.

Promessa não cumprida

Antes de cair na água para disputar 8 provas do programa de natação, o norte-americano Michael Phelps disse aos jornalistas que bateria o recorde de seu compatriota Mark Spitz, ganhador de 7 medalhas de ouro em Munique 1972. Mas a arrogância da declaração à imprensa fez com que saísse de Atenas com sabor de fracasso: ganhou "apenas" 6 ouros. Nos Jogos seguintes, Phelps se tornaria não só o maior nadador da história dos Jogos mas também o maior colecionador de medalhas olímpicas.

Michael Phelps
KISHIMOTO/TAKAMITSU MIFUNE/COMITÊ OLÍMPICO INTERNACIONAL

Olimpílulas

> Tricampeão mundial e apontado como o melhor judoca do mundo na época, o meio-médio japonês Kosei Inoue foi eliminado nas quartas de final. Apesar da atuação decepcionante de Inoue, o Japão dominou o judô. Dez atletas do país onde o esporte foi criado chegaram à final e 8 ganharam a medalha de ouro.

> A Argentina brilhou nos esportes coletivos, com ouro no futebol e no basquetebol masculinos. Foram 2 conquistas inéditas. O time de futebol tinha Tévez, que no fim do ano se transferiria para o Corinthians. O de basquetebol, que acabou com a hegemonia dos Estados Unidos, era comandado por Manu Ginóbili, astro da NBA, onde até hoje joga pelo San Antonio Spurs.

Fernando González e Nicolás Massú

SHINICHIRO TANAKA/ COMITÊ OLÍMPICO INTERNACIONAL

Números

108 ANOS o Chile demorou para ganhar sua 1ª medalha olímpica de ouro. E foram logo 2, ambas no tênis. Fernando González e Nicolás Massú venceram nas duplas e este último foi campeão nas simples.

600 MILITARES acompanharam a delegação norte-americana durante os Jogos Atenas 2004. Detalhe: 538 atletas representaram os Estados Unidos.

125 MIL DÓLARES foi o prêmio recebido pelo judoca iraniano Arash Miresmaeili do governo de seu país sem sequer ter entrado no shai-jô em Atenas. O dinheiro foi dado ao atleta por ele ter se recusado a enfrentar o israelense Ehud Vaks na primeira rodada na categoria meio-leve, até 66kg. O Irã não reconhece o Estado de Israel.

6 ERROS de arbitragem na decisão do florete masculino por equipes custaram a suspensão do húngaro Joszef Hidasi logo após os Jogos. Todos os equívocos foram favoráveis à Itália, que ficou com o ouro.

Marcelo Ferreira e Torben Grael

WASHINGTON ALVES/ COMITÊ OLÍMPICO DO BRASIL

O Brasil em Atenas

247 ATLETAS
122 MULHERES (49,39%)
10 MEDALHAS
16ª COLOCAÇÃO

Emanuel e Ricardo

SHINICHIRO TANAKA/ COMITÊ OLÍMPICO INTERNACIONAL

As medalhas do Brasil em Atenas

OURO

Rodrigo Pessoa no hipismo (salto)
Robert Scheidt na vela (classe Laser)
Marcelo Ferreira e Torben Grael na vela (classe Star)
Emanuel e Ricardo no vôlei de praia
Voleibol masculino

PRATA

Adriana Behar e Shelda no vôlei de praia
Futebol feminino

BRONZE

Leandro Guilheiro no judô (categoria leve, até 73 kg)
Flávio Canto no judô (categoria meio-médio, até 81 kg)
Vanderlei Cordeiro de Lima no atletismo (maratona)

Ouro no voleibol

Doze anos depois de ter conquistado a 1ª medalha de ouro, a seleção masculina voltou a subir no alto do pódio olímpico. Sob o comando de Bernardinho, que tinha sido o técnico da equipe feminina na conquista das medalhas de bronze em Atlanta 1996 e em Sidney 2000, a equipe venceu na final a Itália (3 sets a 1) e confirmou a supremacia no esporte naquele momento, acumulando os títulos de campeã olímpica, mundial, da Liga Mundial e da Copa do Mundo.

Novos bicampeões olímpicos

Até os Jogos Atenas 2004, Adhemar Ferreira da Silva era o único bicampeão olímpico brasileiro. Na Grécia, ele ganhou a companhia de outros 5 atletas: Maurício e Giovane, da seleção masculina de voleibol, e os velejadores Robert Scheidt, Torben Grael e Marcelo Ferreira.

Vanderlei Cordeiro de Lima
WASHINGTON ALVES/ COMITÊ OLÍMPICO DO BRASIL

NO ALTO:
O ouro da seleção masculina de voleibol
WASHINGTON ALVES/ COMITÊ OLÍMPICO DO BRASIL

O RECORDE DE "TURBINA"

Com o ouro conquistado na classe Star ao lado de Marcelo Ferreira, Torben Grael, conhecido no meio da vela como "Turbina", chegou a 5 medalhas e tornou-se o maior medalhista olímpico brasileiro. O esporte confirmou a tradição de bons resultados nos Jogos com Robert Scheidt, que conquistou na Laser sua 2ª medalha (a 2ª de ouro) em 3 participações nos Jogos.

A seleção feminina de voleibol enfrenta a Itália
WASHINGTON ALVES/
COMITÊ OLÍMPICO DO BRASIL

A PRATA QUE VIROU OURO

Na prova individual de salto do hipismo, Rodrigo Pessoa saiu de Atenas com a prata, conquistada com a mesma montaria, Baloubet du Rouet, que refugara em Sidney. Mas o cavalo do irlandês Cian O'Connor, vencedor da prova, foi flagrado no exame antidoping e Rodrigo recebeu o ouro meses depois, em cerimônia realizada no Rio de Janeiro.

Rodrigo Pessoa
WANDER ROBERTO/
COMITÊ OLÍMPICO DO BRASIL

FINAL POLÊMICA

A seleção feminina de futebol perdeu para os Estados Unidos numa final polêmica, com erros da arbitragem, bola na trave e um gol na prorrogação. Mas o 2º lugar botou de vez o time de Marta no mapa, enquanto no masculino a geração de Diego, Robinho e Kaká nem sequer tinha conseguido vaga.

VITÓRIA SEM OURO

Mesmo sem ter vencido, Vanderlei Cordeiro de Lima foi um dos grandes personagens dos Jogos. Na altura do quilômetro 36 da maratona, ele liderava quando foi contido por Cornelius Horan, um ex-padre irlandês que costumava invadir eventos esportivos. Só voltou à prova graças à intervenção de um torcedor grego, Polyvios Kossivas, mas perdeu a vantagem de 40s que o separava do italiano Stefano Baldini e acabou chegando em terceiro. O COB recorreu, mas o resultado foi mantido. Vanderlei recebeu a medalha Pierre de Coubertin, outorgada a heróis olímpicos.

Marta defende a seleção brasileira no futebol feminino
EVANDRO TEIXEIRA/
COMITÊ OLÍMPICO DO BRASIL

À ESQUERDA
Leandro Guilheiro celebra o bronze no judô
WASHINGTON ALVES/
COMITÊ OLÍMPICO DO BRASIL

Os reis da praia

Emanuel e Ricardo desembarcaram em Atenas como campeões mundiais e bicampeões do Circuito Mundial. Em quadra, confirmaram o favoritismo. Com 7 vitórias em 7 jogos, conquistaram o primeiro ouro de uma dupla masculina brasileira no vôlei de praia masculino. Ricardo, jogando com Zé Marco, tinha chegado perto em Sidney 2000, perdendo na final. Dias depois dos Jogos, Emanuel ofereceu sua medalha de ouro ao maratonista Vanderlei Cordeiro de Lima, que agradeceu a oferta emocionado, mas recusou. Adriana Behar e Shelda chegaram pela segunda vez seguida à final olímpica, mas dessa vez perderam para a dupla norte-americana Misty May e Kerry Walsh, na época campeãs mundiais e favoritas ao ouro.

Tradição mantida

Em Atenas 2004, o judô manteve a sequência de medalhas iniciada em Los Angeles 1984, com a prata de Douglas Vieira. Pela sexta vez consecutiva judocas brasileiros subiram ao pódio olímpico. Leandro Guilheiro (peso leve) e Flávio Canto (peso meio-médio) ganharam bronze.

Campeã mundial fora do pódio

Três esportes que tinham subido ao pódio nos Jogos anteriores voltaram de Atenas sem medalhas: atletismo, natação e basquetebol. A seleção feminina de basquetebol (prata em Atlanta 1996 e bronze em Sidney 2000) acabou em 4º lugar. Outra esperança de medalha, a ginasta Daiane dos Santos, então campeã mundial, competiu machucada e foi a 5ª colocada na prova de solo.

As medalhas que escaparam

A seleção feminina de voleibol liderava a semifinal contra a Rússia por 2 sets a 1, com 24 x 19 no 4º set, mas permitiu a virada. Acabou na 4ª colocação. O velejador Ricardo Winicki, o Bimba, chegou à regata final da classe Mistral (prancha a vela) precisando apenas de um 16º lugar para garantir medalha, mas chegou 1 posição atrás e terminou em 4º.

Rodrigo Pessoa recebe a medalha de ouro no Rio de Janeiro
COMITÊ OLÍMPICO DO BRASIL

Pequim 2008

10.942 ATLETAS
204 PAÍSES
4.637 MULHERES (42,38%)

Os XXIX Jogos Olímpicos

Os Jogos Olímpicos de Pequim tinham, para seus organizadores, uma missão: mostrar ao mundo a nova China. O país que passara quase todo o século XX mergulhado no atraso político e econômico despontara para o novo milênio como uma pujante potência mundial. Obras como o Ninho do Pássaro e o Cubo D'água, encomendadas a grandes escritórios internacionais de arquitetura, foram erguidas para deixar essa imagem impressa nas retinas das 4,7 bilhões de pessoas que acompanharam o evento nos estádios e ginásios ou pela televisão.

O chinês Li Ning "sobrevoa" o estádio conhecido como Ninho do Pássaro, levando a tocha que acenderia a pira
JOHN GIHGI/COMITÊ OLÍMPICO INTERNACIONAL

As manchetes de 2008

The Boston Globe
Historic victory
Obama elected nation's first African-American president in a romp
McCain falters in crucial states; Democrats increase clout in Congress

> Pela primeira vez um negro, Barack Obama, é eleito presidente dos Estados Unidos.
> Em Cuba, o comandante supremo Fidel Castro, enfrentando uma longa doença, renuncia depois de 49 anos no poder. Seu irmão Raul Castro assume.
> Bill Gates deixa o comando da Microsoft, gigante da informática que dirigiu por 33 anos, para se dedicar à filantropia.
> O São Paulo se torna o primeiro clube a vencer por 3 anos seguidos o Campeonato Brasileiro.
> O inglês Lewis Hamilton, da McLaren, chega em 5º lugar no GP do Brasil e conquista seu primeiro título mundial na Fórmula 1. Felipe Massa, que venceu a prova, é o vice-campeão, com 1 ponto a menos que Hamilton.

Surpresas na abertura

Considerada uma das melhores cerimônias de abertura da história dos Jogos, a de Pequim foi um espetáculo de demonstração de grandeza. Desde a contagem regressiva com fogos de artifício simulando pegadas de gigante pela cidade até o momento em que o ex-ginasta olímpico Li Ning, um ídolo nacional dono de 6 medalhas olímpicas (3 ouros, 2 pratas e 1 bronze), acendeu a pira olímpica voando ao redor do estádio, tudo foi feito para impressionar.

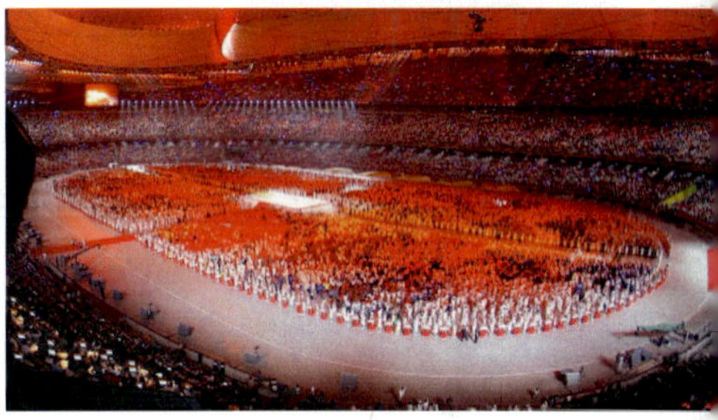

Cerimônia de abertura Pequim 2008

AO LADO

Protestos pela libertação do Tibete durante o revezamento da tocha olímpica

Libertem o Tibete!

A passagem da tocha olímpica ao redor do mundo, que deveria ser mais uma peça importante de propaganda, acabou se voltando contra a China. Ao longo do percurso, muitos protestos foram realizados em diferentes cidades do planeta contra a ocupação chinesa no Tibete.

Beijing 2008

Logotipo dos Jogos Pequim 2008

COMITÊ OLÍMPICO INTERNACIONAL

Mascotes recordistas

Pequim bateu o recorde olímpico de mascotes. Foram 5, todas batizadas com sílabas dobradas: Beibei, Jingjing, Huanhuan, Yingying e Nini. Juntas, considerando apenas a primeira sílaba de cada nome, elas formam a frase "Pequim lhe dá as boas-vindas". As mascotes eram chamadas coletivamente de *fuwa*, que numa tradução literal significa "crianças de boa sorte", mas na versão internacional ficaram conhecidas como *friendlies* (amistosas).

Mascotes Beibei, Jingjing, Huanhuan, Yingying e Nini

ABAIXO, DE CIMA PARA BAIXO

Lionel Messi na final contra a Nigéria

JOHN HUET/COMITÊ OLÍMPICO INTERNACIONAL

Ciclistas disputam prova de BMX

YO NAGAYA/COMITÊ OLÍMPICO INTERNACIONAL

Aconteceu em Pequim

> Desafiando a tese de que velocistas devem ser montanhas de músculos, o longilíneo jamaicano Usain Bolt realizou um feito inédito ao vencer as 3 provas mais rápidas do atletismo numa mesma edição dos Jogos. De quebra, estabeleceu novos recordes mundiais nas 3 provas: 100m rasos, 200m e 4x100m.

> No futebol, Messi liderou a Argentina na conquista da 2ª medalha de ouro seguida.

> Duas modalidades esportivas estrearam: ciclismo BMX, e a maratona aquática na natação.

> Os atletas do país-sede superaram os Estados Unidos no quadro de medalhas com uma vantagem expressiva: 51 de ouro contra 36 dos rivais. Pela primeira vez na história dos Jogos da Era Moderna, os chineses ficaram no topo do quadro de medalhas. Mas a imprensa norte-americana não deu o braço a torcer. Ignorou o hábito consagrado mundialmente de classificar os países de acordo com o número de ouros, pratas e bronzes, respectivamente, e preferiu levar em conta o número total de medalhas, declarando seu país vencedor, com 110 contra 100.

À esquerda, o jamaicano Usain Bolt lidera na etapa de qualificação dos 200m rasos de atletismo

YO NAGAYA/COMITÊ OLÍMPICO INTERNACIONAL

Os principais medalhistas

	PAÍS	OURO	PRATA	BRONZE	TOTAL
1	China	51	21	28	100
2	Estados Unidos	36	38	36	110
3	Rússia	23	21	29	73
4	Grã-Bretanha	19	13	15	47
5	Alemanha	16	10	15	41
6	Austrália	14	15	17	46
7	Coreia do Sul	13	10	8	31
8	Japão	9	6	10	25
9	Itália	8	9	10	27
10	França	7	16	18	41

O brilho de Bryant

Um dos mais talentosos e bem pagos atletas do planeta reforçou o Dream Team do basquetebol norte-americano nos Jogos Pequim 2008. No auge da carreira, Kobe Bryant passou pelos espanhóis, adversários na final, com a mesma habilidade com que driblou o assédio dos fãs e jornalistas. Com 20 pontos, ele foi um dos destaques na vitória dos Estados Unidos por 118 x 107, numa das melhores finais olímpicas do basquetebol masculino.

Kobe Bryant

RICHARD JUILLIART/
COMITÊ OLÍMPICO
INTERNACIONAL

Michael Phelps
JOHN HUET/COMITÊ OLÍMPICO INTERNACIONAL

Pelos poderes de Phelps

Com o melhor desempenho individual na história dos Jogos da Era Moderna, o nadador norte-americano Michael Phelps foi "o cara" em Pequim 2008. Das 8 vitórias, 7 foram com recordes mundiais. Duas delas, milagrosas: no revezamento 4x100m livre, Phelps foi o primeiro a cair na água, completou os primeiros 100m em 2º e viu o nadador considerado o mais fraco da equipe, Jason Lezak, virar a prova em cima da França nos metros finais; nos 200m borboleta, estava atrás do sérvio Milorad Cavic até a chegada, quando venceu por 1 milésimo de segundo na batida de mão.

À ESQUERDA E ABAIXO
Yelena Isinbayeva
KISHIMOTO/ TSUTOMU KISHIMOTO/ COMITÊ OLÍMPICO INTERNACIONAL

A bela que é uma fera

A russa Yelena Isinbayeva, que chegou a Pequim como medalhista olímpica, voltou a chamar a atenção do mundo pela beleza e pelo talento no salto com vara. Depois de garantir o ouro no segundo salto, ela subiu o sarrafo para bater, em sequência, os recordes olímpico e mundial, que eram dela mesma, com a marca de 5,05m. Um ano depois, Isinbayeva estabeleceria o atual recorde mundial, de 5,06m.

Olimpílulas

> A separação das repúblicas iugoslavas teve seu último capítulo em Pequim: Sérvia e Montenegro, que tinham competido em Atenas 2004 como um único país, dividiram-se e enviaram equipes separadas.

> As Coreias do Sul e do Norte chegaram a pensar em enviar uma equipe única, mas não houve acordo sobre a composição de alguns times, e a ideia pacifista ficou só no papel.

> O sueco de origem armênia Ara Abrahamian protagonizou um papelão em Pequim. Ao receber a medalha de bronze da categoria até 84kg da luta estilo greco-romano, ele a atirou no chão em protesto contra o árbitro da semifinal, que o apontara perdedor. Abrahamian foi punido pelo COI com a perda da medalha.

Números

43 RECORDES mundiais e 132 recordes olímpicos foram quebrados em Pequim.

24 ANOS de hegemonia sul-coreana na prova individual feminina do tiro com arco foram interrompidos com a vitória da chinesa Zhang Juan Juan.

8 ATLETAS tiveram suas medalhas cassadas pelo COI. Sete por uso de substâncias proibidas e 1 por atitude antidesportiva.

7 DAS 8 MEDALHAS de Zimbábue na história dos Jogos Olímpicos foram conquistadas pela nadadora Kirsty Coventry. Em Pequim 2008, ela subiu ao pódio 4 vezes. Em Atenas 2004, já tinha ganhado 3 medalhas.

3 DAS 4 FINAIS do voleibol, na quadra e na praia, foram disputadas entre Brasil e Estados Unidos. Os norte-americanos levaram a melhor nas finais masculinas de quadra e de praia.

2 PAÍSES conquistaram pela primeira vez 1 medalha de ouro: Mongólia e Panamá.

Cerimônia de abertura dos Jogos Pequim 2008

Delegação brasileira durante o desfile da cerimônia de abertura
WASHINGTON ALVES/COMITÊ OLÍMPICO DO BRASIL

O Brasil em Pequim

277 ATLETAS
133 MULHERES (48,01%)
15 MEDALHAS
23ª COLOCAÇÃO

Estádio Nacional de Pequim, conhecido como Ninho de Pássaro

As medalhas do Brasil

OURO

Cesar Cielo na natação (50m livre)
Maurren Maggi no atletismo (salto em distância)
Seleção feminina de voleibol

PRATA

Seleção masculina de voleibol
Márcio e Fábio Luiz no vôlei de praia
Seleção feminina de futebol
Robert Scheidt e Bruno Prada na vela (classe Star)

BRONZE

Emanuel e Ricardo no vôlei de praia
Cesar Cielo na natação (100m livre)
Ketleyn Quadros no judô (categoria leve, até 57kg)
Leandro Guilheiro no judô (categoria leve, até 73kg)
Tiago Camilo no judô (categoria meio-médio, até 81kg)
Natália Falavigna no taekwondo (categoria pesado, mais de 67kg)
Isabel Swan e Fernanda Oliveira na vela (classe 470)
Seleção masculina de futebol

Cesar Cielo

WASHINGTON ALVES/
COMITÊ OLÍMPICO DO BRASIL

Dá-lhe, Cielo!

Cesar Cielo foi o único brasileiro a voltar de Pequim com 2 medalhas. Nos 100m livre, ficou com o bronze depois de uma classificação dramática, em último lugar, para a final. Nos 50m livre, Cielo, conhecido como Cesão pelos amigos e pela família (que o incentivava da arquibancada), não deu chance ao azar. Dominou a prova e, com a marca de 21s30, estabeleceu um novo recorde olímpico, garantindo seu lugar na história como o primeiro (e até hoje único) medalhista de ouro da natação brasileira.

O salto por cima de Maurren

Maurren Maggi obteve sua melhor marca na final do salto em distância (7,04m) na primeira tentativa. Mas só pôde comemorar depois do último salto da russa Tatyana Lebedeva, campeã olímpica em Atenas 2004. Lebedeva conseguiu apenas 1cm a menos. Maurren, que ficara fora da edição anterior enquanto cumpria suspensão de 2 anos por acusação de doping (que ela sempre negou), comemorou a volta por cima da melhor forma possível.

Maurren Maggi

WANDER ROBERTO/
COMITÊ OLÍMPICO DO BRASIL

Poder feminino

Além dos inéditos ouros de brasileiras no atletismo e no voleibol de quadra, outras 4 mulheres se destacaram conquistando medalhas de bronze: Ketleyn Quadros (judô), Isabel Swan e Fernanda Oliveira (vela) e Natália Falavigna (taekwondo). Foram as primeiras medalhas de brasileiras (e brasileiros também, no caso do taekwondo) nesses 3 esportes.

Na trave mais uma vez

O futebol brasileiro manteve sua sina de não conquistar o ouro olímpico. A seleção masculina, comandada pelo técnico Dunga, que se preparava para dirigir o time principal na Copa do Mundo, tinha um já decadente Ronaldinho Gaúcho (incorporado ao time por ordem do então presidente da CBF, Ricardo Teixeira) em meio a jovens promissores como Alexandre Pato. Parou no jogo contra a Argentina, na semifinal, e repetiu o bronze da geração de outro Ronaldo (o Fenômeno), em Atlanta 1996.

Brasil 1 x 1 Estados Unidos

Nas 2 finais do voleibol de quadra, o jogo foi o mesmo: Brasil x Estados Unidos. Na decisão feminina, estavam em quadra muitas jogadoras que participaram da sofrida derrota para as russas que tirou o Brasil da final nos Jogos Atenas 2004. Em 4 anos, a confiança foi reconstruída e, mais uma vez sob o comando de José Roberto Guimarães, as brasileiras escreveram outra história, derrotando na final as norte-americanas (3 sets a 1) e garantindo um título inédito para o voleibol feminino. Na disputa masculina pelo ouro, a equipe do técnico Bernardinho entrou em quadra como campeã olímpica e mundial, mas perdeu por 3 sets a 1 para os Estados Unidos.

Mulheres 2 x 1 Homens

Foi uma edição olímpica especial para as mulheres do Brasil. Pela primeira vez, elas conquistaram mais ouros do que os homens.

NO ALTO À ESQUERDA, DE CIMA PARA BAIXO

Prata para a seleção masculina de voleibol

WANDER ROBERTO/ COMITÊ OLÍMPICO DO BRASIL

A seleção feminina de voleibol em ação

KISHIMOTO/TSUTOMU KISHIMOTO/COMITÊ OLÍMPICO DO BRASIL

Murilo, da seleção masculina de voleibol, se prepara para cortar

WANDER ROBERTO/ COMITÊ OLÍMPICO DO BRASIL

Londres 2012

10.568 ATLETAS
204 PAÍSES
4.676 MULHERES (44,24%)

Os XXX Jogos Olímpicos

Os Jogos Londres 2012 tiveram uma organização considerada impecável. As obras de infraestrutura, incluindo a construção do Estádio Olímpico e do parque em que se concentravam várias outras instalações esportivas, custaram 6,9 bilhões de libras. A capital inglesa se tornou a primeira cidade a sediar 3 vezes os Jogos Olímpicos. Antes de 2012, já havia recebido as edições de 1908 e 1948.

Show pirotécnico na London Bridge no primeiro dia dos Jogos Olímpicos Londres 2012

Rastro de destruição do furacão Sandy

As manchetes de 2012

> Barack Obama é reeleito presidente dos Estados Unidos.
> A tempestade tropical Sandy causa estragos e mortes na América Central e na Costa Leste dos Estados Unidos.
> Morre o astronauta norte-americano Neil Armstrong, primeiro homem a pisar o solo da Lua, em 1969.
> Palestina é reconhecida pela ONU como "Estado observador não membro".
> Rio de Janeiro sedia a Conferência das Nações Unidas sobre Desenvolvimento Sustentável, mais conhecida como Rio+20.
> O Corinthians vence o Chelsea, da Inglaterra, por 1 x 0 (gol de Guerrero) e conquista no Japão o título de campeão mundial de clubes.
> O Fluminense é o campeão brasileiro.

MASCOTES HISTÓRICAS

Os Jogos de Londres tiveram 2 mascotes, Wenlock e Mandeville. Segundo a história criada pelo escritor de livros infantis Michael Morpurgo, elas representam gotas de aço que restaram da última viga de suporte do Estádio Olímpico. Os nomes fazem referência a 2 localidades britânicas: Much Wenlock e Stoke Mandeville. A primeira foi visitada pelo Barão de Coubertin, em 1890. Lá, ele teria assistido a uma versão local de Jogos Olímpicos que o inspirou a criar, em 1894, os Jogos Olímpicos da Era Moderna. Stoke Mandeville foi o berço do Movimento Paralímpico.

Mascotes Wenlock e Mandeville
COMITÊ OLÍMPICO INTERNACIONAL

Aconteceu em Londres

A brasileira Adriana Araújo (de vermelho) enfrenta Sofya Ochigava (em azul)

JOHN HUET/ COMITÊ OLÍMPICO INTERNACIONAL

Chris Hoy

CHRISTOPHER FURLONG/ COMITÊ OLÍMPICO INTERNACIONAL

> Pela primeira vez na história dos Jogos da Era Moderna todas as nações estavam representadas por homens e mulheres. Arábia Saudita, Brunei e Catar nunca tinham mandado mulheres em suas delegações.

> O sul-africano Oscar Pistorius foi o primeiro atleta biamputado a participar dos Jogos Olímpicos. Ele disputou as provas dos 400m rasos e do revezamento 4x400m.

> Foi a primeira edição olímpica em que mulheres disputaram medalhas no boxe.

> O ciclista Chris Hoy, um britânico de 36 anos, teve muitos motivos para comemorar em Londres. Conquistou em casa sua 6ª medalha de ouro olímpica, superando o feito do compatriota Steve Redgrave no remo. Depois da conquista, ao ser cumprimentado por Redgrave, Hoy disse: "Ele ainda é o melhor, pois conseguiu suas 5 medalhas de ouro em 5 Jogos seguidos, o que é um feito inacreditável."

> A judoca saudita Wojdan Ali Seraj Abdulrahim Shaherkani, de 16 anos, virou notícia por ter sido a primeira mulher a competir no judô usando uma adaptação do hijab, o tradicional véu islâmico. Sua única luta durou 82s. Wojdan foi uma das 2 mulheres que competiram em Londres pela Arábia Saudita, que até então só tinha sido representada nos Jogos Olímpicos por homens.

A judoca saudita Wojdan Ali Seraj Abdulrahim Shaherkani

COMITÊ OLÍMPICO INTERNACIONAL

Parque Olímpico

Ocupando uma área equivalente a 357 campos de futebol, o Parque Olímpico de Londres revitalizou uma região abandonada na zona leste da cidade. Hoje rebatizado como Parque Olímpico Rainha Elizabeth, é muito mais do que um complexo esportivo composto por Estádio Olímpico, parque aquático, velódromo e quadras de tênis e hóquei sobre grama. Durante os Jogos, mesmo para quem não tinha ingressos, tornou-se opção de lazer, pois os eventos eram transmitidos em grandes telões junto a gramados e havia atrações para toda a família. Depois do evento, o parque continua atraindo a população local e turistas, que têm acesso às instalações esportivas e podem até utilizar algumas delas, como o complexo aquático e o velódromo.

O Estádio Olímpico

Localizado numa pequena ilha fluvial e acessível por 5 pontes, sediou as cerimônias de abertura e encerramento e as provas de atletismo, com exceção da maratona e da marcha atlética, recebendo um total de 2.255.750 espectadores. Foi construído em 3 anos e é ecologicamente sustentável. O alto custo da obra, equivalente a 2,1 bilhões de reais, gerou polêmicas na Inglaterra. A capacidade, inicialmente para 80 mil pessoas, foi reduzida para 60 mil depois dos Jogos. Hoje, o estádio passa por uma reforma para receber partidas do West Ham, time da primeira divisão inglesa que arrendou o local por 99 anos. O contrato prevê que continuará sediando eventos de atletismo.

O Parque Olímpico de Londres 2012
COMITÊ OLÍMPICO INTERNACIONAL

Os principais medalhistas

	PAÍS	OURO	PRATA	BRONZE	TOTAL
1	Estados Unidos	46	28	29	103
2	China	38	27	23	88
3	Grã-Bretanha	29	17	19	65
4	Rússia	24	25	32	81
5	Coreia do Sul	13	8	7	28
6	Alemanha	11	19	14	44
7	França	11	11	12	34
8	Itália	8	9	11	28
9	Hungria	8	4	6	18
10	Austrália	7	16	12	35

Usain Bolt
JOHN HUET/
COMITÊ OLÍMPICO INTERNACIONAL

As medalhas

Os medalhistas de Londres levaram para casa as maiores e mais pesadas medalhas da história dos Jogos Olímpicos de Verão. Elas pesam 400g, o dobro da média das edições anteriores, e medem 8,5cm de diâmetro. Na parte da frente há um ícone sobreposto ao Rio Tâmisa e linhas geométricas. O verso é sempre o mesmo em todas as edições: desenhos da deusa Nice e do Estádio Panathinaiko.

Ouro, ouro, ouro

Repetindo o feito de Pequim 2008 ao conquistar 3 medalhas de ouro nas 3 provas disputadas, o jamaicano Usain Bolt se tornou novamente a estrela do atletismo nos Jogos. Ele foi o mais rápido nas provas de 100m rasos (com recorde olímpico, 9s63), nos 200m e fez parte do quarteto que venceu o revezamento 4x100m batendo os recordes olímpico e mundial (36s84).

Andy Murray
JOHN HUET/COMITÊ OLÍMPICO INTERNACIONAL

ACIMA
Michael Phelps na final de 200m medley, em que levou o ouro
CHRISTOPHER FURLONG/COMITÊ OLÍMPICO INTERNACIONAL

Phelps, o maioral

Com 4 medalhas de ouro e 2 de prata, o nadador norte-americano Michael Phelps foi o maior destaque individual dos Jogos de Londres 2012. Fez muito mais: com as 6 medalhas que botou no peito, se tornou o maior medalhista olímpico de todos os tempos. Tem ao todo 22, 4 a mais do que a ginasta Larisa Latynina, que competia pela União Soviética e manteve o recorde por 48 anos.

"VOCÊ NÃO PODE BOTAR LIMITES EM NADA. QUANTO MAIS VOCÊ SONHA, MAIS LONGE VOCÊ VAI"
Michael Phelps, em sua página no Facebook

Festa em Wimbledon

Jogando no palco principal do mais tradicional torneio de tênis do planeta, o britânico Andy Murray foi o protagonista de uma conquista muito comemorada pelos anfitriões. Na final masculina, ele garantiu a medalha de ouro ao derrotar o suíço Roger Federer na quadra central do All England Club, em Wimbledon.

O calcanhar do chinês

Como o Aquiles da mitologia grega, o chinês Liu Xiang tem no calcanhar seu ponto fraco. Medalhista de ouro nos 110m com barreiras em Atenas 2004, Xiang foi obrigado a abandonar os Jogos de Londres 2012 por causa de uma lesão no tendão que leva o nome do guerreiro mitológico. Em Pequim 2008, ele tinha vivido o mesmo drama. Apontado como favorito ao ouro e apoiado por uma torcida que o considera herói nacional (foi o primeiro chinês a ganhar medalha olímpica), sentiu o tendão de Aquiles do pé direito numa das eliminatórias dos 110m com barreiras e deixou a pista chorando. Em abril de 2015, anunciou a aposentadoria.

Liu Xiang em Londres 2012
GETTY IMAGES SPORT/ GETTY IMAGES

Os recordes da chinesinha

Não foi só Michael Phelps que brilhou na piscina do Parque Aquático de Londres. Com apenas 16 anos, a chinesa Ye Shiwen surpreendeu o mundo e arrancou muitos aplausos do público ao quebrar os recordes mundial e olímpico nos 400m medley e o recorde olímpico nos 200m medley. Com 2 ouros e 3 recordes quebrados, foi um dos grandes destaques dos Jogos.

Ye Shiwen em Londres 2012
JOHN HUET/COMITÊ OLÍMPICO INTERNACIONAL

Nicola faz história

Ao vencer a chinesa Ren Cancan na decisão da categoria peso mosca, a britânica Nicola Adams se tornou a primeira mulher a conquistar 1 medalha olímpica no boxe. Até os Jogos de Pequim 2008, o esporte era praticado apenas pelos homens. Duas outras mulheres levaram a medalha de ouro no boxe em Londres: a irlandesa Katie Taylor na categoria leve e a norte-americana Clarissa Shields na categoria meio-pesado.

Paraskevi Papahristou
GETTY IMAGES SPORT/ GETTY IMAGES

Aqui se faz, aqui se paga

Dois atletas foram afastados dos Jogos por terem postado comentários racistas nas redes sociais. A triplista grega Paraskevi Papahristou ofendeu os africanos que vivem em seu país, e o jogador de futebol suíço Michel Morganella postou uma mensagem ofensiva contra os sul-coreanos.

O judoca cubano Oreydi Despaigne foi desclassificado da competição por morder durante a luta o dedo do adversário, Ramziddin Sayidov, do Uzbequistão.

Nove atletas tiveram resultados positivos para doping nos Jogos de Londres. Mais de 6 mil exames foram realizados durante o evento pela Agência Mundial Antidoping (WADA).

AO LADO
Nicola Adams
JASON EVANS/COMITÊ OLÍMPICO INTERNACIONAL

OLIMPÍLULAS

> Medalha de ouro no futebol masculino em Paris 1924 e Amsterdã 1928 e sem participar do evento desde então, o Uruguai estava invicto em Jogos Olímpicos há 11 partidas e 84 anos até perder para o Senegal na segunda rodada da primeira fase.
> Aos 38 anos, o galês Ryan Giggs reforçou a seleção britânica e marcou um gol contra os Emirados Árabes Unidos. Giggs disputou 24 temporadas pelo Manchester United, time que defendeu em 945 partidas. Atualmente é auxiliar-técnico da equipe inglesa.
> A italiana Valentina Vezzali se tornou recordista de medalhas olímpicas na esgrima feminina ao conquistar seu sexto ouro no florete feminino por equipes. Ela já havia subido no alto do pódio em Atlanta 1996, Sydney 2000 (2 vezes), Atenas 2004 e Pequim 2008. Valentina tem outras 3 medalhas olímpicas: prata em Atlanta 1996 e bronzes em Pequim 2008 e Londres 2012.
> A 100ª medalha brasileira em Jogos Olímpicos foi conquistada pela pugilista Adriana Araujo, bronze na categoria leve.

ACIMA
As seleções do Uruguai e do Senegal de futebol em Londres 2012
FIFA/GETTY IMAGES

ABAIXO
Valentina Vezzali
JOHN HUET/COMITÊ OLÍMPICO INTERNACIONAL

NÚMEROS

12 GOLS marcou a atacante brasileira Cristiane em Jogos Olímpicos. Com a marca de 11 gols, atingida no jogo contra Camarões na estreia em Londres, ela se tornou a maior artilheira do futebol feminino na história olímpica, superando a alemã Birgit Prinz. Três dias depois da goleada de 5 x 0 sobre as camaronesas, Cristiane voltou a marcar contra a Nova Zelândia.

6 BRASILEIRAS se tornaram bicampeãs olímpicas em Londres, todas elas do voleibol: Fabi, Jaqueline, Fabiana, Paula Pequeno, Thaísa e Sheilla. Agora são 12 os bicampeões olímpicos. Adhemar Ferreira da Silva, Torben Grael, Robert Scheidt, Marcelo Ferreira, Maurício e Giovane Gávio já faziam parte desse time.

Partida de basquetebol entre Nigéria e Estados Unidos: Russell Westbrook Jr prestes a fazer cesta

JOHN HUET/COMITÊ OLÍMPICO INTERNACIONAL

156 PONTOS foi a maior pontuação de uma equipe de basquetebol na história dos Jogos Olímpicos. Aconteceu na partida em que os Estados Unidos venceram a Nigéria, que marcou apenas 73 pontos. Os norte-americanos ficaram com o ouro.

10 PARTICIPAÇÕES olímpicas completou o cavaleiro canadense Ian Millar em Londres. Nenhum outro atleta disputou tantos Jogos Olímpicos quanto ele. E o recorde vai aumentar, porque Millar está classificado para competir no Rio em 2016.

3 FINAIS olímpicas consecutivas disputou a seleção masculina de voleibol, um feito inédito no esporte. Treinada por Bernardinho nas 3 partidas, a equipe ganhou ouro em Atenas 2004 e prata em Pequim 2008 e em Londres 2012.

86.162 TORCEDORES assistiram à final do futebol masculino entre Brasil e México no Estádio de Wembley. Foi o evento com maior presença de público nos Jogos Londres 2012. O México venceu por 2 x 1 e ficou com o ouro. Foi a terceira derrota do Brasil em finais olímpicas. As outras 2 foram em Los Angeles 1984, para a França, e Seul 1988, para a União Soviética.

36 RECORDES OLÍMPICOS e 13 recordes mundiais foram batidos nas provas de atletismo e natação. A maior parte das quebras aconteceu na piscina – foram 9 recordes mundiais e 25 olímpicos.

O Brasil em Londres

259 ATLETAS
123 MULHERES (47,49%)
17 MEDALHAS
22º COLOCAÇÃO

As medalhas do Brasil em Londres

OURO

Sarah Menezes no judô (categoria ligeiro, até 48 kg)
Arthur Zanetti na ginástica artística (argolas)
Voleibol feminino

PRATA

Thiago Pereira na natação masculina (400m medley)
Alison e Emanuel no vôlei de praia
Esquiva Falcão no boxe (categoria médio, até 75 kg)
Futebol masculino
Voleibol masculino

BRONZE

Mayra Aguiar no judô (categoria meio-pesado, até 78 kg)
Rafael Silva no judô (categoria pesado, mais de 100 kg)
Cesar Cielo na natação (50m livre)
Robert Scheidt e Bruno Prada na vela (classe Star)
Felipe Kitadai no judô (categoria ligeiro, até 60 kg)
Adriana Araújo no boxe (categoria leve, até 60 kg)
Juliana e Larissa no vôlei de praia
Yamaguchi Falcão no boxe (categoria meio-pesado, até 81 kg)
Yane Marques no pentatlo moderno

Brasil lutador

Com 7 medalhas olímpicas na bagagem, os brasileiros mostraram que foram à luta em Londres, com muita disposição. As 4 medalhas no judô e as 3 no boxe significaram o melhor desempenho das 2 modalidades em participações brasileiras nos Jogos. Com 19 pódios ao todo, o judô superou a vela (17 medalhas).

O feito de Sarah

Com apenas 1,55m e 48kg, uma piauiense de 22 anos realizou um feito desproporcional às suas medidas nos Jogos Londres 2012. Ao vencer a romena Alina Dumitru, campeã olímpica em Pequim 2008, na final da categoria ligeiro, Sarah Menezes se tornou a primeira brasileira a conquistar 1 medalha de ouro no judô e a segunda a subir no alto do pódio olímpico em um esporte individual (a primeira foi Maurren Maggi em Pequim 2008). Há 20 anos, desde Rogério Sampaio em Barcelona 1992, o Brasil não conquistava 1 medalha de ouro no judô.

O bi das meninas do voleibol

Depois do grande desempenho que garantiu o ouro em Pequim 2008, a seleção feminina de voleibol chegou a Londres como uma das favoritas. Não jogou o que se esperava na primeira fase, quando perdeu 2 partidas, mas conseguiu a classificação como 4ª colocada do grupo. E a partir daí tudo mudou. Mostrando muita garra, as meninas comandadas por José Roberto Guimarães passaram pelas russas nas quartas de final (3 x 2 de virada, vingando a derrota em Atenas 2004), pelas japonesas na semifinal (3 x 0) e chegaram à final contra os Estados Unidos, o mesmo adversário de 4 anos antes. As norte-americanas tinham derrotado as brasileiras na fase de grupos e estavam invictas, mas foram dominadas na decisão, diante de 13.500 pessoas. O Brasil perdeu o 1º set, venceu os 3 seguintes com relativa facilidade e comemorou muito o bicampeonato olímpico.

ACIMA
A judoca Sarah Menezes enfrenta a chinesa Shugen Wu
ALAOR FILHO/AGIF/COMITÊ OLÍMPICO DO BRASIL

Arthur Zanetti nas argolas: ouro para o Brasil
VAITERCI SANTOS/AGIF/COMITÊ OLÍMPICO DO BRASIL

Zanetti, o homem-elástico

Com a exibição perfeita que valeu ouro nas argolas em Londres, o ginasta Arthur Zanetti garantiu seu lugar na história olímpica brasileira. Foi o primeiro ouro do Brasil na ginástica artística. Com 15,900 pontos, Zanetti superou o campeão olímpico e tetracampeão mundial, o chinês Yibing Chen, que ficou com a prata. Um ano depois dos Jogos, o brasileiro confirmou a soberania conquistando o ouro nas argolas no Mundial de Antuérpia.

Bibliografia

CARDOSO, Maurício. *Os arquivos das Olimpíadas*. São Paulo: Panda Books, 2000.

COMITÊ OLÍMPICO BRASILEIRO. *Sonho e conquista a participação do Brasil nos Jogos Olímpicos do século XX*. Rio de Janeiro: Ouro sobre Azul Design e Editora, 2004.

DUARTE, Marcelo. *O Guia dos Curiosos – Esportes*. São Paulo: Companhia das Letras, 1996.

DUARTE, Orlando. *História dos Esportes*. São Paulo: Senac, 2004.

FREITAS, Armando; VIEIRA, Silvia. *Coleção o que é*. Rio de Janeiro: Casa da Palavra, 2007.

MARTIOLO, Edgardo. *Citius, Altius, Fortius*. São Paulo: Editora Caras, 2005.

TUBINO, Manoel José Gomes; TUBINO, Fabio Mazeron; GARRIDO, Fernando Antonio Cardoso. *Dicionário Enciclopédico Tubino do Esporte*. São Paulo: Senac, 2007.

VALPORTO, Oscar. *Atenas 2004 – o Brasil no berço dos Jogos Olímpicos*. Rio de Janeiro: Casa da Palavra/COB, 2005.

VALPORTO, Oscar. *Atleta, substantivo feminino*. Rio de Janeiro: Casa da Palavra, 2006.

WALLECHINSKY, David; LOUCKY, Jamie. *The complete book of the Olympics. 2012 Edition*. Aurum Press, 2012.

www.cob.org.br
www.timebrasil.cob.org.br
www.rio2016.com
www.olympic.org
www.gamesbids.com
www.aiba.org
www.canoeicf.com
www.uci.ch
www.fie.org
www.fifa.com
www.iwf.net
www.ihf.info
www.fei.org
www.ijf.org
https://unitedworldwrestling.org
www.pentathlon.org
www.worldrowing.com
https://worldtaekwondofederation.net
www.itftennis.com
www.issf-sports.org
www.triathlon.org
www.sailing.org
www.worldrugby.org
www.fih.ch/en/home
www.igfgolf.org
www.archery.org
www.fiba.com
www.fina.org
www.fivb.org
www.fig-gymnastics.com
www.iaaf.org
http://olympiastatistik.de
www.cbda.org.br
www.cbla.com.br
www.cbr-remo.com.br
www.cbtarco.org.br
www.cbte.org.br
www.cbtkd.com.br
www.cbtm.org.br
www.cbtri.org.br
www.cbv.com.br

ARQUIVO PESSOAL

© MARCOS DE PAULA/RIO2016

Armando Freitas tem 56 anos e é jornalista há 30. Como repórter, redator e subeditor, trabalhou 8 anos no jornal *O Globo*, em diferentes editorias. Passou também pelo *Jornal do Brasil* e foi editor-chefe da revista *Mar, Vela e Motor*. Desde fevereiro de 1996, atua em televisão, sempre na área de esportes. No canal por assinatura *SporTV* exerceu várias funções em cargos de chefia e participou da cobertura dos Jogos Olímpicos de Atlanta, Sidney, Atenas e Pequim. Na TV Globo desde 2009, foi chefe de produção, editor-chefe do programa semanal *Corujão do Esporte* e atualmente reforça o time de profissionais que comanda a cobertura dos Jogos Rio 2016. Em 2007, escreveu para a editora Casa da Palavra, em parceria com o selo COB Cultural, uma série de 25 livros sobre esportes olímpicos, juntamente com a jornalista Silvia Vieira. Armando é casado com a ceramista Taciana Amorim e tem 2 filhas, Nina e Ana.

Marcelo Barreto nasceu em Bicas (MG) e, 48 anos depois, teve a honra de conduzir a tocha olímpica dos Jogos Rio 2016 pela cidade. Entre uma coisa e outra, formou-se em jornalismo pela PUC-Minas, fez um *fellowship* na Universidade de Michigan e cursou o MBA Executivo do COPPEAD-RJ. Começou a carreira de jornalista esportivo em *O Globo* e hoje assina uma coluna aos domingos no jornal. Foi um dos fundadores do diário *LANCE!* e teve uma passagem pela TV Globo antes de chegar ao *SporTV*, em 2003, para criar e chefiar o Núcleo de Produção. No canal, trabalhou também como repórter, comentarista e editor-chefe de programas como *Redação SporTV*, *Tá na Área*, *SporTV News* e *Momento Olímpico*, e foi correspondente em Londres. Hoje, apresenta o *Seleção SporTV* e o *Troca de Passes*. Cobriu *in loco* 3 edições dos Jogos Olímpicos e 1 dos Jogos Paralímpicos, dos Jogos Olímpicos de Inverno e dos Jogos Pan-americanos, entre outras competições internacionais. Casado com Simone desde 1997, é pai de Nina e Pedro.

Casa da Palavra | LeYa

Coordenação de Projetos Especiais e editora
Renata Santos/Agência
Contemporânea de Pesquisa

Editora assistente e preparação
Luana Balthazar

Pesquisa de conteúdo
Alexandre Massi

Pesquisa iconográfica
Maria Beatriz Branquinho da Costa
Victor Burton

Capa e projeto gráfico
Victor Burton

Designers assistentes
Adriana Moreno, Luisa Primo
e Anderson Junqueira

Ilustrações
Estúdio PIMP

Revisão
Maria Beatriz Branquinho da Costa
Luiza Toschi

Marketing cultural
Jacqueline Menaei/MaisArte

Administração de projeto
Gustavo Lacerda
Isabella Pacheco

DADOS INTERNACIONAIS DE CATALOGAÇÃO NA PUBLICAÇÃO (CIP)
Angélica Ilacqua CRB-8/7057

F936a
Freitas, Armando
Almanaque Olímpico / Armando Freitas, Marcelo Barreto; [ilustrações de Estúdio PIMP]. – 3. ed. rev. e ampl. – Rio de Janeiro : Casa da Palavra, 2016.
416 p. : il., color.

ISBN: 978-85-7734-624-0

1. Jogos Olímpicos – História 2. Olimpíadas – História
3. Esportes – História I. Título II. Barreto, Marcelo III. Estúdio PIMP

CDD 796.4809
16-0503 CDU 796.032.2(09)

Créditos de imagens

CAPA
Esquerda: sarayuth3390/iStock
Direita: Jonathan Knowles/Getty Images

QUARTA CAPA
Esquerda: aetb/iStock
Direita: Popperfoto

ABERTURA DOS ESPORTES
PÁGINA 22
Esquerda: Valterci Santos/AGIF/
Comitê Olímpico do Brasil
Direita: Jonne Roriz/Exemplus/
Comitê Olímpico do Brasil

PÁGINA 23
Esquerda: Alaor Filho/AGIF/
Comitê Olímpico do Brasil
Direita: Jonne Roriz/Exemplus/
Comitê Olímpico do Brasil

ABERTURA DOS JOGOS
PÁGINA 200
Esquerda: United Archives/
Comitê Olímpico Internacional
Direita: Getty Images

PÁGINA 201
Esquerda: Haynes Archive/
Popperfoto/Getty Images
Direita: Domínio público

Este livro foi editado na Cidade
de São Sebastião do Rio de Janeiro
no outono de 2016, por ocasião
dos XXXI Jogos de Verão.